创富之梦

―― Dream of Building Wealth ――

科创板上市、新三板挂牌指引与案例分析

何诚颖 等◎著

中国财经出版传媒集团

中国财政经济出版社

图书在版编目（CIP）数据

创富之梦：科创板上市、新三板挂牌指引与案例分析／何诚颖等著．－－北京：中国财政经济出版社，2019.9

ISBN 978－7－5095－9143－7

Ⅰ.①创… Ⅱ.①何… Ⅲ.①上市公司－企业管理－案例－中国 Ⅳ.①F279.246

中国版本图书馆 CIP 数据核字（2019）第 169083 号

责任编辑：郁东敏　　　　　责任印制：刘春年
责任校对：李　丽

中国财政经济出版社 出版

URL：http：//www.cfeph.cn
E－mail：cfeph＠cfemg.cn
（版权所有　翻印必究）
社址：北京市海淀区阜成路甲 28 号　邮政编码：100142
营销中心电话：010－88191537
北京时捷印刷有限公司印装　各地新华书店经销
710×1000 毫米　16 开　23.75 印张　428 000 字
2019 年 9 月第 1 版　2019 年 9 月北京第 1 次印刷
定价：72.00 元
ISBN 978－7－5095－9143－7
（图书出现印装问题，本社负责调换）
本社质量投诉电话：010－88190744
打击盗版举报热线：010－88191661　QQ：2242791300

中国版纳斯达克的投资逻辑

（代序）

一

如果从1990年沪、深证券交易所成立算起，中国的资本市场已经有了29年的历史。在这29年中，我国相继推出了主板、中小板和创业板。截至2018年末，沪、深证券交易所上市公司总数达3 567家，两市总市值为48.67万亿元人民币。这些上市公司成为中国经济的中坚力量，代表了中国经济的成长高度。

然而，站在这个经济新高度俯瞰中国资本市场时，所见并没有想象的那么美：能在A股上市的企业很多已是"人到中年"。国内对沪、深证券交易所的上市公司有着非常严格的要求，只有处于一定成长阶段、符合多项硬性标准的企业才有可能上市；大量处于"豆蔻年华"但达不到上市标准的创新型企业只能在资本市场边缘徘徊。这种高标准虽然提高了上市公司的整体质量，但大量具有活力和创新力的中小微企业难以获得融资机会。中国经济的增长不仅需要大中型成熟企业的支撑，也需要大量中小微企业作为经济增长的新动力。

2011年，我到美国沃顿商学院做访问学者，得以近距离观察美国的资本市场。从美国发展经验看，一个完整的资本市场应当包括多层次市场体系的协调发展，以满足不同类型、不同规模、不同发展阶段企业的融资需求。美国经济的持续增长与这种完善的资本市场体系也有着密不可分的关系。按上市要求，美国的股票市场由高到低可分为四级：第一级由纽约证券交易所、纳斯达克全球精选和全球市场构成；第二级是纽约证券交易所旗下的美国证券交易所和纳斯达克资本市场；第三级是美国场外柜台交易系统（Over the Counter Bulletin Board，OTCBB）；第四级是更低的粉单市场。

以我们熟知的纳斯达克为例，纳斯达克对上市企业没有多少条条框框的要求。要在纳斯达克上市，公司业绩乏善可陈不是问题，纳斯达克需要的是最具创新能力的公司。① 纳斯达克挂牌速度很快，但退市速度更快。从1985年到2008年，美国纳斯达克有11 820家IPO（首次公开募股，Initial Public Offerings），但同期退市数达到12 965家，净增长为负数。这种残酷的淘汰制导致在纳斯达克市场上市的公司80%是"僵尸"公司。② 但数十年来，纳斯达克也为美国培育了一批世界顶级企业，其中苹果、Facebook、微软、谷歌和英特尔等7家纳斯达克上市公司的市值占比接近一半，这些企业代表了美国经济的新高度。

二

纳斯达克取得了巨大成功，今天研究其发展历史正是为了更好地学习和借鉴其成功经验。纵观纳斯达克的历史，创新是其核心和精髓。20世纪80年代是美国个人计算机大爆发的时代。1986年，微软上市让纳斯达克达到了一个小高潮。个人计算机的基础设施逐步推广后，互联网内容服务极度匮乏。1996年雅虎登陆纳斯达克，1997年亚马逊登陆纳斯达克。互联网的内容供应商在2000年被引爆。虽然2001年纳斯达克泡沫被刺破，但并没有阻挡互联网企业上市的热情。③ 2004年谷歌在纳斯达克上市之后，成为巨大的造富机器，上千名员工一夜之间就变成了亿万富翁。2012年Facebook这个移动互联网时代的巨无霸登陆纳斯达克，纳斯

---

① 比如在纳斯达克上市的京东在进行全球路演中，刘强东强调了其商业模式和竞争对手阿里巴巴的不同之处，以及公司的三个优势：移动业务、和腾讯结盟以及物流网络。相比短期盈利，这种独特的商业模式对美国资本市场的投资者更具吸引力。
② 来源于三板富：《纳斯达克真相：23年1.3万家退市8成是僵尸公司》。
③ 2002年，Netflix上市；2003年12月，携程登陆纳斯达克。2004年5月，盛大网络登陆纳斯达克。

达克的神话依然在演绎。纵观整个纳斯达克的发展史，其实就是一部互联网明星企业的发展史。

中国的新三板①要获得类似纳斯达克的地位，就不能脱离创新而走常规的交易所发展的道路。事实上，新三板已经在很多方面进行了创新，比如：公司准入制度方面，就跳过核准制，直接到强调信息披露为中心的"类注册制"；交易制度方面，从协议成交到引入做市商制度。但新三板创新还要走得更远一些，比如发行制度方面可以进一步拓宽私募发行对象的人数、放宽其资质要求等。

那么，与我们熟知的创业板相比，新三板又有何不同？从挂牌与发行制度角度看，创业板采取的是与主板和中小板相同的公开发行制度，而新三板则是非公开发行股份的挂牌制度，这是本质的区别。从企业规模看，创业板规模相对偏大，进入成长初期，在细分行业里居于领先的位置；新三板服务对象则是处于初创后期、有技术、有产品、有一定盈利模式的高新技术企业，虽然这些企业有一定的技术基础，有一定的市场基础，但还未形成规模式发展。从行业分布角度看，创业板对拟上市企业的行业属性有相对明确的要求，重点选择"两高六新"②企业。新三板的行业定位是高新园区中处于初创期的企业，这些企业行业分布广泛，行业分布方面主要集中于信息技术、制造业、生物医药、新能源、新经济、新材料、新农业、节能环保、文化传媒、咨询服务等，在行业分布上更具有包容性。从财务指标角度看，创业板发行上市财务门槛较高，许多中小高科技企业望而兴叹；新三板对此则没有硬性指标，③通过挂牌新三板进入资本市场是更多企业的现实选择。

---

① 新三板全称是全国中小企业股份转让系统公司，前身是中关村非上市股份报价转让系统，2013年揭牌运营，同年扩容至全国，即在原有中关村科技园区试点的基础上，将范围扩大到其他具备条件的国家级高新技术园区。

② 高成长、高科技与新经济、新服务、新农业、新能源、新材料、新商业模式。

③ 像BAT、京东这样的公司，当年都没有在A股上市融资，而是跑到纳斯达克、中国香港去上市，最基本的一个原因，就是这些公司当时在A股根本上不了市。比如，京东在2014年5月赴美上市前的一个季度亏损就达38亿元人民币，2013年全年净亏损也有4 990万元，完全不符合创业板上市条件。

三

放眼全球，新经济浪潮席卷而来，信息技术、互联网金融、文化传媒、医疗健康等行业持续大幅增长，新型科技企业逐步成为经济重要组成部分。为了实现创新推动下的经济结构转型和产业升级，中国正大力促进中小微企业尤其是创新型中小微企业的发展。据统计，创新型中小企业虽然仅占中小企业总数的3%，但是却贡献了超过50%的创新成果，主要涉及生物医药、新能源、新材料、信息技术等高新技术行业。

由于在挂牌上的便利，且伴随着做市制度的实施，新三板挂牌公司和融资额在近两年内出现了爆发性增长。2013年，在新三板挂牌的公司不过356家，到2014年年底达到1 572家，一年增加了1 216家；而截止到2015年12月底，新三板挂牌公司突破5 000家。从挂牌公司行业分布来看，制造业挂牌公司数量最多，占所有新三板挂牌公司比例达到55.9%，其次是信息传输、软件和信息技术服务业，科学研究和技术服务业，建筑业，租赁和商务服务业，占所有新三板挂牌公司比例分别为18.76%、4.5%、3.3%和3.22%。

为什么"一夜之间"这么多公司涌向新三板挂牌？从企业的视角看，新三板挂牌的好处至少有以下几点：一是价格发现效应。新三板挂牌使资产实现了证券化，股份具有了流动性。企业及股东可以通过股权质押或转让股份获得资金，挂牌企业的整体价值也将反映在股票价格上等。二是治理效应。可以明确产权关系，促使企业进一步建立现代企业制度，降低经营风险，同时为公司未来转板打下良好的公司治理和内部控制基础。三是融资效应。企业挂牌后融资效率高，门槛低（对业绩没严格要求，亏损也能融资）。企业的信息在公开平台上曝光，意味着已经接受公众的监督。一旦企业成功挂牌，很多PE都将新三板企业纳入项目来源，甚至不用等到挂牌，有些企业在挂牌前就因为即将挂牌而获得了投资。四是人才效应。能提升企业形象和认知度，可以通过股权激励提高对人才的吸引力等。五是品牌效应。当一家企业登陆新三板后，它获取了券商、会计师、律师和股转公司的隐藏信誉保证。企业挂牌后成为公众公司，会极大提升企业知名度和品牌效应。中小微企业挂牌新三板的过程，也是财务规范化、业务规范化、战略清晰化的过程，这个过程本身就具有重大意义。

四

虽然新三板对企业有上述诸多好处，进入门槛也较低，但并非毫无成本，如挂牌变为公众公司后，公司要公开财务报表和经营情况，竞争对手、客户和供应商都会看到；企业作出决策时，不再是"一言堂"，而必须按照股东大会、董事会决策程序进行；企业还必须规范交税，以前可能有漏税情况，必须按规定补缴，这都是真金白银，企业要认真考虑能否承担这些合规性成本。

新三板市场最大的优势在于规范体制内最大限度的市场化。市场化的基础决定了广阔的空间和远大的前景，允许且鼓励更多创新来发现价值、提升效率。但新三板与A股市场存在显著差异，新三板公司普遍规模远小于创业板，多数公司处于生命周期较早阶段，有些甚至尚未实现盈利，有些处于新的商业模式的验证期，因此不确定性很高。新三板制度也处于不断建设和完善中，高度分化可能是新三板的常态。

从投资角度看，我国场外交易市场的融资主体多具有规模小、轻资产、风险大、成长快等特点，信息不对称程度更加严重。因此，在协助公司融资与保护投资者权益方面，需要一个严谨的制度来进行规范。比如，合理的信息披露对其上市融资和投资者利益保护至关重要。但是，毕竟场外交易市场的中小企业不可能与主板市场的上市公司同日而语，相对于交易所市场，场外交易市场尤其是低层次场外交易市场的信息披露要求相对要低。因此，在制度设计上还需融入更多、更切合实际的考虑。

此外，新三板采用的是的竞价转让交易与做市商制度，这会提高资金流动性，但也很容易被人为操纵价格。由于新三板并不像主板市场一样设置涨跌停范围，一旦股价被人为操纵，就可能造成极大的波动。此外，传统交易所市场的内幕交易在新三板市场中亦有发生，而企业披露信息不准确等现象也经常出现。实际上，新三板投资不同于A股。A股是充分讲预期的市场，股价提前反映预期，基本面反向验证；新三板则相反，是个正向验证积累的市场，没有实质的利好很难反映到股价上，基于一级、二级市场联动的市值管理很难适用于新三板。因此，针对投资来说，利用资本平台实现积累式的正向成长已经成为新三板企业的主要特点。而对于投资者来讲，甄别企业家的能力也将提升至新高度，决定着自身的收益率水平。由于新三板市场这些特有的性质，投资者需要不同于A股二级市场的投资思维，关注股本大、利润高、收入高的公司，尤其是产品技术、商业模式独特的公司。

五

科创板的推出是资本市场发展里程上的又一重大变革。2001年3月，我国开始推行"核准制"，监管部门对财务报表的披露情况、发行人资产质量、投资价值、社会效益等作出综合考量，先后由中国证监会发审委针对公司上市申请进行审核和反馈。这一过程一般耗时较长，且对企业盈利能力有着较高要求，诸多政策制约将2000年以来正处快速成长期的科技公司拒之门外。科创板的到来，不仅为市场引入良性竞争，还带来了A股市场发行承销制度和上市公司估值体系的变革。从2018年11月国家层面提出设立科创板，到2019年1月底征求意见稿出台，再到2019年3月初"2+6"框架正式落地，科创板的制度设计阶段仅耗时不到半年时间。科创板相关细则的快速落地，一方面有创业板相关经验积累在前，另一方面也反映出监管层对这一场内市场给予了相当的重视。事实上，科创板在注册制、定价、战略配售、交易、退市等关键机制创新充分体现了"制度优越性"，其定位既强调"硬科技"导向，又增强了资本市场对实体经济的包容性，通过增量改革完善资本支持科技创新的机制。2019年6月13日，科创板正式开板，这标志着国务院关于设立科创板并试点注册制这一重大改革任务进入落地实施阶段，也标志着科创板重心从审核转向发行上市。未来，科创板作为增量改革试验田的经验将被推广至主板、中小板、创业板。同时，科创板带来的"新双创"浪潮将带动存量市场产业升级，我国资本市场的产业结构有望得到优化，对A股市场长期利好。

作为一个新设立的独立板块，科创板将从"增量改革"的思路出发，在制度设计上与原有板块建立有效的隔离机制，成为改革试验田，为创新、创业者提供了一个全新的融资渠道。目前，很多非上市的科技企业虽然尚不具有盈利能力，但是已经具备了较强的研发和创新能力，受到了投资者的认可，有着较高的估值；有的企业虽然搭建了红筹架构，但是主要的经营都在中国境内，主要的技术也服务于中国市场。所以，根据科技创新型企业特点，科创板设置了多元包容的上市条件，弱化对企业盈利的要求，允许尚未盈利或存在累计未弥补亏损的企业和符合相关要求的特殊股权结构企业和红筹企业上市，健全了市场询价定价机制，提升了融资效率，从而为资本市场高质量发展赋能铺路，进一步促进了资本市场服务实体经济发展的能力。

六

中国经济过去十多年的高增长，主要依靠基础投资、出口这两个引擎拉动。但近年来，两个引擎运转的力度在持续减弱，GDP的增速也从2007年的两位数14%降到了2018年的7%以下，中国急需新的驱动力来促进经济持续增长。依靠科技进步和自主创新，提高企业的全要素生产率将是支撑宏观经济增长保持在合理区间的重要途径。未来世界各主要经济体的竞争也将集中在新一代信息技术、高端装备制造和新材料、新能源及节能环保以及生物医药等高新技术产业和战略性新兴产业上。打造一个规范、透明、开放、有活力、有韧性的资本市场，是对国家技术进步和经济转型升级的强有力保障，而科创板、新三板将在深化资本市场改革和推动我国产业结构升级方面发挥不可替代的作用。

一方面，2019年中央经济工作会议指出，资本市场在金融运行中具有牵一发而动全身的作用，要通过深化改革，打造一个规范、透明、开放、有活力、有韧性的资本市场。设立科创板，可以有效利用资本市场对风险偏好的多样性，使处于各个发展阶段的高科技企业和创新企业募集到足够的资本，支撑中国经济在下一个经济长周期中获得增长动力。

另一方面，科创板、新三板市场肩负着中国产业转型升级的战略重任。众所周知，在国内上一轮以重化工业为主导的经济增长当中，虽然资本市场也发挥了作用，但是主板市场的基本制度存在先天缺陷，即偏于行政化，尤其是IPO的审批制。国家给予科创板、新三板市场的战略定位，即实现中国资本市场真正的市场化。目前，科创板直接面向高新技术产业和战略性新兴产业，与我国当前自主创新、推动产业结构升级的国家战略一脉相承。

总之，从欧美等发达国家对创新科技领域的发展策略来看，国家战略资本与社会资本的合力是创新科技产业发展的基础与动力。今后，中国经济转型的主要发力点将集中在集成电路、第五代移动通信、飞机发动机、新能源汽车、新材料等产业，在医疗、养老、教育、文化、体育等多领域推进"互联网+"，发展智能产业，拓展智能生活。中国资本市场的发展必须顺应经济发展大局，为经济的增速换挡与结构调整提供最强劲的资本市场动力。在新时代、新经济背景下，中国资本市场迎来发展新机遇，在顺利实现中国经济由高速增长向高质量发展转变过程中，继续推进资本市场改革步伐，增强中国实体经济资源配置能力，优化产业结构，形成发展新动能，为中国经济长期持续健康发展提供保障。我们坚信，科创板出台、新三板改革、注册制突破必将为中国资本市场的发展注入"活水源泉"。

何诚颖

2019年6月17日于深圳

再版前言

2019年对于中国资本市场来说最重要的一件大事莫过于科创板的到来。事实上,推进资本市场供给侧改革,培育新时代经济发展新动能,已成为当前中国资本市场改革的重要任务。2018年3月的政府工作报告提出,深化多层次资本市场改革,加快金融机构风险内控,完善金融监管,建设现代化经济体系,推动形成全面开放新格局。可以说,回归服务实体经济的本源,优化多层次资本市场资源配置功能,培育优质企业上市,完善退市制度,维护投资者合法权益,强化监督管理,是中国资本市场供给侧改革的重要内容,亦将引领中国经济的改革开放。2018年11月5日,习近平总书记在上海进博会上宣布,将在上海证券交易所设立科创板并推行注册制。2019年1月30日,中国证监会发布了《关于在上海证券交易所设立科创板并试点注册制的实施意见》,3月1日科创板业务规则文件正式发布,6月13日科创板宣布开板。科创板在发行、上市、定价、信息披露、交易、股份减持、退市等基础制度方面都有创新,重点支持新一代信息技术、高端装备、新材料、新能源、节能环保以及生物医药等高新技术产业和战略性新兴产业,推动互联网、大数据、云计算、人工智能和制造业深度融合,目的是落实创新驱动和科技强国战略、推动高质量发展。

近年来,全球资本市场之间正展开一场关于争夺优秀标的的较量,科创板的推出恰逢其时。科创板的设立是资本市场增量改革的需要,体现了资本市场支持科技创新、支持中小微企业创新发展已迫在眉睫。统计显示,截至2018年末,沪深两市上市公司近3 600家,总市值62.3万亿元；新三板挂牌公司超过1万家，区域股权交易市场挂牌公司超过10万家，2015年至2018年，A股市场年均成交金额超过145.3万亿元，年均股权融资总规模超过1.66万亿元，其中年均IPO家数248家、IPO募资金额1 688亿元。科创板推行的注册制将提高直接融资的效率，优化融资结构，加快推进市场化改革和国际化步伐，我国资本市场迎来了新一轮的发展机遇。随着注册制的快速推进，上市企业数量将迅速增加，包括新一代信息技术、高端装备、新材料、新能源、节能环保、生物医药等在内的新兴产业将是科创板的主要聚焦对象，并将涌现出更多的优质科技创新企业，这对企业的投资研究提出了更高的要求。

与此同时，新三板市场也面临着许多新的变化，2016年实施内部分层，筛选出公司质地更优的创新层；2017年交易制度取得重大突破，引入了集合竞价、盘后大宗交易，同时构建了分层次、差异化的信息披露体系等。随着新三板扩容和做市商制度的出台，新三板市场取得了突飞猛进的大发展，挂牌企业大幅增加，融资额迅速攀升，涌现出千亿市值企业和众多明星企业。统计显示，截至2019年2月12日，新三板挂牌公司10 541家，其中做市转让公司数量达1 056家，竞价转让公司数量达9 485家。事实上，在大众创业、万众创新的背景下，新三板不仅快速完成了扩宽中小、民营企业直接融资渠道的历史性任务，而且扮演着资本市场改革试验田的角色，吸纳了众多创新创业型企业包括非盈利的高科技公司，有效弥补了我国证券市场服务中小微企业的短板和弱项。虽然新三板自2015年以来实施了诸多改革，但改革主要停留在存量调整，市场高度关注的公开发行、混合做市、连续竞价交易和降低投资者资金门槛等增量改革还一直未能突破。在过去一年里，有1 600家公司从新三板摘牌，企业退市数量超过新增挂牌数，新三板企业总数已从最高峰的11 600多家净减少了1 000多家，还在以每月100多家的速度继续下降。三板做市指数在2019年1月触及历史最低点706点，市场流动性持续低迷，投资者整体处于亏损状态。因此，未来新三板应何去何从，精细化分层应如何推进，是值得思考的重点问题。

本书再版由何诚颖牵头组织，张立超完成"上篇　科创板"的增补工作，龚映清完成"下篇　新三板"的修订工作。在写作过程中，我们得到了许多领导和专家的大力支持和关怀，在此谨向他们表达诚挚的谢意。同时，感谢对本书出版给予过关心、支持、帮助和建议的每一位师学亲友，特别感谢许新明和张昀的帮助和支持。

作　者

2019 年 6 月

目 录

上篇 科创板

第1章 什么是科创板 …………………………………………………（ 3 ）
  1.1 科创板推出的官方表态 …………………………………………（ 3 ）
  1.2 科创板推出的背景 ………………………………………………（ 6 ）
  1.3 科创板推出的意义 ………………………………………………（ 21 ）
  1.4 科创板推出的时间 ………………………………………………（ 22 ）

第2章 海外市场经验 …………………………………………………（ 26 ）
  2.1 纳斯达克市场情况 ………………………………………………（ 26 ）
  2.2 伦敦 AIM 情况 …………………………………………………（ 28 ）
  2.3 中国香港创业板市场情况 ………………………………………（ 29 ）
  2.4 海外市场制度对比 ………………………………………………（ 31 ）

第3章 科创板的定位及要求 …………………………………………（ 42 ）
  3.1 科创板的定位 ……………………………………………………（ 42 ）
  3.2 科创板的企业来源 ………………………………………………（ 47 ）
  3.3 科创板的上市条件 ………………………………………………（ 52 ）
  3.4 科创板的合格投资者要求 ………………………………………（ 59 ）

第4章 科创板中的制度设计 …………………………………………（ 63 ）
  4.1 发行环节：注册制与定价 ………………………………………（ 63 ）

4.2　交易环节：涨停板制度放开，或将引入混合做市制度 …………（77）
4.3　退市环节：丰富交易类退市情形，简化退市环节 ……………（83）
4.4　投资者保护：平衡保护与公平，强化市场化的准入 …………（87）

第5章　科创板设立带来的影响 …………………………………………（99）
5.1　短期影响：充分的流动性保障，提升市场活跃度 ……………（99）
5.2　中期影响：提升市场价值发现功能 ……………………………（102）
5.3　长期影响：打造更加完善的多层次资本市场 …………………（104）

第6章　科创板的投资地图 ………………………………………………（110）
6.1　科创板与新兴产业 ………………………………………………（110）
6.2　科创板潜在企业名录 ……………………………………………（124）
6.3　科创板投资地图 …………………………………………………（138）

下篇　新三板

第7章　什么是新三板 ……………………………………………………（145）
7.1　新三板的历史沿革 ………………………………………………（145）
7.2　新三板在我国多层次资本市场中的定位 ………………………（146）
7.3　新三板市场的跨越式发展 ………………………………………（148）
7.4　新三板的未来：对标纳斯达克 …………………………………（150）

第8章　为什么选择新三板 ………………………………………………（156）
8.1　中国企业可以在哪里上市 ………………………………………（156）
8.2　各上市板块的制度比较 …………………………………………（168）
8.3　新三板的制度优势 ………………………………………………（181）
8.4　哪些企业适合挂牌新三板 ………………………………………（185）

第9章　如何在新三板挂牌 ………………………………………………（189）
9.1　新三板的挂牌条件 ………………………………………………（189）
9.2　券商对企业挂牌新三板的要求 …………………………………（195）
9.3　挂牌前的准备工作 ………………………………………………（197）

9.4　新三板企业公司治理结构 …………………………………… (205)
　　9.5　新三板的挂牌流程和费用 …………………………………… (211)
第10章　新三板股份交易 …………………………………………………… (217)
　　10.1　交易方式的确定与变更 ……………………………………… (217)
　　10.2　做市交易 ……………………………………………………… (219)
　　10.3　竞价转让 ……………………………………………………… (228)
　　10.4　新三板的投资者概况 ………………………………………… (229)
　　10.5　新三板企业估值概况 ………………………………………… (232)
第11章　新三板企业资本运作：定向增发 ………………………………… (236)
　　11.1　定向增发的融资优势 ………………………………………… (237)
　　11.2　定向增发的制度和流程 ……………………………………… (243)
　　11.3　参与定增的投资者及定价方式 ……………………………… (245)
　　11.4　新三板定向增发市场分析 …………………………………… (249)
　　11.5　融资方式的创新方向——优先股 …………………………… (252)
第12章　新三板企业资本运作：并购重组 ………………………………… (255)
　　12.1　并购重组的制度 ……………………………………………… (256)
　　12.2　新三板并购与被并购企业的特征分析 ……………………… (260)
　　12.3　新三板企业并购模式和案例 ………………………………… (262)
第13章　新三板企业资本运作：股权激励 ………………………………… (274)
　　13.1　新三板企业股权激励方面的法律法规 ……………………… (274)
　　13.2　股权激励的实务要点 ………………………………………… (277)
　　13.3　新三板股权激励模式 ………………………………………… (281)
第14章　新三板精细化分层值得期待 ……………………………………… (291)
　　14.1　现行新三板分层的制度安排 ………………………………… (291)
　　14.2　精细化分层值得期待 ………………………………………… (297)
　　14.3　新三板精细化分层的意义 …………………………………… (299)
　　14.4　企业如何铺设精细层通道 …………………………………… (302)
　　14.5　转板和"新三板+H"的展望 ……………………………… (303)

附录 …………………………………………………………………（308）
    附录1：科创板相关法律和规则索引 …………………………（308）
    附录2：科创板首次公开发行股票注册管理办法（试行）………（310）
    附录3：科创板上市公司持续监管办法（试行）………………（322）
    附录4：新三板相关法律和规则索引 …………………………（326）
    附录5：全国27个省185个地级市新三板挂牌补贴政策一览表……（329）

参考文献 ………………………………………………………………（353）
后记 ……………………………………………………………………（361）

上 篇

科创板

第 1 章
什么是科创板

1.1 科创板推出的官方表态

2018年11月5日上午，习近平总书记在首届中国国际进口博览会开幕式上宣布，将在上海证券交易所设立科创板并试点注册制，支持上海国际金融中心和科技创新中心建设，不断完善资本市场基础制度。

11月5日下午，中国证监会负责人就设立上海证券交易所科创板并试点注册制答记者问表示，科创板旨在补齐资本市场服务科技创新的短板，是资本市场的增量改革，将在盈利状况、股权结构等方面做出更为妥善的差异化安排，增强对创新企业的包容性和适应性。具体内容涉及：

（1）科创板旨在补齐资本市场服务科技创新的短板，是资本市场的增量改革，将在盈利状况、股权结构等方面做出更为妥善的差异化安排，增强对创新企业的包容性和适应性。

（2）注册制的试点有严格的标准和程序，在受理、审核、注册、发行、交易等各个环节都会更加注重信息披露的真实全面，更加注重上市公司质量，更加注重激发市场活力，更加注重投资者权益保护。

（3）中国证监会将指导上海证券交易所针对创新企业的特点，在资产、投资经验、风险承受能力等方面加强科创板投资者适当性管理，引导投资者理性参与。鼓励中小投资者通过公募基金等方式参与科创板投资，分享创新企业发展成果。

（4）中国证监会和上海证券交易所将依据国家有关法律法规和政策，抓紧完善科创板的相关制度规则安排，特别是借鉴国际成功经验，完善上市公司信息披露，把握好试点的力度和节奏。同时，继续推动长期增量资金入市，严厉打击欺诈发行等违法违规行为，强化中介机构责任，促进资本市场平稳健康发展。

【案例1-1】

问：今天，习近平总书记在首届中国国际进口博览会开幕式上宣布，将在上海证券交易所设立科创板并试点注册制，中国证监会有何具体考虑？

答：党的十八大以来，习近平总书记就中国资本市场的改革开放发展稳定做出了一系列重要指示和批示，科学指明了中国资本市场发展的根本方向。习总书记在2018年10月31日中央政治局经济形势分析会上、在11月1日民营企业座谈会上特别强调要围绕资本市场改革，加强制度建设，激发市场活力，促进资本市场长期健康发展。习总书记今天上午在首届中国国际进口博览会开幕式的主旨演讲中提出，将在上海证券交易所设立科创板并试点注册制，支持上海国际金融中心和科技创新中心建设，不断完善资本市场基础制度。证监会党委将会同上海证券交易所党委坚决贯彻落实。中国证监会党委深刻认识到，在上海证券交易所设立科创板是落实创新驱动和科技强国战略、推动高质量发展、支持上海国际金融中心和科技创新中心建设的重大改革举措，是完善资本市场基础制度、激发市场活力和保护投资者合法权益的重要安排。科创板旨在补齐资本市场服务科技创新的短板，是资本市场的增量改革，将在盈利状况、股权结构等方面做出更为妥善的差异化安排，增强对创新企业的包容性和适应性。

2015年12月全国人大常委会对实施股票发行注册制已有授权，在科创板试点注册制有充分的法律依据。几年来，依法全面从严监管资本市场和相应的制度建设为注册制试点创造了相应条件。同时，注册制的试点有严格的标准和程序，在受理、审核、注册、发行、交易等各个环节都会更加注重信息披露的真实全面，更加注重上市公司质量，更加注重激发市场活力，更加注重投资者权益保护。

中国证监会将指导上海证券交易所针对创新企业的特点，在资产、投资经验、风险承受能力等方面加强科创板投资者适当性管理，引导投资者理性参与。鼓励中小投资者通过公募基金等方式参与科创板投资，分享创新企业发展成果。

中国证监会和上海证券交易所将依据国家有关法律法规和政策，抓紧完善科创板的相关制度规则安排，特别是借鉴国际成功经验，完善上市公司信息披露，把握好试点的力度和节奏。同时，继续推动长期增量资金入市，严厉打击欺诈发行等违法违规行为，强化中介机构责任，促进资本市场平稳健康发展。

2018年11月5日下午，上海证券交易所发布关于在上海证券交易所设立科创板并试点注册制相关情况答记者问表示，科创板是独立于现有主板市场的新设板块，并在该板块内进行注册制试点。具体内容涉及：

（1）中央决定在上海证券交易所设立科创板并试点注册制，对于完善多层次资本市场体系，提升资本市场服务实体经济的能力，促进上海国际金融中心、科创中心建设，具有重要意义，为上海证券交易所发挥市场功能、弥补制度短板、增强包容性提供了至关重要的突破口和实现路径。

（2）设立科创板并试点注册制是提升服务科技创新企业能力、增强市场包容性、强化市场功能的一项资本市场重大改革举措。通过发行、交易、退市、投资者适当性、证券公司资本约束等新制度以及引入中长期资金等配套措施，增量试点、循序渐进，新增资金与试点进展同步匹配，力争在科创板实现投融资平衡、一二级市场平衡、公司的新老股东利益平衡，并促进现有市场形成良好预期。

【案例1-2】

问：今天习近平总书记在首届中国国际进口博览会上发表主旨演讲时表示，将在上海证券交易所设立科创板并试点注册制。请简单介绍下相关情况。

答：这次中央决定在上海证券交易所设立科创板并试点注册制，对于完善多层次资本市场体系，提升资本市场服务实体经济的能力，促进上海国际金融中心、科创中心建设，具有重要意义，为上海证券交易所发挥市场功能，弥补制度短板，增强包容性提供了至关重要的突破口和实现路径。

上海证券交易所将认真落实习总书记指示，在中国证监会的指导下，积极研究制订科创板和注册制试点方案，向市场征求意见并履行报批程序后实施。科创板是独立于现有主板市场的新设板块，并在该板块内进行注册制试点。

设立科创板并试点注册制是提升服务科技创新企业能力，增强市场包容性，强化市场功能的一项资本市场重大改革举措。通过发行、交易、退市、投资者适当性、证券公司资本约束等新制度以及引入中长期资金等配套措施，增量试点、循序渐进，新增资金与试点进展同步匹配，力争在科创板实现投融资平衡、一二级市场平衡、公司的新老股东利益平衡，并促进现有市场形成良好预期。

下一步，上海证券交易所将在中国证监会的统一部署下，依据国家有关法律法规和政策，制订工作方案、各项规则以及配套制度，完成相关技术系统开发工作，积极稳妥推进科创板和注册制试点在上海证券交易所顺利落地。

1.2 科创板推出的背景

1.2.1 当前A股市场的结构性问题

1.2.1.1 A股市场的结构性问题一：牛短熊长

从1990年12月开市至今，中国资本市场共经历了9轮牛市，以及随之而来的九轮熊市（见图1-1）。统计来看，中国牛市平均是12.1个月，熊市是平均持续27.8个月，熊市是牛市持续时间的2.3倍，呈现典型的"牛短熊长"的局面。牛市时候上证综指平均涨幅217.2%，熊市时上证综指平均跌幅为56.4%，呈典型的暴涨暴跌。与之对应，美国股市熊市平均持续10个月，跌幅35.4%，牛市平均持续32个月，涨幅106.9%，牛市持续时间是熊市的3.2倍。指数表现方面，上证综指从100点上涨到3200多涨幅超过31倍；1991年至今深圳成指从1000点上涨到10000多点涨幅超过10倍；同期，中国通胀指数涨幅接近2倍；中国国债的年均收益率不足4%，略高于通胀指数。

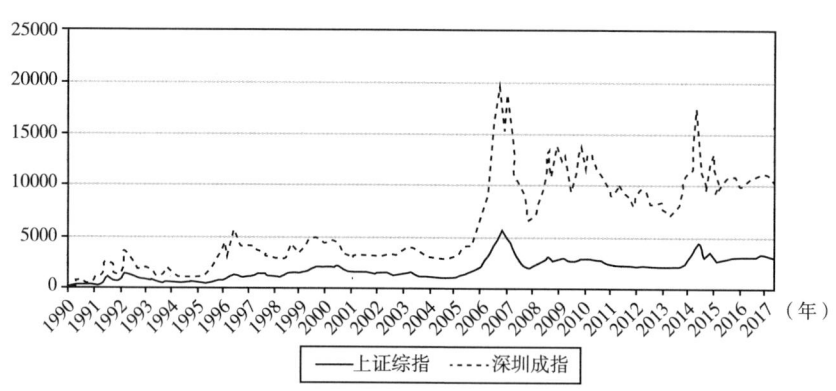

图1-1　1990年至2017年上证综指、深圳成指的行情走势

资料来源：Wind。

虽然A股市场整体指数涨幅不大，上证综指和深圳成指与危机后的股市低点相

比仅上涨77%和81%,但是行业指数涨幅明显好于市场指数。其中,信息技术指数与医疗保健指数涨幅均超过600%,排名前两位;可选消费指数和日常消费指数涨幅在400%左右,紧随其后;房地产指数、金融指数、工业指数涨幅均超过200%(见图1-2)。只有能源指数与电信服务指数明显跑输市场整体,涨幅均低于40%。申万行业指数也是如此,仅采掘、钢铁、公用事业三个行业指数涨幅跑输市场整体指数,其余25个行业指数均跑赢市场整体(见图1-3)。电子、家用电器、食品饮料、医药生物、休闲服务以及计算机六大行业指数涨幅均超过400%。

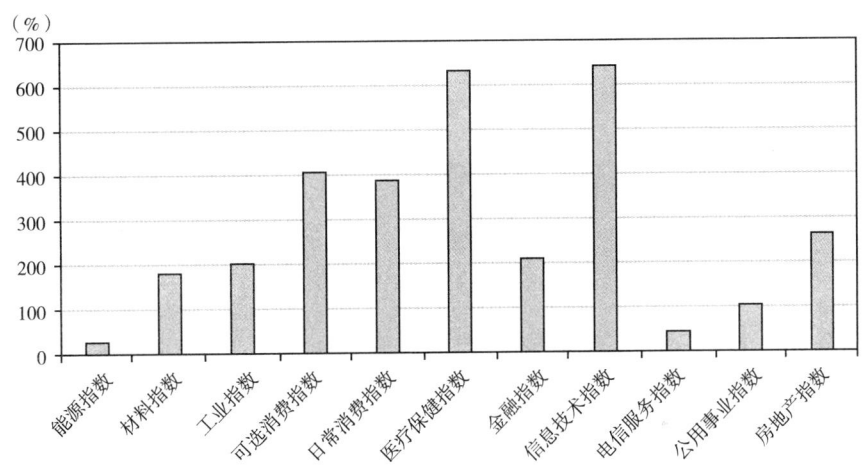

图1-2 A股市场Wind行业指数涨幅

资料来源:Wind。

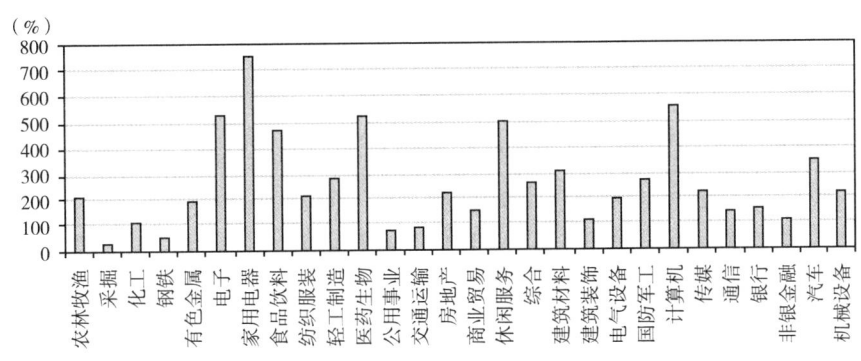

图1-3 A股市场申万行业指数涨幅

资料来源:Wind。

1.2.1.2 A股市场的结构性问题二：传统产业占比过高

目前来看，A股市场结构呈现周期股市值占比高，科技股市值占比低的格局。统计显示：自2000年以来，A股市场周期行业IPO企业数量占比达47%、融资金额占比为44%，而消费行业融资企业数量占比为29%、融资金额占比为20%，科技行业融资企业数量占比为19%、融资金额占比为11%，金融行业融资企业数量占比为2%、融资金额占比为22%。即使是2010年以来，经济转型进程加快，但仍然是周期行业上市数量和金额占比较高，分别达到46%、38%，而科技行业IPO数量和金额占比仅为21%、15%。从市值占比来看，A股的板块市值占比分别为周期股33%、金融股22%、消费股25%、科技股12%、地产股4%（见图1-4）；而在美国股市的市值占比中，周期股14%、金融股17%、消费股36%、科技股27%、地产股3%。因此，"周期股占比高，科技股少"A股市场结构亟待改变。

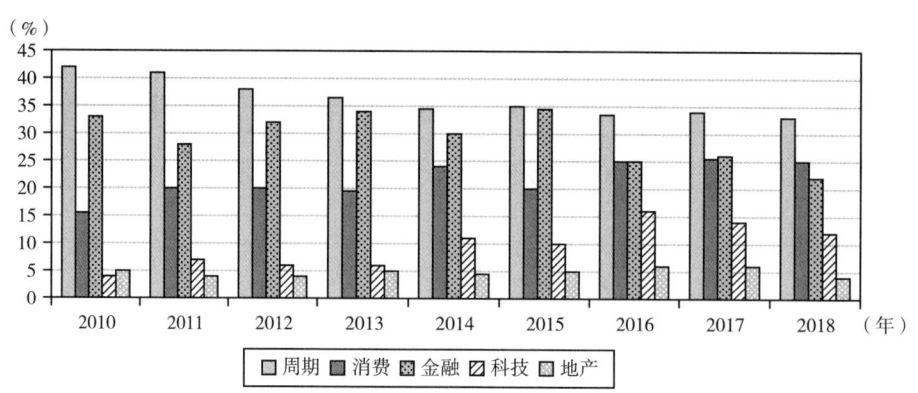

图1-4 "周期股占比高，科技股少"的A股市场结构亟待改变

资料来源：Wind。

从具体行业板块市值情况来看，当前A股市场行业市值占比前五的行业分别为金融（24.1%）、工业（16.6%）、信息技术（11.3%）、可选消费（11.1%）、材料（10.2%）；医疗保健、日常消费、能源均超过5%，分列第六到第八位；房地产、公用事业以及电信服务排在末三位（见图1-5）。而美国股市行业市值占比前五的行业分别为信息技术（22.2%）、金融（16.5%）、可选消费（13.5%）、医疗保健（10.6%）、能源（9.3%）；工业和日常消费品分别为8%和7.3%，分列第六至第七位；材料、房地产、公用事业、电信服务占比均小于5%，排在末四位（见图1-6）。

第1章 | 什么是科创板

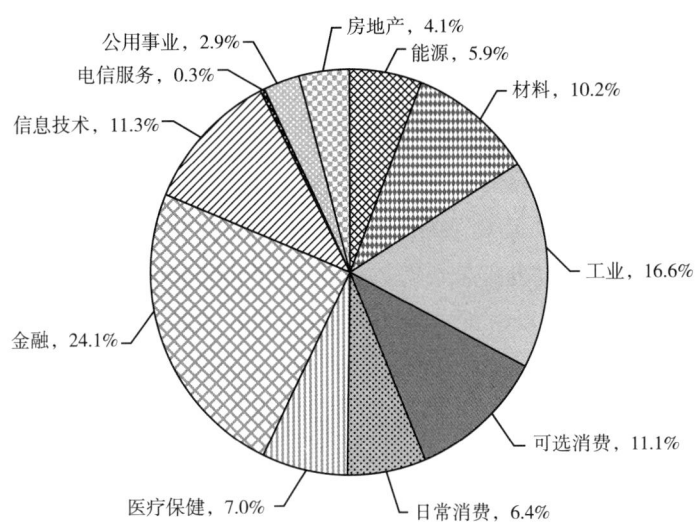

图1-5 当前A股市场行业市值结构

资料来源：Wind。

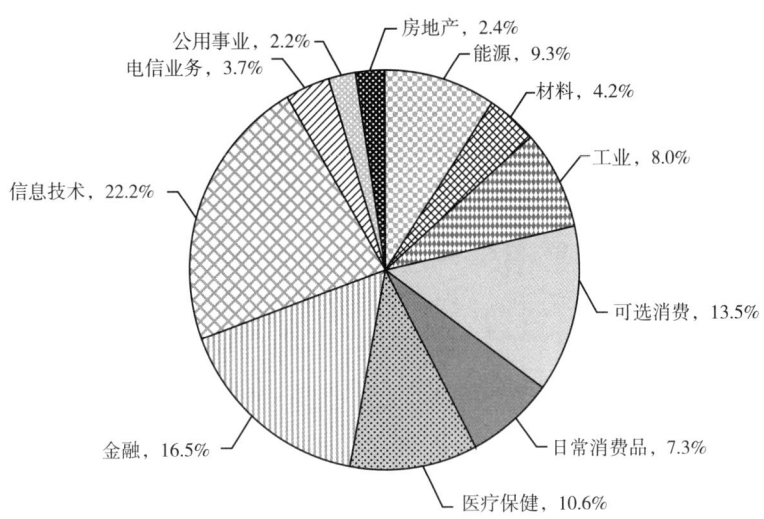

图1-6 当前美国股市行业市值结构

资料来源：Wind。

从行业市值占比的变化来看，2008年11月，A股市场行业市值比较集中，前三大行业市值占比超过60%（见图1-7）。其中，金融行业市值占比最大，达到

9

36.9%；能源行业排在第二，达到23.6%；工业市值占比排在第三，达到11.4%。2008年11月至今，A股市场行业市值占比变化最大的五个行业为能源、金融、信息技术、可选消费和工业。能源和金融行业市值占比降幅最大，市值占比分别下降17.7%和12.8%；信息技术市值占比增加最多，从2%增加到11.3%；可选消费和工业市值占比增加均超过5%。A股市场行业市值结构的变化，一方面来自于行业新增上市公司差异，另一方面则来自于行业已有上市公司市值增长的差异。2008年11月至2018年5月，新增上市公司家数排名前四的行业为工业（581家）、信息技术（408家）、可选消费（318家）以及材料（277家），新增上市公司市值排名前四的行业为工业（4.88万亿元）、信息技术（4.31万亿元）、金融（3.32万亿元）、可选消费（2.24万亿元）；新增上市公司市值在行业市值中占比排名前四的行业为信息技术（63.9%）、工业（49.4%）、可选消费（49.1%）、医疗保健（42.4%）（见表1-1）。

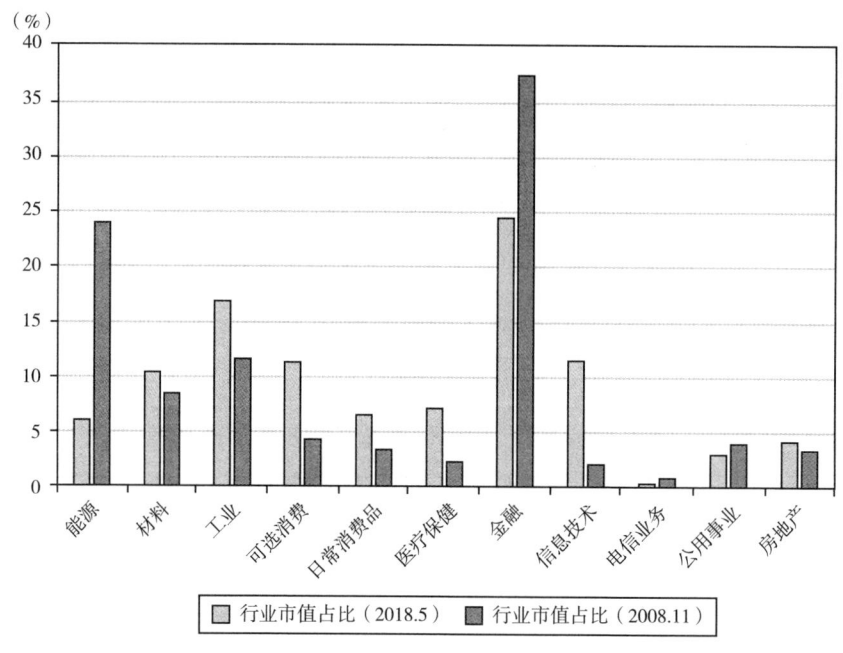

图1-7 A股市场行业市值结构变化

资料来源：Wind。

表1-1　　A股市场行业新增上市公司家数及新增市值情况

行业	企业数量（家）	市值（亿元）	行业市值在总市值中占比（%）	新增企业数量（家）	IPO新增市值（亿元）	IPO新增市值在行业市值中占比（%）
能源	75	35 100	5.9	26	2 201	6.3
材料	566	60 912	10.2	277	22 157	36.4
工业	929	98 933	16.6	581	48 828	49.4
可选消费	570	66 152	11.1	318	32 495	49.1
日常消费	201	38 105	6.4	99	14 816	38.9
医疗保健	280	4 1401	7.0	164	17 562	42.4
金融	84	143 628	24.1	39	33 221	23.1
信息技术	561	67 416	11.3	408	43 104	63.9
电信服务	4	2 061	0.3	2	81	3.9
公用事业	104	17 522	2.9	21	4 041	23.1
房地产	139	24 156	4.1	8	3 025	12.5
合计	3 513	595 385	100.0	1 943	221 532	

资料来源：Wind。

从美国高成长股的市值增长来看，信息技术、可选消费和医疗保健等新兴产业是未来的重点发展方向，贯穿这些行业的共性是技术和需求的驱动。其中，信息技术行业明显受高技术驱动，可选消费行业受需求驱动，医疗保健行业兼具需求和技术的属性。从美国上市公司（美股）的市值变化来看，电信、信息技术、日常消费、可选消费等行业快速增加，2005年到2015年的复合增长率分别为13.76%、9.66%、9.75%和10.03%；而传统的工业、材料、能源、公用事业等行业增速较慢（见图1-8）。从美国股市的市场结构转型经验来看，自2017年12月以来，美国股市继续引吭高歌，三大指数连续齐创历史新高。不管是道琼斯工业指数和标普500指数，还是纳斯达克指数，科技板块都在指数中占据重要位置（见表1-2及图1-9）。而科技板块盈利能力的持续高位与科技龙头企业的崛起是带动美国三大股指狂飙的主要力量。

纳斯达克是美国科技股最为集中的地方，纳斯达克市值过1 000亿美元的11家公司中，从苹果、谷歌、微软、Facebook，到英特尔、思科、博通，再到安进（全

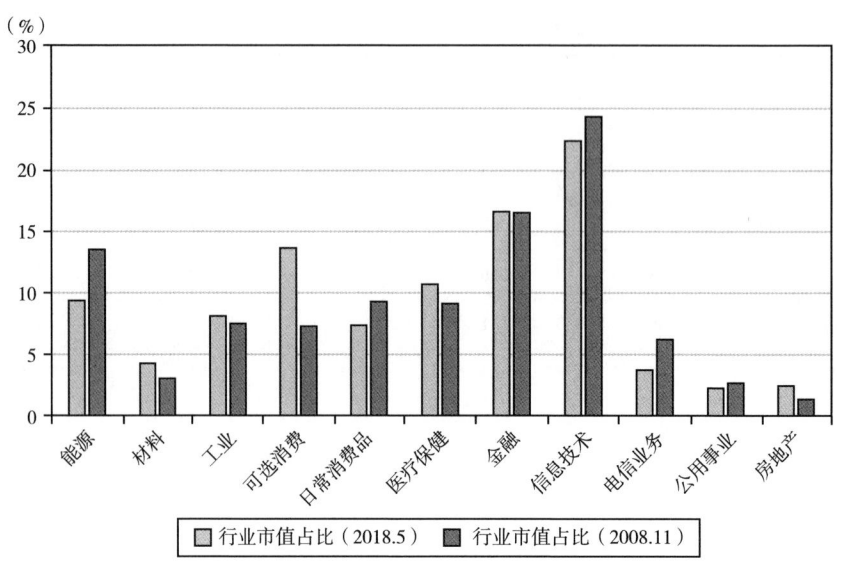

图1-8 美国股市行业市值结构变化

资料来源：Wind。

表1-2　　　　　　　　　　美国股市三大指数情况

时间	道琼斯工业指数	纳斯达克指数	标准普尔500指数
2009.02（次贷低点）	7 062.9	1 377.8	735.1
2016.12	19 762.6	5 383.12	2 238.8
2017.12	24 329.2	6 840.1	2 651.5
2017年涨幅	23.1%	27.1%	18.4%
次贷危机至今涨幅	244.5%	396.4%	260.7%

资料来源：Wind。

球生物制药巨头）都是科技公司。就连看似零售商、电商的亚马逊公司也是原生的科技、消费数据和创新公司。亚马逊2016年研发投入净值超过161亿美元，在全美所有公司中排名第一。谷歌、英特尔、微软、苹果2016年研发分别为投入139亿美元、127亿美元、123亿美元和100亿美元。这些科技股总市值接近5万亿美元，2017年平均涨幅超过40%，2009年2月至今平均涨幅850%，而且它们的市盈率还比较低，除了亚马逊、博通和英伟达，其余市盈率基本上在14~35之间。可见，这些巨无霸科技股的上涨是拉动指数狂飙的重要因素，而且这些科技股的市盈率较低，说明这些科技股在暴涨的同时，它们的盈利也在不断提升。因此，这种上涨不像2000年时的科技股泡沫，这种上涨是具有坚实基本面支撑的上涨（见表1-3）。

图1-9 道琼斯工业指数与纳斯达克指数走势

资料来源：Wind。

表1-3　　纳斯达克100市值1 000亿美元以上公司股票情况

上市公司股票简称	总市值（亿美元）	2017年涨幅（%）	涨幅：2009年2月至今（%）	市盈率PE（TTM）
苹果公司（APPLE）	8 815.6	50.6	1 401.2	17.9
谷歌（ALPHABET）	7 257.9	32.3	520.0	34.1
微软公司（MICROSOFT）	6 602.1	40.8	557.9	28.9
亚马逊（AMAZON）	5 614.2	55.4	1 698.2	288.5
Facebook	5 142.1	53.8	362.9	33.6
英特尔（INTEL）	2 027.8	22.8	349.3	14.7
思科（CISCO SYSTEMS）	1 874.1	29.9	214.9	19.1
康卡斯特（COMCAST）	1 846.6	15.9	609.3	18.0
安进（AMGEN）	1 279.5	23.9	310.2	15.6
英伟达（NVIDIA）	1 156.5	79.5	2 385.9	44.4
博通（BROADCOM）	1 055.4	48.2	1 684.4	59.9

资料来源：Wind。

目前来看，A股市场正面临着结构性的转变。其中，A股市场总市值排名前5

的行业分别是金融、工业、可选消费、信息技术以及材料，行业总市值在A股总市值中占比分别为23.3%、17.3%、11.6%、11.2%和10.5%（见图1-10）。金融和工业两个行业总市值占比超过40%。信息技术行业总市值占比排名第四，近11.2%，只有美国股市信息技术行业总市值占比的一半左右（美国信息技术行业总市值在美国股市总市值中占比为21.18%，见图1-11）。信息技术行业总市值仅6.96万亿美元，与美国股市信息技术行业总市值10.2万亿美元相比，仅仅是美国股市的十分之一左右。从个股来看，传统产业唱主角的情况更加明显，上证A股为最。统计显示：上证A股市值前45名中，以银行、保险、券商等金融股为主，能源、工业、有色、地产为第二梯队，难见科技股的影子（见表1-4）。

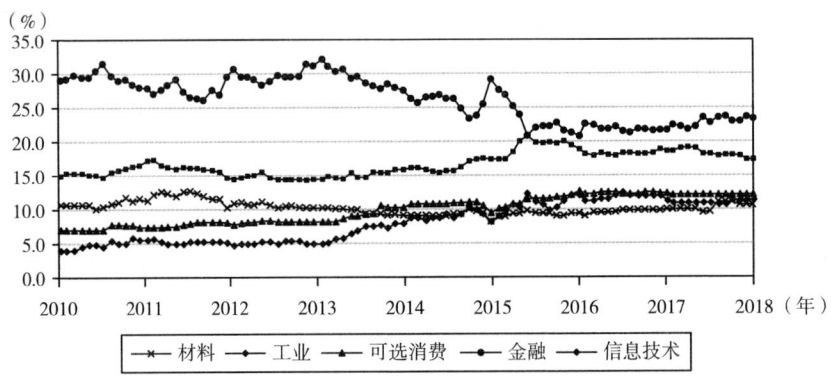

图1-10　中国A股总市值排名前五的行业

资料来源：Wind。

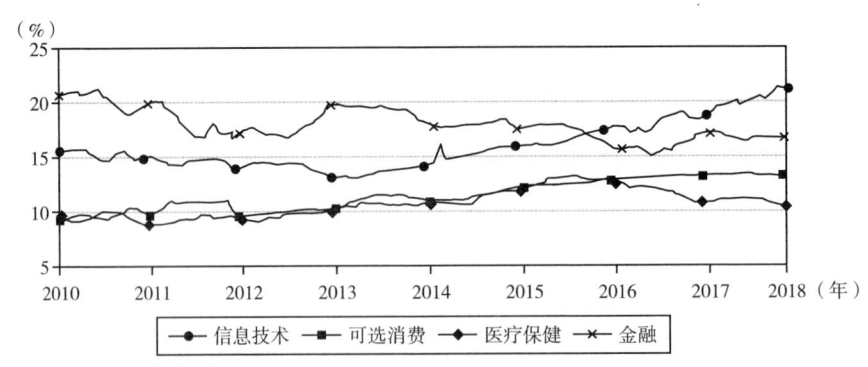

图1-11　美国股市总市值排名前四的行业

资料来源：Wind。

表 1-4　　　　　　　　　　　上证 A 股市值排名前 45 的公司

证券简称	总市值（亿元）	证券简称	总市值（亿元）	证券简称	总市值（亿元）
工商银行	20 814	长江电力	3 610	广汽集团	1 773
建设银行	17 326	兴业银行	3 565	国泰君安	1 707
中国石油	14 678	中国中车	3 163	上港集团	1 701
中国平安	13 017	民生银行	3 123	海通证券	1 622
农业银行	12 017	中信银行	3 054	中国铁建	1 577
中国银行	11 422	中国建筑	2 817	海螺水泥	1 556
中国人寿	8 754	中国交建	2 232	中国国航	1 493
贵州茅台	8 182	中信证券	2 216	保利地产	1 489
中国石化	7 313	中国联通	2 101	洛阳钼业	1 482
招商银行	7 150	新华保险	1 997	海天味业	1 384
交通银行	4 679	中国中铁	1 969	华泰证券	1 362
中国神华	4 338	恒瑞医药	1 937	北京银行	1 334
中国太保	3 811	光大银行	1 923	大秦铁路	1 319
浦发银行	3 742	伊利股份	1 857	招商证券	1 215
上汽集团	3 667	宝钢股份	1 848	中国铝业	1 206

资料来源：Wind。

事实上，国内传统产业难以抵挡经济下行周期的影响，业绩也随之下行。2009 年以来，中国经济经历了增速下行周期，上市公司盈利能力也在不断下行，全部 A 股净资产市盈率从近 20% 下行到 11.8%，中小板与创业板也从 20% 左右下行到 10% 左右。这是中国股市自 2008 年次贷危机以来表现明显逊于美国股市的根本原因。

数据显示，截至 2018 年末，上证 A 股、深证 A 股、中小企业板以及创业板扣除非经常性损益后的净资产收益率分别为 8.89%、10.13%、5.07%、4.35%、0.50%，较 2017 年同期分别下降 0.96%、0.38%、2.72%、3.8%、5.17%（见表 1-5）。

表1-5　　　　　　　2009年以来A股主要板块净资产市盈率变化

时间	扣除非经常损益后的净资产收益率——平均（整体法）				
	全部A股	上证A股	深圳A股	中小企业板	创业板
2009.12.31	12.57	13.20	9.17	12.48	13.47
2010.12.31	15.22	15.93	11.84	13.34	10.25
2011.12.31	14.28	15.36	9.84	10.76	8.52
2012.12.31	12.40	13.62	7.59	8.12	6.78
2013.12.31	12.56	13.74	7.85	7.40	6.74
2014.12.31	11.78	12.81	7.78	7.63	7.67
2015.12.31	9.89	10.65	7.10	7.39	8.50
2016.12.31	9.28	9.70	7.88	8.30	8.64
2017.12.31	9.85	10.51	7.79	8.15	5.67
2018.12.31	8.89	10.13	5.07	4.35	0.50

资料来源：Wind。

同时，中小创板块的市值结构也表明我国经济发展与结构升级的方向。A股市场中小创板块市值前四的行业分别为信息技术（28.2%）、工业（22.3%）、可选消费（13.3%）、医疗保健和材料（12.7%，并列第四），高于A股市场相应行业市值占比7.2%、3.3%、2.2%、4%和2.5%。美国纳斯达克总市值前三的行业分别为信息技术（52.8%）、可选消费（19.6%）、医疗保健（10.3%），高于美国股市相应行业市值占比30.6%、6.1%、-0.3%。从中美中小创板块的行业市值结构对比来看，美国纳斯达克行业市值更加集中，前三行业市值占比合计超过70%。A股中小创市值分布相对均匀，前五行业市值占比合计接近80%。信息技术、可选消费、医疗保健市值占比都比较高是中美中小创板块的共同特征（见表1-6）。

表1-6　　　A股市场中小创板块与纳斯达克市场行业市值结构对比　　　（单位：%）

板块	中小板	创业板	中小创	全部A股	美国股市	纳斯达克
能源	0.8	0.5	0.7	5.9	9.3	0.5
材料	15.1	8.2	12.7	10.2	4.2	0.5
工业	20.5	25.6	22.3	16.6	8.0	3.4
可选消费	16.2	7.8	13.3	11.1	13.5	19.6

续表

板块	中小板	创业板	中小创	全部A股	美国股市	纳斯达克
日常消费品	6.5	4.1	5.7	6.4	7.3	4.0
医疗保健	10.6	16.7	12.7	7.0	10.6	10.3
金融	3.8	1.5	3.0	24.1	16.5	6.7
信息技术	24.3	35.4	28.2	11.3	22.2	52.8
电信服务	0.1	0.1	0.1	0.3	3.7	1.2
公用事业	0.4	0.1	0.3	2.9	2.2	0.3
房地产	1.7	0.0	1.1	4.1	2.4	0.7

资料来源：Wind。

1.2.2　新三板市场流动性及转板问题

新三板缓解了中小企业融资难、融资贵问题，提高了金融服务实体经济的效率，已经成为我国多层次资本市场不可或缺的部分。从制度来看，新三板是多层次资本市场中制度改革的试验田，新三板建立做市商制度、分层制度以及摘牌制度，不断完善制度建设。从规模来看，自扩容之后，新三板发展速度惊人，规模已经超过了沪深市场。但新三板市场发展历程较短，市场核心机制处于初步发展阶段，仍然面临一些亟待解决的问题。

第一，新三板市场缺乏流动性。这也是新三板市场当前面临的最大问题，挂牌企业成交寥寥，使得市场发现价格的功能得不到很好的体现，融资功能也未能较好发挥。相当一部分企业成交较少甚至为零，也有相当一部分企业股份集中在少数股东手里，交易活跃的只有个别企业。从新三板挂牌公司家数来看，新三板挂牌公司家数在2017年11月达到高峰，超过11 600家，在此之后持续下滑。截至2018年末，创新层挂牌企业有914家，基础层挂牌企业有9 777家。从交易规模的绝对值来看，2014～2015年，新三板交易的金额与股份数量经历了大幅跃升，其后小幅提升并于2017年达到最高，当年成交金额2 272亿元，成交股份数量433亿股；2018年，这两个数字分别下滑61%和45%，成交活跃度显著下滑。从投资者数量来看，截至2018年末，新三板总市值3.86万亿元，机构投资者5.63万户，个人投资者37.75万户。对照来看，2018年12月末A股总市值43.49万亿元，机构投资者35.07万户，个人投资者1.45亿户。新三板市场的参与数量严重不足，机构为主的市场活跃性也相对较低。在严格限制准入门槛之下，投资者范围大幅缩减，加上上市企业质量差异过大，优质企业数量极少，造成新三板市场整体流动性差，市场热度快速下降。

第二，新三板做市商制度与分层制度作用未能充分发挥。做市制度的最初设计目的是提供市场的流动性、发现价格等。但是，做市商制度存在的一些问题亦逐步显现出来：一是做市商和挂牌企业数量供需失衡，做市商形成类垄断性做市；二是做市交易尚未发挥在大额交易流动性方面的优势；三是做市商权利义务的不匹配形成自我循环的流动性枯竭机制。同样，新三板分层制度的设计的主要目标之一是提高新三板市场的流动性，但也尚未发挥作用。如果新三板市场供求不匹配，定价机制不合理，企业融资及服务不足，创新层也将面临流动性逐渐被侵蚀的问题，而基础层的企业流动性将更加恶化，甚至变成"僵尸企业"。因此，分层制度并没有在本质上带来流动性，只是改变了市场的流动性结构。

第三，新三板转板制度尚未明确。转板是新三板挂牌企业的发展方向之一。对于转板的预期是众多新三板企业挂牌的重要动力，特别是注册制尚不能实施的情况下，转板成为企业寄希望于绕开IPO排队、实现上市的"曲线战略"。然而，当前我国监管机构对转板尚未有明确的转变计划及时间表。此外，成熟的多层次资本市场要让企业"能上能下"，才能够"流水不腐"。目前，新三板初步建立摘牌制度，却没有和区域股权市场对接的系统制度安排，仅通过分层不能充分实现对企业的筛选机制。相关资料见图1-12~图1-14。

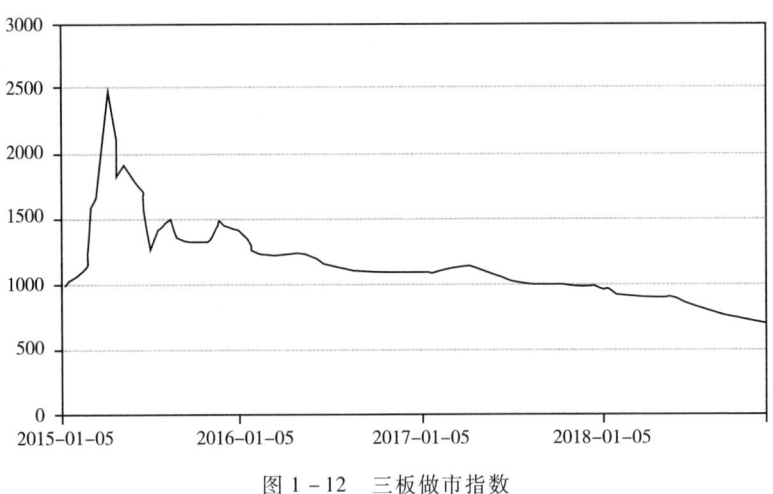

图1-12 三板做市指数

资料来源：Wind。

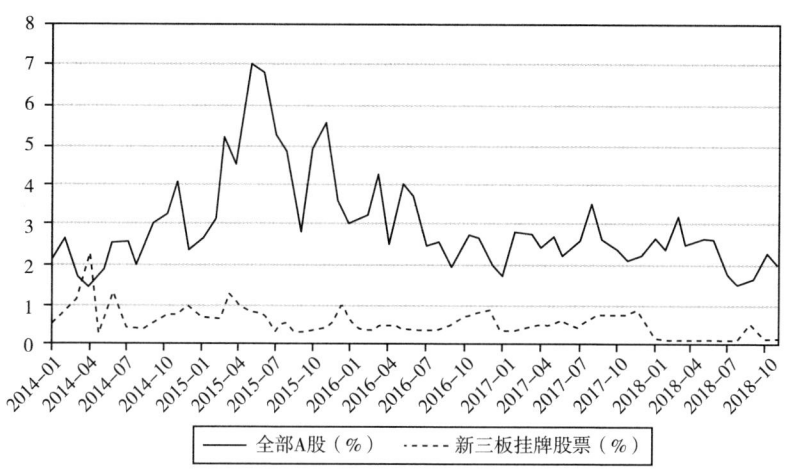

图 1-13 A 股及新三板换手率

资料来源：Wind。

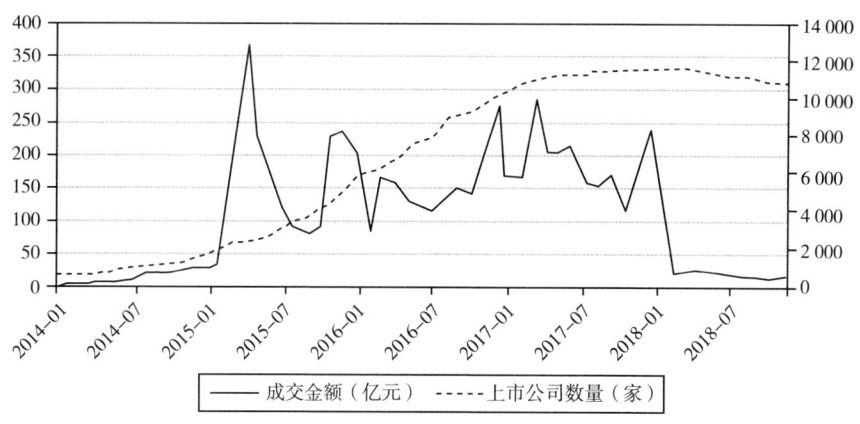

图 1-14 新三板成交金额与挂牌公司家数

资料来源：Wind。

1.2.3 科技创新型企业的融资问题亟待解决

从制度层面来看，我国 30 多年来不断推进多层资本市场建设，力求为不同类型企业提升精准的差异化融资服务。从目前各板的情况来看，主板上市的主要为大型蓝筹企业，创业板大部分是运营已久、已有稳定收益的成长性企业，新三板企业主要为体量偏小、创新、创业的中小微企业。为了支持科技创新型企业发展，自2015年以来，国务院、交易所、证监会等政府职能和管理机构出台了多部文件，推动资本市场改革。最早的科创板是2015年11月20日上海股权托管交易中心推出的"科技创新企业股份转让系统"（简称N板），专为科技型和创新型中小企业服务。2017年11月28日，上海股权托管交易中心设立的科创板正式开盘，首批27家企业成功挂牌。上海股权托管交易中心设立的N板市场属于场外市场，与习近平总书记宣布的上海证券交易所设立的科创板有着本质的区别——上海证券交易所的科创板可以类比于战略新兴板。

战略新兴板是由国务院提出，以更高层次的资本市场来支持科技创新型企业的发展。2015年6月，国务院印发《关于大力推进大众创业、万众创新若干政策措施的意见》指出，推动在上海证券交易所建立战略新兴产业板。2015年12月25日，证监会表示，战略新兴板相关标准和制度正在研讨，上市条件、交易制度、持续监管等方面要吸取创业板的经验教训，开展制度创新，与创业板错位发展、适度竞争（见图1-15）。但2015年中国股票市场大幅波动，最终战略新兴板并未推出，在2016年3月14日人大四次会议对"十三五"规划纲要草案的修订中，删除了"设立战略性产业新兴板"的内容，战略新兴板暂时停滞。

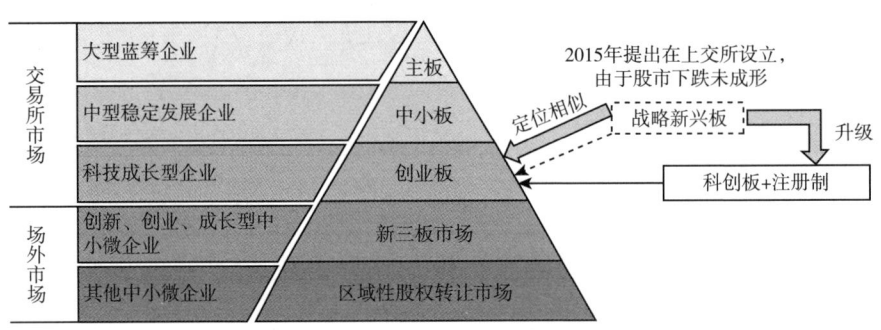

图1-15 我国多层次资本市场建设情况

随着中国经济及资本市场的不断发展，科技创新型企业融资问题也亟待解决，多层次资本市场建设需要进一步推进。2018年11月5日，习近平总书记宣布在上海证券交易所设立科创板，科创板肩负着中国科技创新和资本市场对外开放的重要定位。目前，科创板与2015年提出的筹划在上海证券交易所建立的战略新兴板极为相似，而战略新兴板定位与深圳证券交易所创业板相同，但受2015年股市大幅下跌影响，战略新兴板被搁置。事实上，科创板与注册制试行是对当年战略新兴板的升级,主要为创新型科技企业服务,特别是为初创或未达到盈利等硬性指标的大规模企业提供上市渠道。

1.3 科创板推出的意义

1.3.1 设立科创板并实行注册制是我国资本市场的重大改革,具有示范意义

2018年11月5日,习近平总书记在上海中国进口博览会开幕式上宣布,上海将设立科创板并实行注册制,支持上海国际金融中心建设和上海科技创新中心建设,不断完善资本市场基础制度。科创板承担着注册制试点、科技创新和资本市场对外开放的重要职能,是中国资本市场的重要里程碑。本次设立科创板并实行注册制由我国最高决策层提出,意义重大,是中国资本市场实施增量改革、实现一系列制度性突破的重要历史性机遇。科创板将独立于现有板块运行,制度制定者应按照"高标准、快推进、稳起步,强功能、控风险、渐完善"的工作思路,抓住有利时机发挥增量改革的后发优势,种好这块资本市场的"试验田"。

科创板从提出设立到正式开板,仅用了7个月的时间,足以证明其"是改革开放的重大战略部署、资本市场的重大制度创新、完善多层次资本市场体系的重要举措"的重要性。实际上,科创板建设不仅是上海国际金融中心和科技创新中心建设的重要内容,更是中国资本市场实施增量改革、实现一系列制度性突破的重要历史性机遇。设立科创板并试点注册制,不是简单增加一个市场板块,而是资本市场的重大改革,应当紧紧围绕资本市场服务实体经济、创新驱动发展等理念,提升市场包容性和对创新的支持,在上市、发行、交易等一系列制度上深化改革,进而推动整个资本市场的全局性革命性变化。

1.3.2 科创板独立于现有板块,通过试点的方式在小范围内研究实施改革,可以有效地控制风险

与已有的主板、创业板、新三板不同,科创板在股票发行、上市、交易、退

市等制度上均有重大突破。科创板将独立于现有板块运行，应利用好这个"安全空间"进行一系列制度改革，通过试点的方式在小范围内研究实施改革，有效控制风险，抓住有利时机发挥增量改革的后发优势，种好这块资本市场的"试验田"。

目前，在一些关键制度的改革上，中国资本市场进展缓慢。2018年初，全国人大常委会审议决定将证监会实行注册制授权期限延长到2020年2月29日。一直以来，注册制是中国资本市场市场化改革的重要目标之一。但从历史过程来看，在企业发行上市的过程中，特别是涉及发行定价和发行节奏的市场化的问题上，改革始终走走停停，甚至有时候受到市场剧烈波动的影响还会走回头路，改革进展一直不能令人满意。这一情况表明当前A股市场在这些重大制度的改革上有历史包袱，受到的制约因素较多，所以应当考虑通过增量改革的方式，有效降低与现行发行制度的冲突，进而推动全局的改革。

除了发行制度之外，在市场交易的一系列制度层面，诸如要不要实行"T+0"、要不要取消市场的涨跌停板限制等问题上，也一直存在比较大的争议。从当前市场发展的状况来看，部分现有的制度并不完全适应形势的要求，但这些基础制度的改革往往牵一发而动全身，比较容易引发投资者预期的混乱和市场的波动。而科创板正是一张白纸，通过试点的方式在小范围内研究实施改革，也可以有效控制风险。如果改革效果显著，更可以推广至全市场，从而推动我国资本市场的发展。

1.4 科创板推出的时间

从2018年11月5日习近平总书记提出科创板与注册制试点至今，推进进程紧锣密鼓地展开。上海证券交易所发行上市中心总经理魏刚于2018年11月14日披露科创板进展时表示将争取科创板在2019年上半年见到成效，浦东新区金融服务局已成立科创板专项工作组，对张江、金桥等片区科创企业预筛选，建立后备企业数据库，同时建立科创板上市"白名单"机制，为优质企业提供注册上市快速通道。随后于2018年11月20日，上海市委书记李强主持召开座谈会时提出科创板要瞄准"集成电路、人工智能、生物医药、航空航天、新能源汽车"五大领域，框定了科创板重点扶持行业。12月上海证券交易所与证监会为确保科创板并试行注册制尽快落地分别召开会议，布置重点工作，围绕科创板发行上市标准、发行承销方案、交易制度、持续监管，以及注册制试点实施方案进行讨论。

2019年1月23日，中央全面深化改革委员会第六次会议召开，审议通过了《在上海证券交易所设立科创板并试点注册制总体实施方案》《关于在上海证券交易所设立科创板并试点注册制的实施意见》。文件要求增强资本市场对科技企业的包容性，并稳步试点注册制。1月30日晚间，中国证监会发布《关于在上海证券交易所设立科创板并试点注册制的实施意见》。中国证监会表示，已起草完成《科创板首次公开发行股票注册管理办法（试行）》和《科创板上市公司持续监管办法（试行）》，上海证券交易所已起草完成《上海证券交易所科创板股票发行上市审核规则》等配套规则。相关规则正在按程序公开征求意见。根据征求意见稿，相关上市制度、交易制度、投资者门槛等超出市场预期。征求意见时间半个月至一个月时间；后续企业申报及交易所审核时间一个月至两个月。截至2月20日，上海证券交易所六项细则已截止征求意见。2月28日，中国证监会的制度文件结束征求意见。

2019年3月1日，市场高度关注的科创板并试点注册制的配套规则正式出炉。3月2日凌晨，中国证监会、上海证券交易所官网正式发布实施设立科创板并试点注册制相关的监管办法、业务规则和配套指引，包括《上海证券交易所科创板股票上市规则》《上海证券交易所科创板股票发行与承销实施办法》等14份文件以及2份相关监管问答，这是在1月30日科创板试点注册制征求意见的系列制度基础上的进一步完善。至此，对科创板并试点注册制系列配套制度正式开始落地。3月18日，科创板发审系统上线。4月4日，上海证券交易所正式公布38人构成的首届科创板股票上市委员会委员名单和48人构成的第一届科技创新咨询委员会委员。4月16日，上海证券交易所发布了《科创板股票发行与承销业务指引》，对战略投资者、保荐机构相关子公司跟投、新股配售经纪佣金、超额配售选择权、发行定价配售程序等作出了明确规定和安排。6月13日，在第十一届陆家嘴论坛上，科创板正式宣布开板。作为资本市场深化改革的一项重要创新，从2018年11月5日习近平总书记首次宣布设立科创板，到改革方案逐步清晰，再到2019年6月13日科创板正式开板，科创板"备战"过程仅用时220天，彰显出改革者的决心与行动力。目前已有123家企业的科创板上市申请被受理，申报平稳有序；同时，各个委员会的组建已经完成，上海证券交易所已组织市场机构完成了三次全网测试，技术系统亦准备就绪，预计2019年7~8月科创板就会有首批企业上市。相关资料见图1-16和表1-7。

表1-7　　　　　　　设立科创板并试点注册制的主要制度规则

类别	具体制度规则
部门规章 （中国证监会发布，2项）	《科创板首次公开发行股票注册管理办法（试行）》 《科创板上市公司持续监管办法（试行）》
配套业务规则 （上海证券交易所发布，6项）	《上海证券交易所科创板股票发行上市审核规则》 《上海证券交易所科创板股票发行承销实施办法》 《上海证券交易所科创板股票上市规则》 《上海证券交易所科创板股票交易特别规定》
配套业务规则 （上海证券交易所发布，6项）	《上海证券交易所科创板股票上市委员会管理办法》 《上海证券交易所科技创新咨询委员会工作规则》
配套指引 （上海证券交易所发布，4项）	《上海证券交易所科创板上市保荐书内容与格式指引》 《上海证券交易所科创板股票发行上市申请文件受理指引》 《上海证券交易所科创板股票盘后固定价格交易指引》 《上海证券交易所科创板股票交易风险揭示书必备条款》

2018-11-5
- 上交所就设立科创板并试点注册制相关情况答记者问
- 将通过发行、交易、退市、投资者适当性、证券公司资本约束等新制度以及引入中长期资金等配套措施，增量试点、循序渐进，新增资金与试点进展同步匹配，力争在科创板实现投融资平衡、一二级市场平衡、公司的新老股东利益平衡，并促进现有市场形成良好预期

2018-11-5
- 证监会负责人就设立上海证券交易所科创板并试点注册制答记者问
- 科创板旨在补齐资本市场服务科技创新的短板，是资本市场的增量改革，证监会将在盈利状况、股权结构等方面做出更为妥善的差异化安排，增强对创新企业的包容性和适应性；同时，继续推动长期增量资金入市，鼓励中小投资者通过公募基金等方式参与科创板投资

2018-11-14
- 上交所发行中心总经理魏刚披露科创板进展
- 科创板争取在2019年上半年见到成效，浦东新区金融服务局成立科创板专项工作组，对张江、金桥等片区科创企业与筛选，建立后备企业数据库，建立科创板上市"白名单"机制，为优质企业提供注册上市快速通道

2018-11-20
- 上海市市委书记李强主持召开座谈会
- 科创板要瞄准"集成电路、人工智能、生物医药、航空航天、新能源汽车"五大领域

2018-12-1
- 上交所召开座谈会
- 围绕科创板发行上市标准、发行承销方案、交易制度、持续监管，以及注册制试点实施方案进行讨论，提及注册制、投资者适当性、交易机制等相关制度的设计思路

2018-12-25
- 证监会召开党委（扩大）会议
- 提出确保在上交所设立科创板并试行注册制尽快落地等九方面的重点工作

第1章 什么是科创板

2019-1-23	• 中央全面深化改革委员会第六次会议 • 审议通过设立科创板试点注册制方案
2019-1-30	• 证监会发布《关于在上海证券交易所设立科创板并试点注册制的实施意见》 • 上交所就设立科创板并试点注册制相关配套业务规则公开征求意见
2019-3-1	• 证监会及上交所正式发布科创板制度规则 • 设立科创板并试点注册制主要制度规则正式发布
2019-3-15	• 上交所正式发布《保荐人通过上海证券交易所科创板股票发行上市审核系统办理业务指南》与《科创板创新试点红筹企业财务报告信息披露指引》
2019-4-4	• 上交所正式公布首届科创板股票上市委员会、科技创新咨询委员会委员名单
2019-4-16	• 上交所发布《科创板股票发行与承销业务指引》
2019-6-13	• 科创板正式宣布开板 • 科创板官方英文译名为"SSE STAR MARKET"

图 1-16 截至 2019 年 6 月初有关科创板的推动进程

第 2 章
海外市场经验

2.1 纳斯达克市场情况

美国股票市场历史悠久，最早可以追溯到 1792 年由经纪人签署的《梧桐树协议》。该协议约定，只与在梧桐树协议上签字的经纪人进行有价证券的交易，收取不少于交易额 25% 的手续费，在交易中互惠互利。在协议上签字的经纪人组成了一个独立的、享有交易特权的有价证券交易联盟，这也即后来纽约证券交易所的雏形。经过 200 多年的发展，美国拥有全球最为发达、层次最为丰富的股票交易市场，是全世界拥有百亿美元以上市值公司最多的经济体（见图 2 – 1）。美国主要的股票交易市场包括：纽约证券交易所（NYSE）、纳斯达克证券市场（NASDAQ）和场外交易市场（Over – the – Counter）。其中，纳斯达克证券市场所具有的清晰的市场定位、高效的发行和退市制度、做市商制度与目前的科创板最具有可比性。

与纽约证券交易所主要定位与大型企业不同，只有 47 年历史的纳斯达克交易所定位于小型创新公司。目前，纳斯达克的市场结构是经历了漫长的演化而来的，从 1971 年纳斯达克成立，一步一个脚印地在 2002 年成功上市、2006 年转型为场内交易所、2007 年迈出全球化的步伐，期间还完成了两次分层的变革，经历了 35 年的漫长的制度变迁过程（见图 2 – 2）。截至 2018 年 9 月，纳斯达克交易所共有 3 049 只股票，比纽约证券交易所的股票更多，其中 2 000 多家企业都是高科技企业。在美国上市的互联网公司中，绝大部分都在纳斯达克上市。其中，计算机及电讯行业

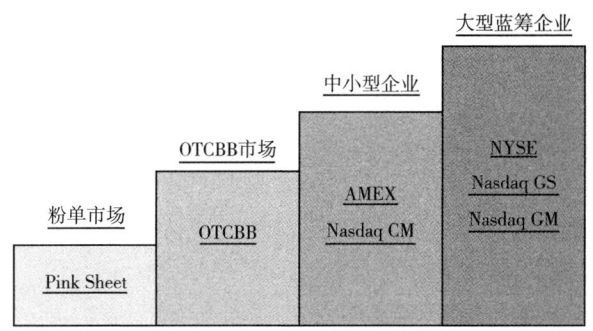

图 2-1 美国多层次资本市场体系

在纳斯达克市场中占比最高,软件行业中93.6%、半导体行业中84.8%、通信设备中81.7%的公司均在纳斯达克上市。纳斯达克成就了微软、苹果、思科、英特尔、甲骨文、戴尔、雅虎、亚马逊、谷歌等一大批高科技企业,并使得硅谷成为全球高科技产业的摇篮(见图2-3)。

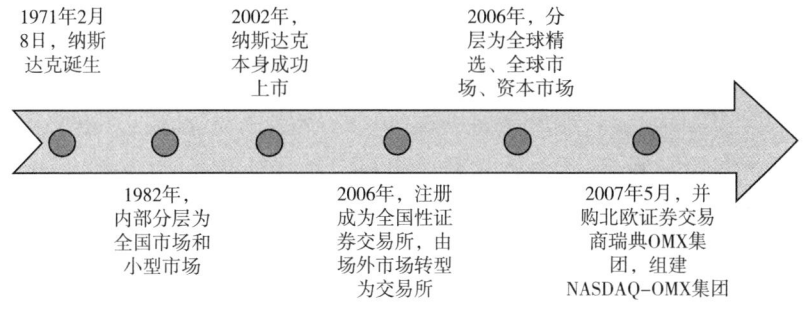

图 2-2 纳斯达克的演变历程

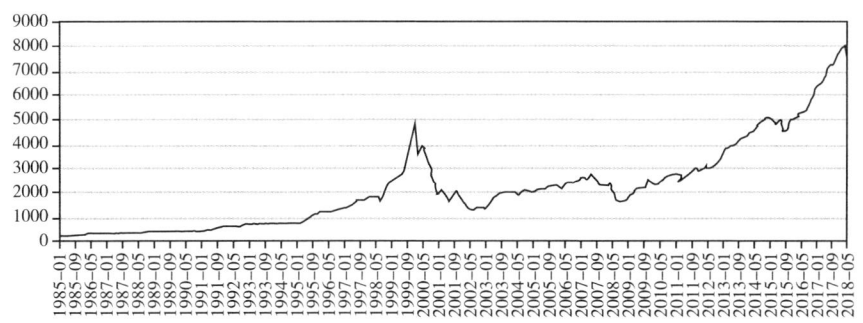

图 2-3 纳斯达克的市场表现

资料来源:Wind。

除了帮助美国的高科技企业成长之外，纳斯达克市场还吸引世界各国的优秀上市公司。截至2018年9月，纳斯达克上市公司中美国本土共有2 624家企业，海外公司共有425家，其中亚洲占比15%。纳斯达克市场以其包容性为全球的优秀企业提供资金，并使得美国投资者能够分享全球发展的红利（见图2－4）。

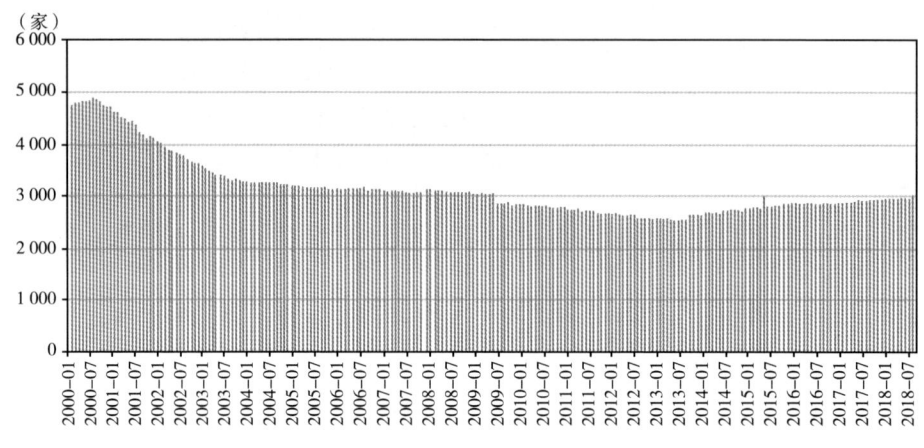

图2－4　纳斯达克上市公司数量

资料来源：Wind。

2.2　伦敦AIM情况

伦敦证券交易所包括主板、高科技板（techMARK）以及创业板（AIM）三个市场层次。伦敦AIM（Alternative Investment Market，高增长市场）是伦敦证券交易所于1995年6月建立的专门为小规模、新成立和成长型的公司服务的市场，是美国纳斯达克之后欧洲设立的第一个"二板"性质的股票市场，由伦敦证券交易所负责监管和运营。AIM自成立以来，依托伦敦全球最国际化的金融中心地位和实力，吸引了超过2 000家企业在此上市，集资总额超过2 000亿英镑，融资能力多年领先全球高成长市场，而且上市企业失败率不超过3%，号称"全球最成功的高成长市场（创业板市场）"。

AIM实行"终身保荐人制度"，由任命保荐人（Nominated Advisor，Nomad）负责上市适宜性审核，伦敦证券交易所备案而无须审批，上市手续简便，上市时间确定而快速。AIM 除对企业财务报表和终身保荐人有要求外，对营运规模、利润、股东人数等均无硬性要求。AIM 对再融资次数不限制并无须股东大会同意（反向收购除外），且证交所不收取增发费用。AIM 得以成功主要有四个方面的因素：

（1）差异化的交易制度供给。伦敦证券交易所一开始采用竞争性做市商制度，于 1997 年引入 SETS 系统，采用竞价交易制度，适用于主板和 AIM 交易活跃的股票。对于 AIM 流动性一般的股票，根据是否有做市商，分别采取混合交易制度、单纯集合竞价模式（在 SETSqx 系统交易）；而对于流动性较低的股票，仅采用做市商交易制度（在 SEAQ 系统交易）。

（2）融资功能的有效发挥吸引了外国企业赴英上市。2016 年英国主板融资额为 69.38 亿英镑，而 AIM 2016 年的全年融资总额高达 47.65 亿英镑，AIM 全年融资额占主板融资额的比例高达 69%。而融资额最高时在 2007 年为 161.83 亿英镑。近年来 AIM 的外国公司数量占比稳定在 20% 左右，与其他国家的二板市场相比，最大的成功之一就在于其充分的国际化。

（3）独特的监管体系和严格的退市制度。AIM 采取以"任命保荐人"为核心的监管体系，任命保荐人负责对上市公司的服务与监管。严格的退市制度，使得 AM 市场每年退市公司数量较高，近年来每年平均退市公司超过 100 家，特别是退市公司数量超过上市公司数量，也反映出市场对公司质量的要求在逐渐提升。

（4）平等独立地位保障和主板市场估值接近。英国 AIM 相同行业的公司和主板相比，虽然市值规模上有明显不同，体现出两个市场的定位、分工差异，但是估值水平上两市场较为接近。1998~2005 年英国主板市场的年化换手率均值大约为 100% 左右，而 AIM 的换手率均值在 60% 左右。AIM 换手率只略低于主板，但是两个市场部分行业的估值却是接近的，富时 100 指数历年市盈率均值在 30 倍水平，AIM 100 指数历年市盈率均值在 20 倍左右。

2.3 中国香港创业板市场情况

中国香港创业板成立于 1999 年 11 月 25 日，是中国香港主板市场以外的一个完全独立的股票市场，与中国香港主板市场具有同等的地位，但在上市条件、交易方式、监管方法和内容上都与主板市场有较大差别。中国香港创业板的宗旨是为新兴有增长潜力的企业提供一个筹集资金的渠道,它的目标是发展成为亚洲的"纳斯达克"市场。相关市场表现见图2-5、图2-6。

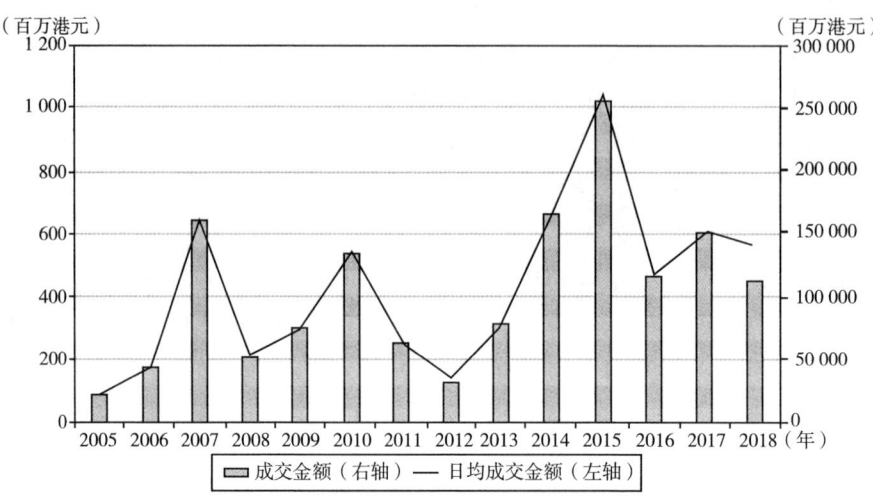

图2-5　中国香港创业板市场的表现

资料来源:Wind。

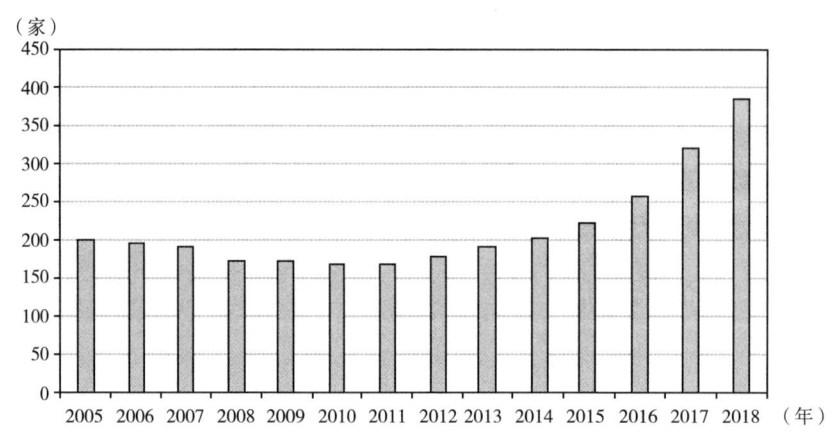

图2-6　中国香港创业板上市公司数量

资料来源:Wind。

中国香港创业板市场是为有主线业务、增长性较高的公司筹集资金的市场,行业类别及公司规模不限。中国香港创业板市场除不规定上市公司有盈利记录外,其最显著的特点是"三严":严格的信息披露制度、严格的保荐人计划和严格的公司管理。中国香港创业板市场不设盈利要求,自2008年7月1日起,香港创业板进一步发展为第二板及转板到主板上市的"踏脚石"。中国香港创业板转主板简化申请程序推出,降低了创业板公司转主板的难度。但是2008年转板制度推出后,中国香港创业板的融资功能也在减弱。2000年,TOM公司IPO获得669倍超额认购,当日上涨3.5倍。整个2000年,中国香港创业板共有47家新公司上市,募集资金148亿港元,平均每家近3亿港元。而在2015年中国香港创业板有34家公司上市,募资额只有28亿港元,平均每家仅为8 235万港元。为此,2017年12月,香港交易及结算所有限公司刊发了检讨创业板及修订《创业板规则》及《主板规则》的咨询总结文件,再次对创业板上市要求进行了修订,包括:将最低市值门槛要求由1亿港元增至1.5亿港元;最低公众持股市值要求也相应由3 000万港元增至4 500万港元;将最低现金流门槛由上市前两个财政年度合计2 000万港元提高至3 000万港元;规定所有创业板新股上市时,其公开发售部分不少于总发行量的10%。此外,创业板公司控股股东的上市后禁售期将由一年延长至两年等。

2.4 海外市场制度对比

2.4.1 上市制度

2.4.1.1 纳斯达克的严格上市分层制度

历史上纳斯达克上市制度并非一成不变,从成立至今主要经历过三次重大的调整,每次调整均与当时美国经济发展需求、产业政策导向以及市场监管要求密切相关。目前,纳斯达克的上市制度是2006年以来改革的成果。纳斯达克股票市场分为纳斯达克全球精选市场、纳斯达克全球市场和纳斯达克资本市场三个层次。全球精选市场(Nasdaq Global Select Market)财务标准最高,有四套上市标准,上市公司是来自世界各国的优质公司以及下两个层次发展起来的公司;纳斯达克资本市场(Nasdaq Capital Market)准入门槛最低,共有三套初次上市标准则,主要服务于新建的风险较高的小公司;全球市场(Nasdaq Global Market)上市标准介于前二者之间。如果触发要求，公司可以通过主动申请转移实现三个层次内部的升降。不同的财务指标和非财务指标构成了不同层次市场的上市条件，但主要考察的方面仍在于盈利能力、现金流、股东权益、流通性、公司治理、做市商等几个核心指标。具体要求见表2-1。

表2-1　Nasdaq-GS、Nasdaq-GM、Nasdaq-CM市场的比较

项目	财务指标	非财务指标
全球精选市场 Nasdaq-GS	标准1：前三个财务年度累计税前净利润不低于1 100万美元，近两个财务年度每年税前净利润不低于220万美元，且前三个财务年度每年均盈利 标准2：前三个财务年度累计现金流不低于2 750万美元，并且三个财务年度每年为正，及近12个月平均市值不低于5.5亿美元，上一财务年度总收入不低于1.1亿美元 标准3：前12个月平均市值不低于8.5亿美元，且上一财务年度总收入不低于9 000万美元 标准4：总市值不低于1.6亿美元，且总资本不低于8 000万美元，加之股东权益不低于5 500万美元	买价4美元； 3或4个做市商； 须满足公司治理要求
全球市场 Nasdaq-GM	标准1：税前持续营业收入100万美元，股东权益1 500万美元，且公众持股市值800万美元，公众持股数110万美元 标准2：前三个财务年度累计现金流不低于2 750万美元，并且三个财务年度每年为正，及近12个月平均市值不低于5.5亿美元，上一财务年度总收入不低于1.1亿美元 标准3：前12个月平均市值不低于8.5亿美元，且上一财务年度总收入不低于9 000万美元 标准4：总市值不低于1.6亿美元，且总资本不低于8 000万美元，加之股东权益不低于5 500万美元	买价4美元； 3个做市商； 须满足公司治理要求； 百股以上持有人400人
资本市场 Nasdaq-CM	标准1：股东权益500万美元，公众持股市值1 500万美元，且运营年限2年 标准2：股东权益400万美元，公众持股市值1 500万美元，且挂牌股票市值5 000万美元 标准3：股东权益400万美元，公众持股市值1 500万美元，且最近1个财务年度或者最近3个财务年度中的2年持续净盈利75万美元	买价4美元； 3个做市商； 须满足公司治理要求； 百股以上持有人300人；公众持股100万人

2.4.1.2 伦敦 AIM 终身保荐人上市制度

伦敦 AIM 的发行制度也经历了受欧盟法规约束后由简入繁再简化的过程。2004年以后 AIM 由欧盟监管市场转变为交易所监管市场。拟进入 AIM 公开发行并挂牌交易的公司才必须按照《欧盟招股说明书指令》制作招股说明书并取得金融服务管理局（FSA）的核准。若是私募发行或者利用公开发行的法定例外情形进行融资以及只申请股票在 AIM 挂牌交易的，只需取得伦敦证券交易所的同意即可。目前，大部分 AIM 上市公司都规避了公开发行证券的方式，采用挂牌交易后再融资的方式募集资金。

英国 AIM 的交易通过另类交易服务进行交易，实行做市商制度和竞争性报价制度，容许一个或多个做市商在一天之内就某一股票报价。英国 AIM 具有单独的管理队伍、规章制度和交易规则。英国 AIM 除了对会计报表有规定要求外，没有其他上市条件，在上市的审查上也最为宽松。伦敦证券交易所不进行实质审查，上市担保由保荐人负责，强调保荐人的作用和上市公司的自律。AIM 采用终身保荐人制度，在对会计报表进行规定后，没有规模、盈利能力、经营时间、公众持股等要求。只要求有支持 12 个月需求的营运资金以及如果其主业盈利的记录不到两年，持股 10% 以上股份的股东须接受至少一年的锁定期。但公司上市前必须聘请终身保荐人，伦敦证券交易所不进行审核，而是依据保荐人出具的保荐意见。此外，还需任命一名指定经纪人以及编制上市文件，文件信息包括有关公司、业务活动的信息、财务信息、董事情况等。

上市流程主要包括：

（1）申请人应在至少在股票拟上市日前一个月公开其上市文件。

（2）申请人应在预计股票上市开始前 10 个工作日（已在其他交易所上市的申请人应在预计股票上市开始前 20 个工作日），通过伦敦证券交易所发出有意在 AIM 上市的声明。

（3）申请人应在预计上市交易前至少 3 个工作日提交由申请公司签署的申请表和上市文件，以及由指定保荐人前述的申报单，同时交纳上市费用。

（4）申请人自获得伦敦证券交易所批准上市的交易通知起可上市交易。

对于已在其他市场上市的公司，如果上市于伦敦证券交易所指定市场名单中的市场，可以在证券交易超过 18 个月后只需要制作一份详细的上市前声明，即可完成在 AIM 的上市。这些指定市场包括纽约证券交易所、纳斯达克、欧洲交易所、德国证券交易所、澳大利亚数字资产交易所等发达国家或地区的著名交易所市场。

2.4.1.3　中国香港创业板保荐人上市制度

中国香港创业板采取保荐人制度。新上市的申请人须聘任一名创业板保荐人为其呈交上市申请，聘任期须持续一段固定期间，该时间至少涵盖公司上市当年的财政年度余下的时间以及其后两个完整的财政年度。中国香港创业板保荐人主要从销售收入、市场占有率、所处行业发展状况以及企业自身因素来挑选被保荐企业。中国香港创业板上市条件有注册地、主营业务明确、管理层稳定、公众持股比例等要求，但对于创业板上市企业的业绩条件宽松，没有设置最低利润要求。具体上市条件如表2-2所示。

表2-2　　　　　　　　　　中国香港创业板上市条件

项目	具体条件
财务要求	创业板申请人须具备不少于2个财政年度的营业记录，日常经营业务有现金流入，于上市文件刊发之前两个财政年度合计至少达3 000万港元（未计入调整营运资金的变动和已付税项）
营业记录及管理层	新申请人必须具备2个财政年度的营业记录：（i）管理层在最近两个财政年度维持不变；及（ii）最近一个完整的财政年度内拥有权和控制权维持不变
最低市值	新申请人上市时证券与其市值至少为1.5亿港元
公众持股市值	新申请人与其证券上市时由公众人士持有的股份市值须至少为4 500万港元
公众持股量	须占发行人已发行股本至少25%
股东分布	持有有关证券的公众股东须至少为100人，持股量最高的三名公众股东实际持有的股数不得占证券上市时公众持股量逾50%
控股股东的上市后禁售期（上市前投资者的基石投资者的股份亦受禁售期限制）	2年（上市后首12个月内不得出售股份。第二个12个月可以出售股份但必须维持控股地位）
注册地	新申请人必须依据中国香港和内地、百慕大或开曼群岛的法例注册成立

此外，中国香港创业板上市的主要流程是：公司决议申请上市后聘任创业板保荐人及其他有关人员，聆讯日期前至少25个营业日提交上市申请，聆讯后创业板上市委员会批准申请，公司发招股章程，挂牌上市。

2.4.2 交易制度

2.4.2.1 纳斯达克的做市商交易制度

纳斯达克的竞争力在于它具有独特的市场特征——电子交易系统和做市商制度。纳斯达克采用高效的电子交易系统，在全球各地共装置了20多万台计算机销售终端，向世界各个角落的交易商、基金经历和经纪人传送5 000多种证券的全面报价和最新的交易信息。

做市商制度是纳斯达克市场的核心，也是不同于其他交易所的主要区别所在。做市商不间断地主持买、卖两方面市场，发布有效买、卖两种报价，买卖双方无须等到对方出现，只要有做市商出面承担另一方的责任交易就算完成。每个做市商手头都承担所需资金，以随时应付任何买卖。按照规定，凡是在纳斯达克市场上市的公司股票，最少要有两家做市商为其报价。平均而言，纳斯达克市场每一种证券有12家做市商，有的甚至多达40~50家。目前，纳斯达克越来越试图通过这种做市商制度使上市公司的股票能够在最优的价位成交，同时又保障投资者的利益。通过先进的电子技术和竞争激烈的做市商制度，纳斯达克市场最大限度地保证了证券市场的流动性、有效性和公开性。

2.4.2.2 伦敦AIM的混合型交易制度

伦敦AIM的交易通过另类交易服务进行交易，实行做市商制度和竞争性报价制度，容许一个或多个做市商在一天之内就某一股票的报价。目前，伦敦证券交易所共有四套证券交易系统，其中应用到做市商交易系统的主要交易系统有：SETSqx和SEAQ（见表2-3）。SETSqx系统为兼具做市商报价和集合竞价双重功能的混合交易模式，交易对象主要为不符合STES系统要求的主板股和一些AIM板股，其特点是流动性一般，需要引入做市商来提高市场效率和流动性。SEAQ交易系统是以做市商报价驱动为主导的交易系统，在其内交易的证券流动性较差。AIM市场的股票在SETSqx和SEAQ两个不同的交易系统均有交易，所以AIM的交易制度其实属于竞价交易和做市商交易的混合版。从实施效果来看，虽然伦敦证券交易所为不同流动性水平的证券引入了不同类型的交易系统，但实践操作中，市场上逾80%的证券在SETS系统中交易，不到15%的证券通过SETSqx系统交易，而SEAQ系统更是甚少使用。

表 2-3　　　　　　　　　　伦敦证券交易所交易系统

交易系统	交易制度	交易对象	股票流动性
SETS	集中竞价交易制度	FTSE250 股票以及其他符合条件的中盘股	较高
SETSqx	竞价交易和做市商交易混合	不符合 SETS 要求的其他主板股票以及一些 AIM 板股票	一般
SEAQ	以做市商为主导的交易制度	英国 SETS、SETSQX 系统外的主板股票以及 AIM 板股票、固定收益产品	较差
其他操作系统（如 Eurosets-RM）	竞价交易和做市商交易混合	国际股票市场上市交易的外国股票	

资料来源：伦敦证券交易所，《伦敦证券交易所多层次市场体系改革研究》。

2.4.2.3　中国香港创业板的竞价制度

中国香港创业板的交易制度为委托驱动，与中国香港主板市场的交易制度一致，都是连续交易制度。交易所的交易系统是一个买卖盘带动的系统。在开市前时段，系统只接受输入竞价盘及竞价限价盘。在持续交易时段，系统只以限价盘、增强限价盘及特别限价盘进行买卖。买卖盘可选择附加全数执行或立刻取消指示，即如果不能同时全数完成有关买卖盘，便会取消整个买卖盘，不会保留在系统内（见表 2-4）。

表 2-4　　　　　　　　　　中国香港创业板的竞价制度

项目	相关规定
交易时间	每周一至周五为交易日，交易所公告的休市日除外。每个交易日 9：00~9：30 为开市前时段，分为四个阶段：输入买卖盘时段（9：00~9：15）、对盘前时段（9：15~9：20）、对盘时段（9：20~9：28）、暂停时段（9：28~9：30）。9：30~12：00 以及 13：00~16：00 为持续交易时段。下午 16：00 至 16：08~16：10 随机收市，为收市竞价交易时段，半日交易情况下，该时段为中午 12：00 至 12：08~12：10
交易货币及价位	港币为主，某些证券采用美元或人民币交易。价位指价格可增减的最小幅度，港交所对不同股票价格规定了不同的价位。交易单位没有规定，由上市公司及发行人自行决定

续表

项目	相关规定
开市报价	《交易所规则》规定"开市报价"应按程序进行，以确保相邻两个交易日间价格的连续性，并防止开市时出现剧烈的市场波动；每个交易日第一个输入交易系统的买盘或卖盘都受开市报价规则所监管。第一买卖盘的价格不能超过上日收市价上下 4 个价位
交收制度	交易所参与者通过自动对盘系统配对或申报的交易，必须于每个交易日（T 日）后第二个交易日下午 3 时 45 分前与中央结算系统完成交收，一般称为"T+2"日交收制度（即交易/买卖日加两个交易日交收）。证券商与其客户之间的所有清算安排，则属证券商与投资者之间的商业协议
交易费用	以下费用上交港交所或由港交所代收： 佣金：经纪人可与客户自由商议；交易费：双边 0.005%；交易征费：双边 0.003%（中国证监会）；交易系统使用费：双边每宗交易 0.50 港元；印花税：双边 0.1%
其他重要规定	无涨跌停板制度； 证券商可以替投资者安排卖出当日较早前已购入的证券，俗称"即日鲜"买卖 准许进行受监管的卖空交易； 无指定交易制度，允许回转交易

2.4.3 监管制度

2.4.3.1 纳斯达克监管制度

证券交易委员会（SEC）是美国证券市场的行政监管机构，其监管对象包括交易所和股票市场，监管的目的是保证信息公开和限制内幕交易。而全美证券交易商协会（NASD）和交易所属于自律监管组织。2007 年美国自律监管体系改革，NASD 和交易所会员管理职能整合，成立金融业监管局（FINRA），与纳斯达克等交易所签订监管协议，负责市场监管和内幕交易监控。至此，纳斯达克交易所负责上市公司和市场交易的监管，而将会员监管职责通过监管服务协议的签订移交 NASD，但交易所将对其会员和市场的监管承担最终的法律责任，NASD 仅负次要监管责任。NASD 监管公司可调查会员、提出不满意见并进行听证。交易所对于上市公司和投资者进行实时监察、协助 IPO、管理市场参与者退出和被动做市请求、监管发行人的重要信息披露的及时性和完整性，确定是否需要停牌。此外，还会利用自动监测系统对每只证券的交易活动进行监视。一旦发现违法活动，将立即提交 NASD 监管公司进行进一步的调查和纪律处分。

在监管机构设置上，纳斯达克设立了监管监督委员会和首席监管官。其中，前者由3名独立董事组成，负责监督交易所工作，协助交易所董事会检查监管计划；后者全面负责监督交易所工作，包括监督交易所的市场监察、申请资料审核和强制执行法律法规。此外，首席监管官管理交易所与自律监管机构签订监管服务协议。交易所还另设一个独立的纳斯达克监管部，负责会籍和纪律处罚规则的管理工作。总之，交易所监管机构的设立核心原则就在于与业务条线的独立，以保证监管的有效性。

信息披露方面，虽然交易所没有针对不同层次市场做出差异化的信息披露制度，但是美国JOBS法案创设了"新兴成长公司"（EGCs）的概念。对于该类公司，美国SEC关于信息披露、证券注册等方面的规定均豁免适用，包括新兴成长公司仅须就最近两个会计年度提供管理层讨论与分析，仅须披露3位高管的薪酬、2年的薪酬表摘要；新兴成长公司可以选择在向SEC正式提交IPO注册表前，秘密上报其草稿，供SEC工作人员事先进行非公开审查。因此，对于以中小企业为主的低层次市场来说，整体表现出信息披露监管更为宽松的情况。

2.4.3.2 伦敦AIM市场监管制度

在伦敦AIM上市要依靠终生保荐人的信用背书，从而将保荐人与发行人捆绑在一起，二者共同对投资者负责，而监管的重点也就从公司监管转换成保荐人监管。保荐人须履行好上市辅导、尽职调查、确认发行合规、向交易所提交书面声明、持续辅导、定期检查、协助信息披露等职责。一旦保荐人的行为或判断被确认违规或使AIM的诚信或声誉受损的，保荐人将受到公开谴责或取消保荐人资格的处罚。

信息披露方面，英国AIM采用了一套与主板不同的信息披露规则，整体上较主板宽松，只要求中小企业披露中报和年报。但是，AIM通过终身保荐人制度对上市公司的信息披露行为进行严格审查与监督，督促上市公司及时向投资者披露更加充分的信息，明确指出当公司发生重大事件或前景发生变化时，及时进行披露。同时规定，公司必须严格遵守AIM的信息披露准则，对不严格履行信息披露职责的企业给予严厉的处罚，情节严重的甚至要求其退市。

2.4.3.3 中国香港创业板监管制度

中国香港创业板市场监管的重要特点之一是以"信息披露为本"。创业板市场的低上市条件，导致上市公司业绩情况参差不齐，同时难以衡量高科技企业的不确定因素。因此，中国香港创业板监管规定在申请上市时及上市后，发行人须及时进行披露，信息发放要尽可能详细、准确和及时，这样投资者才能及时做出适当的投资决定。例如，中国香港联交所要求上市公司在发行时，须列出主营业务活动、业务目标、集资所得款项的用途，上市后每个季度还要披露业绩以及解释与目标的差距。

中国香港发行上市监管工作主要由中国香港证监会和香港联交所负责（见图 2-7）。中国香港证监会有《证券及期货条例》赋予的调查和处分所有市场参与者的权力以保证中国香港的证券及期货市场的公平、效率和竞争性。中国香港证监会下设的企业融资部负责交易所与上市相关的工作、中介机构部负责中介人相关法规以及事宜、市场监察部负责市场运行监督、法规执行部负责监察执法。香港联合交易所则是一线监管机构，负责审批上市文件。发行和上市的双重存档制度，在保证了联交所审核上市的权力的同时也赋予了中国香港证监会的最终否决权。联交所的上市科负责发行上市材料的实质审核，上市委员会则负责聆讯和复核。同时，报送中国香港证监会的发行上市材料只会接受其形式审核，但证监会可以根据需要通过联交所要求发行人补充材料。

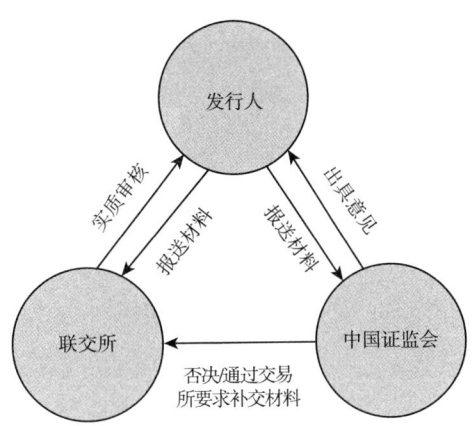

图 2-7　中国香港上市监管制度

2.4.4　退市制度

2.4.4.1　纳斯达克退市制度

纳斯达克市场的退市标准，是淡化公司业绩的。这种制度设计的特点在于更为关注公司的市值、做市商数、公众持股等其他方面的表现。另外,需要指出的是,由于纳斯达克是分三层的一个市场,退市既可以指从高层退入低层,也可以仅指狭义的离开纳斯达克市场。不满足持续上市条件即须退市,具体的持续上市条件如表2-5。

表 2-5　　　　　　　　　　纳斯达克的持续上市条件

项目	财务指标	非财务指标
全球精选市场/全球市场 Nasdaq-GS Nasdaq-GM	标准1:股东权益1 000万美元,公众持股75万,且公众持股市值500万美元,2个做市商 标准2:上市证券市场价值5 000万美元,公众持股110万,且公众持股总值1 500万美元,4个做市商 标准3:最近1个财务年度或者最近3个财务年度中的2年总资产和总收入为5 000万美元,公众持股110万,且公众持股总值1 500万美元,4个做市商	买价1美元; 须满足公司治理要求; 总持有人400人
资本市场 Nasdaq-CM	标准1:股东权益250万美元,公众持股50万,且公众持股总值100万美元 标准2:上市证券市场价值3 500万美元,公众持股50万,且公众持股总值100万美元 标准3:最近1个财务年度或者最近3个财务年度中的2年持续运行净收益50万,公众持股50万,且公众持股总值100万美元	买价1美元; 须满足公司治理要求; 2个做市商; 总持有人300人

不满足持续上市条件的公司就会触发聆讯退市制度。纳斯达克全球精选市场与全球市场的持续上市条件相同,与资本市场考察角度一样均在市值、公众持股以及业绩上对上市公司进行限制。一旦不满持续上市条件,上市资格部将通知该上市公司终止上市。如果上市公司接到退市通知后对此不服,45天内可以逐级上诉,从纳斯达克市场的上市资格小组直至上诉至美国证监会,由SEC进行终裁。另外,从纳斯达克退市的公司大多被美国其他的OTC市场接纳。

2.4.4.2 伦敦AIM的退市制度

伦敦AIM的上市公司退市主要情形包括上市公司主动退市、因不符合上市条件而被动退市、转板和反向接管等。在世界主要的创业板市场中,AIM对公司上市的要求,如财务指标、公众持股比例和资产规模等是十分低的。与上市标准相对应的是,持续上市标准对公司的财务数量指标等都不作要求,只是对上市公司信息披露内容及标准作出了严格的规范。

2.4.4.3 中国香港创业板退市制度

中国香港创业板采用直接退市制度,强调买者自负,并没有场外市场承接退市公司。联交所权力较大,可将不再满足联交所上市条件、严重违反上市规则的公司停牌或除牌。这些条件涵盖公司控制权、公众持股比例、经营情况、资产情况、违规情况、证券交易、信息披露等方面的内容。

目前,中国香港实行的是判例法,实际执行中公司是否退市主要依据以往退市公司的判例作出决定。中国香港创业板公司的退市主要根据《上市规则》,其中未规定严格的量化指标,也不强调财务是否出现困难。"没有足够的业务运作或相当价值的资产"成为主要的退市标准。在公司退市过程中,交易所拥有较大的裁量权。如果香港联交所认为必须保障投资者的合法权益或维持一个公平、高效和透明的市场秩序,则无论是否应发行人的要求,联交所均可以在其认为适当的情况和条件下,随时将任何证券除牌。可见,联交所在决定一家上市公司是否被停牌或摘牌时具有很大的权力。

第 3 章
科创板的定位及要求

3.1 科创板的定位

3.1.1 科创板是对我国多层次资本市场体系的完善与补充

目前，我国资本市场主要分为主板、中小板、创业板及新三板和区域性股权交易市场（见图 3-1）。此前，主板市场是大型成熟企业上市融资的主要场所，中小板主要针对稳定发展的企业，创业板主要针对科技成长型中小企业，其构成我国资本市场中的场内市场；新三板及区域性股权交易市场构成我国资本市场的场外市场。随着市场的发展及 IPO 核准制的同质化，也造成场内市场各板块的同质化，创业板帮助科技成长型中小企业对接资本市场发展的功能并不显著。为了帮助科技创新型企业对接资本发展，我国场内市场需要在制度上有所差异化的板块出现，科创板将试点的注册制度正是区别于其他板块的差异化制度安排。科创板的推出将弥补我国科技创新型企业无法对接资本市场发展的空白，有助于实现资本市场和科技创新深度融合，补齐资本市场服务科技创新的短板，丰富投资标的、满足不同投资者风险偏好、拓展社会资本使用范围空间、提高资源配置效率具有重要推动作用。此外，科创板作为资本市场制度改革创新的"试验田"长期发展下有望达到帕累托最优。在 2019 年 2 月 27 日的发布会上，中国证监会有关负责人表示："科创板不是一个简单的一个板块的增加,核心在于制度创新。证监会将认真综合评估改革创新的效果,统筹推进创业板和新三板改革",进一步强调了科创板作为"试验田"的重要地位。根据证监会主席的表述以及建设多层次资本市场的目标,待科创板改革经市场充分验证后,创业板或将同样推进注册制改革,而新三板或将最终迎来市场期盼的精细化分层、发行制度以及交易制度改革。

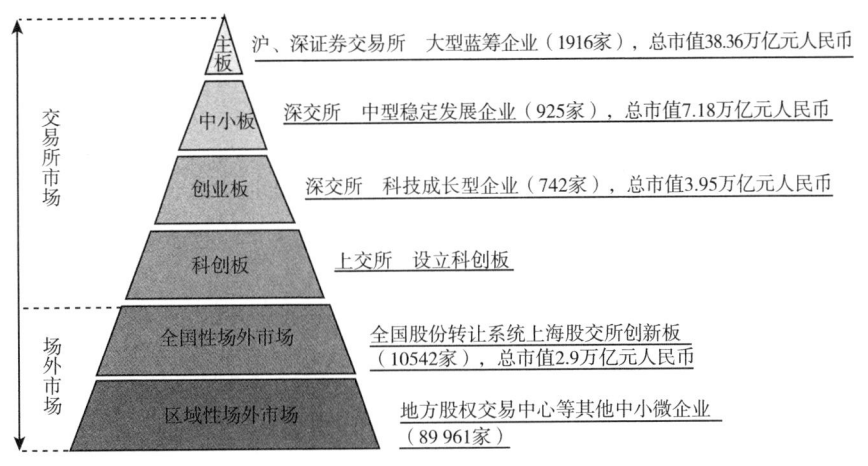

图 3-1 我国多层次资本市场体系

资料来源:上海证券交易所、深圳证券交易所、全国股转系统、Wind。截至2019年1月31日。

【案例 3-1】

中国的多层次资本市场体系:科创板是首个"注册制+场内交易"板块

目前,我国多层次资本市场体系已形成包括场内交易所、新三板、区域性场外市场及券商柜台场外市场"金字塔"结构。截至2018年11月10日,场内市场、新三板、区域股权市场上市或挂牌企业数量分别达3 575、10 853、88 961家,主板、中小板、创业板、新三板、区域股权市场企业总资产规模分别达220万亿元、8万亿元、2万亿元、3万亿元、1万亿元。

场内市场中,上证、深证主板定位在为大型成熟企业融资,中小企业板定位在为中型成熟、具备一定成长性的企业融资,创业板定位在为具备一定规模、发展迅速的中小企业融资;场外市场中,新三板主要为新兴产业企业、非上市但有融资需求的企业、退市企业等提供交易、融资平台,区域股权市场则为各地方小微企业提供交易、融资平台。

上海证券交易所科创板将是首个采用注册制的场内市场，冲击创业板和新三板功能。由于创业板采用核准制，在发展至一定规模后，创业板上市企业与主板、中小板存在同质化现象，新三板、区域股权市场为场外市场，流动性差、参与门槛高、融资功能有限，故科创板的提出为科技创新型企业上市打开新渠道，有利于我国股权市场为创新型企业融资。

但科创板与现有板块分工部分重合，有待协调。从交易机制分，科创板与创业板均为场内交易，机制相似；从发行制度分，科创板与新三板均为注册制，可能会也会面临流动性不足、投融资功能发挥不充分问题；且三者均对科技企业挂牌或上市、融资有所倾斜，将一定程度上形成竞争关系。因此，板块间分工明确，打造不同层次板块突出特点，满足相关企业和投资者不同层次的投融资需求，需在更高层级上统筹协调，是做好"科创板+注册制"试点的机遇与挑战。

3.1.2 科创板是争夺科技创新型企业的利器

2018年，全球资本市场开启了科技创新型新经济企业的争夺战。港交所出台"港股新政"、美股拥有纳斯达克，而我国内地资本市场当前并不具有科技创新型企业的竞争优势。受A股市场监管趋严的影响，2018年全年A股共有106只新股发行，融资总额为1 402亿元人民币，相较于2017年436只新股发行数量和2 304亿元人民币的融资总额，呈现76%和39%的大幅下滑。同期，2018年中国科技创新型企业港股及美股IPO呈现出"井喷"的态势。2018年港股共有206家企业IPO，同比增加23%；共计募资2 878.8亿港元，同比2017年1 436亿港元筹资额，增加100.5%。这其中选择在港股上市的内地企业有88家，占港股年度IPO数量的42%，多集中在信息技术、医药生物、教育服务等新经济企业。同样，2018年中企美股IPO也迎来了阿里巴巴2014年赴美上市后的最高水平，境内有34家中企赴美IPO上市，募资总额86.03亿美元。其中，有18家企业在纳斯达克实现上市，2018年中企赴美上市募资额相比于2017年增长了165%。事实上，科技创新型企业具有科研能力强、市场扩展发展迅速、爆发性强，但前期利润规模较小的特点。而我国A股市场在2000年以前，一直是审批制，当时的资本市场主要是为大型国有企业提供融资服务。在2000年以后，IPO先后实行了非市场化的询价制与核准制，并长期设有严格的利润指标等要求，通过非市场化的核准制审核企业上市，其造成阿里巴巴、腾讯、百度、京东等一系列科技创新型企业在快速成长期时纷纷赴海外上市。

第3章 科创板的定位及要求

对于中国资本市场而言,唯有推进如注册制改革等差异化的制度安排才可帮助科技创新型企业实现上市融资发展。科创板将成为我国资本市场争夺科技创新型企业的利器。

科创板的推出,旨在补齐我国资本市场服务科技创新型公司的短板,是资本市场的增量改革,将在盈利状况、股权结构等方面做出更为妥善的差异化安排,增强对创新企业的包容性和适应性。参考战略新兴板,科创板的定位是服务规模稍大相对成熟的战略新兴企业,也是计划最早试行注册制的板块。与现有的主板、创业板和新三板比较,科创板在板块定位、发行机制、投资者准入门槛、上市门槛等都有所区别,四者的比较情况如表3-1所示。

表3-1　科创板与主板、创业板、新三板的制度比较

项目	科创板	主板	创业板	新三板
推出时间	2019年	1990年11月26日	2009年10月23日	2013年1月16日
经营主体	上海证券交易所	上海证券交易所	深圳证券交易所	全国中小企业股份转让系统
板块定位	规模稍大相对成熟的战略新兴企业	资本市场最重要组成部分	侧重中小规模的创业型企业	服务中小微型企业
发行机制	注册制	核准制	核准制	核准制
上市/挂牌条件	低,预计初期有产业等特殊限制	高	较低	极低
交易机制	集中交易或引入做市商	T+1集中交易	T+1集中交易	T+1集合竞价+做市转让
涨跌幅限制	前5日不限制,之后±20%	新股-36%~44%,ST板块5%,其他10%	新股-36%~44%,其他10%	不限
增减持	宽严结合	减持的规模、类型受限	减持的规模、类型受限	宽于A股,限制少
退市机制	加大退市力度,与国际接轨	主动加被动	主动加被动	摘牌相对自由
投资门槛	外资、机构和符合条件的个人投资者	较低	中,无资金限制但有交易经验要求	高,个人投资者持有500万元以上金融资产

3.1.3 科创板是未来中国版的纳斯达克

中国版的纳斯达克这一概念并不新鲜，在创业板成立之初，创业板即被定位为中国版的纳斯达克，但是由于创业板仍然实行政府监管机构核准制与事前控制，坚持严格的盈利条件作为上市审核标准，新股发行经历较长的审核周期，同时缺乏完善的信息披露制度以及退市制度等资本市场基础制度，这些因素都成为阻碍创业板加速发展的桎梏。创业板成立近十年来，无论是上市公司家数还是总市值，创业板在 A 股的占比都远远低于纳斯达克在美股市场的占比水平（见图 3-2 和图 3-3）。近 10 年来，创业板在 A 股中的上市公司家数占比与市值占比平均分别为 14.27% 与 6.21%，而纳斯达克在美股中的上市公司家数与市值占比分别高达 55.28% 与 24.20%。

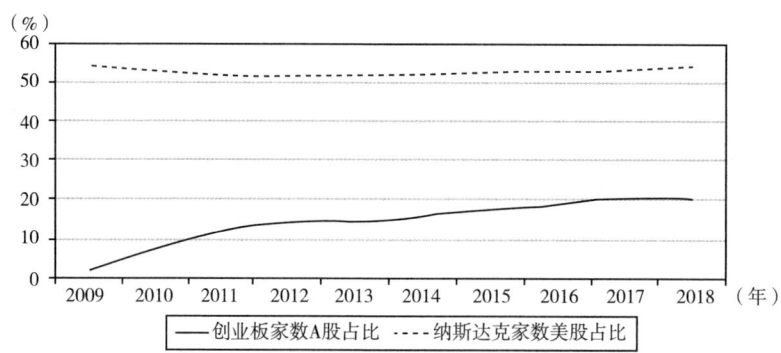

图 3-2　A 股创业板家数占比 vs 美股纳斯达克家数占比

资料来源：Wind。

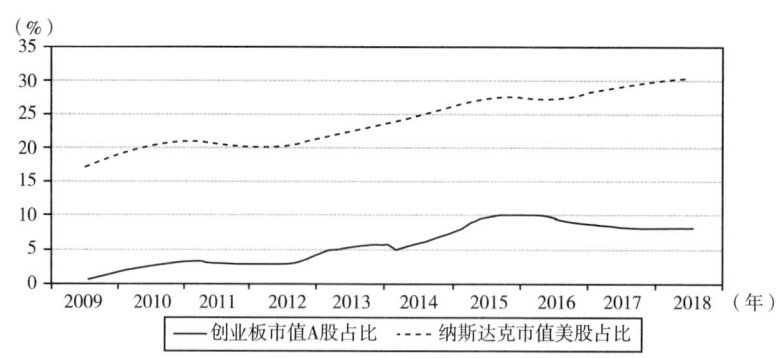

图 3-3　A 股创业板市值占比 vs 美股纳斯达克市值占比

资料来源：Wind。

近两年创业板的市值占比更是呈现了下降的趋势。截至 2018 年 10 月，创业板的市值占比为 9.18%，较 2016 年底下滑 1.1 个百分点。之所以将科创板定位为真正意义上的中国版纳斯达克，是因为科创板在设计之初，无论从发行审核制度方面还是其他资本市场基础制度方面都更加接近美国纳斯达克市场：

（1）新股发行制度采用注册制，并且根据市场预期来看上市标准条件中的盈利标准大概率将降低；

（2）我国将加快资本市场基础制度的改革，包括退市制度、信息披露制度以及加大违规处罚力度，使之更适合科创板与注册制的发展需求。

3.2 科创板的企业来源

3.2.1 企业所属行业范围

3.2.1.1 《"十三五"国家战略性新兴产业发展规划》

《关于上海证券交易所设立新兴板的请示》中提及，新兴产业企业属于《"十二五"国家战略性新兴产业发展规划》等国家有关文件明确的新兴产业。2016 年 11 月 29 日，国务院印发《"十三五"国家战略性新兴产业发展规划》明确提出，进一步发展壮大新一代信息技术、高端装备、新材料、生物、新能源汽车、新能源、节能环保、数字创意等战略性新兴产业，推动更广领域新技术、新产品、新业态、新模式蓬勃发展。因此，预计在科创板上市的新兴产业企业将围绕《"十三五"国家战略性新兴产业发展规划》中提及的相关概念（见图 3-4）。

3.2.1.2 "四新经济"概念

"四新经济"是指新技术、新产业、新业态、新模式四个"新"概念。早在 2013 年，上海率先提出了"四新"经济概念。2014 年国务院要求地方政府要鼓励多地因地制宜、对新经济业态和动能发展给予大力支持。同年，工信部与上海市政府签订共同推进国家"四新经济"实践区战略合作协议。如今，"四新经济"被认为

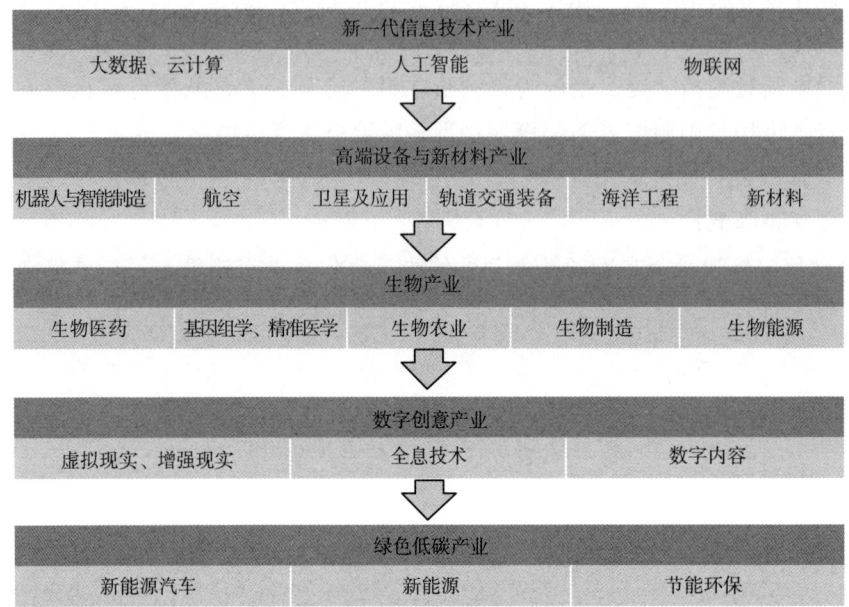

图 3-4 《"十三五"国家战略性新兴产业发展规划》主要五大产业

资料来源：《"十三五"国家战略性新兴产业发展规划》。

是中国经济新的发动机，顺应了中国经济转型升级大前提下的投资范畴概念（见表 3-2）。

表 3-2   "四新经济"概念

概念	主要含义
新技术	主要指可实际推广、替代传统应用和形成市场力量的新技术，而不是简单的产品技术或实验室技术
新产业	主要指以新科学发现为基础，以新市场需求为依托，引发产业体系重大变革的产业
新业态	主要指伴随信息技术升级应用等，从现有领域中衍生叠加出的新环节、新活动
新模式	主要指以市场需求为中心，打破原先垂直分布的产业链及价值链，实现传统产业要素重新高效组合

2015 年，《上海市"四新"经济抓手型领域培育跟发展导向》对"四新"经济具体要求进行了明确和细化，包括三类"抓手型"行业：一是集成电路、人工智能、机器人、再制造等 20 个从制造到智造的重点方向；二是移动互联网、工业互联

网、大数据、云计算等14个制造服务融合的先进方向；三是互联网金融、互联网教育等9个新型服务业态等（见表3-3）。

表3-3　　　　　　　　上海市"四新"经济抓手型领域具体导向

领域	具体方向
从制造到智造	集成电路、新型显示、智慧照明、海洋工程关键装备设计制造、人工智能、机器人、3D打印、智能传感器、智能穿戴设备、再制造、高端医疗机械与设备、生物医药材料、超导材料、新能源汽车、光伏分布式发电、天然气分布式能源、智能电网、高端美容化妆用品、时尚品牌服装服饰、工艺美术精品
制造服务融合	网络视听、移动互联网、移动医疗、重大疾病个性化诊治、健康物联网、车联网、卫星导航、智能绿色家居、工业软件、工业互联网、大数据、云计算、新型节能环保服务、食品追溯防伪保真
新型服务业态	互联网金融、互联网教育、互联网地产、大宗商品交易服务平台、网络信息安全服务、检验检测认证服务、供应链管理与服务、信用服务、创意设计

资料来源：《上海市"四新"经济抓手型领域培育和发展导向》。

3.2.1.3　《国务院办公厅转发证监会关于开展创新企业境内发行股票或存托凭证试点若干意见的通知》

2018年3月30日，《国务院办公厅转发证监会关于开展创新企业境内发行股票或存托凭证试点若干意见的通知》中提到"支持创新企业在境内资本市场发行证券上市，助力我国高新技术产业和战略性新兴产业发展提升，推动经济发展质量变革、效率变革、动力变革"，并指出，"试点企业应当是符合国家战略、掌握核心技术、市场认可度高，属于互联网、大数据、云计算、人工智能、软件和集成电路、高端装备制造、生物医药等高新技术产业和战略性新兴产业，且达到相当规模的创新企业"。

3.2.1.4　科创板定位的科技创新企业

科创板具体定位的科技创新型企业所处行业应与以上三项政策有较大的重合之处。根据证监会发布的《科创板首次公开发行股票注册管理办法（试行）》，发行人申请首次公开发行股票并在科创板上市，应当符合科创板定位，面向世界科技前沿、面向经济主战场、面向国家重大需求。优先支持符合国家战略，拥有关键核心技术，科技创新能力突出，主要依靠核心技术开展生产经营，具有稳定的商业模式，市场认可度高，社会形象良好，具有较强成长性的企业（见图3-5）。2019年3月1日，科创板正式落地，作为国家重大战略设计，科创板将重点支持新一代信息技术、高端装备、新材料、新能源、节能环保以及生物医药等高新技术产业和战略性新兴产业，推动资本市场的完善和工业体系转型升级。同时，科创板设有"负面清单"制度，包括国家产业政策明确抑制行业的企业，危害国家安全、公共安全、生态安全、生产安生、公共健康安全的企业等。

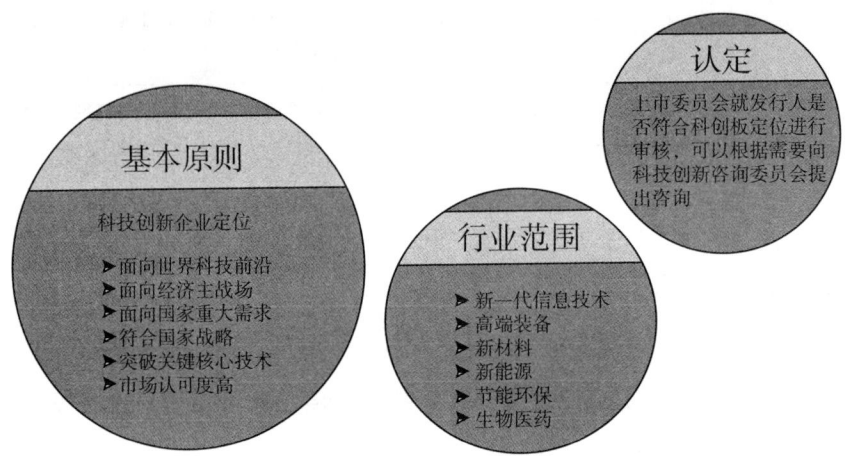

图3-5 "科创板"企业的定位及行业范围

科创板作为上海证券交易所新设立的独立板块，与现行的A股市场相比，有几点重要突破：第一，允许尚未盈利的公司上市；第二，允许不同投票权架构的公司上市；第三，允许红筹和VIE架构企业上市。以上表明，科创板既要优先支持新技术、新产业企业发展，也要兼顾市场认可度高的新模式、新业态优质企业发展。换言之，试点期间，科创板企业既可以硬科技的技术创新类企业，也可以是模式和业态创新的优质企业，这是监管层在综合考虑如何处理好现实与目标、当前与长远的关系之后对科创板定位所做出更贴近国情的把握，也体现了科创板定位的包容性。

3.2.2 上市企业具体来源

从科创板的行业分布来看，新一代的信息技术、生物医药、高端制造、新材料这些领域的企业相对多一点。目前，上海证券交易所已经在《上海证券交易所科创板企业上市推荐指引》就符合科创板定位企业的具体行业作出指导,要求保荐机构重点推荐相应领域的科技创新企业(见表3-4和图3-6)。

表3-4　　　　上海证券交易所发布的重点行业领域涉及的科技创新企业

序号	行业	行业细分
1	新一代信息技术领域	主要包括半导体和集成电路、电子信息、下一代信息网络、人工智能、大数据、云计算、新兴软件、互联网、物联网和智能硬件等
2	高端装备领域	主要包括智能制造、航空航天、先进轨道交通、海洋工程装备及相关技术服务等
3	新材料领域	主要包括先进钢铁材料、先进有色金属材料、先进石化化工新材料、先进无机非金属材料、高性能复合材料、前沿新材料及相关技术服务等
4	新能源领域	主要包括先进核电、大型风电、高效光电光热、高效储能及相关技术服务等
5	节能环保领域	主要包括高效节能产品及设备、先进环保技术装备、先进环保产品、资源循环利用、新能源汽车整车、新能源汽车关键零部件、动力电池及相关技术服务等
6	生物医药领域	主要包括生物制品、高端化学药、高端医疗设备与器械及相关技术服务等
7	符合科创板定位的其他领域	

资料来源:《上海证券交易所科创板企业上市推荐指引》。

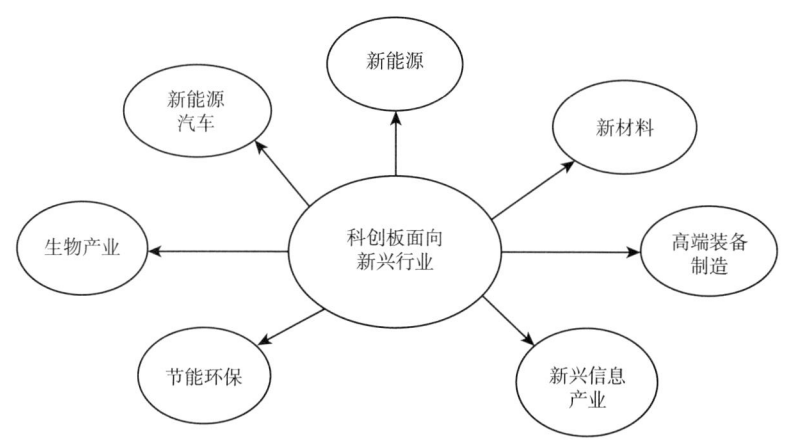

图3-6　科创板面向的新兴行业

3.3 科创板的上市条件

3.3.1 纳斯达克市场的上市标准

从海外市场看,在准入标准上纳斯达克高端市场对于财务和流动性指标要求很高,而纳斯达克低端市场更看重流动性,为那些难盈利的高新技术企业提供多种选择。纳斯达克根据上市要求的高低共分为三层,依次为纳斯达克全球精选市场、纳斯达克全球市场、纳斯达克资本市场。全球精选市场对拟上市标的的财务、流动性指标都有很高的要求,而纳斯达克资本市场仅对流动性有较大的要求。不难看出,对于短期不能盈利的企业来说,只要流动性较好,可以从权益、市值、利润方面中满足任一要求即可(见表3-5~表3-7)。

表3-5 纳斯达克全球精选市场——财务标准

财务标准	标准1:利润	标准2:市值和现金流	标准3:市值和营业收入	标准4:资产和权益
税前利润	连续3个会计年度累计税前利润≥1 100万美元,且每年≥0,且最近2个会计年度每年≥220万美元			
现金流量		前连续3个会计年度累计≥2 750万美元,且每年≥0		
市值		前12个月平均≥5.5亿美元	前12个月平均≥8.5亿美元	1.6亿美元
营业收入		上一个会计年度≥1.1亿美元	上一个会计年度≥9 000万美元	

续表

财务标准	标准1：利润	标准2：市值和现金流	标准3：市值和营业收入	标准4：资产和权益
总资产				8 000万美元
股东权益				5 500万美元
股价	4美元	4美元	4美元	4美元

资料来源：Nasdaq Initial Listing Guide。

表3－6　　纳斯达克全球精选市场——流动性标准

流动性标准	首次公开发行及分立的公司	当前交易的普通股或等值	关联公司
持股100股以上的股东，或全部股东，或全部股东且过去12个月里平均每月交易量	450 或2 200	450 或2 200 或550且110万	450 或2 200 或550且110万
公众持股数量	125万	125万	125万
公众持股市值，或公众持股市值且股东权益	4 500万美元	1.1亿美元，或1亿美元且1.1亿美元	4 500万美元

资料来源：Nasdaq Initial Listing Guide。

表3－7　　纳斯达克资本市场上市标准

标准	权益标准	上市证券市值标准	净利润标准
股东权益	500万美元	400万美元	400万美元
公众持股市值	1 500万美元	1 500万美元	500万美元
经营历史	2年		
上市证券市值		5 000万美元	
经营净利润（最近一个会计年度或最近三个会计年度中的两个会计年度）			75万美元
公众持股数量	100万股	100万股	100万股
股东数量（持股100股以上的股东）	300	300	300
做市商数量	3	3	3
股价或收盘价	4美元或3美元	4美元或3美元	4美元或3美元

资料来源：Nasdaq Initial Listing Guide。

3.3.2 战略新兴板、新三板创新层、CDR 的上市标准

从国内经验看，在战略新兴板、新三板创新层、CDR 推行上针对高新技术企业的上市标准已有探索和实践。第一，自 2015 年对战略新兴板的设想上已淡化上市企业的盈利要求，更注重不同指标的组合搭配，让企业有更多选择。2015 年 5 月 19 日，上海证券交易所副总经理刘世安在"上证 2015 中国股权投资论坛"中提出，战略新兴板首先淡化盈利要求，主要关注企业的持续盈利能力；在传统的"净利润+收入"的标准之外，引入以市值为核心的财务指标组合，增加"市值+收入""市值+收入+现金流""市值+权益"等多种多套财务标准，形成多元化上市标准体系，允许暂时达不到要求的新兴产业企业、创新型企业上市融资。第二，2017 年 12 月实施的《全国中小企业股份转让系统挂牌公司分层管理办法》，完善分层制度，调整净利润标准、营收标准，共同准入增加合格投资人人数不少于 50 人人数，首次增加流动性标准。第三，2018 年 3 月的 CDR 意在为境外优质企业回归 A 股提供便利，也鼓励独角兽企业推行，因此其推出标准较高（见表 3-8）。

表 3-8　　　　　　　　　　新三板创新层挂牌标准

标准	指标	具体要求
标准 1	净利润+净资产收益率+股本总额	（1）最近两年的净利润均不少于 1 000 万元（以扣除非经常性损益前孰低者为计算依据）； （2）最近两年加权平均净资产收益率平均不低于 8%（以扣除非经常性损益前后孰低者为计算依据）； （3）股本总额不少于 2 000 万元
标准 2	营收复合增速+营业收入+股本总额	（1）最近两年营业收入连续增长，且年均复合增长率不低于 50%； （2）最近两年营业收入平均不低于 6 000 万元； （3）股本总额不少于 2 000 万元
标准 3	市值+股本总额+做市商家数	（1）最近有成交的 60 个做市或者竞价转让日的平均市值不少于 6 亿元； （2）股本总额不少于 5 000 万元； （3）采取做市转让方式的，做市商家数不少于 6 家

资料来源：全国中小企业股份转让系统。

3.3.3 科创板以市值为核心的差异化上市标准

科创板主要面向符合国家战略、突破关键核心技术、市场认可度高的科技创新企业，重点支持新一代信息技术、高端装备、新材料、新能源、节能环保以及生物医药等高新技术产业和战略性新兴产业，推动互联网、大数据、云计算、人工智能和制造业深度融合，引领中高端消费，推动质量、效率和动力变革。相比传统行业的企业，科技型企业拥有"三高一大"的特点：

（1）高成长：产品由于技术水平、工艺水平高，具有较强的市场垄断力，一旦为市场所接受，就会表现出较强的扩张力；

（2）高投入：技术研发、产品开发需要大量的资金投入；

（3）高风险：企业面临的技术风险、市场风险、财务风险都较高；

（4）无形资产占比大：科技型企业的盈利主要依靠的是其无形资产和不断的创新活动来实现。

事实上，科创板是在多层次资本市场体系内的新设板块，其定位为科技创新型公司，核心在于为优质的科创企业提供资本市场服务，增强对创新企业的包容性和适应性。科创板及注册制不是简单的放宽上市门槛，而是应针对科技创新企业的特点，制定相应标准。既要体现对企业技术含量的要求，如行业范围、技术指标、研发成果及应用等，又要体现对创新企业的支持。针对这类企业，应设定一系列的准入"资格标准"，构建其与特征相适应的多元化企业选择标准，去伪存真。

根据《上海证券交易所科创板股票上市规则》，科创板上市条件体现"包容性"。科创板上市的条件，包括：一是符合中国证监会规定的发行条件；二是发行后股本总额不低于人民币3 000万元；三是公开发行的股份达到公司股份总数的25%以上；公司股本总额超过人民币4亿元的，公开发行股份的比例为10%以上；四是市值及财务指标符合本规则规定的标准；五是上海证券交易所规定的其他上市条件。在市场和财务条件方面，引入"市值"指标，与收入、现金流、净利润和研发投入等财务指标进行组合，设置了5套差异化的上市指标。以满足在关键领域通过持续研发投入已突破核心技术或取得阶段性成果、拥有良好发展前景，但财务表现不一的各类科创企业上市需求（具体标准如表3-9）。

表 3-9　　　　　科创板的上市条件："突出重点、兼顾一般"

企业类型	标准	指标	上市条件
一般企业	标准1	市值+净利润，或市值+净利润+营业收入	■ 预计市值不低于人民币10亿元，最近两年净利润均为正且累计净利润不低于人民币5 000万元
			■ 预计市值不低于人民币10亿元，最近一年净利润为正且营业收入不低于人民币1亿元
	标准2	市值+营业收入+研发投入	■ 预计市值不低于人民币15亿元
			■ 最近一年营业收入不低于人民币2亿元
			■ 最近三年研发投入合计占最近三年营业收入的比例不低于15%
	标准3	市值+营业收入+经营活动现金流	■ 预计市值不低于人民币20亿元
			■ 最近一年营业收入不低于人民币3亿元
			■ 最近三年经营活动产生的现金流量净额累计不低于人民币1亿元
	标准4	市值+营业收入	■ 预计市值不低于人民币30亿元
			■ 最近一年营业收入不低于人民币3亿元
	标准5	市值+技术优势	■ 预计市值不低于人民币40亿元
			■ 主要业务或产品需经国家有关部门批准，市场空间大，目前已取得阶段性成果
			■ 医药行业企业需至少有一项核心产品获准开展二期临床
			■ 其他符合科创板定位的企业需具备明显的技术优势并满足相应条件
红筹企业	标准1	市值	■ 预计市值不低于人民币100亿元
	标准2	市值+营业收入	■ 预计市值不低于人民币50亿元，且最近一年营业收入不低于人民币5亿元
存在表决权差异企业	标准1	市值	■ 预计市值不低于人民币100亿元
	标准2	市值+营业收入	■ 预计市值不低于人民币50亿元，且最近一年营业收入不低于人民币5亿元

注：（1）预计市值指股票公开发行后按照总股本乘以发行价格计算出来的发行人股票名义总价值。

（2）红筹企业应为符合《国务院办公厅转发证监会关于开展创新企业境内发行股票或存托凭证试点若干意见的通知》（国办发〔2018〕21号）相关规定。

（3）存在表决权差异企业的表决权安排等应当符合《上海证券交易所科创板股票上市规则》等规则的规定。

资料来源：《上海证券交易所科创板股票发行上市审核规则》。

上海证券交易所规定，上述科技创新型公司必须是依法设立且持续经营 3 年以上的股份有限公司，具备健全且运行良好的组织机构，相关机构和人员能够依法履行职责。有限责任公司按原账面净资产值折股整体变更为股份有限公司的，持续经营时间可以从有限责任公司成立之日起计算。同时要求，发行人会计基础工作规范，财务报表的编制和披露符合企业会计准则和相关信息披露规则的规定，在所有重大方面公允地反映了发行人的财务状况、经营成果和现金流量，并由注册会计师出具标准无保留意见的审计报告。发行人内部控制制度健全且被有效执行，能够合理保证公司运行效率、合法合规和财务报告的可靠性，并由注册会计师出具无保留结论的内部控制鉴证报告。

在发行门槛方面，发行人需要业务完整，具有直接面向市场独立持续经营的能力，包括：

（1）资产完整，业务及人员、财务、机构独立，与控股股东、实际控制人及其控制的其他企业间不存在对发行人构成重大不利影响的同业竞争，不存在严重影响独立性或者显失公平的关联交易。

（2）发行人主营业务、控制权、管理团队和核心技术人员稳定，最近两年内主营业务和董事、高级管理人员及核心技术人员均没有发生重大不利变化；控股股东和受控股股东、实际控制人支配的股东所持发行人的股份权属清晰，最近两年实际控制人没有发生变更，不存在导致控制权可能变更的重大权属纠纷。

（3）发行人不存在主要资产、核心技术、商标等的重大权属纠纷，重大偿债风险，重大担保、诉讼、仲裁等或有事项，经营环境已经或者将要发生重大变化等对持续经营有重大不利影响的事项。

同时，发行人生产经营符合法律、行政法规的规定，符合国家产业政策。最近三年内，发行人及其控股股东、实际控制人不存在贪污、贿赂、侵占财产、挪用财产或者破坏社会主义市场经济秩序的刑事犯罪，不存在欺诈发行、重大信息披露违法或者其他涉及国家安全、公共安全、生态安全、生产安全、公众健康安全等领域的重大违法行为。董事、监事和高级管理人员不存在最近三年内受到中国证监会行政处罚，或者因涉嫌犯罪被司法机关立案侦查或者涉嫌违法违规被中国证监会立案调查，尚未有明确结论意见等情形。

【案例 3-2】

保荐机构亟须重点关注的科技创新企业的相关事项

上海证券交易所"严厉警告":保荐机构不得推荐国家产业政策明确抑制行业的企业,不得推荐危害国家安全、公共安全、生态安全、生产安全、公众健康安全的企业。

1. 是否掌握具有自主知识产权的核心技术,核心技术是否权属清晰、是否国内或国际领先、是否成熟或者存在快速迭代的风险。

2. 是否拥有高效的研发体系,是否具备持续创新能力,是否具备突破关键核心技术的基础和潜力,包括但不限于研发管理情况、研发人员数量、研发团队构成及核心研发人员背景情况、研发投入情况、研发设备情况、技术储备情况。

3. 是否拥有市场认可的研发成果,包括但不限于与主营业务相关的发明专利、软件著作权及新药批件情况,独立或牵头承担重大科研项目情况,主持或参与制定国家标准、行业标准情况,获得国家科学技术奖项及行业权威奖项情况。

4. 是否具有相对竞争优势,包括但不限于所处行业市场空间和技术壁垒情况、行业地位及主要竞争对手情况、技术优势及可持续性情况、核心经营团队和技术团队竞争力情况。

5. 是否具备技术成果有效转化为经营成果的条件,是否形成有利于企业持续经营的商业模式,是否依靠核心技术形成较强成长性,包括但不限于技术应用情况、市场拓展情况、主要客户构成情况、营业收入规模及增长情况、产品或服务盈利情况。

6. 是否服务于经济高质量发展,是否服务于创新驱动发展战略、可持续发展战略、军民融合发展战略等国家战略,是否服务于供给侧结构性改革。

资料来源:《上海证券交易所科创板企业上市推荐指引》。

上海证券交易所特别补充,符合《国务院办公厅转发证监会关于开展创新企业境内发行股票或存托凭证试点若干意见的通知》(国办发〔2018〕21号)相关规定的红筹企业,可以申请发行股票或存托凭证并在科创板上市。营业收入快速增长,拥有自主研发、国际领先技术,同行业竞争中处于相对优势地位的尚未在境外上市红筹企业,申请发行股票或存托凭证并在科创板上市的,市值及财务指标应当至少符合下列上市标准中的一项,发行人的招股说明书和保荐人的上市保荐书应当明确说明所选择的具体上市标准:

(1)预计市值不低于人民币 100 亿元;

(2)预计市值不低于人民币 50 亿元,且最近一年营业收入不低于人民币 5 亿元。

存在表决权差异安排的发行人申请股票或者存托凭证首次公开发行并在科创板上市的，其表决权安排等应当符合《上海证券交易所科创板股票上市规则》等规则的规定；发行人应当至少符合下列上市标准中的一项，发行人的招股说明书和保荐人的上市保荐书应当明确说明所选择的具体上市标准：

（1）预计市值不低于人民币100亿元；

（2）预计市值不低于人民币50亿元，且最近一年营业收入不低于人民币5亿元。

3.4 科创板的合格投资者要求

3.4.1 合格投资者的基本界定

合格投资者是指在证券退出市场时接受所发行证券让渡的人或公司。美国联邦政府颁布的《1933年证券法》中规定，任何发行人在退出市场时都必须在证券交易委员会注册，并将已发行证券转卖给合格投资者。为保护投资者利益，美国、加拿大证券交易管理机构规定符合一定条件并可对市场进行判断的投资者才能对私人有限合作公司投资，同样这些公司只能向合格投资者募集资金。由于机构投资者资产规模相对占有，专业投资经验比较充足，因此中国的证券市场一般对机构投资者实行准入。而个人投资者资源相对劣势，在高风险的市场往往面临投资者门槛。

合格投资者门槛设置的初衷是在保护投资者利益和证券顺利发行及市场效率之间寻找平衡。我国不同层次股票市场合格投资者门槛设置不尽相同，其中对个人投资者的要求主要体现为财务指标和专业经验。主板、中小企业板和创业板以专业经验为主，但是要求限制不严格，中小投资者基本均可参与。新三板财务指标和专业经验并重，要求自然人投资者资产总值在500万元以上，为中小投资者设立较高的门槛。

发达市场自然人投资者门槛衡量同样以财务和专业经验为主，但财务指标设置更为合理，专业经验能够形成实质性约束。发达市场自然人投资者门槛衡量以财务指标和专业经验为主，指标设置更为细致合理。财务指标以收入和净资产为考核依据，同时考虑根据通货膨胀和市场风险状况等因素对标准及时调整。专业经验考核方面，发达市场通过投资经验、取得证书和通过考试等多样手段考察投资者投资能力，不仅指标约束作用有效实现，而且赋予拥有经验的投资者一定财务指标灵活性。

合理的门槛能够平衡投资者保护、公平和市场效率。对于高风险高收益的市场，合格投资者门槛能够保证中小投资者利益得到应有保护。而通过合理、有效、可操作的门槛设置，允许部分有资本实力或拥有专业经验的合格中小投资者进入市场，共享高风险带来的高投资收益，也能充分体现公平交易原则。合格投资者的充分有效参与，也将为市场带来流动性，保证市场活跃度，提升价格发现水平（见图3-7）。

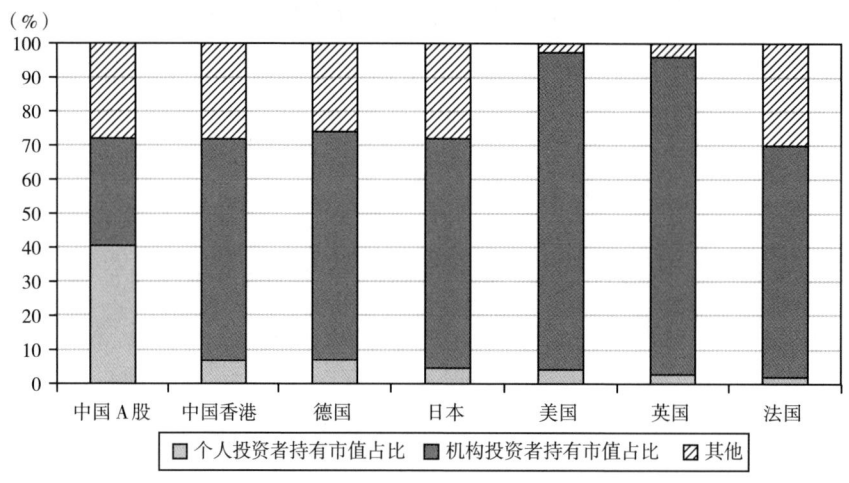

图3-7 A股投资者构成以个人投资者为主

资料来源：Wind（截至2018年中报）。

3.4.2 科创板对合格投资者的要求

对于科创板的合格投资者情况，上海证券交易所提出，引入中长期资金等配套措施，增量试点、循序渐进，新增资金与试点进展同步匹配。证监会提出，在资产、投资经验、风险承受能力等方面加强科创板投资者适当性管理，鼓励中小投资者通过公募基金等方式参与科创板投资。2019年3月，科创板正式稿设立专章，从投资者适当性管理角度明确个人投资者适当性管理安排。要求申请权限开通前20个交易日证券账户及资金账户内的资产日均不低于人民币50万元，并且参与证券交易24个月以上。事实上，50万元资产门槛和2年证券交易经验的适当性要求兼顾了投资者风险承受能力和科创板市场的流动性,现有 A 股市场符合条件的个人投资者约 300 万人,加上机构投资者,交易占比超过 70%,鼓励中小投资通过公募基金等产品参与投资科创板、后续将极推动科创板公募基金产品设立、现有可投资 A 股的公募基金均可投资科创板股票,前期发行的华夏、易方达、嘉实、汇添富、招商、南方 6 只战略配售基金也可以参与科创板股票的战略配售。这些都表明相比于现在的 A 股市场,机构投资者在科创板的"话语权"将明显提升。科创板适当的投资者准入门槛既保留了市场流动性,又积极引导个人投资者通过公募基金等机构来参与科创板投资,逐渐体现出以机构为主体的市场特征。

相关资料见图 3-8、图 3-9 和表 3-10。

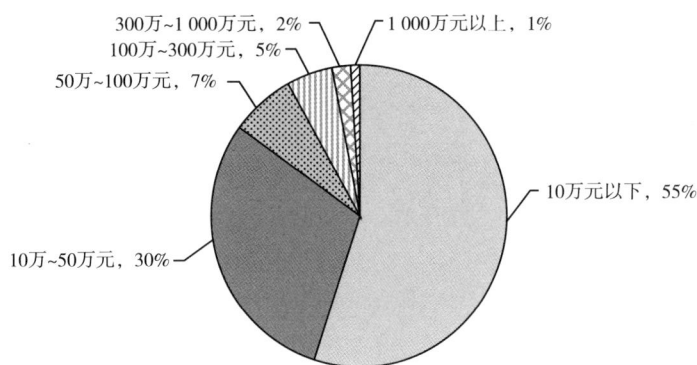

图 3-8　沪市自然人投资者中 50 万元以下的账户数量占比 85%

资料来源:Wind。

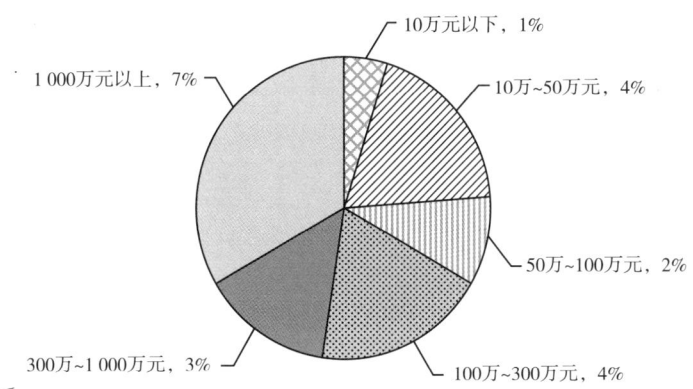

图 3-9　沪市自然人投资者中 50 万元以下的账户持股市值占比 4.8%

资料来源:Wind。

表 3–10　　　　　　　　　　科创板：适中的投资者准入门槛

类别	内容
与 A 股现行制度相比	相较于无投资者门槛主板和中小板，科创板要求参与证券交易 24 个月以上，并申请权限开通前 20 个交易日证券账户及资金账户内的资产日均不低于人民币 50 万元
与新三板相比	新三板要求法人机构及合伙企业实收或实缴 500 万元；个人投资者最近 10 个转让日的日均金融资产 500 万元以上，具有 2 年投资经历或者相关工作经历

资料来源：《上海证券交易所科创板股票交易特别规定》。

第4章
科创板中的制度设计

4.1 发行环节：注册制与定价

4.1.1 场内科创板采用注册制的模式

注册制是成熟资本市场普遍使用的证券发行制度，是中国资本市场改革的重要方向之一。2000年以后，我国资本市场先后实行了非市场化的询价制与核准制，并长期设有严格的利润指标等要求，这在一定程度上保障了上市公司的品质，但同时也带来了核准成本高、效率偏低等问题，甚至在某些时段被迫中止新股发行，造成新股发行"堰塞湖"等。注册制的呼声近年来不断提高。2013年11月，十八届三中全会审议通过《中共中央关于全面深化改革若干重大问题的决定》，其中明确提出要推进股票发行注册制改革。2015年，"实施股票发行注册制改革"作为当年工作部署，写入政府工作报告。但之后因2015年股市异常波动等内外部条件变化，使监管层和市场各方认识到，注册制改革并不是越快越好，还是需要稳步推进。此后的2016年、2017年政府工作报告中，都没再提及注册制。但这并不意味着注册制改革的停滞。"十三五"规划纲要中就提到"创造条件实施股票发行注册制"。相关资料见图4-1和表4-1。

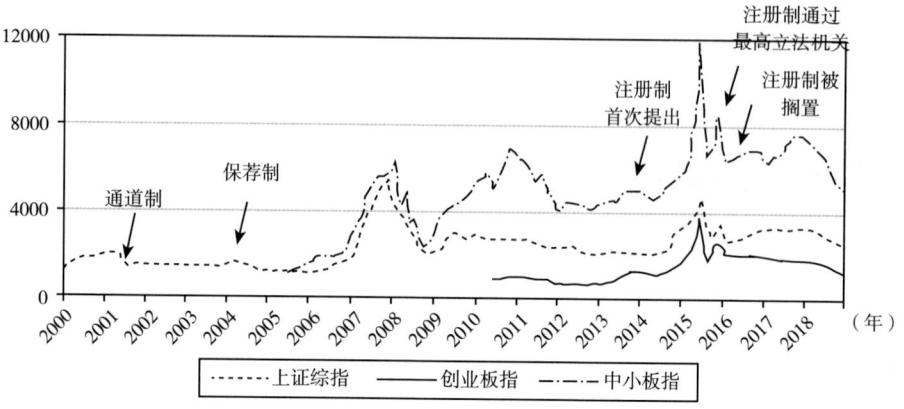

图 4-1 国内发行制度改革背景下市场表现

资料来源：Wind。

表 4-1　　　　　　　　　　国内注册制的发展历程

时间	相关文件	主要内容
2013 年 11 月	《中共中央关于全面深化改革若干重大问题的决定》	提出要健全多层次资本市场体系，推进股票发行注册制改革，多渠道推动股权融资，提高直接融资比重
2015 年 12 月	《关于授权国务院在实施股票发行注册制改革中调整适用〈中华人民共和国证券法〉有关规定的决定》	12 届全国人民代表大会常务委员会第 33 次会议表决通过该项决定，将对国务院实行注册制的授权期限延长 2 年至 2020 年 2 月 29 日
2018 年 2 月	《关于延长授权国务院在实施股票发行注册制改革中调整适用〈中华人民共和国证券法〉有关规定的决定》	12 届全国人民代表大会常务委员会第 33 次会议表决通过该项决定，将对国务院实行注册制的授权期限延长 2 年至 2020 年 2 月 29 日
2018 年 11 月	无	习近平总书记在中国国际进口博览会中表示，将在上海证券交易所设立科创板、试点注册制。科创板及注册制试点再次被明确为国家重大任务；2018 年 11 月 8 日，证监会副主席表示"科创板及注册制一定要搞成"

注册制主要有审核效率高、受干预的可能性小、信息透明、使用事后严格监督、市场化程度高等特点。以中国台湾为例，20 世纪 90 年代末，中国台湾监管部门放开上柜市场 IPO、台交所修订上柜转上市的审查准则，为中国台湾电子计算机通信等新兴产业的中小企业融资带来极大便利，中国台湾科技股占比也开始显著上升（见图 4-2）。

第4章 | 科创板中的制度设计

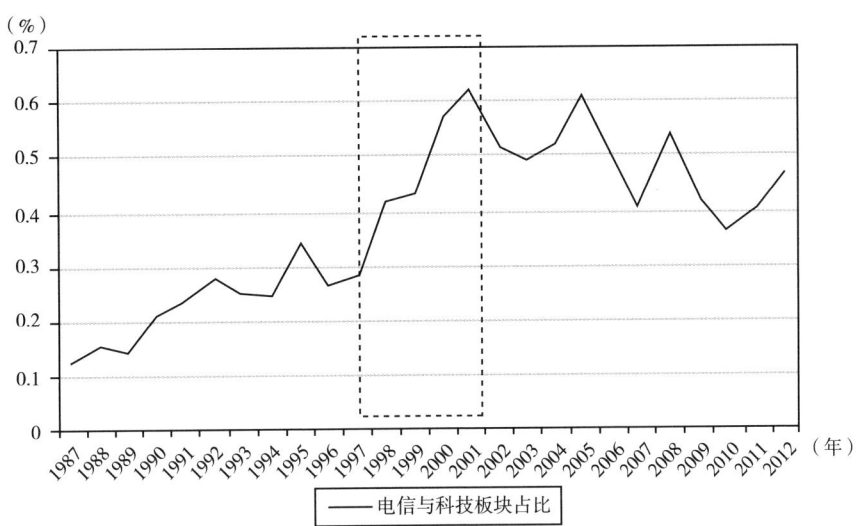

图4-2 中国台湾地区高科技行业占比在20世纪90年代末大幅增加

资料来源：Wind。

【案例4-1】

美国注册制：注册制≠不审核

美国注册制具体分为预先登记、豁免登记、州立层面注册制三种。其中，豁免登记可分为发行豁免、双重豁免、永久豁免，州立层面注册制可分为通知注册、协调注册、资质注册。值得注意的是，注册制并不代表满足法律规定的企业必然可以上市，主要原因在于认定信息披露完全的主观性。美国证券交易监督委员会（SEC）依然有权就企业上市提问，企业需回答所有问题方可被认定为信息完全披露，否则其上市流程将被无限期拖延。其主要特点包括如下几个方面（见图4-3）：

（1）交易所差异化竞争，定位鲜明。美国有数十多所证券期货交易所，充分市场竞争，形成定位鲜明的市场格局。纽约证券交易所是场内市场，上市标准高，以蓝筹股为主；纳斯达克是场外市场，科技股和成长型股票居多，此外还有场外交易市场OTCBB，不需注册只需挂牌，监管要求低。各类交易所充分竞争，吸引最优上市公司，提高市场效率。以纳斯达克为例，成长迅速，比肩纽约证券交易所。1971年，纳斯达克市场为收集场外交易商报价而设立，规范了混乱的场外交易市场。2006年，纳斯达克按公司规模从大到小、从成熟到成长分为"纳斯达克全球精选市

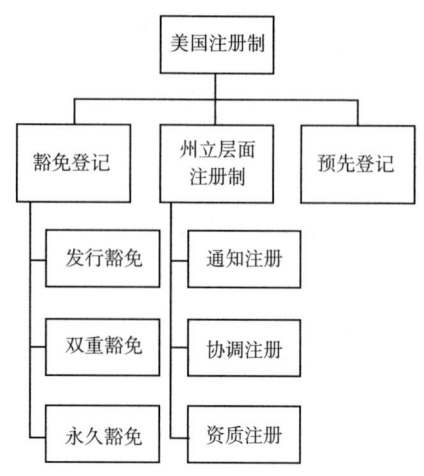

图 4-3 美国的注册制体系

场""纳斯达克全球市场""纳斯达克资本市场"三个层次,优化市场结构、以覆盖更多创新科技企业融资需求。目前,纳斯达克已成为全球最大的股票市场之一。2018年1~11月,纳斯达克市场融资规模达281亿美元,为纽约证券交易所的369亿美元的76%;纳斯达克历年上市企业数量为美国三个主要股权市场中最多,随着时间推移,纳斯达克融资体量逐渐可与纽约证券交易所比肩,并于2016年一度超过纽约证券交易所,成为当年美国为企业融资规模最大的板块。

(2) 法制完备,严惩欺诈是注册制推行前提。大萧条后,美国意识到证券法制监管重要性,经过80余年发展已经形成完备法律制度,如《1934年证券交易法》10b—5规则,亦称"反欺诈条款",将内幕交易、虚假陈述、操纵市场等证券欺诈行为一网打尽,赋予监管机构强大执法武器。2001年轰动全球的安然事件,公司因财务造假被罚5亿美元导致破产,安达信、花旗、摩根大通、美洲银行等一系列中介机构受到追责。《2002年萨班斯法案》规定,任何人通过信息欺诈或价格操纵在证券市场获取利益,构成证券欺诈罪,最多可监禁25年或处以500万美元罚款。2011年帆船基金拉贾拉特南被控内幕交易罪,涉案金额超过3 000万美元,被判处11年监禁。

(3) 多元民事赔偿机制、保护投资者权益是注册制保障。在美国,集体诉讼、行政和解、公平基金是保护投资者的重要手段。集体诉讼由一人或数人代表全体利益起诉,诉讼费用高,赔偿数额大,提高违法成本,安然事件中投资者便是通过集体诉讼追回71.4亿美元赔偿。行政和解指当事人向SEC以支付和解金的方式终结诉讼，可提高执法效率，及时补偿投资者损失，已经是美国最为常见的案件处理方式。公平基金则将违法所得和罚款返还受害者，救济效果良好。

目前，监管层坚持推进注册制配套改革，大力完善信息披露制度，严查严打信息造假、股价操纵、内幕交易等违法犯罪活动，并确立了反欺诈上市的"先行赔付"制度、强制回购股本机制，以及重大违法强制退市制度等，尤其是自2016年底开启了新股发行常态化机制，首次打破因市场低迷而"暂停IPO"的惯例，不仅实现了IPO节奏的市场化，而且成功化解了IPO"堰塞湖"。与此同时，IPO审核方式从对发行人投资价值的实质性判断逐渐转向对IPO信息合规性、完整性、真实性的审核，而且IPO审核的平均周期也从过去3年缩短为1年。此外，监管层加速推进资本市场双向开放，在引入境外机构投资者的同时，也为国内投资者提供境外投资的多样化选择，从2014年的沪港通到2016年的深港通，再到即将到来的沪伦通，这一系列改革为目前的注册制试点落地奠定了坚实的市场基础和制度准备（见图4-4）。

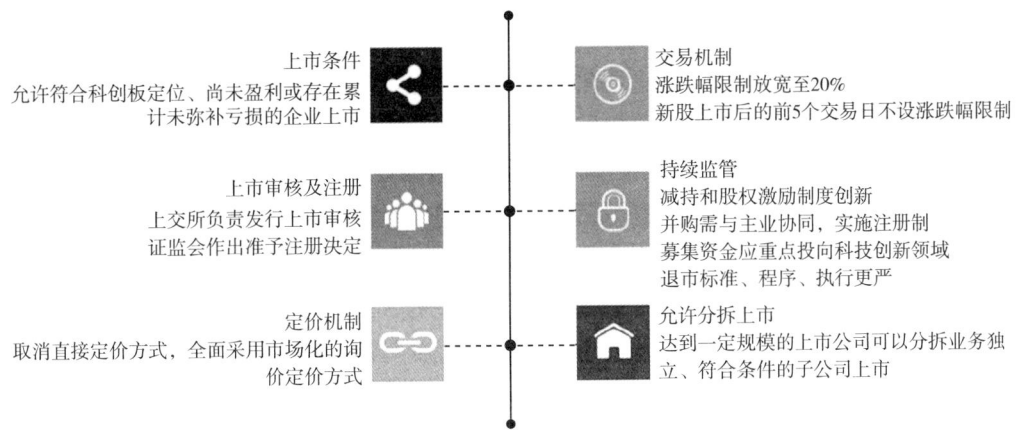

图4-4 科创板的"六大亮点"

资料来源：《上海证券交易所科创板股票发行上市审核规则》。

根据《上海证券交易所科创板股票发行上市审核规则》，科创板企业发行上市由交易所主导，证监会负责备案并保留提出反馈意见、退回补充审核甚至不予注册的权利。整体审核流程与港股市场的双重审核制接近（见图4-5）。上海证券交易所按照试点注册制的理念和要求，承担科创板发行上市审核的职责，通过提出审核问询、发行人回答问题的方式开展审核工作，基于科创板定位，判断发行人是否符合发行条件、上市条件和信息披露要求。为此，上海证券交易所就发行上市审核中承担相应职责分别成立了上市委员会以及咨询委员会，分别负责发行审核以及科创板定位审核。

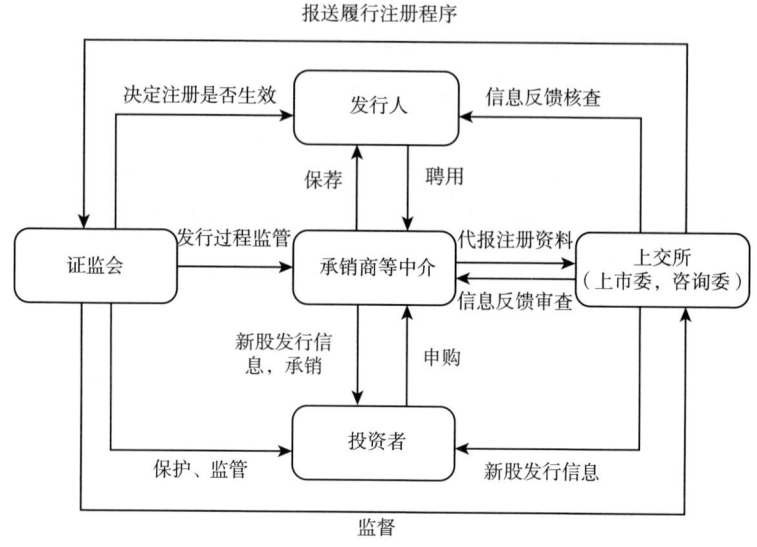

图 4-5 科创板试点注册制：各个主体间的关系

（1）行业问题咨询：上海证券交易所发行上市审核机构可以根据需要，就申请文件中与发行人业务与技术相关的问题，向科技创新咨询委员会进行咨询；科技创新咨询委员会所提出的咨询意见，可以供上海证券交易所审核问询参考。

（2）约见问询与调阅资料：上海证券交易所在发行上市审核中，可以根据需要，约见问询发行人的董事、监事、高级管理人员、控股股东、实际控制人以及保荐人、证券服务机构及其相关人员，调阅发行人、保荐人、证券服务机构与发行上市申请相关的资料。

（3）现场检查：上海证券交易所根据规定从申请已被受理的发行人中抽取一定比例，对其信息披露质量进行现场检查。

（4）向中国证监会报送：中国证监会注册程序中对发行人及其保荐人、证券服务机构提出反馈意见的，上海证券交易所将中国证监会反馈意见告知发行人及其保荐人、证券服务机构。发行人及其保荐人、证券服务机构应当及时回复。

此外，科创板被终止发行的重新申请时间缩短。交易所作出终止发行上市审核决定，或者中国证监会作出不予注册决定的，自决定作出之日起 6 个月后，发行人可以再次提出公开发行股票并上市申请（见图 4-6）。

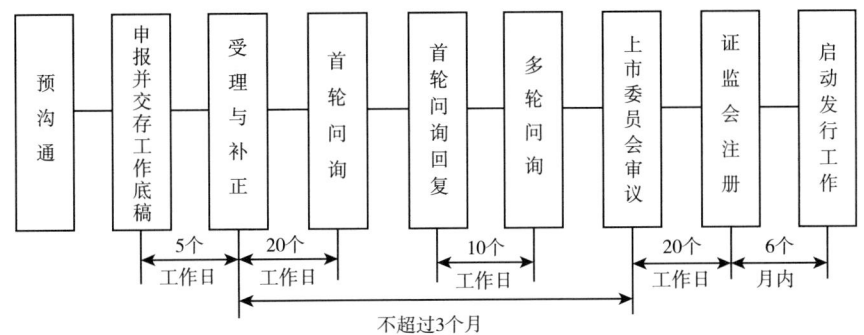

图 4-6 科创板试点注册制的一般流程

资料来源：中国证监会、上海证券交易所。

【案例 4-2】

科创板上市委员会及相关制度

上市委员会通过上市委工作会议的形式履行职责。上市委会议以合议方式进行审议和复审，通过集体讨论，形成合议意见。上市委委员主要由上海证券交易所以外的专家和上海证券交易所相关专业人员组成，由上海证券交易所聘任。上市委由三十至四十名委员组成。上海证券交易所可以根据需要对上市委委员人数和人员构成进行调整。

上海证券交易所按照下列程序聘任上市委委员：

（一）上海证券交易所提请相关单位推荐上市委委员人选；

（二）上海证券交易所将委员人选名单在上海证券交易所网站公示，公示期不少于五个工作日；

（三）公示期满后，上海证券交易所总经理办公会议根据委员选任条件进行遴选，拟定拟聘任委员名单后提交理事会审定；

（四）上海证券交易所作出聘任决定，接受聘任的委员按照上海证券交易所规定签署履职相关承诺。

上市委委员每届任期两年，可以连任，但最长不超过两届；上市委委员担任上海证券交易所相关职务的，其任职期限可以与职务任期保持一致。委员任期届满的，由上海证券交易所予以续聘或者更换。上海证券交易所根据需要，可以调整委员每届任期年限和连续任职期限。

上海证券交易所设立上市委秘书处，作为上市委的办事机构。上市委以召开审议会议的形式履行职责。审议会议由会议召集人负责召集，组织委员发表意见和讨论，主持形成合议意见。每次审议会议由五名委员参加，法律、会计专家至少各一名。

上海证券交易所于会议召开七个工作日前，公布审议会议的时间、拟参会委员名单、审议会议涉及的发行人名单等，同时通知发行人及其保荐人。

拟参会委员应当于审议会议召开四个工作日前，将拟提问询问题提交上市委秘书处。

上市委秘书处应当于审议会议召开三个工作日前，将问询问题告知发行人及其保荐人。

注：会议召集人非常关键，上市委秘书处协调事项会比较有利，同时法律、会计专家可能由外部专业机构人员构成。每次会议仅有五名委员参加，比发审会参会委员少，每一名委员都至关重要。

资料来源：《上海证券交易所科创板股票上市委员会管理办法》。

【案例4-3】

首次公开发行股票并在科创板上市申请文件目录

一、招股文件

1-1 招股说明书（申报稿）

二、发行人关于本次发行上市的申请与授权文件

2-1 关于本次公开发行股票并在科创板上市的申请报告

2-2 董事会有关本次发行并上市的决议

2-3 股东大会有关本次发行并上市的决议

2-4 关于符合科创板定位要求的专项说明

三、保荐人和证券服务机构关于本次发行上市的文件

3-1 保荐人关于本次发行上市的文件

3-1-1 关于发行人符合科创板定位要求的专项意见

3-1-2 发行保荐书

3-1-3 上市保荐书

3-1-4 保荐工作报告

3-1-5 关于发行人预计市值的分析报告（如适用）

3-1-6 保荐机构相关子公司参与配售的相关文件（如有）

3-2 会计师关于本次发行上市的文件

3-2-1 财务报表及审计报告

3-2-2 发行人审计报告基准日至招股说明书签署日之间的相关财务报表及审

阅报告（如有）

3-2-3 盈利预测报告及审核报告（如有）

3-2-4 内部控制鉴证报告

3-2-5 经注册会计师鉴证的非经常性损益明细表

3-3 发行人律师关于本次发行上市的文件

3-3-1 法律意见书

3-3-2 律师工作报告

3-3-3 关于发行人董事、监事、高级管理人员、发行人控股股东和实际控制人在相关文件上签名盖章的真实性的鉴证意见

3-3-4 关于申请电子文件与预留原件一致的鉴证意见

四、发行人的设立文件

4-1 发行人的企业法人营业执照

4-2 发行人公司章程（草案）

4-3 发行人关于公司设立以来股本演变情况的说明及其董事、监事、高级管理人员的确认意见

4-4 商务主管部门出具的外资确认文件（如有）

五、与财务会计资料相关的其他文件

5-1 发行人关于最近三年及一期的纳税情况及政府补助情况

5-1-1 发行人最近三年及一期所得税纳税申报表

5-1-2 有关发行人税收优惠、政府补助的证明文件

5-1-3 主要税种纳税情况的说明

5-1-4 注册会计师对主要税种纳税情况说明出具的意见

5-1-5 发行人及其重要子公司或主要经营机构最近三年及一期纳税情况的证明

5-2 发行人需报送的其他财务资料

5-2-1 最近三年及一期原始财务报表

5-2-2 原始财务报表与申报财务报表的差异比较表

5-2-3 注册会计师对差异情况出具的意见

5-3 发行人设立时和最近三年及一期资产评估报告（如有）

5-4 发行人历次验资报告或出资证明

5-5 发行人大股东或控股股东最近一年及一期的原始财务报表及审计报告（如有）

六、关于本次发行上市募集资金运用的文件

6-1 发行人关于募集资金运用方向的总体安排及其合理性、必要性的说明

6-2 募集资金投资项目的审批、核准或备案文件（如有）

6-3 发行人拟收购资产（或股权）的财务报表、审计报告、资产评估报告、盈利预测报告（如有）

6-4 发行人拟收购资产（或股权）的合同或合同草案（如有）

七、其他文件

7-1 产权和特许经营权证书

7-1-1 发行人拥有或使用的对其生产经营有重大影响的商标、专利、计算机软件著作权等知识产权以及土地使用权、房屋所有权等产权证书清单（需列明证书所有者或使用者名称、证书号码、权利期限、取得方式、是否及存在何种他项权利等内容）

7-1-2 发行人律师就7-1-1清单所列产权证书出具的鉴证意见

7-1-3 特许经营权证书（如有）

7-2 重要合同

7-2-1 对发行人有重大影响的商标、专利、专有技术等知识产权许可使用协议（如有）

7-2-2 重大关联交易协议（如有）

7-2-3 重组协议（如有）

7-2-4 特别表决权股份等差异化表决安排涉及的协议（如有）

7-2-5 高管员工配售协议（如有）

7-2-6 其他重要商务合同（如有）

7-3 特定行业（或企业）的管理部门出具的相关意见（如有）

7-4 承诺事项

7-4-1 发行人及其实际控制人、控股股东、持股5%以上股东以及发行人董事、监事、高级管理人员等责任主体的重要承诺以及未履行承诺的约束措施

7-4-2 有关消除或避免同业竞争的协议以及发行人的控股股东和实际控制人出具的相关承诺

7-4-3 发行人全体董事、监事、高级管理人员对发行申请文件真实性、准确性、完整性的承诺书

7-4-4 发行人控股股东、实际控制人对招股说明书的确认意见

7-4-5 发行人关于申请电子文件与预留原件一致的承诺函

7-4-6 保荐人关于申请电子文件与预留原件一致的承诺函

7-4-7 发行人保证不影响和干扰审核的承诺函

7-5 说明事项

7-5-1 发行人关于申请文件不适用情况的说明

7-5-2 发行人关于招股说明书不适用情况的说明

7-5-3 信息披露豁免申请（如有）

7-6 保荐协议

7-7 其他文件

资料来源：《公开发行证券的公司信息披露内容与格式准则第42号——首次公开发行股票并在科创板上市申请文件》。

4.1.2 允许VIE、同股不同权、三类股东、上市公司子公司企业上市

首先，符合规定的红筹企业、拥有同股不同权结构的企业将登陆科创板。这一规定大大增强了科创板对于创新型企业的包容性，超出市场预期。其次，上海证券交易所允许上市公司分拆子公司在科创板上市，对于有三类股东的企业，上海证券交易所仅要求穿透持股比例超过5%的三类股东。上述两项规定大大提高了科创板对于新三板中上市公司子公司以及三类股东人数较多的优质企业的包容性。

(1) 科创板允许红筹企业通过IPO或发行存托凭证等方式登陆。根据《上海证券交易所科创板股票上市规则》，符合《国务院办公厅转发证监会关于开展创新企业境内发行股票或存托凭证试点若干意见的通知》（国办发〔2018〕21号）等规定的红筹企业，申请首次公开发行股票并在科创板上市，还应当符合科创板相关规定，但公司形式可适用其注册地法律规定；申请发行存托凭证并在科创板上市的，适用科创板的发行上市审核注册程序的规定。红筹企业在科创板发行上市，适用"营业收入快速增长，拥有自主研发、国际领先技术，同行业竞争中处于相对优势地位"的具体标准，"如果预计市值不低于人民币100亿元，或者预计市值不低于人民币50亿元且最近一年营业收入不低于人民币5亿元，可以申请在科创板上市"。

(2) 科创板将引入具有同股不同权结构的企业上市。根据《上海证券交易所科创板股票上市规则》，只要满足预计市值不低于人民币100亿元；或预计市值不低于人民币50亿元，且最近一年营业收入不低于人民币5亿元的"同股不同权"企业，均可申请在科创板上市。科创板关于同股不同权的规则整体与港交所相似，只在市值要求、普通表决权保障和披露方面略有不同。未来随着科创板制度的推出及完善，可能进一

步细化的规则有：制定损害股东权益的具体惩罚措施，向美股市场完善的事后约束机制看齐；完善对持有特别表决权的股东的监督；完善双重股权结构公司的信息披露机制。

（3）科创板大大放宽对"三类股东"的信息披露要求与穿透要求。根据《上海证券交易所科创板股票上市规则》，持有上市公司5%以上股份的"三类股东"只需要披露公司的控股股东、实际控制人是否存在关联关系。而作为上市公司控股股东、第一大股东或者世纪控制人的，除应当履行前款规定义务外，还应当在权益变动文件中穿透披露至最终投资者。与当前A股对"三类股东"的披露要求作对比，科创板对"三类股东"的限制大幅减少。

（4）大型上市公司可分拆子公司登陆科创板。《科创板上市公司持续监管办法（试行）》第三十一条表示，达到一定规模的上市公司，可以依据法律法规、中国证监会和交易所有关规定，分拆业务独立、符合条件的子公司在科创板上市。目前，A股上市公司分拆子公司上市的情况主要有以下四种情况：分拆子公司创业板上市，分拆子公司新三板挂牌，分拆子公司直接发行H股在香港上市，分拆子公司通过红筹架构在境外上市，分拆上市不仅能进一步拓宽融资渠道，还能引入新的合作方，改善母公司的财务状况。而且，通过分拆上市，子公司能对自身业务进行更多披露，社会公众能对子公司业务的成长性有更为准确的了解，从而吸引投资者，提高公司的市场价值，对母公司股价的提升也有促进作用。

4.1.3 借鉴美股和港股IPO定价机制，科创板进行市场化定价

注册制下，优质科创企业上市进程加快，科创板有望借鉴美股和港股IPO定价机制，采用累计投标询价制进行市场化定价，承销商将先向特定的机构进行估值与询价，在得到询价后确定发行的价格区间并公开进行询价。在路演交流结束后，发行人和承销商再根据投资者需求、可比公司定价、全球股市表现最终确定发行价格。该机制下，预计未来机构投资者，尤其是公募基金，对科创板首发企业的定价自主性将得到提升，企业定价标准将更为灵活，首发估值起点将更为合理，新股上市连续多个涨停板的现象可能不会在科创板出现。

事实上，2009年证监会曾实行IPO价格市场化询价，结果新股定价持续攀升；2014年以后IPO定价再次受到限制，23倍市盈率成为标准。而"场外"的科创板早已经由上海股权交易所中心在2015年创立，目前也已经有至少三批企业约100家公司在里面挂牌交易了，而且挂牌的方式也与注册制相差无几。现在，

科创板将挂在上海证券交易所并试点注册制，优质科创企业上市进程加快。未来，科创板企业发行价格采取询价发行，允许未盈利企业上市意味着突破23倍市盈率限制（见表4-2）。《科创板首次公开发行股票注册管理办法（试行）》中规定，科创板IPO发行定价方式为询价确定发行价格，参与询价的主体包括经中国证券业协会注册的证券公司、基金管理公司、信托公司、财务公司、保险公司、合格境外机构投资者和私募基金管理人等在内的专业机构投资者，并披露询价机构报价的中位数、平均数。同时，调高网下发行配售数量占比、下调回拨比例，也提高了公募基金、保险资金的配售比例。回拨后网下配售比例从主板的20%~70%提升至60%~80%，公募基金及相关保险资金配售比例从主板的20%~70%提升至60%~80%，公募基金及相关保险资金配售比例从主板的40%提升至50%。因此，作为注册制的重要试点，科创板IPO定价将更为市场化，机构投资者不仅将成为科创新股的定价者，更将成为价值投资的深度参与者。

表4-2　　　　　　A股历史上不同IPO定价制度下新股首发市盈率

时间	IPO定价制度	定价主体	IPO公司平均市盈率
1999年7月之前	行政定价阶段	证监会	15.00
1999~2001年6月	放宽发行市盈率限制	承销商和发行人	32.78
2001年7月~2004年	市盈率严格监管阶段	承销商和发行人	19.41
2005~2013年	询价阶段	询价对象	43.97
2014年至今	23倍市盈率控价发行	询价对象	22.86
科创板推出后	询价发行	机构投资者	—

4.1.4　配售制度上，科创板引入红鞋、绿鞋以及战略配售机制

目前，美股和港股都允许承销商自主决定新股的配售对象和配售数量，同时采用战略配售机制和超额配售选择权[①]，充分发挥承销商的价值发现功能，实现新股合理与高效的定价。科创板相关细则正式出台前，市场已对"红鞋""绿鞋"以及战略配售等机制有一定预期。此次科创板股票发行与承销实施办法正式稿中，三大发行配

---

①　超额配售选择权，又称"绿鞋"机制，是指获发行人授权的主承销商可在股票上市之日起30天内，按同一发行价格超额发售不超过包销数额15%的股份。超额配售选择权在美股和港股的IPO中被广泛应用，超额配售选择权可以防止新股上市后股价跌破发行价以下，增强参与一级市场认购投资者的信心，实现新股股价由一级市场向二级市场的平稳过渡。中国证监会于2006年颁布的《证券发行与承销管理办法》中规定IPO股票数量在4亿股以上的，发行人及其主承销商可以在发行方案中采用超额配售选择权，预计超额配售选择权也将在科创板企业发行中得到应用。

套机制同时推出，符合市场预期（见图4-7）。"红鞋"机制即"回拨机制"，指网上投资者超额申购幅度较大时，发行人从网下向网上回拨，以满足网上投资者需求的操作。这一制度有利于保证线上投资者的利益。《上海证券交易所科创板股票发行与承销实施办法》第十三条指出："首次公开发行股票，网上投资者有效申购倍数超过50倍且不超过100倍的，应当从网下向网上回拨，回拨比例为本次公开发行股票数量的5%；网上投资者有效申购倍数超过100倍的，回拨比例为本次公开发行股票数量的10%；回拨后无限售期的网下发行数量不超过本次公开发行股票数量的80%。"

"绿鞋"机制指"超额配售选择权"。这一安排有利于稳定股票上市后的股价走势，防止股价大起大落。与港股发行制度相同，在科创板上市的发行人和主承销商可以在发行方案中采用超额配售选择权。主承销商可以采用超额配售选择权，发行不超过首次公开发行股票数量15%的股票。发行人股票上市之日起30日内，如果市价高于发行价，主承销商可以以发行价行使绿鞋期权，从发行人处购得超额的15%股票以冲掉超额发售的空头，并收取超额发售的承销费用，此时实际发行数量为原定的115%；如果股票市场价格低于本次发行价，主承销商有权使用超额配售股票募集的资金，从二级市场购买发行人股票以对冲空头，起到稳定股价的作用。《上海证券交易所科创板股票发行与承销业务指引》进一步强化了主承销商在"绿鞋"操作中的主体责任，对行使安排、全流程披露、记录保留、实施情况报备等方面作出要求。诸如，获授权的主承销商应当将超额配售股票募集的资金存入其在商业银行开设的独立账户。获授权的主承销商在发行人股票上市之日起30个自然日内，不得使用该账户资金外的其他资金或者通过他人账户交易发行人股票。另外，上市后30日内破发的，主承销商有权以连续竞价方式回购发行人股票，也可增发股票，但两者之和不得超过全额行使超额配售选择权拟发行股票数量。

在战略配售方面，美股和港股会通过战略配售引入基石投资者，战略配售的新股会存在一定的限售期，一般为3~6个月。基石投资者主要是专业的机构投资者、大型企业集团等，战略投资者会长期稳定地大量持有发行的股票，这是美股和港股公司新股成功发行的关键。科创板的战略配售制度与港股的基石投资者相仿，但持有期限为12个月，长于港股。① 这一制度的引入有利于为未盈利企业的股票发行提

---

① 《上海证券交易所科创板股票发行与承销业务指引》要求，参与发行人战略配售的投资者，应当具备良好的市场声誉和影响力，具有较强资金实力等。参与战略配售的投资者包括与发行人经营业务具有战略合作关系或长期合作愿景的大型企业或其下属企业、具有长期投资意愿的大型保险公司或其下属企业、国家级大型投资基金或其下属企业等六类。

供背书,进而获得相对良好的估值以及融资量。《上海证券交易所科创板股票发行与承销实施办法》规定,科创板上市企业首次公开发行股票数量在 1 亿股以上的,可以向战略投资者配售,配售比例不超过 30%;股数少于 1 亿股战略配售额度小于等于 20%,战略配售股票不包括在网下网上发行比例中。除特定投资目的基金外,战略投资者参与股票配售均需使用自由资金,承诺 12 个月内不减持。承销商可收取新股配售经纪佣金,而保荐机构也将参与战略配售,并对获配股份设定限售期。同时,允许发行人高管与员工通过专项资产管理计划,参与发行人的股票战略配售。建立发行人高管与核心员工认购机制,有利于向市场投资者传递正面信号。

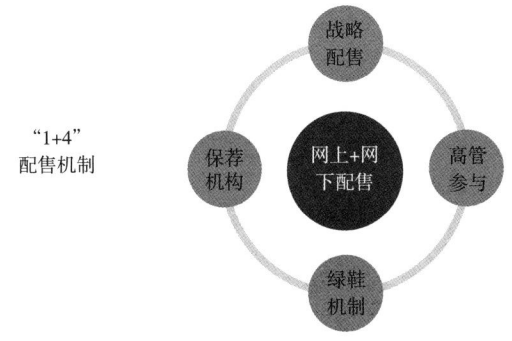

图 4-7 科创板保留"网上+网下"配售模式,同时新增四种配售机制

4.2 交易环节:涨停板制度放开,或将引入混合做市制度

今后,科创板将对交易机制进行系列创新,如在涨跌幅限制、股价波动调节机制、买一手股票的数量、做市商机制等方面进行市场化的、对标国际市场的创新,以提高市场定价效率。在新股破发机制下,股民打新、炒新将会变得更为理性、更为从容。事实上,纳斯达克市场 IPO 企业首日/30 日/90 日的平均破发率分别为 25%/49%/59%。根据 Bloomberg 的数据,2010 年以来纳斯达克市场 IPO 企业首日/30 日/90 日的平均破发率分别为 25%/49%/59%,随着时间轴的延长,破发概率进一步提升。相关资料见图 4-8、图 4-9、表 4-3 和表 4-4。

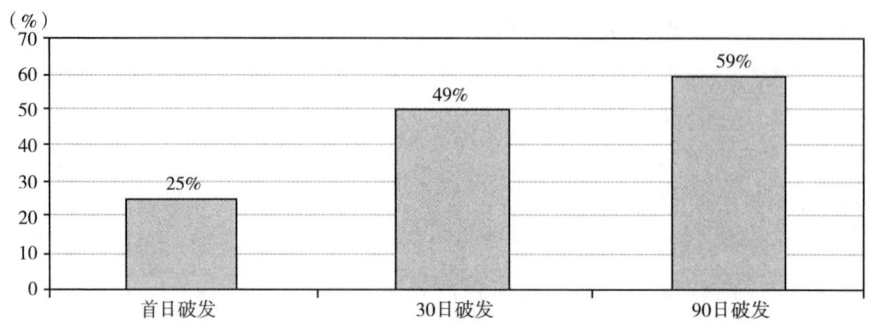

图 4-8　纳斯达克公司上市首日/30 日/90 日的破发比率

资料来源：Bloomberg。

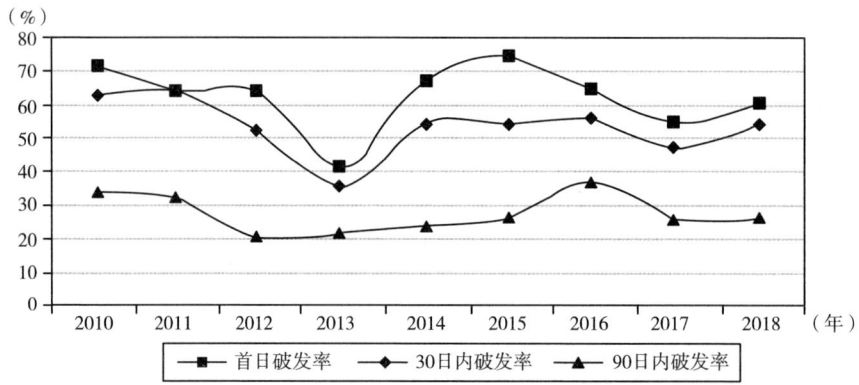

图 4-9　历年纳斯达克公司上市首日/30 日/90 日的破发率

资料来源：Bloomberg。

表 4-3　港交所对于双重股权架构公司上市申请及上市后的具体要求

公司需满足的条件	不同投票权
只限新申请人 上市后不得提高高投票权股比重，亦不可增发任何不同投票权股份	不同投票权受益人：只限个人；极限参与业务运营的行政事务，为业务持续增长做出重大贡献；上市时必须为董事
必须是创新产业公司	不同投票权受益人合计拥有的相关经济利益至少占首次上市已发行股本的 10%，但不得超过 50%
高市值：总市值不低于 100 亿港币；如市值少于 400 亿港元，则要求不少于 10 亿港元的收益	不同投票权股份所附带的投票权不得超过普通股投票权的 10 倍

续表

公司需满足的条件	不同投票权
公司业务成功：高增长的业务记录及预期可持续的高增长轨迹	普通股必须持有不少于10%的投票权，部分重大事项必须按一股一票基准决定
第三方相当数额的投资认可	上市后：不得提高不同投票权股份比例；售予或转让予他人则不同投票权失效；不得增加不同投票权股份附带的不同投票权

资料来源：港交所《新兴及创新产业公司上市制度咨询文件》。

表4-4　股票交易特别规定——科创板、纳斯达克与沪市主板比较

规则亮点	科创板	纳斯达克	沪市主板
交易制度	竞价交易制度	做市商制度	竞价交易制度
投资者适当性	个人：证券账户及资金账户的资产不低于人民币50万元并参与证券交易满24个月。未满足适当性要求的，可通过购买公募基金等方式参与科创板	无要求	无要求 沪伦通：持有金融资产大于300万元人民币
涨跌幅限制	涨跌幅限制：20% 首发、增发上市的股票，上市后的前5个交易日不设涨跌幅限制	无限制，但有熔断机制以防止股价剧烈波动，当发生以下剧烈波动时，暂停交易5分钟： （1）标普500或罗素1000指数5分钟内涨跌超过10%； （2）价格超过1美元的股票在5分钟内涨跌超过30%； （3）价格低于1美元的股票在5分钟内涨跌超过50%	涨跌幅限制：10% 新股上市首日，连续竞价阶段、开市时期停牌阶段和收盘集合竞价阶段，有效申报价格不得高于发行价格的144%
盘后交易制度	盘后固定价格交易：按照时间优先顺序对收盘定价申报进行撮合，并以当日收盘价成交的交易方式。盘后固定价格交易的具体事宜由上海证券交易所另行规定	盘后交易制度： • 价格：市价 • 时间：盘前(4:00~9:30)；盘后（16:00~20:00） • 限制：所有投资者均可参与 • 特点：流动性低，波动性高，成交量低	无

续表

规则亮点	科创板	纳斯达克	沪市主板
融资融券制度	科创板股票自上市首日起可作为融资融券标的。标的证券相关条件由本所另行规定	做空机制： • 做空标的：全部股票 • 做空方式：除融券外还有股指期货、做空 ETF、期权等其他做空方式。 • 做空价格：满足升价原则，卖空指定证券的价格不得低于当时最优卖盘价	融资融券： • 融资融券标的：有严格限制，包括上市时间、流通股本、股东人数、行情指标要求、无风险警示等。 • 融券价格：融券卖出的申报价格不得低于该证券的最新成交价；当天没有产生成交的，申报价格不得低于其前收盘价
交易数量	• 单笔申报数量应当不小于200股，可按1股为单位进行递增； • 限价申报：最大不超过10万股，市价申报：最大不超过5万股； • 卖出时，余额不足200股的部分，应当一次性申报卖出	无限制	• 应为100股或其整数倍，单笔申报最大数量应当不超过100万股。 • 卖出时，余额不足100股的部分，应当一次性申报卖出
价格最小变动单位	上海证券交易所可以依据股价高低，实施不同的申报价格最小变动单位	绝大部分为0.01美元，推行试点制度，1 200只股票最小变动单位为0.05美元。筛选标准为市值小于30亿美金，股价高于2元，日均成交量小于100万股的股票	A股的申报价格最小变动单位为0.01元人民币

资料来源：上海证券交易所《上海证券交易所科创板股票交易特别规定》。

4.2.1 适当放宽涨跌幅限制

严格的涨跌幅限制在降低市场波动、抑制投资者过度反应等方面起到重要作用，但存在以下弊端：一是导致价格延迟发现，叠加"T+1"制度，事件影响往往会被递延到之后的交易日释放，股价无法及时反映信息；二是干扰正常交易，涨跌停制度本身会影响价格的连续性，使市场流动性遭受损害；三是放大价格波动，在散户主导、媒体过度报道的情况下，涨跌幅限制往往会拉长信息完全释放的时间，增加事件发酵的风险，进而放大市场的波动。

科创板依然保留涨跌停幅限制，但幅度有所放宽。考虑到科创企业具有投入大、迭代快等固有特点，科创板股票依然有涨跌停幅限制，但幅度被放宽至20%。其中，为尽快形成合理价格，新股上市后的前5个交易日不设涨跌幅限制，5个交易日过后涨跌幅限制为±20%。放宽日常交易涨跌幅至20%，符合科创企业业务模式新经营不确定性较大，创新周期长，市场更新迭代快等本身的行业特性，在某种程度上能有效缓解市场价格反映滞后的问题。

4.2.2 仍将采用"T+1"的交易机制

为保持市场的相对稳定，防止过度投机，科创板仍将采用"T+1"的交易机制。尽管海外市场已基本施行"T+0"交易，但不同国家的实际规定并不一致。以美国为例，美国证券交易委员会将资金量不同的账户作分类管理，最低档的账户只能进行"T+1"交易，而最高档的账户将可以采用"T+0"交易，其目的便是为了降低投资者的风险暴露。因此，在科创板成立初期，维持"T+1"有利于稳定二级市场。

4.2.3 优化融资融券交易机制

2006年中国证监会发布了《融资融券交易试点实施细则》，并于2010年正式开启融资融券交易系统，接受交易申报。但从后续的发展情况来看，相较于融资业务，融券业务长期萎靡。制约我国做空业务发展的根源在于机制设计对融券来源进行了严格的限制。A股市场规定，融券投资者只能从证券公司借入股票，而证券公司融券来源仅局限于自营持有的股票，各机构间不得相互融券；2013年启动转融券业务试点，证券公司可以在划定范围内从中证金借入证券，但数量仍然杯水车薪。另外，对可融券标的的规定非常严格，因而导致可融证券体量过小，同时存在证券公司动用自营持仓影响股票投资策略执行的风险。

2019年4月30日,《科创板转融通转融券业务实施细则》正式发布。该细则规定扩大融券的券源,增加融券的规模,符合条件的公募基金、社保基金、保险资金等机构投资者以及参与科创板发行人首次公开发行的战略投资者,都可以作为出借人,通过约定申报和非约定申报方式参与科创板证券出借,有助于改善"两融"市场"单边市"的现状。此外,该细则通过提高科创板证券出借、科创板转融券业务效率,从而降低了卖空成本,有助于提高市场流动性和市场定价的效率。

4.2.4 引入盘后固定价格交易

盘后交易属于场外交易的一种形式,投资者基于对盘后信息的判断进行仓位调整。很多公司出于稳定市值的考虑,会在盘后发布讯息,给市场消化的时间;再加上由于时差的原因,国际重要信息的发布可能在盘后,因而引入盘后交易有助于增强市场流动性,提高价格生成的效率。实际上,盘后交易制度参考了纽约证券交易所等先进市场的经验。一是盘后固定价格交易是盘中连续交易的有效补充,可以满足投资者在竞价撮合时段之外以确定性价格成交的交易需求;二是有利于减少被动跟踪收盘价的大额交易对盘中交易价格的冲击;三是采用当日收盘价交易,固定价格无法消化剩余的信息,不能起到缓释股价波动的作用。

为满足投资者在竞价撮合时段之外以确定性价格成交的交易需求,科创板引入盘后固定价格交易。盘后固定价格交易指在竞价交易结束后,投资者通过收盘定价委托,按照收盘价买卖股票的交易方式。盘后固定价格交易是盘中连续交易的有效补充,有利于减少被动跟踪收盘价的大额交易对盘中交易价格的冲击。考虑到盘后固定价格交易相关内容较多,为保证规则结构明晰性,盘后固定价格交易具体内容另行规定。

4.2.5 或将引入混合做市制度

海外经验来看,具备资本实力、定价能力的券商在做市业务上获益颇丰。美国股票做市商巨头骑士资本2013年主营收入的60%左右为做市价收入,贡献了当年纽约证券交易所16%的交易量和纳斯达克17%的交易量;而高盛营业收入76%的"交易和自营投资"中,绝大部分是做市交易的中介收入,占比达到八成以上。在条件成熟时，上海证券交易所将会在现有集合竞价的交易制度基础上，引入做市商，形成混合交易制度。科创板企业风险相对较高，企业经营仍未完全稳定。在竞价交易的基础上引入做市商，将有利于做市商发挥其专业的价值发现功能，最终保证市场平稳有效地运行，这一价值同时符合市场化与稳定性的双重要求。

4.3 退市环节：丰富交易类退市情形，简化退市环节

20世纪90年代初期，我国证券市场的主要功能是为了解决国有企业的融资问题，因此其制度设计呈现出"重融资、轻回报"的特征，审批制和融资管制导致"壳资源"珍贵，上市公司质量参差不齐。加之目前我国资本市场的退市程序，整体周期偏长，执行效率低下，从首次"ST戴帽"到最终退市，一般时间需跨越两至三年，最长达五年。自从我国资本市场建立以来，从沪深两市退市的上市公司数量为115家。退市原因中，连续亏损是最主要的原因，占比为48%。除去私有化、吸收合并的公司后仅有67家。其中，创业板自成立以来，只有欣泰和大华农两家公司退市。与成熟的资本市场相比，A股公司退市数量更显稀少。统计显示，纳斯达克每年的上市公司退市率为8%左右，英国AIM市场每年退市率高达12%。而A股近五年来的平均退市率仅为0.16%，远远低于成熟资本市场的水平。由于注册制的实行将导致企业上市的门槛有所降低，科创板企业的数量有所增加，在此情况下，畅通的退市渠道将至关重要。因此，合理、严格的退市制度是应与注册制配套的首要政策。事实上，注册制下的"壳资源"不再稀缺，针对部分自身经营存在的重大问题、不再符合科创板挂牌标准的企业，退市将成为最好的出路。只有使退市渠道畅通，资本市场才能成为一个新陈代谢正常的有机系统，这也将从客观上促进资本市场质量的提高。完善的退出机制一方面能够提升上市公司的经营效率，强化上市公司治理结构，同时也有利于培育投资者和整个市场的风险意识，遏制投机行为，促进企业回归理性估值，构建"活水养美鱼（投资者）"的市场生态，从而达到维护市场正常秩序及中小投资者利益的目的。相关资料见图4-10和图4-11。

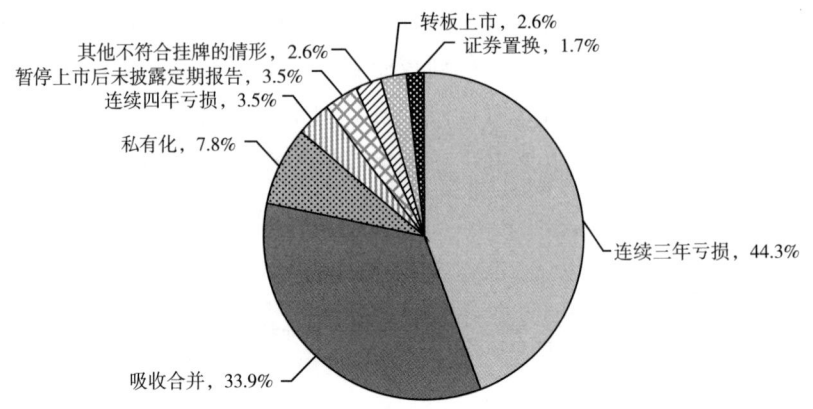

图4-10 A股的退市结构

资料来源：Wind。

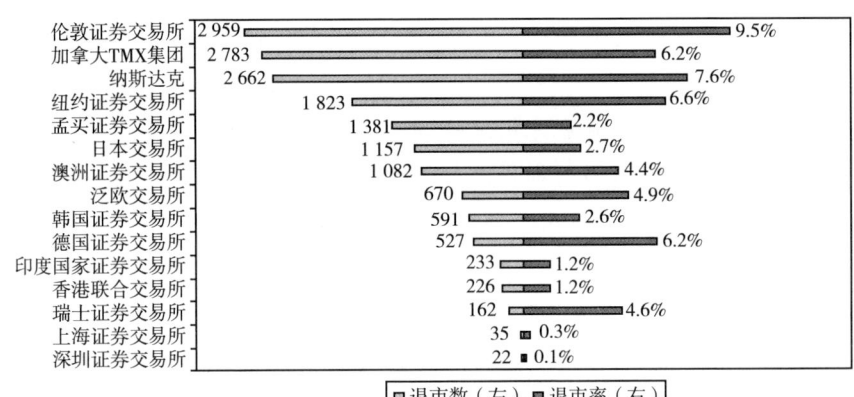

图4-11 全球主要交易所退市情况

资料来源：WFE，2007~2018.10，退市率＝年均退市数/年均上市公司总量。

预计科创板未来有望实现"进出平衡"的良性循环。回顾A股主板退市标准，从2008年单纯的净利润要求进而提升为2012年对净利润、营业收入、净资产任一的要求；2012年加入交易类指标；2014年加入欺诈发行和重大信息披露违法；2018年加入国家安全、公共安全和公众健康安全等违法行为。相对而言，科创板主要新增了与低流动性、低市值等相关的三条退市制度。将美国和中国香港对比，当前科创板的退市制度更接近于美股。美股的退市制度中同样包含了违法违规、交易、财务等多个维度的退市制度。而港股一直未建立起充分的强制退市制度。在上述机制下，美国市场注册制制度和退市制度相得益彰，维持着整个市场进出平衡，市场秩序良好；而港股市场的进多于出，上市率高于退市率。因此，科创板的退市制度逐步向美股看齐，将有利于其"优胜劣汰"功能的进一步发挥。

目前，科创板实现严格的退市制度，包括：（1）加速退市进程。在主板现有标准的基础上，取消了暂停上市、恢复上市和重新上市程序，退市程序更加快捷、简明。（2）加大对重大违法行为的惩处。衔接注册制安排，明确因信息披露重大违法和公共安全重大违法等情形被强制退市者，不得重新提出上市申请，永久退出市场。（3）强化财务指标考核。对营收和净利润综合考量，充分考虑公司的持续经营和持续盈利能力，上市公司无法再通过出售资产、政府补助和应收账款冲回、转让等方式来继续维持上市。同时，科创板进一步聚焦存在财务欺诈等重大违法行为和丧失持续经营能力且恢复无望的主业"空心化"的两类目标公司。退市指标体系更为丰富和优化：一是重大违法情形方面，吸收最新退市改革成果，列明了信息披露重大违法和公共安全重大违法等两类重大违法退市情形；二是市场指标方面，构建成交量、股票价格、股东人数和市值四个类型；三是财务指标方面，设置四类主业"空心化"定性标准和扣非前后净利润为负且主营收入未达到一定规模、净资产为负等定量标准，准确反映丧失持续经营能力企业的经营和财务特征，不再采用单一的连续亏损退市指标；四是其他合规指标方面，在现有未按期披露财务报告、被出具无法表示意见或否定意见审计报告等退市指标的基础上，增加信息披露或者规范运作存在重大缺陷等合规性退市指标。科创板从严执行退市标准，通过量化和非量化退市指标，能够及时有效的筛选劣质企业，实现市场优胜劣汰和资源有效配置。

科创板、纳斯达克和沪市主板比较见表 4-5。

表 4-5　　股票交易特别规定——科创板、纳斯达克与沪市主板比较

退市情形类别	主要情形	具体内容
重大违法强制退市	情形一	上市公司存在欺诈发行、重大信息披露违法或者其他严重损害证券市场秩序的重大违法行为，且严重影响上市地位，其股票应当被终止上市的情形
	情形二	上市公司存在涉及国家安全、公共安全、生态安全、生产安全和公众健康安全等领域的违法行为，情节恶劣，严重损害国家利益、社会公共利益，或者严重影响上市地位，其股票应当被终止上市的情形

续表

退市情形类别	主要情形	具体内容
交易类强制退市	情形一	通过上海证券交易所交易系统连续120个交易日实现的累计股票成交量低于200万股
	情形二	连续20个交易日股票收盘价低于股票面值
	情形三	连续20个交易日股票市值低于3亿元
	情形四	连续20个交易日股东数量低于400人
	情形五	上海证券交易所认定的其他情形
财务类强制退市	情形一	主营业务大部分停滞或者规模极低
	情形二	经营资产大幅减少导致无法维持日常经营
	情形三	营业收入或者利润主要来源于不具备商业实质的关联交易
	情形四	营业收入或者利润主要来源于与主营业务无关的贸易业务
	情形五	其他明显丧失持续经营能力的情形
	情形六	最近一个会计年度经审计的扣除非经营性损益之前或者之后的净利润（含被追溯重述）为负值，且最近一个会计年度经审计的营业收入（含被追溯重述）低于1亿元
	情形七	最近一个会计年度经审计的净资产（含被追溯重述）为负值
	情形八	上海证券交易所认定的其他情形
	情形九	研发型企业研发失败退市。研发型上市公司主要业务、产品或者所依赖的基础技术研发失败或者被禁止使用，且公司无其他业务或者产品符合第五项上市要求的
规范类强制退市	情形一	因财务会计报告存在重大会计差错或者虚假记载，被中国证监会责令改正但公司未在规定期限内改正，此后公司在股票停牌2个月内仍未改正
	情形二	未在法定期限内披露年度报告或者半年度报告，此后公司在股票停牌2个月内仍未披露
	情形三	公司在信息披露或者规范运作方面存在重大缺陷，被上海证券交易所责令改正但未在规定期限内改正，此后公司在股票停牌2个月内仍未改正
	情形四	因公司股本总额或股权分布发生变化，导致连续20个交易日不再具备上市条件，此后公司在股票停牌1个月内仍未解决
	情形五	最近一个会计年度的财务会计报告被会计师事务所出具无法表示意见或者否定意见的审计报告
	情形六	公司可能被依法强制解散
	情形七	法院依法受理公司重整、和解和破产清算申请
	情形八	上海证券交易所认定的其他情形

资料来源：《上海证券交易所科创板股票上市规则》。

4.4 投资者保护：平衡保护与公平，强化市场化的准入

4.4.1 投资者准入门槛

中国证监会将指导上海证券交易所针对创新企业的特点，在资产、投资经验、风险承受能力等方面加强科创板投资者适当性管理，引导投资者理性参与。鼓励中小投资者通过公募基金等方式参与科创板投资，分享创新企业发展成果。此前开通战略新兴板的个人投资者要求具备两年或以上股票交易经验，同时要对新兴产业和创新企业投资风险具备一定认识。《上海证券交易所科创板股票交易特别规定》要求参与科创板交易的个人在申请权限开通前20个交易日证券账户及资金账户内的资产日均不低于人民币50万元，且有两年以上的投资经验。这一门槛与当前的沪港通、深港通开户门槛以及创业板推出之初的开户门槛相当，既将投资经验与风险承受能力较低的个人暂时排除在外，亦避免了新三板500万元金融资产门槛而带来的流动性困局。从数据测算来看，50万元资产门槛和2年证券交易经验的适当性要求是比较合适的。现有A股市场符合条件的个人投资者约300万人，加上机构投资者，交易占比超过70%。总体上，科创板投资者门槛的设置兼顾了投资者风险承受能力和科创板市场的流动性（见图4-12）。

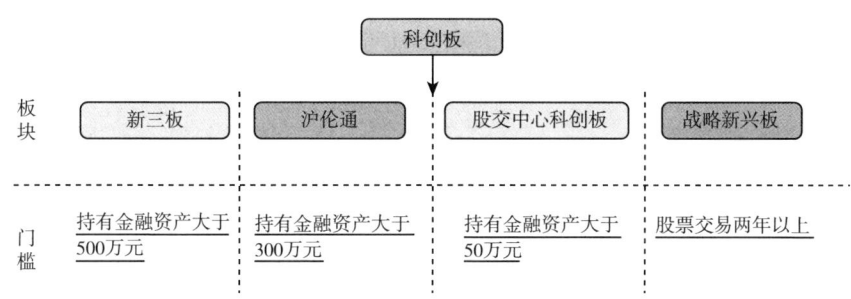

图4-12　各类板块投资者门槛

4.4.2 股东减持与转让限制

参照独角兽公司对股东减持的限制,科创板制定了"宽严结合"的股份减持制度,包括适当延长上市时未盈利企业有关股东的股份锁定期,适当延长核心技术团队的股份锁定期;授权上海证券交易所对股东减持的方式、程序、价格、比例及后续转让等事项予以细化。股份锁定期届满后,科创公司控股股东、实际控制人、董监高、核心技术人员及其他股东减持首次公开发行前已发行的股份以及通过非公开发行方式取得的股份,应当遵守交易所有关减持方式、程序、价格、比例以及后续转让等事项规定。

(1) 要求控股股东、实际控制人自公司股票上市之日起 36 个月内,不得转让或者委托他人管理其直接和间接持有的首发前股份,首发前股份可以集中托管于保荐机构处。

(2) 公司上市时未盈利的,在公司实现盈利前,控股股东、实际控制人自公司股票上市之日起 3 个完整会计年底内,不得减持首发前股份;在上市后第 4 个和第 5 个会计年度减持首发前股份的比例不超过 2%。

(3) 公司上市时未盈利的,在公司实现盈利前,董事、监事、高级管理人员及核心技术人员自公司股票上市之日起 3 个完整会计年度内,不得减持首发前股份;如公司实现盈利,则可以自当年年度报告披露后次日起减持首发前股份。

(4) 上市公司核心技术人员自公司股票上市之日起 12 个月内和离职后 6 个月内不得转让公司首发前股份;自所持首发前股份限售期满之日起 4 年内,每年转让的首发前股份不得超过上市时所持公司首发前股份总数的 25%,减持比例可以累积使用。

(5) 明确科创板股份减持的其他安排仍按照现行减持制度执行;同时,为建立更加合理的股份减持制度,明确特定股东可以通过非公开转让、配售方式转让首发前股份,具体事项将由交易所另行规定,报证监会批准后实施。

4.4.3 信息披露义务

充分的信息披露是施行注册制的核心因素之一,信息披露质量的高低直接关系到投资者的切身利益,信息的不对称性将削弱市场的有效性。因此,信息充分且如实的披露在充分市场化的注册制中至关重要。通过强化前期的信息披露制度化及加大后期的监管惩处力度，在一定程度可以增加发行人的违规成本，使得发行人在信息披露过程中能够尽量做到所披露信息的真实准确完整。只有这样，投资者才能充分了解发行企业的内部信息，减少信息不对称，从而作出正确的投资决策。

与传统企业相比，科创企业研发和经营失败的可能性也更高，普通投资者把握企业价值的难度更大，更加强调行业信息和经营风险的披露。根据科创板上市要求，交易所将从充分性、一致性和可理解性的角度，对发行上市申请文件进行信息披露审核，以督促发行人及其保荐人、证券服务机构真实、准确、完整地披露信息，提高信息披露质量。而在注册制试点下，发行人应当保证信息披露的真实性、准确性和完整性，保荐人、证券服务机构对发行人的信息披露承担把关责任。

一是发行前需信息披露。在以信息披露为核心的审核模式基础上，通过多种措施保障上市流程公开透明和可预期，如采取网上公示材料审核进程，公众可以实时看到申报材料及审核进度；材料审核以形式核查为主，检查资料的齐备性，对于其中披露不充分的地方将问询并要求补充披露；对特定的行业以及没有收入的申报企业，设立更为详尽的披露指引以及更高的披露要求。具体来看，科创公司要结合行业特点，充分披露行业经营信息，尤其是科研水平、科研人员、科研投入等能够反映行业竞争力的信息以及核心技术人员任职及持股情况，便于投资者合理决策。科创公司应该披露可能对公司核心竞争力、经营活动和未来发展产生重大不利影响的风险因素。科创公司尚未盈利的，应当披露尚未盈利的成因，以及对公司现金流、业务拓展、人才吸引、团队稳定性、研发投入、战略性投入、生产经营可持续性等方面的影响。

二是发行过程中需定期报告。借鉴美国市场的双重信息审查质询以及应询的反馈机制，通过上市企业充分及时的信息披露，及其对监管机构及交易所的应询过程，使得投资者有充分机会了解详细真实的企业信息，从而自主识别、把握风险，期间如有损害投资者权益或影响金融稳定的情况有权随时终止。另外，科创公司筹划的重大事项存在较大不确定性，立即披露可能会损害公司利益或者误导投资者，且有关内幕信息知情人已书面承诺保密的，公司可以暂不披露，但最迟应该在该重大事项形成最终决议、签署最终协议、交易确定能够达到时对外披露。已经泄密或缺失难以保密的，科创公司应该立即披露该信息。相关资料见表4-6。

表 4-6　　　　　科创板与其他板重大交易披露事项比较

参照标准	主板/中小板	创业板	科创板
交易涉及的资产总额	最近一期经审计总资产的 10%~50%	最近一期经审计总资产的 10%~50%	最近一期经审计总资产的 10%~50%
交易的成交金额	最近一期经审计净资产的 10%~50% 且绝对金额超过 1 000 万~5 000 万元	最近一期经审计净资产的 10%~50% 且绝对金额超过 500 万~3 000 万元	上市公司市值的 10%~50%
交易标的的资产净额	—	—	上市公司市值的 10%~50%
交易标的的最近一个会计年度营业收入	最近一个会计年度经审计营业收入的 10%~50% 且绝对金额超过 1 000 万~5 000 万元	最近一个会计年度经审计营业收入的 10%~50% 且绝对金额超过 500 万~3 000 万元	最近一个会计年度经审计营业收入的 10%~50% 且绝对金额超过 1 000 万~5 000 万元
交易产生的利润	最近一个会计年度经审计净利润的 10%~50% 且绝对金额超过 100 万~500 万元	最近一个会计年度经审计净利润的 10%~50% 且绝对金额超过 100 万~300 万元	最近一个会计年度经审计净利润的 10%~50% 且绝对金额超过 100 万~500 万元
交易标的最近一个会计年度相关的净利润	最近一个会计年度经审计净利润的 10%~50% 且绝对金额超过 100 万~500 万元	最近一个会计年度经审计净利润的 10%~50% 且绝对金额超过 100 万~300 万元	最近一个会计年度经审计净利润的 10%~50% 且绝对金额超过 100 万~500 万元

资料来源：上海证券交易所《上海证券交易所科创板股票上市规则》。

【案例 4-4】

招股说明书披露内容与格式准则部分内容解读

1. 主要股东、实际控制人、股本情况核查披露

发行人应披露持有发行人 5% 以上股份或表决权的主要股东及实际控制人的基本情况，主要包括：

（一）控股股东、实际控制人的基本情况。控股股东、实际控制人为法人的，应披露成立时间、注册资本、实收资本、注册地和主要生产经营地、股东构成、主营业务及其与发行人主营业务的关系，最近一年及一期末的总资产、净资产、最近一年及一期的净利润，并标明有关财务数据是否经过审计及审计机构名称；为自然

人的，应披露国籍、是否拥有永久境外居留权、身份证号码；为合伙企业等非法人组织的，应披露出资人构成、出资比例及实际控制人。

（二）控股股东和实际控制人直接或间接持有发行人的股份是否存在质押或其他有争议的情况。

（三）实际控制人应披露至最终的国有控股主体、集体组织、自然人等。

（四）无控股股东、实际控制人的，应参照本条对发行人控股股东及实际控制人的要求披露对发行人有重大影响的股东情况。

（五）其他持有发行人5%以上股份或表决权的主要股东的基本情况。主要股东为法人的，应披露成立时间、注册资本、实收资本、注册地和主要生产经营地、股东构成、主营业务及其与发行人主营业务的关系；为自然人的，应披露国籍、是否拥有永久境外居留权、身份证号码；为合伙企业等非法人组织的，应披露出资人构成、出资比例。

……

发行人应披露有关股本的情况，主要包括：

（一）本次发行前的总股本、本次发行及公开发售的股份，以及本次发行及公开发售的股份占发行后总股本的比例。

（二）本次发行前的前十名股东。

（三）本次发行前的前十名自然人股东及其在发行人处担任的职务。

（四）发行人股本有国有股份或外资股份的，应根据有关主管部门对股份设置的批复文件披露相应的股东名称、持股数量、持股比例。涉及国有股的，应在国有股东之后标注"SS"（State-owned Shareholder 的缩写），披露前述标识的依据及标识的含义。

（五）最近一年发行人新增股东的持股数量及变化情况、取得股份的时间、价格和定价依据。属于战略投资者的，应予注明并说明具体的战略关系。

（六）本次发行前各股东间的关联关系及关联股东的各自持股比例。

（七）发行人股东公开发售股份的，应披露公开发售股份对发行人的控制权、治理结构及生产经营产生的影响，并提示投资者关注上述事项。

注：核查标准与创业板近似。

2. 董事、监事、高管、员工情况核查披露

发行人应披露董事、监事、高级管理人员及核心技术人员的简要情况，主要包括：

（一）姓名、国籍及境外居留权。

（二）性别、年龄。

（三）学历及专业背景、职称。

（四）主要业务经历及实际负责的业务活动；对发行人设立、发展有重要影响的董事、监事、高级管理人员及核心技术人员，还应披露其创业或从业历程。

（五）曾经担任的重要职务及任期。

（六）现任发行人的职务及任期。

……

发行人应披露董事、监事、高级管理人员及核心技术人员的薪酬组成、确定依据、所履行的程序及报告期内薪酬总额占各期发行人利润总额的比重，最近一年从发行人及其关联企业领取收入的情况，以及所享受的其他待遇和退休金计划等。

发行人应披露本次公开发行申报前已经制定或实施的股权激励及相关安排，披露股权激励对公司经营状况、财务状况、控制权变化等方面的影响，以及上市后的行权安排。

注：相关规定较为特别，需重点关注。

发行人应简要披露员工情况，包括员工人数及报告期内的变化情况、员工专业结构、报告期内社会保险和住房公积金缴纳情况。

3. 业务与技术核查披露

……

发行人应披露主要产品或服务的核心技术及技术来源，结合行业技术水平和对行业的贡献，披露发行人的技术先进性及具体表征。披露发行人的核心技术是否取得专利或其他技术保护措施、在主营业务及产品或服务中的应用和贡献情况。

发行人应披露核心技术的科研实力和成果情况，包括获得重要奖项、承担的重大科研项目、核心学术期刊论文发表情况等。

发行人应披露正在从事的研发项目、所处阶段及进展情况、相应人员、经费投入、拟达到的目标；结合行业技术发展趋势，披露相关科研项目与行业技术水平的比较；披露报告期内研发投入的构成、占营业收入的比例。与其他单位合作研发的，还应披露合作协议的主要内容，权利义务划分约定及采取的保密措施等。

发行人应披露核心技术人员、研发人员占员工总数的比例，核心技术人员的学历背景构成、取得的专业资质及重要科研成果和获得奖项情况，对公司研发的具体贡献，发行人对核心技术人员实施的约束激励措施，报告期内核心技术人员的主要变动情况及对发行人的影响。

发行人应披露保持技术不断创新的机制、技术储备及技术创新的安排等。

注：科创板重点核查披露事项，将影响估值，非常核心。

4. 同业竞争与关联交易核查披露

发行人应披露是否存在与控股股东、实际控制人及其控制的其他企业从事相同、相似业务的情况。如存在，应对不存在对发行人构成重大不利影响的同业竞争作出合理解释，并披露发行人防范利益输送、利益冲突及保持独立性的具体安排等。

发行人应披露控股股东、实际控制人作出的避免新增同业竞争的承诺。

注：同业竞争标准可能较主板、创业板有所放松。

发行人应根据交易的性质和频率，按照经常性和偶发性分类披露关联交易及关联交易对其财务状况和经营成果的影响。

购销商品、提供劳务等经常性关联交易，应分别披露报告期内关联方名称、交易内容、交易价格的确定方法、交易金额、占当期营业收入或营业成本的比重、占当期同类型交易的比重以及关联交易增减变化的趋势，与交易相关应收应付款项的余额及增减变化的原因，以及上述关联交易是否仍将持续进行。

偶发性关联交易，应披露关联方名称、交易时间、交易内容、交易金额、交易价格的确定方法、资金结算情况、交易产生的利润及对发行人当期经营成果的影响、交易对公司主营业务的影响。

发行人应披露报告期内所发生的全部关联交易的简要汇总表。

发行人应披露报告期内发生的关联交易是否履行了公司章程规定的程序，以及独立董事对关联交易履行的审议程序是否合法及交易价格是否公允的意见。

发行人应披露报告期内关联方的变化情况。由关联方变为非关联方的，发行人应比照关联交易的要求持续披露与上述原关联方的后续交易情况，以及相关资产、人员的去向等。

注：关联方核查可能依旧高压，尤其关联方非关联化应该仍是红线。

5. 财务会计信息与管理层分析核查

……

发行人应以管理层的视角，结合"业务与技术"中披露的业务、经营模式、技术水平、竞争力等要素披露报告期内取得经营成果的逻辑。发行人的管理层分析一般应包括发行人的经营成果，资产质量，偿债能力、流动性与持续经营能力，发行人的重大资本性支出与资产业务重组等方面。发行人应明确披露对上述方面有重大影响的关键因素及其影响程度，充分揭示对发行人经营前景具有核心意义或其目前已经存在的趋势变化对业绩变动具有较强预示作用的财务或非财务指标。

发行人对于经营成果的分析，应充分说明主要影响项目、事项或因素在数值与结构变动方面的原因、影响程度及风险趋势，一般应包括下列内容：

（一）报告期营业收入以及主营业务收入的构成与变动原因；按产品或服务的类别及地区分布，结合客户结构及销售模式，分析主要产品或服务的销售数量、价格与结构变化对营业收入增减变化的具体影响；产销量或合同订单完成量等业务执行数据与财务确认数据的一致性；营业收入如存在季节性波动应说明原因。

（二）报告期营业成本的分部信息、主要成本项目构成及变动原因；结合主要原材料、能源等采购对象的数量与价格变动，分析营业成本增减变化的影响因素。

（三）报告期毛利的构成与变动情况；综合毛利率、分产品或服务的毛利率的变动情况；以数据分析方式说明毛利率的主要影响因素及变化趋势；存在同行业公司相同或相近产品或服务的，应对比分析毛利率是否存在显著差异及原因。

（四）报告期销售费用、管理费用、研发费用、财务费用的主要构成及变动原因，期间费用水平的变动趋势；与同行业可比公司相比如存在显著差异，应结合业务特点和经营模式分析原因；对于研发费用，还应披露对应研发项目的整体预算、费用支出金额、实施进度等情况。

（五）对报告期经营成果有重大影响的非经常性损益项目；未纳入合并报表范围的被投资主体或理财工具形成的投资收益或价值变动对公司经营成果及盈利能力稳定性的影响；区分与收益相关或与资产相关分析披露政府补助对发行人报告期与未来期间的影响。

（六）按税种分项披露报告期公司应缴与实缴的税额，说明重大税收政策变化及税收优惠对发行人的影响。

（七）尚未盈利或存在累计未弥补亏损的发行人，应结合行业特点分析该等情形的成因，充分披露尚未盈利或存在累计未弥补亏损对公司现金流、业务拓展、人才吸引、团队稳定性、研发投入、战略性投入、生产经营可持续性等方面的影响。

发行人对于资产质量的分析，应结合自身的经营管理政策，充分说明对发行人存在重大影响的主要资产项目的质量特征、变动原因及风险趋势，一般应包括下列内容：

（一）结合应收款项的主要构成、账龄结构、信用政策、主要债务人等因素，分析披露报告期应收款项的变动原因及期后回款进度，说明是否存在较大的坏账风险；应收账款坏账准备计提比例明显低于同行业上市公司水平的，应分析披露具体原因。

（二）结合业务模式、存货管理政策、经营风险控制等因素，分析披露报告期末存货的分类构成及变动原因，说明是否存在异常的存货余额增长或结构变动情形，分析存货减值测试的合理性。

（三）报告期末持有金额较大的以摊余成本计量的金融资产、以公允价值计量且其变动计入综合收益的金融资产、以公允价值计量且其变动计入当期损益的金融资产以及借与他人款项、委托理财等财务性投资的，应分析其投资目的、期限、管控方式、可回收性、减值准备计提充分性及对发行人资金安排或流动性的影响。

（四）结合产能、业务量或经营规模变化等因素，分析披露报告期末固定资产的分布特征与变动原因，重要固定资产折旧年限与同行业可比公司相比是否合理；报告期如存在大额在建工程转入固定资产的，应说明其内容、依据及影响，尚未完工交付项目预计未来转入固定资产的时间与条件；固定资产与在建工程是否存在重大减值因素。

（五）报告期末主要对外投资项目的投资期限、投资金额和价值变动、股权投资占比等情况，对发行人报告期及未来的影响。

（六）报告期末无形资产、开发支出的主要类别与增减变动原因，重要无形资产对发行人业务和财务的影响；无形资产减值测试的方法与结果；如存在开发支出资本化的，应说明具体项目、依据、时间及金额。

（七）报告期末商誉的形成原因、增减变动与减值测试依据等情况。

发行人对于偿债能力、流动性与持续经营能力的分析，一般应包括下列内容：

（一）最近一期末银行借款、关联方借款、合同承诺债务、或有负债等主要债项的金额、期限、利率及利息费用等情况；如有逾期未偿还债项应说明原因及解决措施；如存在借款费用资本化情况应说明其依据、时间及金额。发行人应分析可预见的未来需偿还的负债金额及利息金额，结合现金流、融资能力与渠道等情况，分析公司的偿债能力。

（二）报告期股利分配的具体实施情况。

（三）报告期经营活动产生的现金流量、投资活动产生的现金流量、筹资活动产生的现金流量的基本情况、主要构成和变动原因。如报告期经营活动产生的现金流量净额为负数或者与当期净利润存在较大差异的，应分析主要影响因素。

（四）截至报告期末的重大资本性支出决议以及未来其他可预见的重大资本性支出计划和资金需求量，如涉及跨行业投资应说明其与公司未来发展战略的关系，如存在较大资金缺口应说明解决措施及其影响。

（五）结合长短期债务配置期限、影响现金流量的重要事件或承诺事项以及风险管理政策，分析披露发行人的流动性已经或可能产生的重大变化或风险趋势，以及发行人应对流动性风险的具体措施。

（六）结合公司的业务或产品定位、报告期经营策略以及未来经营计划，分析披露发行人在持续经营能力方面是否存在重大不利变化或风险因素，以及管理层自我评判的依据。

资料来源：《公开发行证券的公司信息披露内容与格式准则第41号——科创板公司招股说明书》。

4.4.4 事后追责制度

完善的事后追责制度同样在资本市场中扮演着重要的角色。无论是针对发行主体还是中介机构抑或是监管部门自身，一旦发现内幕交易、虚假陈述、操纵市场等证券欺诈行为发生，都应当存在准确的相关规定对相关责任方进行严惩并承担法律责任。目前，我国证券业相关法律一方面面临着针对违规行为没有明确的量化指标而导致实际操作过程中主观性较强的问题。另一方面，法律针对不法行为的威慑力度不足。例如，我国《刑法》规定，内幕交易、泄露内幕信息罪最高刑期只有10年，惩罚力度远远低于美国（见表4-7）。然而只有在较大的违规成本之下，相关责任人将认真、严格地对待并执行披露、监管等规定。因此，我国针对证券行为的事后追责机制需要进一步完善。建议将补足投资者保护短板当作首要任务，初期让中证中小投资者保护中心承担集体诉讼职责，推广金融法院等专业司法审判机构，畅通民事赔偿机制。

表4-7　　　　　　　　中美证券欺诈惩处力度比较

	中国	美国
最高刑期	【违规披露、不披露重要信息罪】3年 【内幕交易、泄露内幕信息罪】10年 【利用未公开信息交易罪】10年 【操纵证券、期货市场罪】10年	【证券欺诈罪】25年
刑法罚金最高限额	【违规披露、不披露重要信息罪】20万元人民币 【内幕交易、泄露内幕信息罪】1至5倍 【利用未公开信息交易罪】1至5倍	【证券欺诈罪】个人500万美元；公司2 500万美元

续表

	中国	美国
行政罚款最高限额	信息披露违法违规：单位60万元人民币、个人30万元人民币 内幕交易：1~5倍 操纵市场：1~5倍	共分三档，其中最高一档 个人：16万美元 其他：77.5万美元

资料来源：《刑法》《证券法》《1934年证券交易法》《萨班斯法案》《1990年证券执法救济和小额证券改革法案》。

4.4.5 中介机构责任鉴定

海外来看，以美国、英国为代表的发达市场监管认为以承销商为主导的中介机构是发行人与投资者之间的桥梁（见表4-8）。投资人依赖中介机构信誉、重要信息掌握，因此中介机构在发行和持续督导中承担谨慎核查义务。监管从保护投资者、确保市场公平交易、促进符合商业道德交易的目的出发制定健全法律，核心围绕中介机构尽职调查义务（Due Diligence），要求机构承担高责任风险和付出巨大努力。对于失职、违法行为跟踪密切、惩罚力强，倒逼中介机构履行自身职责。

表4-8　　　　　　　　　　中介机构问责机制对比

主要市场	处罚措施
美国纳斯达克	行政和解；谴责；冻结资产或没收、返还非法所得；罚款；永久或临时禁令；构成犯罪的，处有期徒刑或拘役
英国AIM	申诫；严重申诫；警示通知；冻结或没收资产；返回违法得利；罚款；吊销资质；构成犯罪，处有期徒刑或拘役
中国香港创业板	监察、调查及纪律处分；谴责；交回利润；赔偿；罚金；施行禁令；取消资格；情节严重者，处以监禁
内地主板市场	通报批评、公开谴责、暂不受理出具的文件
内地创业板	责令改正、警告、通报批评、公开谴责、没收业务收入、罚款；吊销资质、行政处分、3个月~3年暂不受理其出具的文件等
内地科创板	口头警示、书面警示、监管谈话、要求限期改正等相应监管措施或者实施通报批评、公开谴责等纪律处分、3个月~3年不接受申请或信息披露

资料来源：上海证券交易所、深圳证券交易所，SEC，纳斯达克交易所，伦敦证券交易所，中国香港证监局，香港联合交易所，台湾证券交易所。

未来，科创板将实施更加市场化的准入方式，对企业持续经营能力、盈利能力做出实质判断的主体变为中介机构。如何更好落实中介机构责任，是科创板在制度设计中必须考虑的问题。监管部门要合理界定和划分参与股票发行活动的保荐机构、承销机构、会计师、律师事务所以及资产评估机构的职责范围和责任边界。在科创板企业储备、选拔、规范到完成发行的过程中，中介机构是对企业质量进行实质判断的最重要的主体。《科创板首次公开发行股票注册管理办法（试行）》规定明确，保荐人未勤勉尽责，致使发行人信息披露资料存在虚假记载、误导性陈述或者重大遗漏的，中国证监会将视情节轻重，自确认之日起采取暂停保荐人业务资格1年到3年，责令保荐人更换相关负责人的监管措施；情节严重的，撤销保荐人业务资格，对相关责任人员采取证券市场禁入的措施。保荐代表人未勤勉尽责，致使发行人信息披露资料存在虚假记载、误导性陈述或者重大遗漏的，按规定撤销保荐代表人资格。证券服务机构未勤勉尽责，致使发行人信息披露资料中与其职责有关的内容及其所出具的文件存在虚假记载、误导性陈述或者重大遗漏的，中国证监会可以视情节轻重，自确认之日起采取3个月至3年不接受相关单位及其责任人员出具的发行证券专项文件的监管措施；情节严重的，对证券服务机构相关责任人员采取证券市场禁入的措施。

此外，科创板试行保荐人相关子公司的"跟投"制度，明确发行人的保荐机构依法设立的相关子公司或者实际控制该保荐机构的证券公司依法设立的其他相关子公司，参与本次发行战略配售，并对获配股份设定限售期。当前，海外资产市场只有韩国引入了这一机制。通过中介机构资本约束的方式，可以有效消除发行人和主承销商之间的利益捆绑，杜绝发行价格虚高的情况，促进市场价格稳定。根据上海证券交易所2019年4月发布的《上海证券交易所科创板股票发行与承销业务指引》，规定保荐机构使用自有资金承诺认购的规模，为发行人首次公开发行股票数量2%~5%的股票，至于具体比例则根据发行人首次公开发行股票的规模分档确定。其中，发行规模不足10亿元的，跟投比例为5%，但不超过人民币4 000万元；发行规模10亿元以上不足20亿元的，跟投比例为4%，但不超过人民币6 000万元；发行规模20亿元以上不足50亿元的，跟投比例为3%，但不超过人民币1亿元；发行规模50亿元以上的，跟投比例为2%，但不超过人民币10亿元。除明确跟投比例外，对于券商跟投股份，上海证券交易所也设定了锁定期，要求跟投股份的锁定期为24个月，期限长于除控股股东、实际控制人之外的其他发行前股东所持股份。

第5章
科创板设立带来的影响

5.1 短期影响：充分的流动性保障，提升市场活跃度

5.1.1 对市场本身而言，提振市场信心及市场活跃度

科创板推行注册制、放宽交易限制，对提振市场信心、提升市场活跃度具有积极意义。流动性对于科创板至关重要，也是决定科创板将会成为中国版"纳斯达克"还是"新三板"的关键指标。对于资本市场而言，有流动性、有交易才能形成市场，市场是以交易为基本出发点而诞生的。除了市场制度的配套建设之外，合理的投资者门槛是保证市场活跃度和流动性的重要条件。根据中国证券登记结算有限责任公司的统计，截至2018年底，A股投资者数量共14 582.73万个，其中个人投资者达到了14 549.66万人，包括产业资本、公募私募、社保、保险、QFII等在内的全部机构投资者仅33.07万。个人投资者占比超过了99.77%，而其中持股市值不足50万元的小散户超过投资者总数的85%，持股市值在10万元以下小散户达到投资者总数的55.28%。而科创板在市场机制设计上，通过设定适当的个人投资者门槛（申请权限开通前20个交易日证券账户及资金账户内的资产日均不低于人民币50万元），既能满足避免散户化的监管初衷，又能释放和扩大流动性，进而通过鼓励散户通过公募基金等机构投资者间接投资科创板上市公司，以引导市场从散户为主向机构为主转变。相关资料见表5-1。

表 5-1　　　　　　　　A 股市场与美国股市市值情况及变化

项目	2018 年 5 月			2008 年 11 月		
	总市值（亿元）	成分股数量（个）	平均市值（亿元）	总市值（亿元）	成分股数量（个）	平均市值（亿元）
全部 A 股	592 452	3 513	168.6	130 698	1 602	81.6
上证 A 股	364 820	1 414	258.0	110 442	854	129.3
深证主板 A 股	73 993	442	167.4	14 929	448	33.3
中小企业板	99 364	897	110.8	4 503	266	16.9
创业板	52 688	723	72.9			
美国股市	2 705 871	4 954	546.2	796 517	4 863	163.8
NYSE 全部股票	1 887 529	2 073	910.5	653 333	1 970	331.6
NASDAQ 全部股票	810 989	2 647	306.4	143 054	2 629	54.4
AMEX 全部股票	7 353	234	31.4	129	264	0.5

资料来源：Wind。

5.1.2　对股权投资机构而言，带来新的投资方向及退出渠道

2018 年上半年，我国股权投资市场募资额仅有 3 800.22 亿元，较 2017 年上半年同比下滑 55%，并且有加速下滑的态势。2018 年上半年股权投资市场投资总额接近 5 795.02 亿元，较 2017 年上半年同比下滑 10%。股权投资市场各项指标均产生下滑的重要原因之一是我国 A 股的 IPO 退出渠道受阻。随着科创板的推出及注册制的试点，股权投资机构将拥有新的项目退出渠道，这也将在一级市场上引导股权投资机构给予科技创新型企业更多的资金、资源支持。目前来看，有关键核心技术突破的硬科技产业，新一代信息技术、高端装备、新材料、新能源、节能环保以及生物医药这六大行业将成为关注的重点行业。相关资料见表 5-2。

表 5-2　　　　　　　　　A 股市场股权融资情况

年份	IPO 统计		增发统计		配股统计	
	首发家数（家）	首发募集资金（亿元）	增发家数（家）	增发募集资金（亿元）	配股家数（家）	配股募集资金（亿元）
2008	77	1 034	107	1 642	9	152
2009	98	1 740	117	2 672	10	106

续表

年份	IPO 统计		增发统计		配股统计	
	首发家数（家）	首发募集资金（亿元）	增发家数（家）	增发募集资金（亿元）	配股家数（家）	配股募集资金（亿元）
2010	348	4 885	153	3 127	18	1 438
2011	281	2 810	176	3 485	14	339
2012	155	1 034	152	3 214	6	52
2013	2	0	267	3 584	13	476
2014	124	666	475	6 932	13	138
2015	223	1 576	813	12 253	6	42
2016	227	1 496	814	16 918	11	299
2017	438	2 301	540	12 705	7	163
2018	105	1 378	267	7 524	15	228
合计	2001	18 920	3 881	74 056	122	3 433

资料来源：Wind。

5.1.3 对二级市场投资者而言，可分享科技创新型企业成长的红利

众多科技创新型企业因种种原因远赴海外上市，使得中国的投资者错失了分享科技创新发展红利的机会。科创板的成功推出，既有助于吸引大批优质海外上市公司回归 A 股，也有助于更多优质的科创企业完成上市融资。与 2018 年上半年提出的 CDR 试点不同，科创板及注册制试点的推出，将使 A 股投资者直接投资通过注册制实现 IPO，并处于快速成长阶段的科技创新型企业，更为直接地分享科技创新型企业快速成长的红利。目前，京东、小米、美团、蔚来、拼多多等中国的互联网科技巨头由于按现行的创业板财务审核标准难以上市转而赴美股上市，使得中国资本市场与本土大量中国的优质创新企业失之交臂，中国投资者只能在符合审核制下财务标准的上市公司中、在封闭的估值系统中做次优选择。现阶段，国内仍然有大量诸如商汤科技、陆金所、蚂蚁金服、今日头条等独角兽企业尚未上市，注册制下的科创板将可能使上述这些企业在国内上市，让中国的投资者共享新时代发展的市场红利。同时，科创板股票竞价交易实行价格涨跌幅限制，涨跌幅比例为 20%，且首次公开发行上市的股票，上市后的前 5 个交易日不设价格涨跌幅限制。在这种交易制度下，二级市场价格回归可能会更加迅速，加上科创板的投资者准入门槛为 2 年投

资经验及50万元,并且网下发行股票数量的50%优先向公募产品、社保基金、养老金,以及符合规定的企业年金基金、保险资金配售,投资者结构更加专业化,将有效降低股市的波动率,进而达到防止过度投机炒作与增加市场流动性之间的微妙平衡。

5.2 中期影响:提升市场价值发现功能

5.2.1 市场资金从产能扩张配向科技创新,促进上市企业良性竞争

现行的A股IPO标准是比照传统工业版,无论是主板、中小板,抑或是深交所创业板,其IPO标准均将企业的盈利水平、净资产规模作为重要的评判依据。但对于企业在营收及估值上的未来成长性,一定程度上加以弱化。因此,在目前A股存量市场中,价值发现功能被弱化,导致市场上存在众多长期高估或长期低估的个股,个股基本面与股价脱钩,不利于资本市场的资源配置功能的发挥,也助长了投资者的投机心理。

事实上,受A股上市条件的限制,A股市场上募集资金主要用于产能扩张。目前,我国A股市场仅允许已盈利企业上市,企业上市时往往已具有一定的成熟度,研发投入趋于减少。因此,在A股市场上募集资金的企业往往将所募集资金主要投向已有产业线的扩建和产能的扩张。以2018~2019年A股Wind医疗保健行业企业的增发目的为例,在56个案例中,只有7起增发募资用于研发投入,仅占比12.5%,剩余项目所募资金主要用于产能扩张。总体而言,A股市场上的价值逻辑主要是依托于产能扩张所带来的企业价值提升。基于此,科创板推出的意义在于支持关键科技创新,形成资本市场支持实体创新的良好生态闭环。在如今世界局势愈发复杂的情况下,科创板标志着中国有效的创新驱动动力机制开始形成,也表明了我国资本市场改革创新将会步入一个新的时代。主要涉及:一是打破常规市值衡量标准。一定程度上打破盈利是衡量企业好坏唯一标准,很多中小型高科技企业都是轻资产的企业,财务报表上并不体现其核心资产——技术资产的价值。二是支持核心技术领域。从创业板和中小板市场来看,支持科技类企业数量多且难以聚焦,而科创板中的企业含金量较高,并且企业来源是新一代信息

技术、高端装备制造和新材料、新能源及节能环保、生物医药、技术服务领域这些未来高度景气的行业领域。三是鼓励企业研发。从科创板的创立条件可以看出，其对企业的研发投入有了专门的要求，科创板的推出也是对与中小研发企业的一种鼓励和资金上的支持，缓解前沿技术或者新兴技术的早期应用研发阶段企业常常面临的资金不足的尴尬境地。

目前，科创板实行注册制，与审核制相比，在硬性条件如盈利条件上有所放宽，不要求企业已发展至相对成熟的阶段。因此，科创板一方面实行更加市场化的发行审核方式将提升投资者的专业能力与价值判断能力；另一方面可以帮助企业募集资金用于科技创新和研发方面，将市场资金从产能扩张更多地配向科技创新，进而逐步提升市场的价值发现功能，促进上市企业的良性竞争。

5.2.2 或将成为新三板优质企业的转板方向

近年来，新三板的趋冷与劣币驱逐良币的现象愈加明显，优质的公司往往会选择转板，存量的挂牌公司又相对较差，导致市场参与者的动力明显不足。市场整体陷入优质资源稀缺、交易活跃性差，优质资源更加难以留下，市场吸引力进一步下降的恶性循环之中。2018年前三季度，新三板新增挂牌企业465家，比2017年同期大幅减少了72.73%；摘牌企业数量却为1 152家，比2017年同期增加了163.01%；1 196家新三板挂牌企业，仅实现募资588.74亿元，是2017年同期募资额的56.9%。新三板市场流动性不足、融资定价功能丧失等问题长期存在，已逐步失去吸引科技创新型优质企业，并助力其融资发展的能力。2018年更多的科技创新型新三板企业选择海外上市或退市重新申报A股IPO，而科创板的推出将成为优质科技创新型新三板企业的转板方向。

科创板的交易制度设计较新三板适当有所放开。科创板中设计交易方式分别有大宗交易、集合竞价、盘后固定价格交易，分别尝试解决交易基本需求/合理定价机制/提高市场交易效率。同时，新增两种市价申报方式，对买卖数量规定等细节进行优化。而新三板市场自2018年1月15日后实行新的交易制度，包括集合竞价、做市交易、盘后协议转让、特定事项协议转让等。新三板交易制度改革，提升了市场价格公允性，但对提振市场活跃度的效果有限。数据显示，2018年新三板市场年化换手率约为6.8%，不及2017年的13.4%。此外，科创板或将加速新三板精细化分层制度改革的推进。相关资料见表5-3和图5-1。

表 5-3 科创板与新三板的交易制度对比

市场	交易方式
科创板	竞价交易，盘后固定价格交易，大宗交易
新三板	2018 年 1 月前：做市转让、协议转让 2018 年 1 月后：集合竞价、做市交易、盘后协议转让、特定事项协议转让

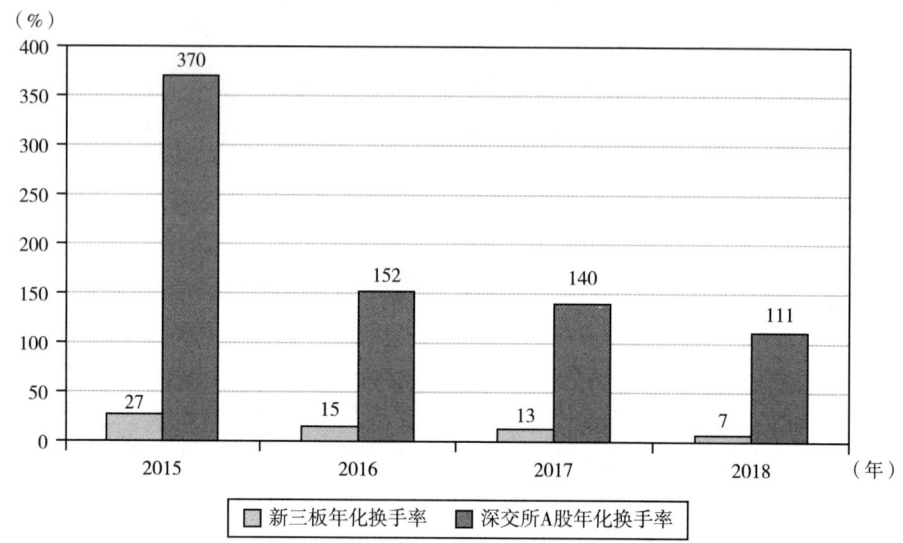

图 5-1 新三板年化换手率与深交所 A 股年化换手率比较

注：年化换手率 = 12 × 月度成交量/股票流通总股本。
资料来源：Wind。

5.3 长期影响：打造更加完善的多层次资本市场

5.3.1 健全我国多层次资本市场结构，优化资本市场投资效率

从全球来看，美国、英国、日本、中国香港等成熟资本市场体系完善，均设有定位服务于高科技企业的市场层次（见图 5-2）。并且，经过市场检验和改良后市

场结构和功能成熟,资源配置功能有效发挥。以美国为例,目前美国已形成"正金字塔形"的三层资本市场体系,包括纽约交易所和纳斯达克为代表的全国性市场、由芝加哥股票交易所和太平洋股票交易所等地方性股票交易所构成的区域性交易所市场、由OTCBB板块和粉单市场等市场构成的场外市场。美国多层次资本市场建设遵循由低级到高级的演进及分层顺序,低层次市场作为高层次市场的孵化器和蓄水池。其中,成立于1971年的纳斯达克市场以服务高科技公司为主,给予众多具有高成长性的高科技企业土壤及养料,催化美国高科技产业快速发展。纳斯达克上市公司数量也从成立以来的50家快速上升至2018年末的3 413家,已超越纽约证券交易所成为全球最大的股票市场。纳斯达克市场可作为科创板对标对象。

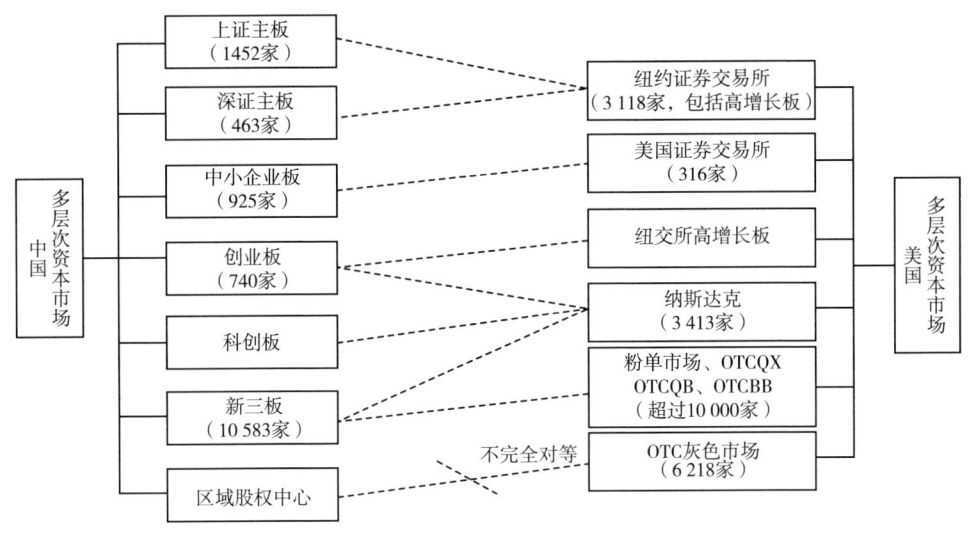

图5-2 中国、美国多层次资本市场对比

资料来源:纽约证券交易所官网,纳斯达克官网,OTC市场官网,Wind。

多样化的投融资需要完善的多层次资本市场体系。一方面,企业发展阶段、行业特征、盈利能力等因素个体分化,倚赖多样化市场满足融资需求。同时,多层次市场构筑逐层筛选体系,通过企业优胜劣汰实现资源最优配置。另一方面,投资者资金实力、风险偏好和投资能力殊异,需要在多层次市场各显身手。当前我国已初步形成以主板、中小板、创业板为场内核心圈,以新三板市场、股权交易所市场、券商柜台市场为场外核心圈,以债券市场、期货市场、衍生品市场为延伸的资本市场体系。科创板的设立将进一步完善中国多层次市场体系建设。不同于深圳证券交易所创业板适用于中小型创新企业IPO的需要,上海证券交易所科创板的推出将更加侧重于大型创新企业,并同时包容中概股、红筹股回归A股,通过差异化的制度安排,吸引优质科技创新型企业上市,更好地发挥资本市场乃至整个金融行业服务实体经济的作用,进而形成与深圳证券交易所创业板互补、与美国纳斯达克竞争的全新市场格局(见图5-3)。

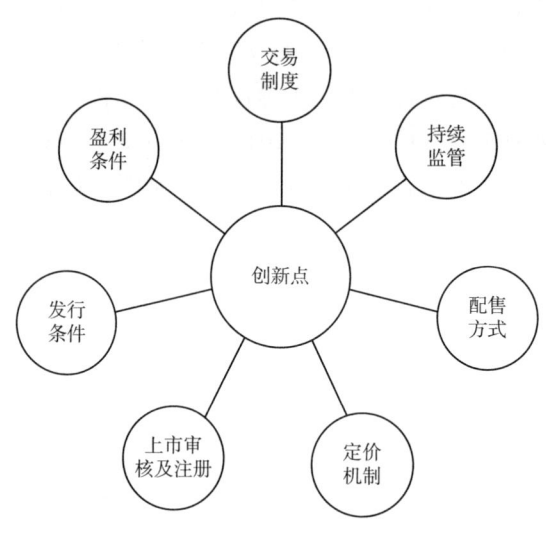

图5-3 科创板制度创新点概要

此外,科创板注册制的成功落地,将为深圳证券交易所创业板的注册制改革提供参考借鉴,注册制在科创板的试点在合适的时机下将逐步推广到创业板甚至A股市场。现有的主板、中小板与创业板市场,在监管制度、市场运行机制、投资者分类和准入制度等方面基本相同,未充分体现不同市场板块之间的特点与差异,少数已上市的新兴产业企业散落在上述三个市场,板块特征不明显,融资能力受限制,资本市场支持发展新兴产业这一国家战略的功能定位不突出。通过资本市场存量改革的方式支持新兴产业发展,面临着成本高、阻力大等实际困难。通过注册制,以企业为主题,以市场为导向,动员和吸引更多的社会资本进入科创板,形成产业集聚和市场集聚,打造新型产业企业的倍增器,为中国经济实现创新驱动的转变提供强大动力。

5.3.2 注册制起航,有效弥补服务新经济企业缺位

新股发行是重中之重。我国新股发行制度经历从审批制到核准制转变,在发行

审批、门槛、定价、规模、承销、锁定期和信息披露等关键要素上均有所变化。项目节奏与监管基调息息相关，市场对新股发行整体预期能力相对较弱。审批制和核准制的发行制度并未完全按照市场化方式开展，存在无法恰当匹配股市供需、实现合理定价和应对业绩变脸等风险。相比之下，国外成熟市场和科创板发行制度均采用注册制，监管机构履行对发行要素的全面性、准确性、真实性和及时性做形式审查，而对发行人资质的实质性价值判断则交由市场判断。注册制充分按照市场化原则进行项目筛选和资源配置，发行效率加快，推动直接融资占比显著提升。

从美国纳斯达克市场到其踊跃的产业创新来看，强大顺畅的资本市场对科技创新型企业的支持作用显著。行业结构上，中国资本市场长期处于传统行业为主的状态。2018年前三季度A股IPO企业行业分布上，制造业占比42%，科技、传媒和电信行业仅占16%，而美股市场科技、传媒和电信行业占比38%。随着中国的经济结构转型，将会涌现出更多的优质科技创新型企业，而此前部分科技创新型企业因无法满足A股市场核准制的利润指标要求无法实现A股IPO融资发展，只好赴海外上市。而科创板明确了市场化的股票注册管理制度改革，实现股票发行上市受理和审核全流程电子化，重要节点对社会公开，提高审核效率，将会助力更多的科技创新企业对接资本发展。从美国资本市场的历史来看，科技产业的崛起和资本市场的强大密不可分。科创板的设立将通过辅助科技企业融资、带动全民科技认知、密切关注企业经营等方面极大地推进中国科技创新型企业的发展，从而改善国内的经济结构，利好实体经济整体发展。由于科创板设立了完善的信息披露管理办法，投资者可以及时了解国内新科技企业的发展状况，并且调整对相应公司股票价格的预期，因此科创板有望真正成为中国经济的晴雨表。

5.3.3 加大直接融资占比，促进资本市场和中国经济深层次改革

科创板的推出，有利于改变我国传统上以银行系统为主导的间接融资格局，加大直接融资占比，是推动宏观去杠杆、经济结构转型升级的重要保证，是顺应金融供给侧改革的应有之意。长期以来，我国经济发展主要依靠投资驱动，相应的金融体系以间接融资为主。统计显示，中国债券和股票等直接融资占社会融资规模的比重不到25%，相对市场主导型的美国直接融资存量占比高达86%；而银行主导型的日本、德国，直接融资存量占比也分别高达69%和74%；新兴市场国家如印度和巴西这一存量指标也分别达到70%和69%，亟待提升。这种以间接融资为主的金融模

式在特定时期对于促进经济发展起到了十分重要的作用，但其弊端也显而易见：一是会提高经济整体杠杆率；二是会导致资金风险偏好的错配，信贷创造出来的流动性无法通过直接融资在实体经济内部顺畅地进行二次分配，这种情况下数量已经不是主要矛盾，其结构才是关键，也即资本市场供给侧改革势在必行（见表5-4）。

表5-4　　　　　　　　金融危机后中国杠杆率上升压力增大　　　　　　　　（单位:%）

国家或地区	2018年二季度水平				2008年二季度~2018年二季度			
	总负债率	政府负债率	居民负债率	企业负债率	总负债率	政府负债率	居民负债率	企业负债率
日本	370.7	201.1	57.4	100.1	62.4	55.0	-1.1	-2.6
法国	314.1	99.0	59.1	143.4	86.8	32.7	11.7	29.5
意大利	290.3	70.5	100.2	116.0	73.1	20.8	20.0	32.3
英国	280.1	86.4	86.3	84.1	48.0	44.2	-6.3	-11.5
欧元区	260.8	86.2	57.7	106.1	40.3	20.1	-2.1	12.3
意大利	256.1	133.0	41.0	71.1	34.1	31.6	2.3	-7.1
中国	253.1	47.6	50.3	155.1	112.9	19.8	31.7	61.7
美国	248.9	97.6	76.6	74.4	18.7	39.4	-20.8	2.7
澳大利亚	235.4	37.0	121.3	74.4	37.2	28.2	12.7	-6.2
韩国	235.1	39.2	96.0	100.0	43.6	16.2	22.4	4.9
德国	174.4	61.4	52.5	55.5	-5.2	-3.3	-7.2	-0.1
巴西	153.3	86.8	26.7	39.9	41.0	25.5	8.4	7.3
南非	127.8	56.4	33.0	38.5	21.1	28.6	-10.2	2.6
印度	125.1	68.8	11.2	45.1	-2.3	-3.5	0.6	0.6
土耳其	120.7	29.1	16.4	72.3	35.0	-8.2	4.3	38.3
阿根廷	104.2	80.6	7.4	16.2	22.2	18.7	2.6	0.8
俄罗斯	78.8	15.1	16.5	47.2	20.7	7.8	5.5	7.4
墨西哥	78.2	35.6	16.1	26.4	30.0	15.4	2.5	12.0
沙特	75.8	18.1	12.1	45.6	17.9	4.8	3.0	10.1
印度尼西亚	69.5	29.7	16.9	22.9	10.5	-2.4	4.9	7.9

资料来源：Wind。

科技创新、产业升级等新兴经济的发展需要融资模式的创新，创新伴随着高风险，这是以银行贷款为主导的间接融资体系难以接受的，资本市场本身风险偏好的特性也决定了直接融资将成为经济新时代下建设制造强国和发展现代服务业的重要支撑。科创板的推出，正符合中国经济转型的融资要求。一方面，通过加大直接融资比重，能更好地实现风险偏好的适配，使高风险资金能够匹配高风险项目，提高资金使用效率，促进经济结构转型升级以及新经济发展；另一方面，能够在不增加实体经济债务的情况下，促进经济发展，进而降低宏观经济杠杆率。未来，科创板的设立带来的长期投资机会主要在于新兴产业。科创板将定位鼓励优质的新兴产业领域的企业上市，如集成电路、人工智能、生物医药、新能源汽车、高端装备制造等领域。事实上，新经济产业发展对于落实创新驱动和科技强国战略、推动高质量发展等深化改革举措具有重要意义，新经济产业公司未来价值不可估量。上市标准转变将弥补资本市场服务新经济企业缺位，有效支持新经济企业做大做强，推动创新驱动发展战略。同时，新经济企业上市数量增加也将优化我国股市结构，改变周期性、传统型产业主导股市的现状，优化股市经济晴雨表功能。上市标准转变要求市场和中介机构转变固有标准，站在产业发展前景等前瞻视角考察企业价值。此外，新经济企业要求市场和中介机构跟随日新月异的技术革新，持续打磨研究能力。今后，科创板上市标准增强盈利能力包容性，设置多组指标综合考量，灵活把控上市标准，综合考量发行人价值，将有效提升资本市场服务科技创新企业水平。

第6章
科创板的投资地图

6.1 科创板与新兴产业

6.1.1 我国新兴产业的发展历程

战略性新兴产业是以重大技术突破和重大发展需求为基础,对经济社会全局和长远发展具有重大引领带动作用,是知识技术密集、物质资源消耗少、成长潜力大、综合效益好的产业。新兴产业不仅是以新技术、新模式的创造为基础,获得超越成熟行业的发展速度,而且可以通过技术渗透的方式,促使其他行业摒弃既有的运营模式,促进整个经济的结构转型。自2008年以来,世界范围内的国家都受到了全球金融危机的影响。这次金融危机成为20世纪经济大萧条以来最为严重的一次挑战,世界各国为此都放慢了发展脚步。为了能够更好地应对金融危机带来的重大挑战,无论是发达国家还是发展中国家都将加快调整产业结构、加快科技创新的策略作为国家发展战略。我国新兴产业发展演变历程见图6-1。

为进一步推动战略性新兴产业的发展,从2009年底开始,由国家发改委牵头,包括工信部、财政部等在内的几大部委开始对地方进行调研。战略性新兴产业总体思路研究部际协调小组由发改委会同科技部、工信部、财政部等20个部门和单位成立。与此同时,新兴产业规划文件起草组也相应成立,由发改委副主任担任组长,

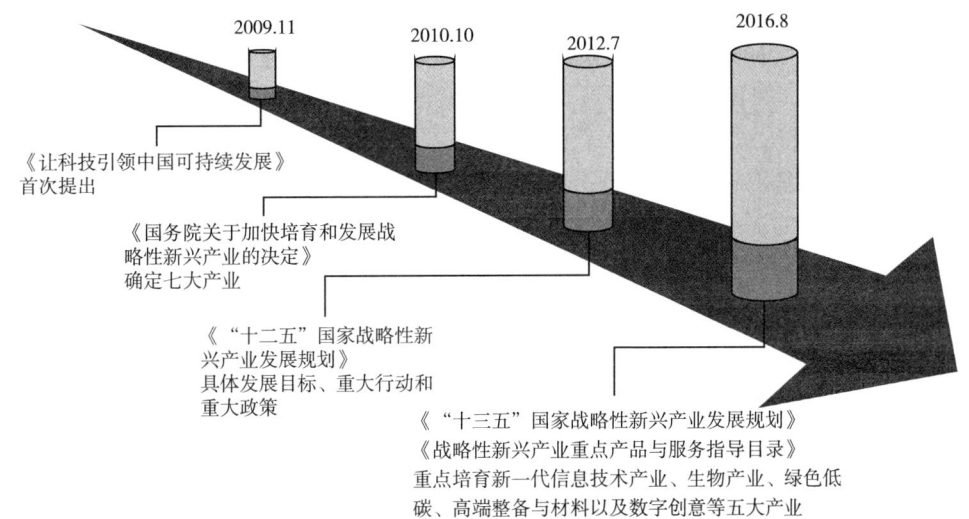

图 6-1 我国新兴产业发展演变历程

负责研究起草《国务院关于加快培育战略性新兴产业的决定》和《战略性新兴产业发展"十二五"规划》。2010年1月，国家发改委制定了《关于加快培育战略性新兴产业有关意见的报告》，对加快培育我国战略性新兴产业做出了总体部署。2010年10月《国务院关于加快培育和发展战略性新兴产业的决定》正式出台，中国计划用20年时间，使节能环保、新一代信息技术等七大战略性新兴产业整体创新能力和产业发展水平达到世界先进水平，为经济社会可持续发展提供强有力的支撑。这份长达7 000余字的文件指出，根据战略性新兴产业的特征，立足中国国情和科技、产业基础，现阶段重点培育和发展节能环保、新一代信息技术、生物、高端装备制造、新能源、新材料、新能源汽车等产业。该决定确定的目标包括：到2020年，战略性新兴产业增加值占国内生产总值的比重力争达到15%左右，吸纳、带动就业能力显著提高；节能环保、新一代信息技术、生物、高端装备制造产业成为国民经济的支柱产业，新能源、新材料、新能源汽车产业成为国民经济的先导产业；创新能力大幅提升，掌握一批关键核心技术，在局部领域达到世界领先水平；形成一批具有国际影响力的大企业和一批创新活力旺盛的中小企业；建成一批产业链完善、创新能力强、特色鲜明的战略性新兴产业集聚区（见图6-2）。

2012年以来，新一届政府非常关注新兴产业的发展。从宏观经济政策方向、政府工作建议，到人大议案，再到政协提案，战略性新兴产业作为产业转型突破口、经济增长新动力的战略地位获得了肯定。总的来说，从中央到地方都出台了相应措

图 6-2　2010 年《国务院关于加快培育和发展战略性新兴产业的决定》出台

施来扶持全国新兴产业的发展，并且不断创新符合新兴产业发展需要的政府政策支持方式。2012 年 7 月 20 日，国务院正式发布《"十二五"国家战略性新兴产业发展规划》，提出战略性新兴产业规模年均增长率 20% 以上。明确了到 2015 年和 2020 年，战略性新兴产业增加值占国内生产总值的比重分别达到 8% 和 15% 的总体目标，还对各大产业重点领域进行了主要目标的分解、重大行动的界定以及重大政策的明确，使目标具体、行动可执行、政策细化。2016 年，国务院印发《"十三五"国家战略性新兴产业发展规划》，对"十三五"期间战略性新兴产业发展目标、重点任务、政策措施等作出全面部署安排。该规划提出，到 2020 年，战略性新兴产业增加值占国内生产总值比重达到 15%，形成新一代信息技术、高端制造、生物、绿色低碳、数字创意等五个产值规模 10 万亿元级的新支柱，并在更广领域形成大批跨界融合的新增长点，平均每年带动新增就业 100 万人以上。产业结构进一步优化，产业创新能力和竞争力明显提高，形成全球产业发展新高地。同时，国家发改委发布《战略性新兴产业重点产品和服务指导目录》（2016 版），目录涉及战略性新兴产业五大领域 8 个产业（相关服务业单独列出）、40 个重点方向下的 174 个子方向，近 4 000 项细分产品和服务，重点培育新一代信息技术产业、生物产业、绿色低碳、高端整备与材料以及数字创意等五大产业（见图 6-3 和表 6-1）。

第 6 章 | 科创板的投资地图

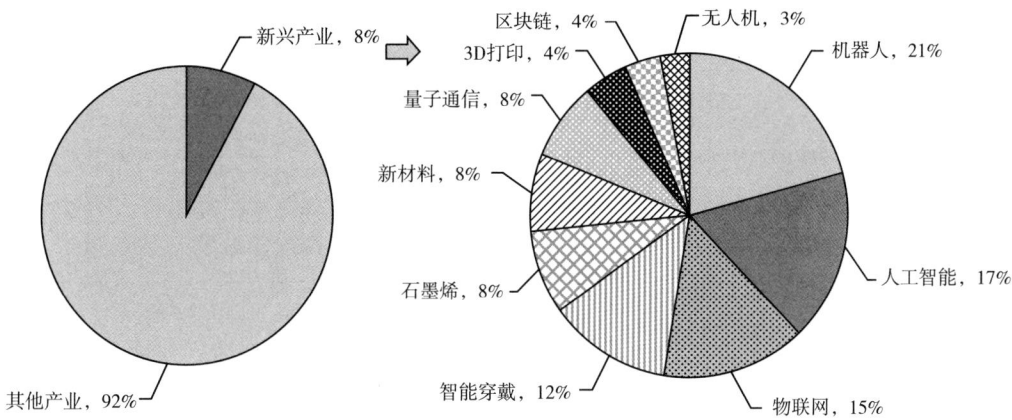

图 6-3 我国新兴产业分领域市值占比情况（2017 年）

资料来源：Wind。

表 6-1 "十三五"国家战略性新兴产业发展规划

新兴产业	2020 年目标产值	具体任务
信息技术产业	12 万亿元	<ul><li>构建网络强国基础设施</li><li>推进"互联网+"行动</li><li>实施国家大数据战略</li><li>做强信息技术核心产业</li><li>发展人工智能</li><li>完善网络经济管理方式</li></ul>
高端装备与新材料产业	12 万亿元	<ul><li>打造智能制造高端品牌</li><li>实现航空产业新突破</li><li>做大做强卫星及应用产业</li><li>强化轨道交通装备领先地位</li><li>增强海洋工程装备国际竞争力</li><li>提高新材料基础支撑能力</li></ul>
生物产业	8 万亿~10 万亿元	<ul><li>构建生物医药体系</li><li>提升生物医学工程发展水平</li><li>加速生物农业产业化发展</li><li>推动生物制造规模化应用</li><li>培育生物服务新业态</li><li>创新生物能源发展模式</li></ul>

续表

新兴产业	2020年目标产值	具体任务
新能源汽车、新能源和节能环保产业	10万亿元	• 实现新能源汽车规模应用 • 推动新能源产业发展 • 大力发展高效节能产业 • 加快发展先进环保产业 • 深入推进资源循环利用
数字创意产业	8万亿元	• 创新数字文化创意技术和装备 • 丰富数字文化创意内容和形式 • 提升创新设计水平 • 推进相关产业融合发展

具体来看,新兴产业的政策主要集聚在以下四个方面:

(1) 突破新兴产业的技术瓶颈。部署一大批重点工程和项目,研发突破新兴产业中的关键技术,以及前瞻性布局新兴产业中可能引起产业变革的颠覆性技术。

(2) 为新兴产业提供资金和政策支持。加快组建新兴产业创业和产业投资基金,加大资本市场对新兴产业的融资支持力度,以及放宽新兴产业领域的政策限制。

(3) 加快传统行业的技术升级改造。利用新兴产业技术,对传统行业进行智能化、信息化的改造升级,从而大幅提升传统行业的生产效率。

(4) 推动新兴产业集群发展。加快新兴产业的技术研发和产业转化,形成一批新兴产业集群,到2020年形成新一代信息技术、高端制造、生物、绿色低碳、数字创意等五个产值规模10万亿元级的新支柱。

6.1.2 成为战略性新兴产业的条件

战略性新兴产业不仅以新技术、新模式的创造为基础,能获得超越成熟行业的发展速度,而且可以通过技术渗透的方式,促使其他行业摒弃既有的运营模式,促进整个经济的结构转型(见图6-4)。

6.1.2.1 与世界行业发展趋势一致

在世界范围内,领先公司收入的行业分布体现了行业之间发展速度的此起彼伏。譬如2013~2017年日益形成信息技术、医疗和消费三个主要板块。这一趋势在美

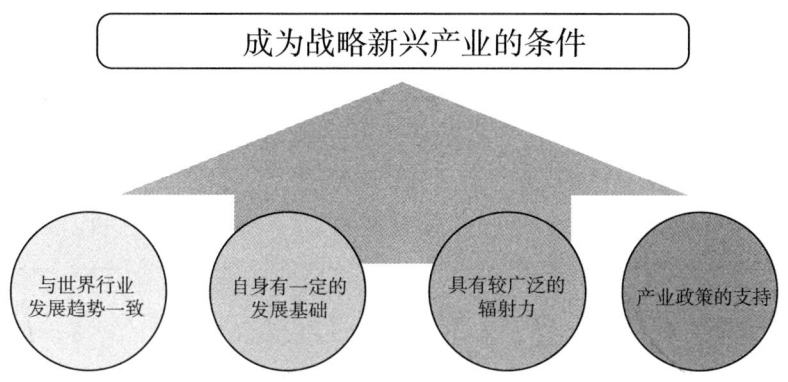

图 6-4 成为战略新兴产业的条件

国、中国、日本、德国领先公司收入增长中也得到不同程度的体现。三个板块在世界范围内实现较高的收入增速,反映了技术进步的方向以及技术进步对潜在需求的契合。信息技术板块和零售板块公司收入的快速增长,得益于计算机硬件的进步和互联网技术应用场景的拓展;医疗板块公司收入的快速增长,则得益于生命科学领域的研究成果在临床上的运用。在上述板块所涉及的行业范围内选择战略新兴产业,可以避免技术路线无法在经济中实现的问题,以及技术创新与消费需求不匹配的问题。新兴技术成为主流的时间表见表 6-2。新兴技术成熟度曲线见图 6-5。

表 6-2　　　　　　　　　　新兴技术成为主流的时间表

成为主流的时间	少于 2 年	2～5 年	5～10 年	超过 10 年
革命性的		深度学习（人工智能） 物联网平台 机器学习（人工智能） 软件定义安全	深度强化学习（人工智能） 区块链 对话用户界面 认知计算（人工智能） 碳纳米管电子 虚拟助理（人工智能）	4D 打印 通用人工智能 自动驾驶 脑机接口 智能微尘（微型机器人）
高		商业无人机	5G 增强现实（虚拟现实） 神经形态硬件 （人工智能芯片） 智能机器人	量子计算

续表

成为主流的时间	少于2年	2~5年	5~10年	超过10年
中		无服务器 PaaS（云计算）虚拟现实		立体成像
低				

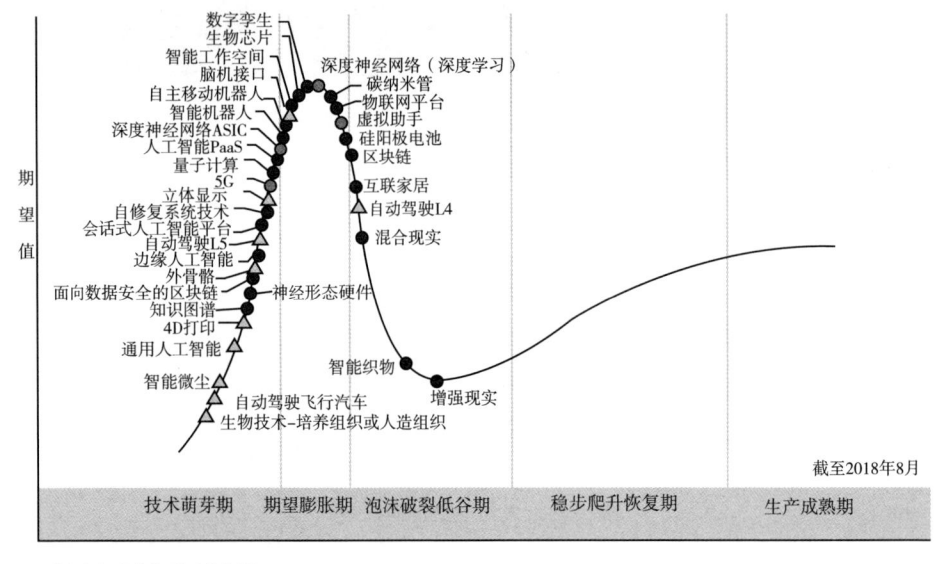

图6-5 Gartner发布的2018年"新兴技术成熟度曲线"

资料来源：Gartner。

6.1.2.2 自身有一定的发展基础

战略性新兴产业是资金密集型和技术密集型行业。从资金方面看，战略性新兴产业所需的研发投入远远高于劳动密集型行业，所以只能在资本要素比较充裕的国家大规模出现。从技术方面看，研发和创新是产业链协作的成果，产业链上最终产品供应商和关键零部件供应商通过交叉持股、技术咨询、采购合同等协调各自的研发行为。少数关键零部件供应商的技术落后，会造成最终产品的创新障碍，减缓整个产业链上的技术进步速度，符合"木桶原理"。所以，战略性新兴产业必须建立在较高的整体工业水平上（见图6-6）。

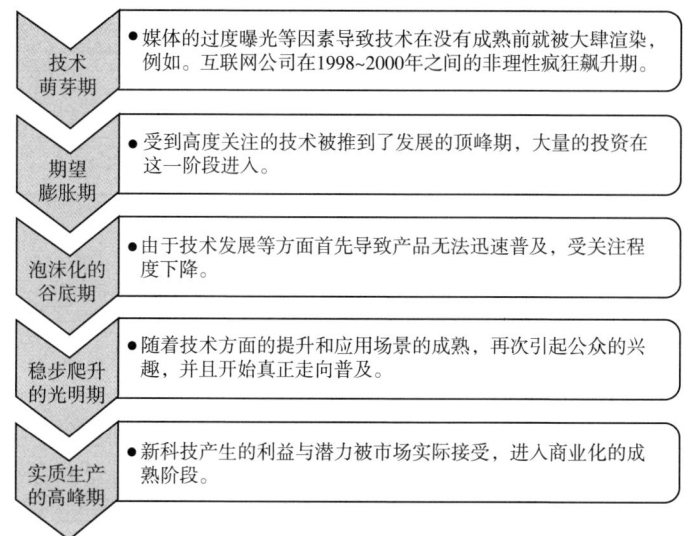

图 6-6 新兴技术成熟度曲线的五个阶段

6.1.2.3 具有较广泛的辐射力

战略新兴产业的发展不仅代表若干行业的发展趋势，还应具有引发一系列产业结构变革的能力。根据"主导产业扩散理论"，无论在任何时期，甚至在一个已经成熟并继续成长的经济体中，经济增长之所以能够保持，是因为为数不多的主导部门迅速扩大的结果。而其这种扩大又产生了具有重要意义的对其他部门的作用，即产生了主导产业的扩散效应，包括回顾效应、旁侧效应和前向效应。

第二次世界大战以来，石油化工行业、钢铁工业、耐用消费品行业、信息技术行业先后成为带动发达国家经济增长的主导行业。它们在不同的历史时期，成为带动经济增长的主要动力，使这些产业的发展具有战略意义（见图 6-7）。

6.1.2.4 产业政策的支持

产业政策可以从市场保护、企业经营、企业财务等方面为战略新兴产业的发展提供支持。

- 市场保护方面，可以采用贸易壁垒、政府购买等方式，保护发展初期的战略新兴产业拥有足够的市场空间。
- 企业经营方面，可以采用税收补贴、销售补贴等方式促进企业进行技术研

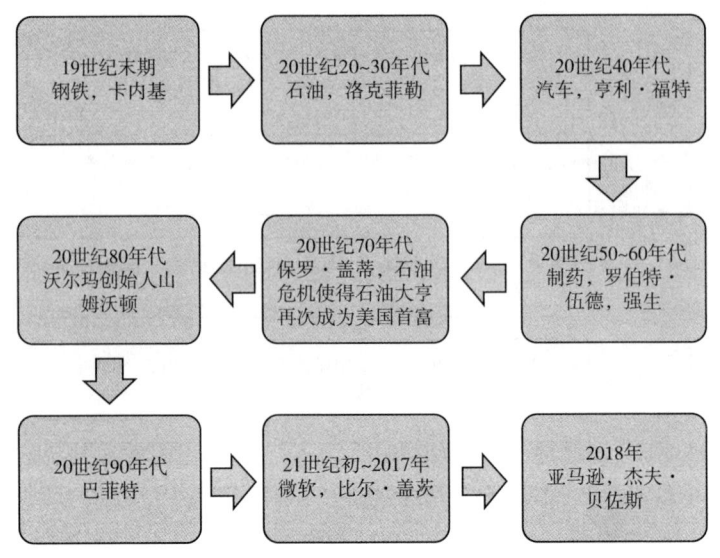

图6-7 美国首富的变迁史，就是产业升级的进化史

发，并从销售中获得更多的回报，充实资金实力。

- 企业财务方面，可以采用多种金融政策，如为企业提供信贷补贴、为企业上市提供政策支持等。
- 产业政策的支持在战略性新兴产业发展的初期较为重要，"幼稚产业理论"认为处于发展初期的产业，往往不具备国外发展较早的公司所具备的那种规模经济，因此需要予以保护，以弥补竞争劣势，直至这些处于发展初期阶段的产业获得类似的规模经济能力（见图6-8）。产业政策也是一把双刃剑。产业政策改变了市场价格体系，政策实施必须以研发费用、销售额等指标作为实施依据，有可能引起个别企业套取补贴或退税，引发经营行为的扭曲。

6.1.3 科创板关注新技术与新兴产业

与传统产业相比，战略性新兴产业的发展空间巨大，同时伴随着较大的不确定性，这些不确定性导致新兴产业的企业价值评估较传统产业更加困难。传统的市盈率（PE）估值法对于许多发展成熟、盈利稳定的高科技公司而言是最好的估值方法（例如苹果公司）。对于一些业务模式特殊、业务扩张迅速但仍然亏损、处于转型期或刚进行了并购、投资巨大导致巨额折旧影响利润等特殊情况的高科

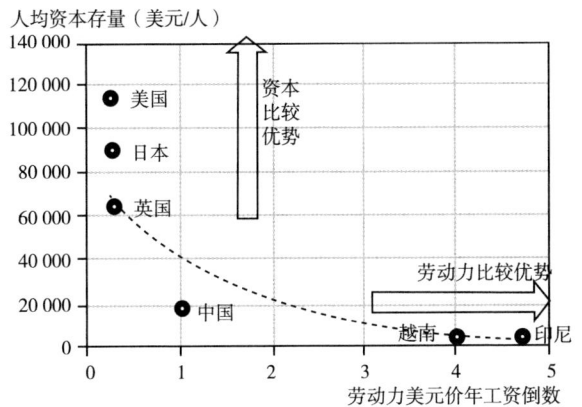

图 6-8 劳动力比较优势的减弱决定中国亟需向新兴产业升级

技公司而言,传统的估值方法已经不再适用,需要灵活应用合适的估值方法(见表 6-3)。

表 6-3 各类估值指标描述及适用范围

估值方法	估值描述	适用范围
PE	市值/净利润	传统估值方法
PEG	PE/(企业年盈利增长率×100)	增速很快,估值较高的企业
PS	市值/销售收入	销售收入快速增长,暂时还没有利润的企业
EV/EBITDA	(股权市值+债券市值-现金)/息税折旧摊销前利润	借款较多,折旧摊销比较大的企业
P/FCF	市值/自由现金流	折旧摊销比较大的企业
Pipeline	医药公司研发图谱估值法	创新药企业

衡量新兴产业的估值水平在数据获取方面存在困难。目前,美国是新兴产业最为发达的国家,对亚洲市场,新兴产业整体的估值水平比较难观测。综合来看,新兴产业发展的特点决定了其估值水平相对于主板存在以下三个特点:

(1)由于成长空间广阔而享有长期的估值溢价;
(2)在企业不同的生命周期内风险和估值水平差距较大;
(3)受宏观经济波动等因素影响,估值水平波动较为剧烈。

影响科技创新企业评估的宏观和微观因素分别见表 6-4 和图 6-9。

表 6 – 4　　　　　　　　影响科技创新企业评估的宏观因素

宏观影响因素	评价项目
进入壁垒	规模经济程度、进入成本、资本需求程度、业内企业已有分销渠道的作用、业内企业已有进货渠道的作用、业内企业的品牌效应、企业依赖自主开发的专有技术或垄断资源、政府的产业政策、下游的转换成本、预期的反击强度
供方的势力	供方的集中程度、重要原材料的供应周期、重要原材料的替代品种类、供方向下游产业延伸的动力、供方产品对下游产业的重要性
产业内部竞争	竞争者产品差异性、行业内竞争对新产品或者独特的资源依赖、行业产能增加的困难程度、产业集中度、行业销售对广告和价格的依赖、产能增长能力、产业内部竞争对价格的依赖程度、收款方式、本企业产品非常独特、本企业处于行业领先者地位、退出壁垒
买方的势力	买方的集中程度、买方的数量、行业的产品需求弹性、买方向上游延伸的动力、买方的转换成本、质量差异对买方的影响、顾客主要来自本国、顾客产品的利润率很高、本企业产品对顾客产品贡献很大
替代品	替代品的种类、替代品生产者在其他市场利润不高、替代品的质量和价格、转换替代品的成本、客户的使用倾向
国际环境	产业正处于向本国转移的时期、产业的国际竞争中本国具有很强的比较优势、国际经济处于上升或繁荣阶段
宏观环境	经济周期有利于企业发展、利率水平、货币政策、税收政策、财政政策、币值的中长期变动趋势
其他因素	产业总体需求、本国产业配套能力、产业间竞争、产业周期、环境治理成本

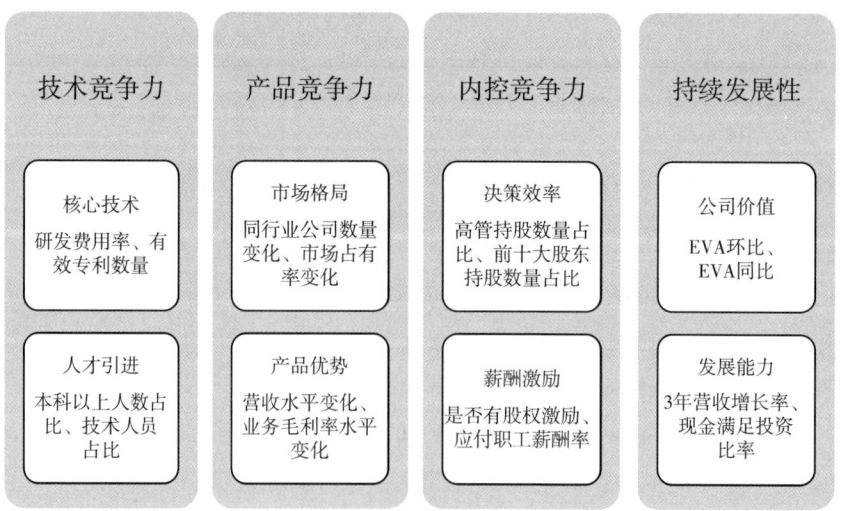

图 6 – 9　影响科技创新企业评估的微观因素

近年来，全球资本市场之间正展开一场关于争夺优秀标的的较量，科创板的推出恰逢其时，在上市标准上充分考虑了成长性科技企业的特点，同时升级新股定价机制，解放市场价格发现功能，为成长性科技企业打造出了更加适宜的资本摇篮。2019年1月30日，中国证监会发布了《关于在上海证券交易所设立科创板并试点注册制的实施意见》，科创板在上市发行制度、交易制度、持续监管、退市制度等基础制度方面都有创新，重点支持新一代信息技术、高端装备、新材料、新能源、节能环保以及生物医药等高新技术产业和战略性新兴产业，推动互联网、大数据、云计算、人工智能和制造业深度融合。经过2019年1月30日至2月28日期间向社会公开征求意见后，中国证监会于3月1日晚间正式发布《科创板首次公开发行股票注册管理办法（试行）》和《科创板上市公司持续监管办法（试行）》（见附录2，附录3）。经证监会批准，上海证券交易所、中国结算相关业务规则随之发布。在2019年3月2日的监管问答中，上海证券交易所对科创板的定位做出了如下补充表述：科创板既要优先支持新技术、新产业企业发展，也要兼顾市场认可度高的新模式、新业态优质企业发展。换言之，试点期间，科创板企业既可以是硬科技的技术创新类企业，也可以是模式和业态创新的优质企业，这是管理层在综合考虑如何处理好现实与目标、当前与长远的关系之后对科创板定位所做出更贴近国情的把握，充分体现了科创板定位的包容性。

战略性新兴产业是科创板的主要聚焦对象，中国证监会在其发布的《关于在上海证券交易所设立科创板并试点注册制的实施意见》中强调："在上海证券交易所新设科创板，坚持面向世界科技前沿、面向经济主战场、面向国家重大需求，主要服务于符合国家战略、突破关键核心技术、市场认可度高的科技创新企业。重点支持新一代信息技术、高端装备、新材料、新能源、节能环保以及生物医药等高新技术产业和战略新兴产业，推动互联网、大数据、云计算、人工智能和制造业深度融合，引领中高端消费，推动质量变革、效率变革、动力变革。"因此，可以看到，设立科创板的目的是落实创新驱动和科技强国战略、推动高质量发展。综合科技部公布的"2017年独角兽榜单"、《快公司》"2018年中国最具创新力企业排行榜"、福布斯发布的"2018年中国50家最具创新力企业榜单"、由中国人民大学中国经济改革与发展研究院和经济学院联合发布的"2018年中国企业创新能力百强排行榜"等权威榜单筛选出其中重合度较高的14家科技创新型公司，行业主要集中在互联网、云服务、人工智能等领域（见表6-5）。

表 6–5　　　　　国内知名科技创新型未上市公司一览

企业名称	估值（亿美元）	行业	成立时间	所在地	排行榜
蚂蚁金服	750	互联网金融	2014	杭州	科技部 2017 独角兽榜单、福布斯 2018 中国 57 家最具创新力榜单
阿里云	670	云服务	2009	杭州	科技部 2017 独角兽榜单、福布斯 2018 中国 53 家最具创新力榜单
滴滴出行	560	交通出行	2012	北京	科技部 2017 独角兽榜单、《快公司》2019 中国最具创新力企业排行榜
大疆创新	240	消费机器人	2006	深圳	福布斯 2018 中国 58 家最具创新力榜单、《快公司》2018 中国最具创新力企业排行榜、2018 中国企业创新能力百强排行榜
今日头条	200	新媒体	2012	北京	科技部 2017 独角兽榜单、《快公司》2018 中国最具创新力企业排行榜
菜鸟网络	200	物流	2013	深圳	科技部 2017 独角兽榜单、福布斯 2018 中国 51 家最具创新力榜单
京东金融	76.9	互联网金融	2013	北京	科技部 2017 独角兽榜单、福布斯 2018 中国 58 家最具创新力榜单
联影医疗	50	大健康	2011	上海	科技部 2017 独角兽榜单、2018 中国企业创新能力百强排行榜
腾讯云	33	云服务	2010	深圳	科技部 2017 独角兽榜单、福布斯 2018 中国 54 家最具创新力榜单
商汤科技	25	人工智能	2014	北京	科技部 2017 独角兽榜单、福布斯 2018 中国 56 家最具创新力榜单
VIPKID 大米科技	15	互联网教育	2013	北京	科技部 2017 独角兽榜单、《快公司》2018 中国最具创新力企业排行榜
网易云音乐	12.3	文化娱乐	2014	杭州	科技部 2017 独角兽榜单、福布斯 2018 中国 52 家最具创新力榜单
小红书	10	电子商务	2013	上海	科技部 2017 独角兽榜单、福布斯 2018 中国 50 家最具创新力榜单
寒武纪科技	10	人工智能	2016	北京	科技部 2017 独角兽榜单、福布斯 2018 中国 55 家最具创新力榜单

资料来源：科技部公布的 2017 年独角兽榜单、《快公司》2018 年中国最具创新力企业排行榜、福布斯发布的 2018 年中国 50 家最具创新力企业榜单、由中国人民大学中国经济改革与发展研究院和经济学院联合 2018 年中国企业创新能力百强排行榜。

除上述较为知名的未上市企业外，可以筛选互联网金融、新能源汽车、人工智能、云服务、大健康、大数据等市值10亿美元以上的科技创新行业的部分公司。这类公司或将成为上海证券交易所科创板的标的（见表6-6）。

表6-6　市值10亿美元以上的未上市科技创新型企业一览

企业名称	估值（亿美元）	行业	成立时间	所在地
陆金所	185.0	互联网金融	2011年	上海
借贷宝	107.7	互联网金融	2014年	北京
微众银行	92.3	互联网金融	2015年	深圳
平安医保科技	88.0	互联网金融	2016年	上海
金融壹账通	80.0	互联网金融	2015年	上海
成马汽车	50.0	新能源汽车	2011年	上海
北汽新能源	43.0	新能源汽车	2009年	北京
优必选科技	40.0	人工智能	2012年	深圳
聚宝匯	40.0	互联网金融	2014年	深圳
柔宇科技	30.0	智能硬件	2012年	深圳
奇点汽车	30.0	新能源汽车	2014年	上海
Fac+++（旷视科技）	25.0	人工智能	2011年	北京
金山云	21.2	云服务	2011年	北京
科信美德	20.0	大健康	2014年	北京
银隆新能源	19.5	新能源汽车	2009年	珠海
三胞国际医疗	19.3	大健康	2014年	上海
微医集团	15.0	大健康	2010年	杭州
UCloud优刻得云计算	15.0	云服务	2011年	上海
橙行智能（小鹏汽车）	15.0	新能源汽车	2014年	广州
知豆汽车	12.6	新能源汽车	2015年	宁波
药明明码	12.0	大健康	2015年	上海
百望云	11.2	云服务	2015年	北京
数梦工场	11.0	大数据	2015年	杭州
蓝卡健康	10.9	大健康	2012年	沈阳
安翰	10.0	大健康	2009年	武汉
七牛云	10.0	云服务	2011年	上海
诺禾致源	10.0	大健康	2011年	北京

续表

企业名称	估值（亿美元）	行业	成立时间	所在地
腾云天下	10.0	大数据	2011 年	北京
依图科技	10.0	人工智能	2012 年	上海
Geo 集奥聚合	10.0	大数据	2012 年	北京
WiFi 万能钥匙	10.0	软件应用	2012 年	上海
青云 QingCloud	10.0	云服务	2012 年	北京
同盾科技	10.0	大数据	2012 年	杭州
出门问问	10.0	人工智能	2012 年	北京
奥比中光	10.0	智能硬件	2013 年	深圳
华云数据	10.0	云服务	2013 年	无锡
时空电动	10.0	新能源汽车	2013 年	杭州
智米科技	10.0	智能硬件	2014 年	北京
碳云智能	10.0	大健康	2015 年	深圳
360 健康	10.0	大健康	2015 年	广州

资料来源：科技部 2017 年独角兽榜单。

6.2 科创板潜在企业名录

预计科创板潜在企业，第一批将来自于国内原有的新一代信息技术、高端装备、新材料、新能源、节能环保以及生物医药等战略性新兴产业以及互联网、大数据、云计算、5G 通信、芯片、人工智能和制造业深度融合等关键重点领域的公司。这些公司有部分与已在 A 股上市公司有关联或者为其子公司、子板块，这也将带来相应的投资机会。

6.2.1 人工智能领域

从 2015 年开始，国务院、国家发改委等国家机关连续发布多个政策文件，逐步将人工智能提升到国家战略层面，为人工智能技术发展和商业落地提供大量的资金、人才、创新政策支持。人工智能是《"十三五"国家战略性新兴产业发展规划》中的重点方向,作为中国经济转型的先导,将成为拉动经济增长的新动力。国家战略规划中,人工智能已超越技术概念,上升为国内产业转型升级、国际竞争力提升的发展立足点和新机遇。2017年7月,国务院发布《新一代人工智能发展规划》,提出"到2020年人工智能总体技术和应用与世界先进水平同步,人工智能产业成为新的重要经济增长点;到2030年,人工智能理论、技术与应用总体达到世界领先水平,成为世界主要人工智能创新中心,人工智能核心产业规模超过1万亿元,带动相关产业规模超过10万亿元。"伴随着算法、算力的不断演进和提升,人工智能在各行业的应用更为广泛。目前已在金融、汽车、大健康、安防、互联网服务、零售、企业服务等多个垂直领域得到应用。中国人工智能企业数量从2012年开始迅速增长(见表6-7)。截至2018年6月,中国人工智能企业数量已达到1011家,位列世界第二,仅次于美国的2028家。风险投资上,从2013年到2018年一季度,中国人工智能领域的投融资占到全球的60%,成为全球最"吸金"的国家。

表6-7　　　　　　　　　　　人工智能领域潜在标的企业

企业名称	估值（亿美元）	主营业务	已授权发明专利数	最近一次融资轮次及金额	投资机构
字节跳动	750	个性化新闻推荐	633	C轮 78亿元人民币	海纳亚洲、数字天空技术、红杉资本、微梦创科创投、顺为资本、建银国际金禾股权投资
商汤科技	58	智能视觉解决方案提供商	372	D轮 10亿美元	软银、阿里巴巴、中银投资、招商证券等
依图科技	57	计算机视觉解决方案提供商	32	战略融资 1亿美元	红杉资本中国、真格基金、高榕资本等
优必选	51	智能机器人	397	C轮 8.2亿美元	腾讯、科大讯飞、工商银行、海尔等
柔宇科技	50	智能硬件	758	E轮 52.38亿元人民币	深创投、松禾资本、IDG资本、中信产业基金、源政投资、基石资本等
深兰科技	30	人工智能基础研究和应用开发	43	战略融资 3亿元人民币	蚂蚁金服、松禾资本、仁智资本等

续表1

企业名称	估值（亿美元）	主营业务	已授权发明专利数	最近一次融资轮次及金额	投资机构
云从科技	30	计算机视觉技术研发与服务	21	B+ 10亿元人民币	顺为资本、中国国新、普华资本、广州基金等
旷视科技	20+	基于AI的行业物联解决方案提供商	520	D轮 6亿美元	阿里巴巴、蚂蚁金服、富士康、创新工场等
特斯联科技	20	智能软件输出及自主硬件设计和制造	383	B轮 12亿元人民币	商汤科技、IDG资本、光大控股等
松鼠AI	11	AI+教育	5	A轮 10亿元人民币	国科嘉和、好未来、新东方等
奥比中光	10	AI 3D传感技术方案提供商	350	D+ 2亿美元+	蚂蚁金服、松禾资本、天狼星资本等
出门问问	10	语音交互和软硬结合产品	203	D轮 1.8亿美元	大众汽车、Google、红杉资本中国、真格基金等
合合信息	10	人工智能商业大数据提供商	227	D轮 未披露	经纬中国、京东数科、东方富海等
极链科技	10	视频人工智能商业应用	22	C+轮 未透露	阿里巴巴、云锋基金、旷视科技等
明略数据	10	行业人工智能解决方案提供商	27	C轮 10亿元人民币	红杉资本中国、腾讯、华兴资本等
云知声	10	基于语音识别的物联网人工智能服务	208	C+ 6亿元人民币	启明创投、360、中国互联网投资基金等
思必驰	8	语音技术解决方案提供商	146	D轮 5亿元人民币	阿里巴巴、深创投、联想之星等
眼神科技	1.5	多模态生物识别技术方案提供商	291	A轮 1亿人民币+	先锋投资
ROOBO	—	智能教育机器人	194	战略融资 未披露	阿里巴巴、蚂蚁金服、富士康、创新工场等

续表2

企业名称	估值（亿美元）	主营业务	已授权发明专利数	最近一次融资轮次及金额	投资机构
第四范式	—	人工智能技术与服务提供商	52	B+ 未披露	红杉资本中国、创新工场、国新基金等
码隆科技	—	计算机视觉技术服务公司	67	战略融资 未披露	软银中国、达晨创投、将门创投等
品友互动	—	基于人工智能和大数据的企业决策AI平台	19	Pre–IPO 5亿元人民币	中国移动、深创投、盘古创富等
图麟科技	—	计算机图像识别技术服务提供商	2	A轮 2.5亿元人民币	同创伟业、鸿为尚城等
小i机器人	—	人工智能技术和产业化平台供应商	265	定向增发 2.63亿元人民币	华泰证券、蓝色光标、天堂硅谷等

资料来源：Wind，私募通，国家知识产权局。

6.2.2 云计算领域

经过近几年的实践，随着云计算技术、物联网技术、高性能仿真技术、智能科学技术等技术的不断完善，特别是大数据技术与信息化制造技术的新发展，"云制造"正拓展为"智慧云制造"。智慧云制造是基于泛在网络（包括互联网、移动互联网、物联网、电信网、广电网、卫星网等）及其组合的、深度融合新信息化制造技术、新兴信息技术、智能科学技术及制造应用领域有关技术的、面向服务的一种智慧制造新模式和新手段。IDC估计未来5年全球云IT基础设施开支将持续增长，年复合增速达15.1%，其占比则将由2015年的7.9%上升到2019年的45.9%，将达531亿美元。2017年4月，国家工信部发布了《云计算发展三年行动计划（2017—2019年）》。根据规划，到2019年，我国云计算产业规模将达到4 300亿元，突破一批核心关键技术，云计算服务能力达到国际先进水平，对新一代信息产业发展的带动效应显著增强。在政策牵引下，中国的云计算产业规模迅速扩大，并诞生了阿里云、腾讯云、金山云等产业巨头（见表6–8）。

表 6-8　　　　　　　　　　　云计算领域潜在标的企业

企业名称	估值（亿美元）	主营业务	已授权发明专利数	最近一次融资轮次及金额	投资机构
阿里云	670	云计算及人工智能科技服务	6	战略投资 60亿元人民币	阿里巴巴
星环科技	40	企业级容器云计算、大数据和人工智能平台研发和服务	28	C轮 2.35亿元人民币	腾讯、恒生电子、深创投等
腾讯云	33	企业级公有云服务商	239	A轮 未披露	腾讯产业共赢资金
金山云	23.73	云服务器、海量云存储、负载均衡等核心业务	279	D轮 7.2亿美元	IDG资本、金山软件、顺为资本等
优刻得 Ucloud	15	基础云计算服务提供方	10	E轮 未披露	中国移动、君联资本、DCM中国等
百望云	11.2	发票云生态服务	11	—	—
华云数据	10	综合性云计算服务提供商	58	Pre-IPO轮 10亿元人民币	东风证券、广发证券、盈科资本等
七牛云	10	以视觉智能和数据智能为核心的企业级云计算服务商	29	E轮 10亿元人民币	阿里巴巴、云锋基金、经纬中国等
青云 QingCloud	10	企业级云服务和云计算整体解决方案	10	D轮 10.8亿元人民币	经纬中国、招商证券国际等
数梦工场	10	云计算和大数据解决方案提供商	68	A轮 7.5亿元人民币	阿里巴巴、银杏谷投资等
白山云	—	云链服务提供商	157	C+轮 2.4亿元人民币	德威资本、贵州省大数据产业基金等
易捷行云 EasyStack	—	OpenStack云解决方案和服务提供商	—	战略投资 未披露	京东、国科嘉和、蓝驰创投等

资料来源：Wind，私募通，国家知识产权局。

6.2.3 5G通信领域

30年来，中国移动通信经历了1G空白、2G跟随、3G突破的发展过程。通讯网络建设历来是兼具经济托底与产业结构升级的最重要方向，从电信业固定投资规模增速来看，3G时代投资增速为25%；4G主要是覆盖网络的延伸及基础建设的升级；而5G带来的是高速传输及大众化场景应用的技术变革，其投资增速将远超3G、4G。截止到2018年底，我国无线基站总数达到648万个，其中4G基站373万个，远高于美国40余万4G基站的规模，这其中中国移动已建成全球规模最大的移动通信网络。根据中国运营商最新规划，预计2019年包括中国移动在内的国内运营商将聚焦增强移动宽带（eMBB）业务实现规模试商用，2020年后将陆续商用低时延通信（uRLLC）、海量机器类通信（mMTC）等业务。今后，5G应用核心要发挥"高速移动通信网络"的特点，中前期受技术及标准成熟度影响，5G最快落地应用主要是2C场景，如超高清流媒体（云VR/AR、视频、云游戏等）；后期重要应用场景将是车联网、网联无人机等（见表6-9）。

表6-9　　　　5G通信领域潜在标的企业

企业名称	估值（亿美元）	主营业务	已授权发明专利数	最近一次融资轮次及金额	投资机构
升哲科技	6	低功耗物联网	31	C轮 1.49亿元人民币	百度风投、北极光创投领投、德国罗伯特·博世创投、混沌资本等
银河航天	4.5	微纳卫星研发商	4	A轮 未披露	晨兴资本、顺为创投、IDG资本、高榕资本、源码资本
佰才邦	2.2	5G通讯解决方案提供商	292	B轮 1.4亿元人民币	和聚百川、盛世远洋基金、亦庄国投、六合基金
弗兰德科技	1.7	通讯、汽车等各类高精度的器材和零部件	30	D轮 1.1亿元人民币	远致富海、东方富海
普莱信智能	—	高端芯片设备研发商	—	A轮 0.8亿元人民币	鼎晖投资、云启资本

续表

企业名称	估值（亿美元）	主营业务	已授权发明专利数	最近一次融资轮次及金额	投资机构
飞昂创新	—	高速光通讯芯片	9	A轮 未披露	北京芯动能投资基金、中移创新产业基金、上海聚源聚芯集成电路产业基金、邦盛资本
国博电子	—	集成电路、射频微波模块及子系统研发、生产和销售	58	—	—
中科微电子	—	集成电路数字、模拟芯片和算法设计	97	—	—
鼎桥通信	—	无线通信技术与产品解决方案	1 246	—	—
博纬通信	—	无线通信天线设备专业厂家	192	—	—

资料来源：Wind，私募通，国家知识产权局。

6.2.4 集成电路领域

集成电路是信息产业的基础，被誉为"工业粮食"，一美元的产值能够带动100美元的GDP，推动集成电路发展已上升为国家重中之重。2014年6月24日，国务院发布《国家集成电路产业发展推进纲要》，推进设计、制造、先进封测、IC关键材料装备等任务，指出到2020年，集成电路产业与国际先进水平的差距逐步缩小；到2030年，集成电路产业链主要环节达到国际先进水平，一批企业进入国际第一梯队。CSIA数据显示，2017年中国集成电路市场规模为14 251亿元，国内销售额为5 411亿元，自给率仅为36%，集成电路产品已经替代原油成为中国第一大进口商品。除此之外，国家也于2014年9月成立"国家集成电路产业投资基金"，旨在吸引大型企业、金融机构以及社会资金，重点支持集成电路等产业发展，促进工业转型升级；同时，支持设立地方性集成电路产业投资基金，鼓励社会各类风险投资和股权投资基金进入集成电路领域。目前，国家集成电路产业投资基金一期已经基本投资完毕，一期的投资分布为：集成电路制造67%，设计17%，封测10%，装备材料类6%。制造是一期投资的重点，而在即将募集并发行的大基金二期中，预计IC设计的比重将相较一期而言有所提高，预计内存、SiC/GaN等化合物半导体、围绕IoT/5G/AI/智能汽车等的IC设计可能会是二期基金投资的三大方向（见表6-10）。

表6-10 集成电路领域潜在标的企业

企业名称	估值（亿美元）	主营业务	已授权发明专利数	最近一次融资轮次及金额	投资机构
地平线机器人	40	基于AI算法的芯片、系统和软硬件产品	54	B轮 10亿美元	红杉资本中国、真格基金等
寒武纪科技	25	智能芯片	81	B轮 数亿美元	阿里巴巴、国风投、中信证券等
澜起科技	6.93	模拟与混合信号芯片供应商	134	C轮 数亿元人民币	英特尔投资、聚源资本等
华夏芯	1	定制化芯片及人工智能应用解决方案	2	A轮 未披露	亦庄国投、国民技术等
大唐微电子	—	芯片设计、COS开发等	518	—	—
华为海思	—	数字家庭、通信和无线终端领域的芯片解决方案	89	—	—
积塔半导体	—	研究及制造特殊应用的半导体	117		
聚辰半导体	—	模拟和数字集成电路产品	86	A轮 未披露	华登国际、万容资本等
龙芯中科	—	通用处理器研发商	524	B轮 未披露	鼎晖投资
安集微电子	—	集成电路材料	696	A轮 未披露	聚源资本
瑞芯微电子	—	数字音视频、移动多媒体芯片设计	1 009	战略融资 数亿元人民币	达晨创投、成都高投、科创集团等

续表

企业名称	估值 （亿美元）	主营业务	已授权发明专利数	最近一次融资轮次及金额	投资机构
盛科网络	—	SDN芯片和白牌（Whitebox）设备	638	战略融资 3.1亿元人民币	中电鑫安、华芯投资、元禾控股等
晶晨半导体	—	无晶圆半导体系统设计	214	A轮 未披露	IDG资本、华登国际
晶丰明源	—	集成电路设计	269	—	—
新昇半导体	—	300mm半导体硅片	269	—	—
云天励飞	—	视觉智能芯片及解决方案	235	战略融资 未披露	真格基金、松禾资本、真成投资等
乐鑫信息	—	无晶圆厂半导体公司	131	B轮 0.8亿元人民币	海尔投资、赛富投资基金、复星、英特尔投资
智芯原动	—	智能视频分析技术与产品研发平台	45	B轮 未披露	Intel Capital、松禾资本、峰瑞资本等
中微半导体	—	微观加工设备研发商	1 061	战略融资 未披露	国投创业、中金公司等
中星微	—	数字多媒体芯片研发商	3 238	官方披露 未披露	DCM中国、天津科投、高捷资本等

资料来源：Wind，私募通，国家知识产权局。

6.2.5 生物医药领域

从世界生物医药产业发展趋势来看，生物医药技术正处于大规模产业化的开始阶段，预计2020年将进入快速发展期，并逐步成为世界经济的主导产业。许多国家都把生物技术产业作为21世纪优先发展的战略性产业，中国也不例外。2015年以来，国务院、卫计委等多个国家级部门密集发布医药研发相关政策，加强临床试验数据核查，建立药品上市许可持有人制度，加快创新药审评审批，鼓励优质创新药品与国际接轨，发布配套政策提质量、促创新。2016年10月，国务院发布《"健康中国2030"规划纲要》提到，加强医药技术创新，促进医药产业升级，到2030年，药品、医疗器械质量标准全面与国际接轨。"十三五"规划中也特别强调生物医药的重要性，到2020年，我国生物技术产业GDP比重将超4%，打造10~20个产值超过100亿元的生物医药专业园区。医药研发是生物医药产业的重要部分，国家出台多项政策推动药企向"创新药战略"转型。未来，随着生物技术产业平台与配套产业设施的逐渐发展和政策支持力度的不断加大，生物医药产业企业大幅增加研发投入，在利用生物技术的基础上，开始尝试采用人工智能、基因测序等技术，推动创新药研发、高端医疗器械生产等（见表6-11）。

表6-11 生物医药领域潜在标的企业

企业名称	估值（亿美元）	主营业务	已授权发明专利数	最近一次融资轮次及金额	投资机构
联影医疗	51.28	医疗设备和医疗信息化解决方案	2 490	B轮 未披露	中信证券、上海联合投资等
复宏汉霖	30	抗体药物研发商	9	战略融资 1.57亿美元	华盖资本、复星医药、高特佳、正心谷等
药明明码	12	提供医疗健康服务	333	IPO上市 79.20亿港元	红杉资本、云锋基金、淡马锡等
安翰	10	胶囊内镜机器人系统	173	A轮 7.92亿元人民币	软银中国资本、虔盛投资、大中投资、盛虔投资、同晟投资、优势资本
信达生物制药	10	用于治疗肿瘤等重大疾病的创新药物	46	E轮 34.91亿元人民币	淡马锡投资、高瓴资本、同创伟业资管、君联资本、国投创新、理能资产等
碳云智能	10	健康大数据平台	27	B轮 10.49亿元人民币	分享投资、腾讯投资、中源协和、德同资本、松禾资本
360健康	10	健康在线平台	—	A轮 1.1亿元人民币	礼来亚洲基金、软银中国资本
诺禾致源	10.77	基因组学解决方案提供商	57	B轮 5亿元人民币	招银国际、国投创新、方和资本等

续表

企业名称	估值（亿美元）	主营业务	已授权发明专利数	最近一次融资轮次及金额	投资机构
科信美德	5.23	胰岛素的升级替代药	—	A+轮 2亿元人民币	纳兰德投资、九芝堂等
康希诺	4.2	高质量人用疫苗的研发和生产	39	C轮 4.5亿元人民币	国投创新、达晨创投、启明创投等
晶泰科技	1+	物晶型预测和晶型专利保护	14	B+轮 4 600万美元	红杉资本中国、谷歌、真格基金等
爱博泰克生物	—	抗体与蛋白技术研究	12	B轮 未披露	华工创投、方和资本等
高诚生物医药	—	全球创新药研发	—	B轮 3 750万美元	红杉中国、联想之星、弘励创投等
合全药业	—	化学创新药研发和生产	74	被收购 未透露	红杉资本中国、药明康德等
美迪西生物	—	医药研发外包服务提供商	29	B轮 0.4亿元人民币	达晨财信创投等
禾元生物	—	从事分子医药的技术研究与产品开发	—	新三板定增 3 500万元	光谷人才基金、倚锋创投等
科济生物	—	CAR-T细胞免疫疗法研发商	22	C轮 6 000万美元	KTB Ventures、Kaitai Capital等
诺辉健康	—	提供结直肠癌症早期发现服务	9	B轮 2 000万美元	软银中国、启明创投、君联资本等
天境生物	—	专注于创新生物医药领域	2	C轮 2.2亿美元	高瓴资本、弘毅投资、前海母基金等
奕安济世	—	开拓单抗生物药治疗领域	—	B+轮 3 500万美元	高瓴资本、淡马锡、礼来亚洲基金等
奕真生物	—	全基因组检测和其他全组学的检测	—	B轮 2亿元人民币	礼来亚洲基金、挚信资本等
祐和医药	—	创新抗体药物研发	—	B轮 1.2亿元人民币	招银国际、国投创业、本草资本等

资料来源：Wind，私募通，国家知识产权局。

6.2.6 生态环保领域

在当前面临的经济新时代下,"美丽中国""生态文明建设"被赋予前所未有的新高度。借鉴海外的发展经验,预期中国生态文明建设发展趋势为:确立市场化机制,明确生态治理中各主体间的关系与职责;强化法律保障,构建科学的生态文明评价体系、考核体系;进一步加大区域联防联治,加强区域(国际)合作;拓宽公众参与渠道,鼓励支持企业履行生态责任等方面。与建设"美丽中国"直接相关的行业包括:节能环保、清洁生产、清洁能源、循环利用、节水、生产生活系统循环、大气污染防治、水污染防治、土壤污染管控和修复、固废垃圾处置等。《"十三五"国家战略性新兴产业发展规划》指出,推动节能环保等绿色低碳产业成为支柱产业,到2020年,先进环保产业产值规模力争超过2万亿元。预计未来,"美丽中国"的政策红利将持续释放。可重点关注污水处理、太阳能发电、风力发电、水电水利建设、美丽中国概念或其他环保概念(见表6-12)。

表6-12 生态环保领域潜在标的企业

企业名称	估值(亿美元)	主营业务	已授权发明专利数	最近一次融资轮次及金额	投资机构
重科环境	21.6	生产专用车辆、环境保护专用设备、建筑垃圾处置设备等	161	A轮 116亿元人民币	盈峰控股、深圳弘毅投资、绿联君和并购基金、粤民投
中油优艺环保	1.9	危险废物处置定点单位	53	B轮 9 000万元人民币	江苏铭旺投资
灰度环保	—	绿色循环包材研发与生产	50	A轮 数亿元人民币	博将资本、深圳展博创投、毅道资本、道生资本、般若投资
天地人环保科技	—	垃圾渗滤液处理	93	A轮 6.5亿元人民币	东熙资本
星河环境	—	危险废物资源化服务商	17	天使轮 未披露	永兴环保投资、三川智慧、中合信诺投资、星河动力投资
中科利丰	—	可再生清洁能源及节能环保领域相关技术及服务	2	A轮 未披露	理光投资、理光软件

续表

企业名称	估值（亿美元）	主营业务	已授权发明专利数	最近一次融资轮次及金额	投资机构
诺客环境	—	工业危废处置平台	—	A轮 2.5亿元人民币	中美绿色基金、中航信托
熠森能环保	—	公共环保事业解决方案提供商	19	A轮 未披露	粤科金融
朗逸环保	—	光能净化等环保设备	94	A轮 未披露	深港产学研
恒通环境	—	下水道机器人清淤、快速污水处理、污泥处理工艺	23	A轮 3 000万元人民币	南京钢铁
盈和瑞环保	—	有机废弃物资源化利用、环境污染治理和清洁能源	31	B轮 2 000万元人民币	金茂资本
巨正环保	—	环境数据服务	35	B轮 未披露	光谷人才创新基金
龙焱能源科技	—	碲化镉薄膜太阳能电池、组件、光伏系统工程、光伏应用产品的研究与生产	28	D轮 未披露	远致投资、浙江国信创投
神雾环境	—	化石燃料消耗市场节能和低碳技术解决方案	1 774	D轮 3.5亿元人民币	上海图世投资
航天长城	—	工业节能、分布式能源、环境保护	31	C轮 1.7亿元人民币	晶凯资本、建发集团、苏州工业园
巴斯巴	—	生产节能环保的低碳高效产品	418	B轮 2亿元人民币	星河控股

资料来源：Wind，私募通，国家知识产权局。

6.2.7 智能制造领域

经济新时代下发展经济的着力点在于实体经济,特别是鼓励互联网、大数据、人工智能和实体经济深度融合。智能制造产业代表着先进制造业的未来方向,也是中国实现信息技术与制造技术融合发展的核心先导产业。在当前中国经济转型升级、创新驱动发展的背景下,智能制造是实现供给侧结构性改革的重要举措。为此,国家先后颁布了《增强制造业核心竞争力三年行动计划(2018~2020年)》《关于发挥民间投资作用推进实施制造强国战略的指导意见》《关于深化"互联网+先进制造业"发展工业互联网的指导意见》。结合中国国情,"中国制造2025"战略实施将带动投资和收入的成倍增长,包括机器人、高端数控机床、成套智能装备、自动化生产线、数字化工厂等需求将成倍增长;同时,传感器、智能测量仪表、工业控制系统、伺服电机及驱动器和减速器等智能核心装置也孕育着大量的投资机会。在"中国制造2025"的推动下,催生新一轮的行情,细分子行业包括智慧工厂、智能汽车、智能家居、可穿戴设备、智能物流、印刷包装自动化、3D打印、3C自动化、工业机器人、服务机器人等(见表6-13)。

表6-13　　　　　智能制造领域潜在标的企业

企业名称	估值 (亿美元)	主营业务	已授权发明 专利数	最近一次融资 轮次及金额	投资机构
菜鸟网络	200	工业互联网	21	战略投资 52亿元人民币	阿里巴巴
Microduino/ 美科科技	1.91	工业软件	114	Pre-A轮 未公开	高通QualcommVentures
橙子自动化	1.54	工业自动化系统集成服务商	15	B轮 9 375万元人民币	经纬中国、明势资本、GGV等
库柏特	1.54	机器人制造系统研究、开发与应用	34	B轮 1.02亿元人民币	经纬中国、纪源资本、合力投资等
李群自动化	1.54	工业机器人技术公司	81	C轮 1亿元人民币	C轮,1亿元人民币 红杉中国、明势资本等
路石科技	1.54	工业机器人控制系统与六轴工业机器人供应商	32	B轮 1.6亿元人民币	顺为资本、金沙江资本、梅花创投等

续表

企业名称	估值（亿美元）	主营业务	已授权发明专利数	最近一次融资轮次及金额	投资机构
禾川科技	—	工业自动化控制产品的研发、生产和销售	56	—	—
精智实业	—	高端制造服务	97	—	—
酷特智能	—	个性化智能定制	66	—	—
绿的谐波	—	精密谐波传动装置研发、设计和生产	70	B轮 未透露	国投创新、谱润投资等
同毅自动化	—	工业控制器、驱动系统研发	4	B轮 未透露	明势资本、长石资本、创业接力等
拓野机器人	—	工业机器人系统集成商	51	战略融资 未披露	中兴创投
智能一点	—	工业软件	1	Pre-A轮 1 000万元人民币	创新谷、青松资本、洪泰基金、洪泰智造工场
翼石科技	—	工业软件	9	Pre-A轮 未公开	领势投资、索道投资、青云创投、励石投资
炼石网络	—	工业互联网	5	Pre-A轮 3 000万元人民币	国科嘉和、安云资本
耐能Kneron	—	工业互联网	57	A轮 数千万美元	阿里巴巴、中华开发、创业邦天使基金、红杉资本中国、中科创达、高通、奇景光电

资料来源：Wind，私募通，国家知识产权局。

6.3 科创板投资地图

从地域分布来看，北上广深是科技类企业扎堆等待上市的集结地。截止到2019

年5月,已有近20个省市公开发布过相关信息,或成立科创板专项小组、建立后备企业数据库,或集中培育后备企业,或直接出台奖励科创板上市企业政策,鼓励本地企业赴科创板上市。明确表示给予上海证券交易所科创板上市企业鼓励的包括北京、上海、安徽、云南、河南等地区,奖励数额从百万元到千万元不等。其中,云南省发布推进企业上市倍增三年行动方案,科创板上市成功最高奖1 600万元;北京明确加强上市资金补贴支持,北京市区两级财政给企业的上市补贴,合计最高可达600万元;安徽对在科创板等境内外证券交易所首发上市民营企业,省级财政分阶段给予奖励200万元;河南对于在沪、深证券交易所主板(中小板)、科创板、创业板上市以及在境外交易所上市的企业,给予500万元奖补。同时,上海、湖北、浙江、安徽、江苏、陕西、河南、福建等地也开始在本省新技术、新产业、新业态、新模式领域的企业进行首轮排查,通过对行业、行业排名、收入、净利润、研发投入占收入比例、已授权发明专利等相关的指标考核,筛选潜力标的企业。目前,北京市、浙江省及陕西省已经完成科创板企业名单的遴选工作,有的甚至已经有明确的备战科创板企业名单(见表6-14)。

表6-14 众多省份加快对科创板潜力企业首轮排查

地区	机构	关注领域	核心筛选指标
河南	河南省科技厅	高端装备制造、新一代新信息技术、新材料、生物医药、新能源、节能环保等产业领域	行业、行业排名、收入、净利润、研发投入占收入比例、已授权发明专利
浙江	创业投资协会	新能源、新材料、信息工程、生物制药、节能环保、移动互联、人工智能、先进装备制造、现代服务、航空航天、海洋和其他	行业、行业排名、收入、净利润、研发/技术人员占比、员工数量、发明专利数量、历次融资、上轮估值
陕西	西安高新技术产业开发区金融办	互联网、大数据、云计算、人工智能、集成电路、航空航天、生物医药、高端装备制造等高新技术产业和战略性新兴领域	主营业务、注册资本、主要营业收入、净利润、引进投资机构及股权比例、估值、实用新型专利数、发明专利数、研发投入占比、创新优势
湖北	湖北省科技厅	创新能力强、掌握核心技术、在细分领域行业领先且上市积极性高的科技型企业	行业、行业排名、收入、净利润、研发投入占比、总资产、净资产
福建	福建省科技厅	省级创新型企业核准名单	近两年营业收入平均在1亿元以上的科技型企业

续表

地区	机构	关注领域	核心筛选指标
上海	上海市经信办	高新技术领域和生物医药、新一代信息技术等上海市战略性新兴产业领域以及具有较强技术创新能力、较好市场前景的科技企业，纳入科技企业库培育	纳入培育的企业应满足主营业务收入符合国家支持高新技术领域范围、拥有自主知识产权且研发投入不低于3%、科技人员占企业职工总数的比例不低于5%、高新技术产品服务收入占总收入的比例不低于40%等标准的科技型中小企业
江苏	昆山市政府	筛选出自光电、半导体、生物医药、计算机、新材料和新能源等领域	—

资料来源：公开资料。

以 Wind 公布的近三年发生的科技型创新企业投融资行为及事件作为线索，绘制中国科创板投资地图，不难发现：北京、上海、广州、深圳、杭州、武汉、成都等一线及准一线城市集中了我国大部分的科技创新企业。其中，北京积聚了一批以云计算、大数据、人工智能、信息安全、垂直电商、在线教育为代表的新兴企业，上海主要集中在互联网金融、体外诊断、医疗服务和虚拟现实领域，广州以互联网广告、垂直电商、移动支付、干细胞、医疗信息化等行业领域为代表，深圳集中了很大一部分以机器人、无人机、新能源汽车、3D打印、体外诊断为代表的新科技力量，而电商巨头阿里巴巴所在地的杭州，除了依靠发达的电商经济发展迅速的O2O外，3D打印、人工智能、生物识别和医疗器械等领域也有大批的企业聚集，武汉、成都则分别以体外诊断、无人机，以及医疗服务、机器人领域为代表。

从科创板投资地区的分布来看，第一梯队是以北京、上海、广东、浙江、江苏为代表的技术密集型地区。这些地区经济增长稳健，而且动力充足。其中，北京的科创板投资潜在标的企业数量最多，占比35.6%；上海、广东分别列第二、第三，占比19%和17%；浙江、江苏次之，潜在标的企业数量占比分别为9%和5.6%。第二梯队包括四川、福建、湖北、天津、山东在内的地区，科创板投资潜在标的企业数量总体占比都超过1%。第三梯队以河北、陕西、辽宁、吉林、山西以及西北大部分省份为代表的地区，对重工业和资源密集型产业依赖度比较大，新经济发展速度相对较慢，相应的科创板投资潜在标的企业数量也相应较少。

【案例 6-1】

中国 5G 通信产业主设备投资地图

5G 的建设是三大运营商的重中之重，各大运营商已经开始布局基站、频段以及相关的物联网场景建设工作。据三大运营商 5G 规划报告显示，中国 5G 商用时间确定在 2019 年左右。现阶段，三大运营商已经开始首批城市试点，并已经公布了其中的试点城市。首批试验城市包含北京、上海、广州以及成都等，它们都出现在了至少两家运营商的首批 5G 规划试点城市名单中；第二批试点城市有重庆、西安、太原等地，它们在三家运营商首批试点城市名单中出现一次或者城市本地有 5G 产业基础；而西部内陆地区则发展稍显迟滞，故将其归为第三批重点建设城市。总体来看，5G 建设部署时序将从东南沿海地区首先发展，随着西向深入，发展时序越来越靠后。

以中国 5G 主设备产业链区域分布为例，北京由于有许多高校及科研院所，以及 5G 相关的产业和运营商总部，产学研共同发展，形成了京津冀协同发展的局面。珠三角区域是 5G 终端产品制造的主要区域。5G 的商用，给当地的制造业以及相关的设备商提供了良好的发展契机，其中代表企业包括华为、大疆、京信通信等。设立在成都和重庆的很多芯片制造企业，例如亨通光电、中天科技等，是 5G 产业链的基础细分环节，也会在早期进行发展。以武汉为代表的华中腹地，作为我国中部地区的经济中心，在产业政策上得到了国家的大力支持，5G 相关产业得到了长足的发展进步，代表企业有烽火通信、武汉凡谷等。

【案例 6-2】

中国机器人产业投资地图

赛迪智库的数据显示，截至 2018 年 11 月，我国机器人相关企业共有 7 057 家。东部地区企业 5 037 家，占比 71.4%，区域内上海、昆山、无锡、南京等地产业创新能力全国领先，平均研发投入占收入比居全国首位；广东、福建培育了一批具有自主知识产权的本土机器人企业，集聚了众多高校实验室及研究机构等，具备较强的科研及市场应用能力；北京及周边地区企业数量并不占优势，但由于大量创新研发资源的集聚，资本活跃度较高，使得机器人新模式、新业态不断涌现，相关产品收入居全国首位。东北地区企业 435 家，占比 6.2%，东北地区企业数量同样不占优势，但单体企业规模较大且创新能力强，集聚众多科研机构，侧重于工业及特种机器人的成果转化。中西部地区企业之和 1 585 家，占比 22.4%，中西部积极引进国外先进技术团队，培育区域内创新型企业，有效激活部分产业要素，开辟新业务增长点。就区域市场来看，东部地区基于智能化、集约化的产业升级和企业精细化生产与多种庞大的场景服务的需求，机器人市场需求最为旺盛，市场规模总和占比全国 60.6%，东北地区区域市场规模占比为 15.4%，中西部两区域市场规模占比总和为 24.0%。

  2018 年国内机器人市场规模为 595.2 亿元。东部地区基于智能化、集约化的产业升级和企业精细化生产与多种庞大的场景服务的需求，机器人市场需求最为旺盛，市场规模总和占比全国 60.6%，东北地区区域市场规模占比为 15.4%，中西部两区域市场规模占比总和为 24.0%。目前，机器人行业融资案例持续增加，全球市场层面资本涌动，延续着机器人行业的投资并购的热潮。随着人工智能概念的广泛传播，中国 2018 年资本市场热情持续高涨，呈现出持续上升的趋势，众多投资机构领投或跟投机器视觉、AGV 仓储机器人、协作机器人、机器人核心零部件等热点领域，以期打造机器人领军企业和独角兽。

下 篇

新三板

第7章
什么是新三板

7.1 新三板的历史沿革

新三板又称全国中小企业股份转让系统，是经国务院批准，依据证券法设立的全国性证券交易场所，也是第一家公司制证券交易所。全国中小企业股份转让系统有限责任公司为其运营机构，于2012年9月20日在国家工商总局注册，2013年1月16日正式揭牌运营，注册资本30亿元，注册地在北京。

新三板最早于2006年发源于北京中关村，以高科技企业为主。之所以叫"新"三板，是因为还存在一个"老三板"，主要承载原STAQ、NET系统挂牌公司和主板退市企业的公司股权转让。2012年，上海张江高新技术产业开发区、武汉东湖新技术产业开发区和天津滨海高新区加入新三板试点，至此新三板扩大到4个国家级高新园区。2013年底，证监会宣布新三板扩大到全国，对所有公司开放。2014年1月24日，新三板一次性挂牌285家，并累计达到621家挂牌企业，宣告了新三板市场正式成为一个全国性的证券交易市场。到2018年年底已有超过10 691家公司在新三板挂牌（见图7-1）。

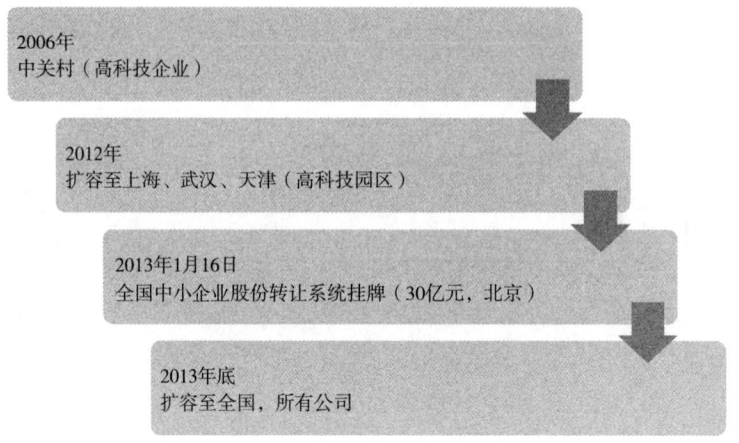

图7-1 新三板的历史沿革

7.2 新三板在我国多层次资本市场中的定位

7.2.1 新三板挂牌与主板上市的区别

严格来讲,企业登陆股份转让系统不能称为"上市",主要原因在于企业在主板IPO(首次募股)即意味着企业开始募集资金,而新三板企业登录全国股转系统可以募集资金也可以暂时不募集资金,因而企业登陆新三板称为"挂牌"而不称为"上市"。新三板和A股主板市场有以下两点非常重要的区别:

第一,上市及退市条件要求不同。全国股份转让系统的定位主要是为创新型、创业型、成长型中小微企业发展服务。这类企业普遍规模较小,尚未形成稳定的盈利模式。在准入条件上,不设财务门槛。申请挂牌的公司可以尚未盈利,只要股权结构清晰、经营合法规范、公司治理健全、业务明确并履行信息披露义务的,均可以经主办券商推荐申请在全国股份转让系统挂牌。而主板市场上市条件相对严苛得多,例如要求上市之前连续三年净利润率必须保持6%以上,而新三板只需要一年即可上市。此外,退市条件也不同,主板A股退市的硬件是连续三年业绩亏损,而新三板只需发现严重问题就需要退市。

第二，投资者群体不同。我国交易所市场的投资者结构以中小投资者为主，而全国股份转让系统实行了较为严格的投资者适当性制度，投资门槛较高，如对个人投资者设有 500 万元证券资产的限制。未来的发展方向将是一个以机构投资者为主的市场，这类投资者普遍具有较强的风险识别与承受能力。

第三，服务目的不同。全国股份转让系统是中小微企业与产业资本的服务媒介，主要是为企业发展、资本投入与退出服务，其主要目的是解决中小企业融资渠道窄、融资成本高的问题，并不是为机构和个人投资者提供一个炒股的场所。

7.2.2 新三板在我国多层次资本市场中的定位

新三板是我国多层次资本市场的重要组成部分。我国资本市场主要分为五个层次（见图 7-2），其中新三板主要服务于中小企业。现在深圳证券交易所和上海证券交易所即将推出战略性新兴板，或者叫科创板，将进一步完善多层次资本市场的体系。

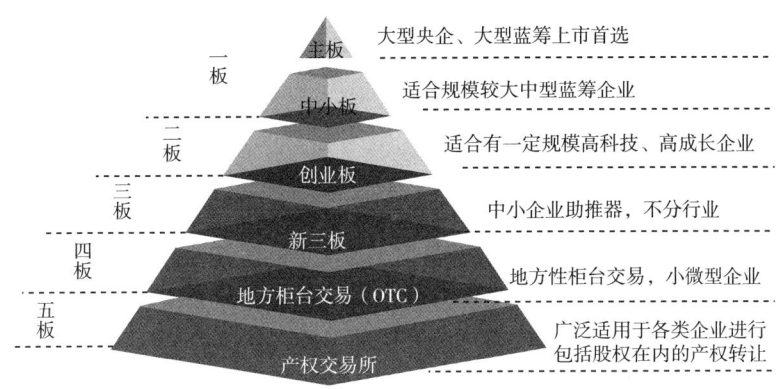

图 7-2　我国多层次资本市场的组成

新三板在和其他层次市场的关系上，既有竞争又有所区分。

从新三板和创业板等交易所市场的关系来看，已经透露出新三板的分层设计思路。新三板意图在内部最高层级分层实行竞价交易制度、降低合格投资者标准等改革，而且也意图留住好的企业，和创业板等展开一定程度的竞争。新三板也不应该单纯把自己看作是创业板等市场的蓄水池、后备军。随着制度进一步完善，企业如在创业板挂牌更加符合企业的发展状况，就没有必要转板。因此，从这个意义上讲，新三板和创业板等会展开一定程度的竞争。为此，新三板需要在交易制度、合格投资者制度上进行改革，以便和创业板等市场的制度更加接近。但新三板毕竟是和创业板等市场有所区别的市场，是场外市场的一部分，因此必须要坚持自己的基本定位。有些企业就是适合在新三板等发展，而不适合在创业板等发展。新三板如果一味追求向创业板等板块发展，在各方面都力图向创业板看齐而放弃了自己的特色，反而会对企业造成反面影响，就违背了创办这个市场的初衷。

另外，就新三板和区域股权市场的关系来看，尤其是进行内部分层之后，对于在低层次挂牌的企业，其必然要采取比较低的挂牌标准。当前，区域股权交易中心的挂牌标准低于新三板，目前尚未有统一的管理制度，挂牌费用也更低，而且各地市场均按照自身需求制定了挂牌制度。例如，浙江股交中心申请挂牌应具备的基本条件只需要股份公司成立满一年。因此，新三板会产生和区域股权市场的定位类似以及相应的竞争问题。同为场外市场，适度的竞争是有利于这个市场发展的，但是仍然需要一个新三板和区域股权市场的明确定位。这就需要在企业挂牌门槛、合格投资者标准、甚至交易制度等方面进行区分。当然，不可能单纯借助行政化的方式进行区分，更多应该借助市场化的力量来进行。

7.3 新三板市场的跨越式发展

在大众创业、万众创新的背景下，随着新三板扩容和做市商制度的出台，新三板市场取得了突飞猛进的大发展，挂牌企业大幅增加，融资额迅速攀升，涌现出千亿市值企业和众多明星企业（见图7-3）。截至2018年底，新三板挂牌企业数量达到10 691家，总市值34 487亿元。新三板已成为中小企业对接资本市场的最热门选择。

新三板企业在各行业中的分布差异较大。其中，制造业的家数最多，为5 276家；其次为信息传输、软件和信息技术服务业；而住宿和餐饮业以及居民服务、修理和企业服务业和采矿业的挂牌家数最少，均低于40家。挂牌超过200家的行业有：制造业，信息传输、软件和信息技术服务业，科学研究和技术服务业，批发和零售业，建筑业，文化、体育和娱乐业，以及农、林、牧、渔业（见图7-4）。

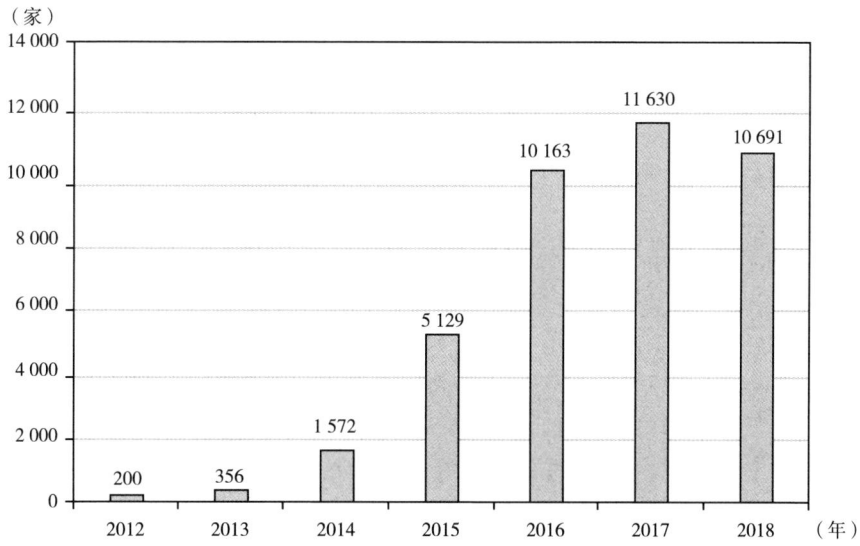

图 7-3 2012 年以来新三板企业挂牌数量增长情况

资料来源：Wind。

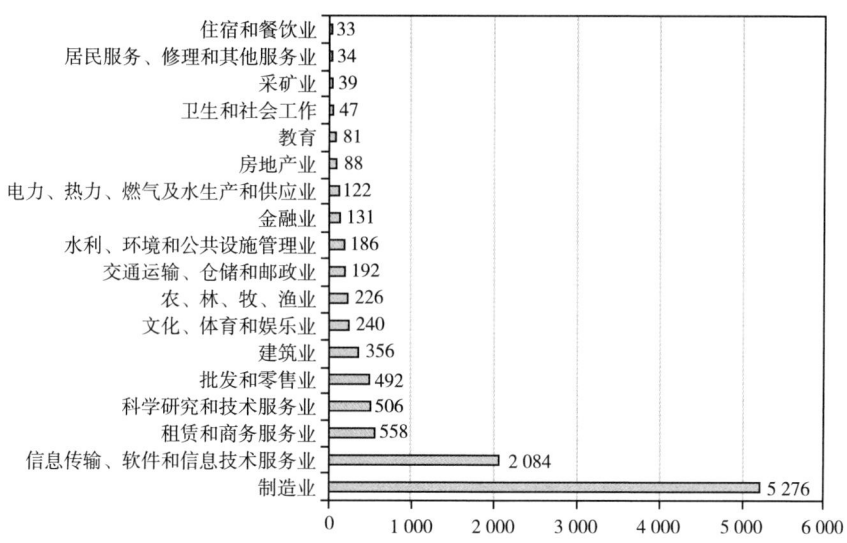

图 7-4 2018 年新三板企业各行业数量分布图

资料来源：Wind。

7.4 新三板的未来：对标纳斯达克

7.4.1 纳斯达克的成功经验

纳斯达克成立于1971年，最初是由美国证券交易商协会建立的OTC（场外交易市场，Over-the-Counter Market）电子报价系统，是为中小企业提供融资的平台。经过多年的演变，纳斯达克市场已从场外交易市场发展成为全球第二大证券交易市场，其市值和交易量仅次于纽约证券交易所。据纳斯达克股票公司2014年年报显示，截至2014年底，在纳斯达克市场挂牌上市的公司已近3 000家，总市值超过8.5万亿美元，主要为科技型和创新型企业，汇集了包括苹果、微软、谷歌在内的美国大型公司，以及新浪、搜狐在内的非美国本土高科技企业。其发展历程也经历了由场外市场逐渐发展壮大的过程（见图7-5）。

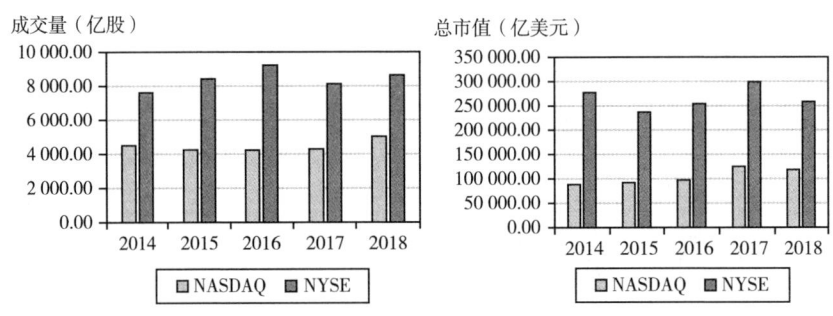

图7-5 纳斯达克与纽约证券交易所成交量及市值对比图

资料来源：Wind。

（1）电子报价系统。在1971年刚刚成立的时候，纳斯达克仅致力于为用户提供快捷准确的报价，降低证券买卖价差，而在以价差为主要盈利手段的交易商中并不非常受欢迎。

（2）通过做市商网络奠定三足鼎立之势。此后，纳斯达克通过遍布全美的电脑终端及做市商网络，将做市商的报价集中处理并发布，有效降低了交易成本，提高了成交效率,奠定了其作为美国场外交易市场核心的地位,并与场外交易所集团(OTC Markets Group)、场外柜台交易系统(OTCBB)和私募证券交易市场一起构成了美国场外交易的平台。

(3)通过跨越转变构建全国性证券交易所。在集合各家做市商交易的基础上,纳斯达克不断完善报价系统,增加交易量等信息,并推出电子交易系统和在线交易功能,完成报价和交易的统一。2000年以后,纳斯达克开始从场外市场向证券交易所过渡。2006年,纳斯达克交易所注册成为一家独立运营的商业机构,完成了从场外交易市场到全国性证券交易所的转变(见图7-6及图7-7)。

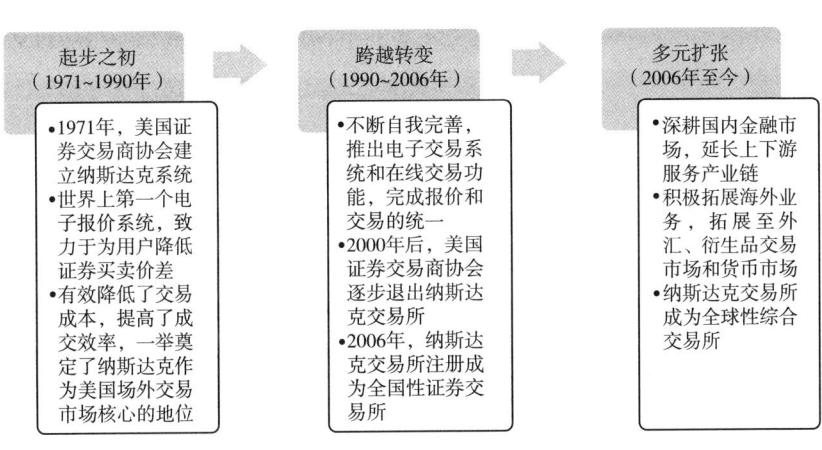

图7-6 纳斯达克的发展历程

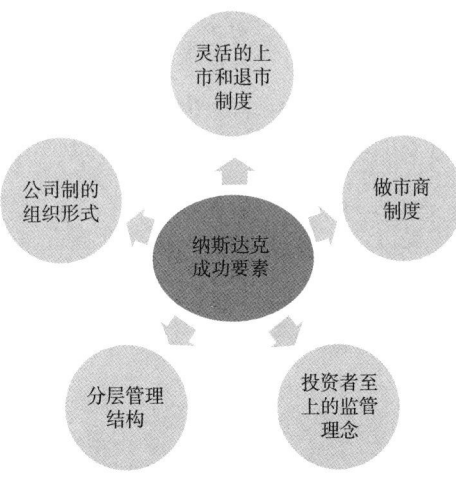

图7-7 纳斯达克的成功经验

金融危机之后，随着世界经济的复苏，纳斯达克前进的步伐也开始加快。一方面，纳斯达克市场深耕国内金融市场，收购费城交易所和波士顿交易所，将业务拓展至衍生品交易市场。同时，通过兼并交易清算、信息咨询、财务顾问公司等企业，纳斯达克市场延长了其产业链的上下游。另一方面，纳斯达克市场积极拓展海外业务。2008年2月，完成了与OMX AB的合并，首次将触角延伸至美国市场以外。此后，通过一系列的兼并与收购，纳斯达克市场将业务拓展至外汇、衍生品交易市场和货币市场。

截至目前，纳斯达克交易所为全球超过35个国家的公司提供挂牌上市、市场咨询等服务，并为全球的投资者提供包括股票、固定收益、外汇和衍生品等产品在内的报价、交易和清算服务。

7.4.2 新三板做市制度与纳斯达克的对比

现阶段，我国新三板只有主办券商有做市资格，而纳斯达克做市商数目已达500多家。我国新三板做市商制度尚处于发展的初级阶段，目前相关制度立法的重点在于培养做市商，因而较大程度地保障了做市商的有效盈利。但从长期看，必将趋同于市场化做市商制度。新三板市场与纳斯达克市场做市制度的区别主要表现在以下几个方面：

（1）报价更新。新三板更关注市场交易时间和数量，并以提高流动性为主要目标，并不对报价价格做过多限制。全国股转系统转让细则规定做市商应从9：30开始发布报价，而且在报价的过程中须不断申报保持该股票维持在1 000股以上的买卖盘。按规定，申报间隔不超过5分钟。此外，为了使做市商有效履行持续报价义务，股转公司规定新三板做市商每个转让日提供双向报价的时间应不少于做市转让撮合时间的75%。

纳斯达克市场更关注报价的合理性，规定做市商需要持续更新，目的是将买卖价格维持在一个合理水平。这一水平以全国最优报价为基准，如果最佳报价发生变化导致做市商给出的买价或者卖价超过一定的范围，做市商就应当重新报出价格，并依据设计好的比例为基础。

（2）限制竞争。为防止暗箱操作和不正当竞争，纳斯达克对"价格锁定"和"穿价成交"采取一定的限制政策；而新三板则一刀切，规定两个以上做市商之间无法直接在做市申报时成交。

（3）报价披露。新三板做市商在特定条件下享有特殊的不披露报价的优势，相对普通投资者而言做市商有信息优势；而纳斯达克以最优报价为核心，将市场分割出股票批发市场和股票零售市场，在不同的层级，做市商与做市商、做市商与投资者、做市商与电子报价系统发生竞争。

（4）成交披露。新三板做市商的成交信息披露以"天"为披露单位，报价压力相对较小；而纳斯达克的成交信息披露间隔为 10 秒。

（5）做市商身份的持续。新三板强制性要求做市商履行报价义务。对于不履行报价义务的做市商，股转系统会采取包括约谈、要求提交书面承诺，出具警示函，向证监会报告违法行为等措施。纳斯达克做市商身份方面的市场化相对较高，做市商在注册后 5 天内无法提供报价就会被取消在该股票上的做市资格。因此，不符合以及不愿意为特定股票提供报价的做市商可以通过消极不作为退出。

（6）最低要求报价规模限制。纳斯达克对最低要求的报价规模限制较小，正常报价单位为每手 100 股。而新三板为抑制投机行为对做市商制一般性的交易申报股数做出限制，规定买卖股票申报数量为 1 000 股或其整数倍，只有在余额不足 1 000 股的情况下，才允许小于 1 000 股的单笔交易。

根据以上对比可以看出，新三板做市商制度相对成熟做市商制度在诸多方面都对做市商进行了一定的政策偏向，给予了做市商较大的操纵空间和利润空间。现阶段，参与到做市之中，有利于券商畅享政策红利。

7.4.3 从纳斯达克经验看新三板的未来发展

纳斯达克的成功主要得益于几个方面：一是灵活的上市和退市制度；二是做市商制度；三是投资者至上的监管理念；四是分层管理的机构；五是公司制的组织形式。就我国新三板市场目前的发展状况来看，新三板最需要学习的是分层管理的制度和竞价转让的制度。

随着新三板市场的扩容和发展壮大，挂牌企业分化的现象日益明显，主要表现在以下几个方面：

第一，财务指标分化。根据 2014 年中报，新三板公司中营业收入排名前十位的公司平均营业收入为 182 404.69 万元，该十家公司的平均净利润为 651.28 万元；而营业收入排名后十位的公司平均营业收入为 24.83 万元，平均净利润为 -774.75

万元。新三板公司中营业收入排名前五十位的公司平均营业收入为69 397.81万元，平均净利润为2 381.54万元；而营业收入排名后五十位的公司平均营业收入为106.74万元，该十家公司的平均净利润为-345.25万元，两者相差巨大，财务指标分化十分严重。

第二，流动性分化。截至2019年1月31日，通过竞价转让的新三板挂牌公司共计9 485家，1月成交量为15.4亿股，成交金额49.3亿元；而有做市商的新三板挂牌公司共有1 056家，2月成交量为7.6亿股，成交金额26.4亿元，在投资标的显著较低的背景下，做市股的交投相对更加活跃。纵向比较来看，以中海阳为例，此前中海阳采取协议转让交易，日均成交量仅为2.5万股，成交清淡，且存在连续多个交易日无成交量。2014年8月做市商制度正式上线后，中海阳日均成交量上升至49.2万股，且自2014年10月底开始，每个交易日均有成交。做市商制度的实施有效提高了新三板的成交量，但做市股和协议转让股流动性的显著分化使得分层管理的需求更加突出。

第三，市值分化。由于新三板上市门槛较低，公司经营水平高低不一，在经过一段时间的发展后，新三板挂牌企业市值出现显著分化，差异水平显著高于沪深两市挂牌企业。截止2018年10月底，在所有企业当中市值超过100亿元的有8家，最高的九鼎投资市值超过1 000亿元，而市值低于100万元的有6家，其中市值最低的只有18万元。

从美国纳斯达克市场的发展历程来看，分层管理既有助于投资者对挂牌企业的总体认知，也有利于挂牌企业在不同的发展阶段吸引不同风险偏好的投资者。目前，依托全国中小企业股份转让系统构建的全国性场外交易市场已经成型且运行平稳，从制度建设和技术上已经可以实现场外市场的分层管理。因此，新三板分层管理将是大势所趋，是我国场外市场制度完善的重要步骤。2015年11月，证监会发布《进一步推进全国中小企业股份转让系统发展的若干意见》，正式批准了新三板的分层设计，将整个市场分为创新层和基础层。业内普遍认为，分层制度将为市场发展带来实质性的长期利好。

在新三板分层实施之后，转板试点有望横空出世。未来新三板的挂牌企业将有更多选择：一方面，可以选择在新三板沉淀，获取分层溢价等政策红利；另一方面，可能以更加简便的方式登陆创业板、中小企业板乃至主板市场。对于挂牌公司向创业板的转板，全国股转公司内部人士表示将在证监会的统筹安排下，积极配合该工作。

此外，竞价交易制度也是市场参与者后续看好的制度红利。早在 2015 年 4 月，股转系统就表示将择机推出竞价交易制度。竞价交易将克服协议制度的缺少透明度等问题。有研究者指出，竞价交易制度可有做市商制度逐渐转变而来，这一方面可以提高做市商持续做市的动力，另一方面提升市场自身的公平和效率。然而，监管层出于对风险因素的考量，竞价交易制度或将延期推出。

第 8 章
为什么选择新三板

8.1 中国企业可以在哪里上市

企业要上市,首先是要选择在哪里上市。放眼全球资本市场,截至 2018 年底,已有 749 家企业选择在中国内地以外的国家或地区上市。其中,超过半数的企业(431 家)选择在中国香港特区上市,其次为美国(217 家)、新加坡(90 家)和英国(11 家)(见图 8-1)。

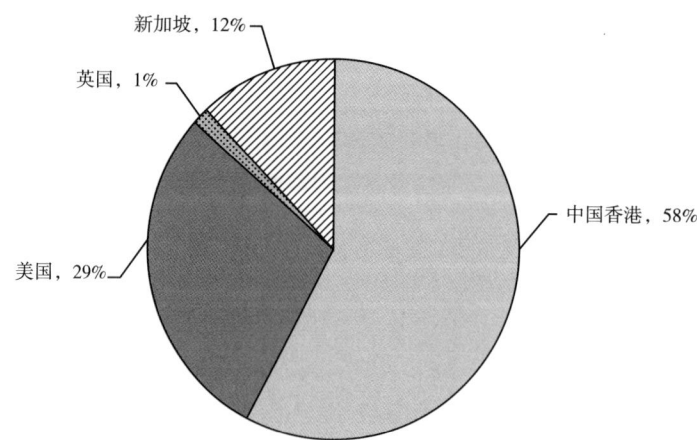

图 8-1 中国企业在内地以外国家和地区上市的数量分布

资料来源:Wind。数据截至 2018 年 12 月 28 日。

具体到各个交易所来看，在香港联交所上市的中国 H 股企业数量多、实力强（见图 8-2）。截至 2018 年 12 月 28 日，上市企业 268 家，总市值达 19.0 万亿元。按照市值排行，其余依次为纽约证券交易所（8.5 万亿元）、香港红筹股（4.6 万亿元）、纳斯达克（1.8 万亿元）、伦敦证券交易所（8 045 亿元）、新加坡证券交易所（1 959 亿元）和美国证券交易所（37 亿元）。

选择在中国香港、美国、英国上市，一是由于这些资本市场层次丰富，可以满足不同条件的企业；二是资本市场资金容量大，提供了更为广阔的融资渠道；三是成熟资本市场具有较为稳定的制度预期。

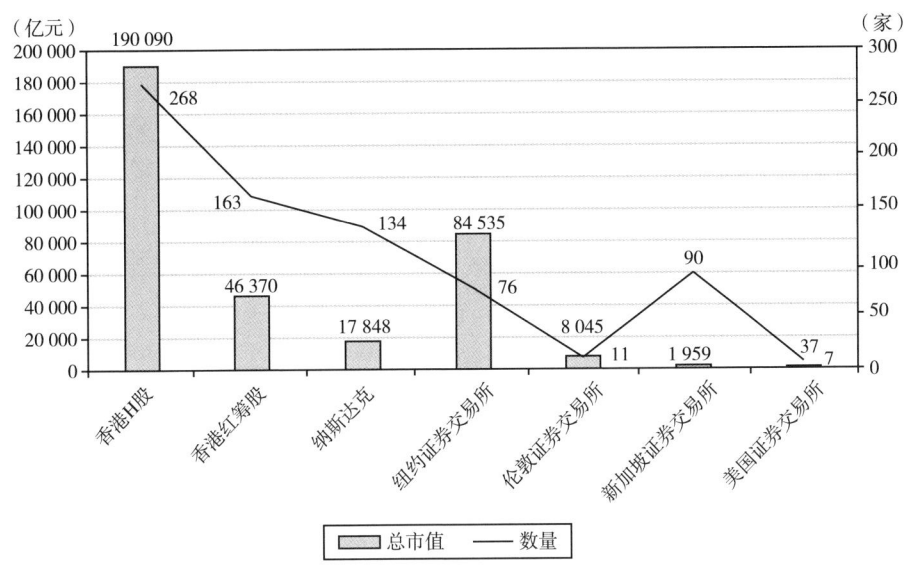

图 8-2　中国企业在内地以外国家和地区交易所上市的数量和总市值分布

资料来源：Wind。数据截至 2018 年 12 月 28 日。

而大部分企业仍然选择了内地的资本市场。2019 年 2 月 11 日，已有 3 584 家企业在主板上市，拥有 45.48 万亿元市值，位居世界前列；而新三板的挂牌企业数量达到了 10 541 家，已经超过了纳斯达克的上市公司数量（见表 8-1）。

表 8-1　　　　　　　　　　中国内地各板块市场规模比较

指标	新三板	中小板	创业板	主板 A 股
上市/挂牌总数（家）	10 541	926	742	1 916
总股本（亿股）	6 242.23	8 551.06	3 743.36	45 291.71

续表

指标	新三板	中小板	创业板	主板A股
总市值（万亿元）	2.48	7.73	4.28	33.47
股票成交数量（亿股）	0.27	110.21	58.70	183.80
股票成交金额（亿元）	0.70	902.83	584.66	1 565.93

资料来源：深圳证券交易所，Wind。数据截至2019年2月11日。

接下来将重点介绍在美国、中国香港和内地各板块上市企业的基本情况。

8.1.1 在美国上市

美国拥有世界上最大、最成熟的资本市场，聚集了世界上绝大部分的游资和风险基金，同时具有多层次、多样性的特点，能够满足大型企业或中小民营企业的不同融资需求。美国的资本市场经历百年演化，形成了一个层次分明、在组织结构和功能上形成相互递进的金字塔形结构。依据上市标准、上市公司的规模以及市场的开放程度，可以划分为四层（见图8-3）。

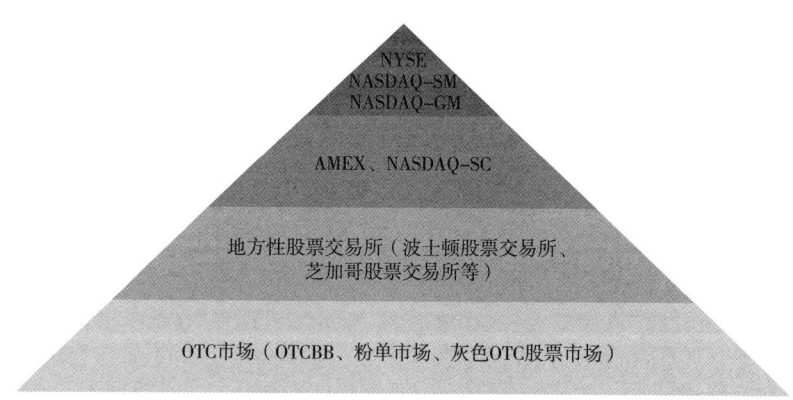

图8-3 美国多层次资本市场

资料来源：国信证券。

第一层由纽约证券交易所（NYSE）、纳斯达克全球精选市场（NASDAQ Global Select Market, NASDAQ SM）、纳斯达克全球市场（NASDAQ Global Market, NASDAQ GM）组成，上市标准较高，主要是面向超级跨国大企业的全国性市场。

第二层由美国证券交易所（AMEX）和纳斯达克小资本市场（The NASDAQ

Small-Cap Market，NASDAQ-SC）构成，主要是面向美国的高科技企业和美国中小企业的全国性市场。

第三层由辛辛那提证券交易所、芝加哥证券交易所、费城交易所、波士顿交易所等区域性交易所构建，是主要交易地方性企业证券的市场。

第四层由场外交易议价板市场（OTC BulROletin Board，OTCBB）、粉单市场（Pink Sheets Market）和属于第三市场和第四市场的灰单市场（Grey Market）组成，是主要面向美国小型公司证券交易的场外市场。

在美国上市的方式主要有两种：IPO 和反向收购。

IPO 的主要选择是纽约证券交易所和纳斯达克。纽约证券交易所的主板市场主要面向成熟企业，中概股的明星企业包括阿里巴巴、中国人寿、通信三巨头和"三桶油"等（见图 8-4）。纳斯达克分为三层，其中，纳斯达克全球精选市场主要用来吸引大盘蓝筹企业和其他两个层次中已经发展起来的企业；纳斯达克全球市场由国际化公司组成，门槛介于全球精选市场和资本市场之间；纳斯达克资本市场由新兴和成长型公司组成，上市门槛最低最灵活。纳斯达克中概股的明星企业以互联网企业为主，包括百度、京东商城、网易等（见图 8-5）。平均来说，纽约证券交易所的中概股市值和市盈率高于纳斯达克。

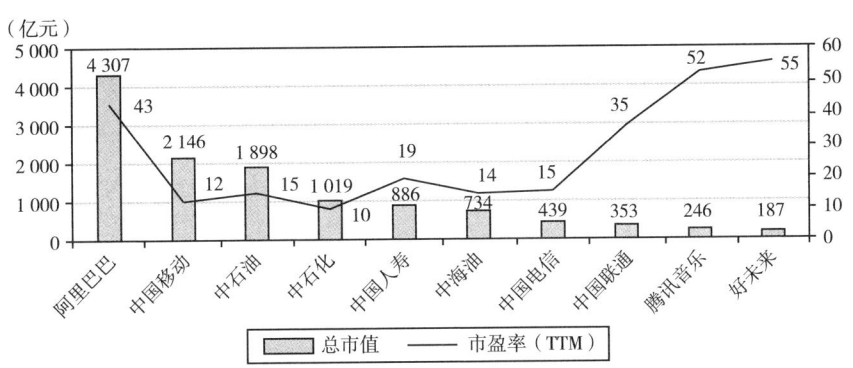

图 8-4 纽约证券交易所市值排名前十的中国企业

资料来源：Wind。数据截至 2019 年 2 月 11 日。

反向收购俗称买壳上市，即先"借壳"进入场外市场，再伺机转板上市。这一方式由于在时间和费用上比 IPO 少很多，较适用于中小企业。然而也存在一个很大的风险，就是中国的反向收购公司，最终实现转板上市的实际上是少数，不到 1/3。未实现上市的企业，有的在 OTCBB 挂牌，有的退至粉单市场或完全退出美国资本市场。

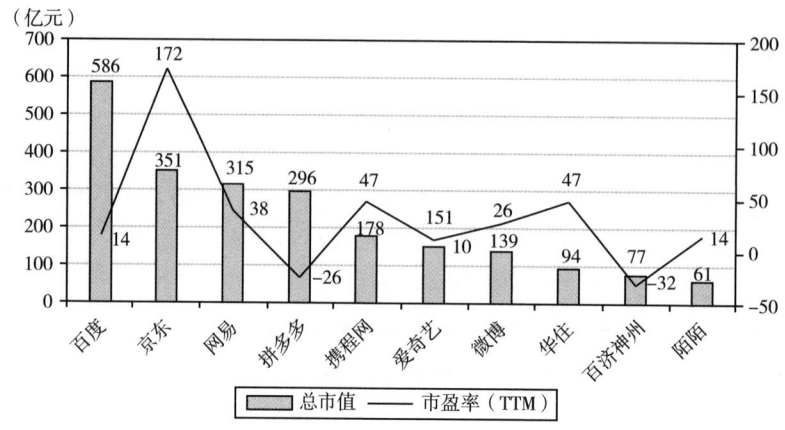

图 8-5 纳斯达克市值排名前十的中国企业

资料来源：Wind。数据截至 2019 年 2 月 11 日。

【案例 8-1】

阿里巴巴在纽约证券交易所上市

阿里巴巴集团是中国最大的电子商务企业，于 1999 年创立，旗下拥有淘宝、天猫、支付宝等多个产品。集团经营多元化的互联网业务，致力为全球创造便捷的交易渠道。自成立以来，阿里巴巴集团建立了领先的消费者电子商务、网上支付、B2B 网上交易市场及云计算业务，近几年更积极开拓无线应用、手机操作系统和互联网电视等领域。2012 年 7 月，阿里巴巴宣布调整淘宝、一淘、天猫、聚划算、阿里国际业务、阿里小企业业务和阿里云为七大事业群，组成集团 CBBS 大市场。

阿里巴巴于 2014 年 9 月 19 日在纽约证券交易所主板上市，上市一年后，流通总股数约为 24.95 亿股，总市值约合 9 361 亿元人民币，市盈率为 21.07（截至 2015 年 9 月 30 日）。

【案例 8-2】

百度在纳斯达克上市

百度，全球最大的中文搜索引擎、最大的中文网站，2000 年 1 月创立于北京中关村。2015 年，百度将原有业务群组和事业部整合为三大事业群组，分别为移动服务事业群组、新兴业务事业群组、搜索业务群组。

2005 年美东时间 8 月 5 日，百度在美国纳斯达克上市，并成为首家进入纳斯达克成分股的中国公司。上市首日发行价定在每股 27 美元，上市时开盘价为 66 美元，收盘时股价上涨了354%,这一数字为美国股市5年来新上市公司首日涨幅之最。上市十年后,流通总股数约为3 515万股,总市值约合3 073亿元人民币,市盈率为22.36(截至2015年9月30日)。

8.1.2 中国香港上市

我国香港特区具有地理、文化与资金等多方面的优势。首先,中国香港与内地具有高度融合的文化传统,是最能为内地企业接受的海外市场。其次,中国香港历来是世界主要的金融中心(仅次于纽约、伦敦、东京),在中国香港的资金可以说是来自全球的,很多国际机构投资者将亚洲的总部设在香港地区,因此,从中国香港筹资等于是从全世界筹资。一旦成功在中国香港上市,就意味着从此登陆了浩瀚的国际资本市场。所以,很多内地大型企业海外上市首选中国香港。香港联交所为了鼓励内地大型企业,特别是国有企业赴中国香港上市,于2004年初专门修改了上市规则,放宽大型企业赴中国香港上市在赢利与业绩连续计算方面的限制,在一定程度上为这些大型国有企业赴中国香港上市创造了更为便利的条件。

到香港上市的企业以大型国有或民营企业为主(见图8-6),上市的方式包括发行H股或红筹股,或买壳上市。

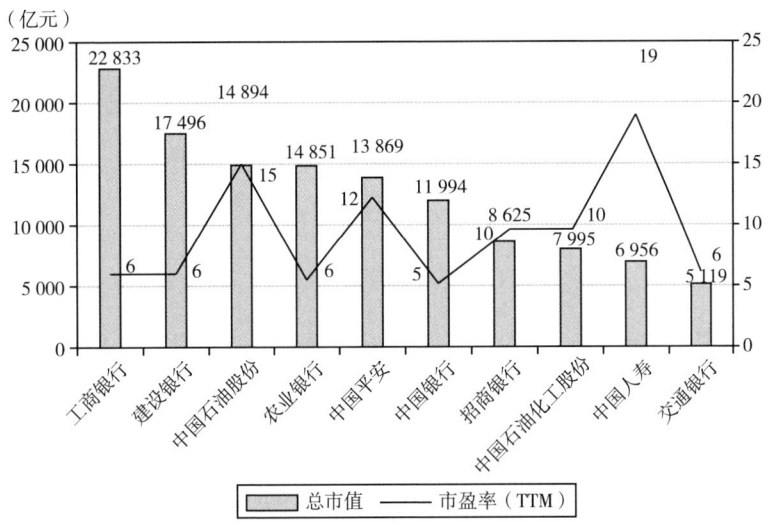

图8-6 中国香港H股市值排名前十的企业

资料来源:Wind。数据截至2019年2月11日。

（1）发行H股上市。中国内地注册的企业，可通过资产重组，经所属主管部门、国有资产管理部门（只适用于国有企业）及中国证监会审批，组建在中国内地注册的股份有限公司，申请发行H股在香港上市。

优点：企业对内地公司法和申报制度比较熟悉；中国证监会对H股上市，政策上较为支持，所需的时间较短，手续较直接。

缺点：未来公司股份转让或其他企业行为方面，受内地法律法规的牵制较多。不过，随着近年多家H股公司上市，中国香港市场对H股的接受能力已大为提高。

【案例8-3】

腾讯控股在香港联交所主板上市

腾讯是目前中国最大的互联网综合服务提供商之一，也是中国服务用户最多的互联网企业之一。通过即时通信工具QQ、移动社交和通信服务微信和WeChat、门户网站腾讯网（QQ.com）、腾讯游戏、社交网络平台QQ空间等中国领先的网络平台，腾讯打造了中国最大的网络社区。

2004年6月16日，腾讯控股在香港挂牌上市，是第一家在香港主板上市的中国内地互联网企业。上市11年来，流通总股数约为94亿股，总市值约合9 978亿元人民币，市盈率为37.28，从发行价3.7港元飙升到129.3港元（2015年9月30日），增长了34倍。

案例8-1~案例8-3表明，我国互联网三巨头"BAT"均在我国内地以外的资本市场取得了巨大成功。而上市所获得的充盈资本，也进一步助力公司扩张业务布局，形成了"阿里系""百度系""腾讯系"的互联网帝国（见图8-7）。

（2）发行红筹股上市。红筹上市是指公司注册在境外，通常在开曼、百慕大或英属维尔京群岛等地，适用当地法律和会计制度，但公司主要资产和业务均在我国内地。

红筹股和H股的区别主要在于：发行H股的公司注册在中国内地，在境外资本市场的融资活动仍然需要境内监管机构的审批；发行红筹股的公司都有离岸架构［包括股权模式（见图8-8）和VIE模式（见图8-9）］，较为灵活，在境外资本市场的融资活动无需境内监管机构的审批。红筹公司的控股股东的股权在上市后6个月即可流通（见图8-10）。

（3）买壳上市。买壳上市是指向一家拟上市公司收购上市公司的控股权，然后将资产注入，达到"反向收购、借壳上市"的目的（见图8-11）。

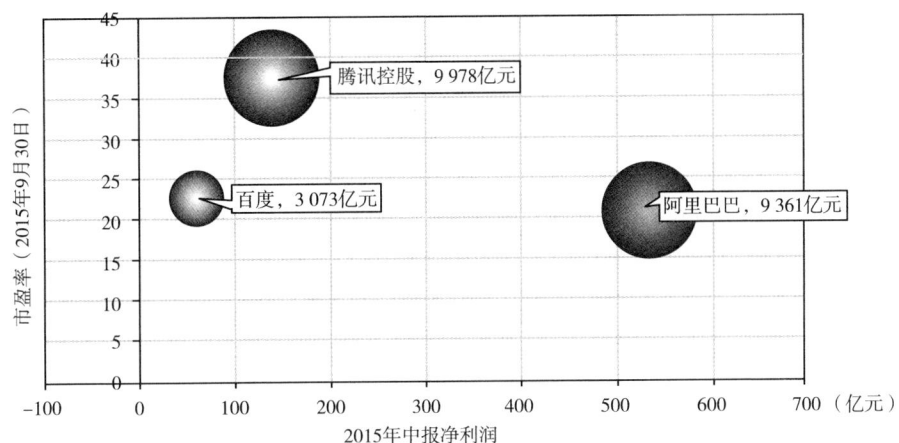

图8-7 百度、腾讯、阿里巴巴的市值、净利润和市盈率比较

资料来源：Wind。图中气泡的面积表示对应公司市值大小。

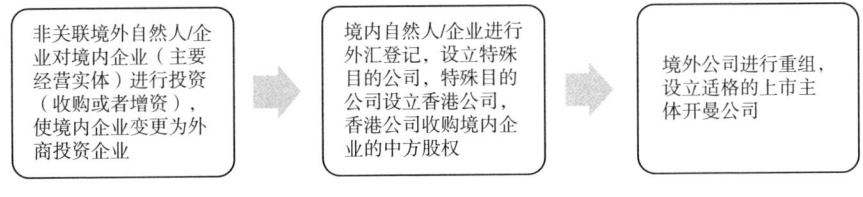

图8-8 股权模式搭建的主要步骤

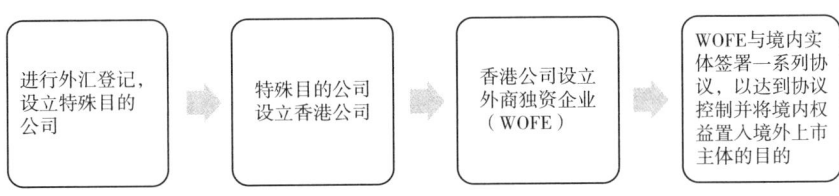

图8-9 VIE模式搭建的主要步骤

该方式适用于股东有一定资金实力、能先付钱买壳再解决融资需求的企业，如国美电器、华宝国际等。其优点是在已有收购对象的情况下，筹备时间较短，工作较精简，无需等待而获得上市地位，并能够提供比 IPO 更广泛的股东基础。缺点是要受到诸多的法律限制，需回避各层监管，可能付出更多的手续。中国证监会及香港联交所对买壳上市的主要限制见表 8-2。

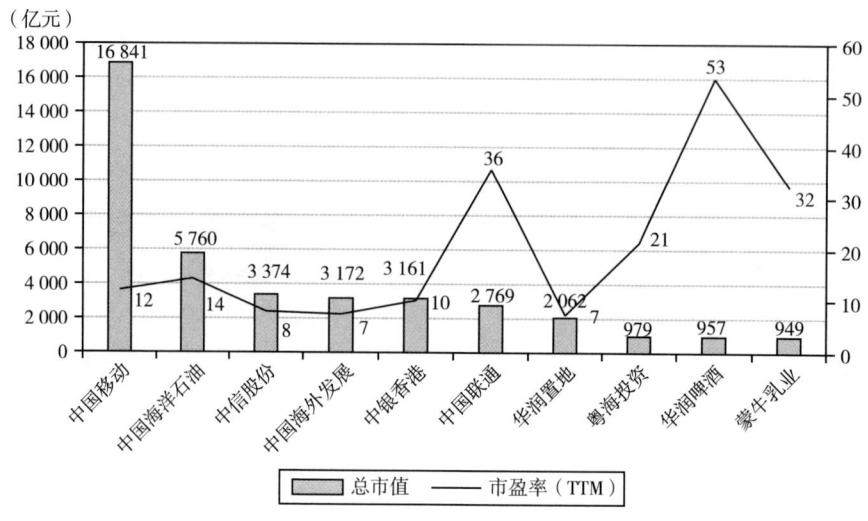

图 8-10　香港红筹股市值排名前十的中国企业

资料来源：Wind。数据截至 2019 年 2 月 11 日。

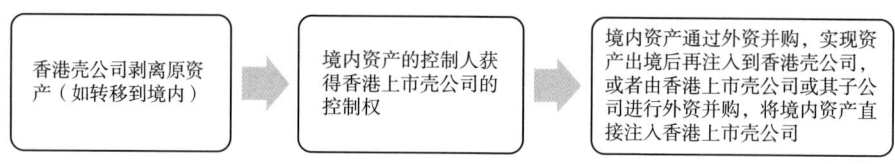

图 8-11　中国内地企业在香港地区买壳上市的主要步骤

表 8-2　　　　　　　　　　香港买壳上市的主要限制

全面收购	收购者如购入上市公司超过 30% 的股份，须向其余股东提出全面收购
重新上市申请	买壳后的资产收购行为，有可能被联交所视作新上市申请
公司持股量	香港上市公司须维护足够的公众持股量，否则可能被停牌。买壳上市初期未必能达至集资的目的，但可利用收购后的上市公司进行配股、供股集资；根据《红筹指引》规定，凡是中资控股公司在海外买壳，都受严格限制

8.1.3　在国内主板、中小板及创业板上市

（1）通过 IPO 上市。随着我国多层次资本市场的完善，特别是中小板和创业板的快速发展，IPO 成为企业融资的重要渠道。从 2000 年到 2018 年，依托资本市场

IPO、增发、配股融资，企业总共募集资金10.4万亿元，其中2 048家企业实现IPO，实际募集资金1.7万亿元；3 652家上市公司进行增发，实际募集资金7.0万亿元；261家上市公司进行配股，实际募集资金0.37万亿元（见表8-3）。

表8-3　　　　2000年以来我国企业IPO以及增发和配股融资情况

时间	集资金额合计		IPO		增发		配股	
	募集家数（家）	募集资金（亿元）	首发家数（家）	首发募集资金（亿元）	增发家数（家）	增发募集资金（亿元）	配股家数（家）	配股募集资金（亿元）
2000	289	1 306	131	791			156	486
2005	16	55	14	53			2	3
2010	525	10 141	348	4 885	151	3 100	18	1 438
2011	480	7 047	281	2 810	176	3 485	14	339
2012	317	4 457	155	1 034	152	3 214	6	52
2013	292	4 614	2	0	267	3 584	13	476
2014	630	9 043	124	666	473	6 842	13	138
2015	1 068	16 107	223	1 576	813	12 253	6	42
2016	1 133	21 096	227	1 496	813	16 879	11	299
2017	1 102	17 224	438	2 301	540	12 705	7	163
2018	509	12 107	105	1 378	267	7 524	15	228

资料来源：Wind。

当前我国的融资模式是以银行的间接融资为主。研究表明，直接融资能够在资金供给与需求之间构建直联机制，比间接融资更具成本优势，是降低实体经济融资成本的有效途径。对此，监管层已经提出加快发展多层次资本市场，显著提高直接融资的规模和比重，进而形成证券融资与银行贷款并重、市场约束性强的多元化融资模式。因此，未来，通过主板、中小板、创业板IPO以及增发和配股融资的规模将会继续提升。

【案例8-4】

东方园林自2009年在中小板上市以来，依托资本市场的IPO融资、增发及债券发行等工具，累计融资超过60亿元。

2009年11月18日，IPO发行1 450万股，发行价58.6元，募资8.5亿元。

2013年12月11日，向机构投资者增发6 322.4万股，发行价25元，募资15.8亿元。

2011年12月7日至2014年11月17日，债券发行9次，累计发行42.5亿元。

借助资本市场融资，公司实施多次行业内并购，使公司规模和整体实力的迅速扩张，而且资本市场融资也补助公司突破园林行业的最大瓶颈即资金瓶颈，在各种大型项目的投标中占有绝对的优势，在跨区域扩张中有足够的资金支持和布局，使公司迅速成为园林行业的龙头企业。公司营业收入由2008年的4.16亿元迅速增长到2013年的49.74亿元，增长近12倍；公司净利润由2008年的0.59亿元迅速增长到2013年的8.89亿元，增长15倍。

2010年以来东方园林主要并购情况如下表：

收购日期	控股公司	持股比例（%）	备注
2012.4.20	新道信东恺（上海）建筑工程有限公司	51	合作方在主题公园设计、建造及运营管理等方面具有丰富的国际经验
2011.11.18	东联（上海）创意设计发展有限公司	70	具备风景园林设计甲级资质和风景旅游规划甲级资质
2011.7.15	上海尼塔建筑景观设计有限公司	75	承担了2010年上海世界博览会园林核心景观的主要设计任
2011.6.10	大连东方盛景园林有限公司	100	加强对东北市场直接管理，有利于东北区域的市场开拓和项目管理
2011.1.10	北京东方利禾景观设计有限公司	100	下设公园分院和高尔夫分院，主要提供市政景观和高尔夫球场设计
2010.11.11	北京易地斯埃东方环境景观设计研究院有限公司	75	定位于高端市场，主要业务为规划、景观设计、城市设计等
2010.5.7	北京东方艾地景观设计有限公司	50	市场定位于规划、度假景观工程的设计

（2）上市公司增发新股。成功IPO后，上市公司还可以通过增发募集企业发展所需资金。增发包括公开增发和定向增发两种。

公开增发是指上市公司新发行一定数量的股份，一般都以10:3或10:2的比例对持有该公司股票的人进行优先配售，其余网上发售。增发新股的股价一般不低于停牌前20个交易日或前一个交易日公司股票均价。

定向增发是指上市公司向符合条件的少数特定投资者非公开发行股份的行为，规定要求发行对象不得超过10人，发行价不得低于公告前20个交易市价的90%，发行股份12个月内（认购后变成控股股东或拥有实际控制权的36个月内）不得转让。

【案例 8-5】

2007年4月，新华传媒（600825）以每股16.29元的价格，向解放报业集团与中润广告发行数量不超过1.3亿股股票，收购其下属传媒价值约为20.6246亿元的经营性资产。购买的资产包括：上海申报传媒经营有限公司100%的股权、上海晨刊传媒经营有限公司100%的股权、上海人才市场报传媒经营有限公司（筹）100%股权、上海地铁时代传媒发展有限公司57.5%股权、上海房地产时报传媒经营有限公司（筹）100%股权和上海解放教育传媒有限公司100%股权、上海风火龙物流有限公司100%的股权、上海中润解放传媒有限公司40%的股权和上海解放文化传播有限公司51%的股权。另外，公司还拟向上海中润广告有限公司发行股票购买其持有的中润解放60%的股权。

2008年1月，新华传媒完成定向增发。定向增发后，新华传媒在以图书发行业务为主业的基础上，增加报刊经营、渠道建设、报刊发行、报刊广告代理等业务，打造完整的平面媒体经营产业链，进一步提高了新华传媒在平面媒体经营领域的竞争实力，实现在平面媒体经营领域的发展战略。

新华传媒目前已形成图书发行、报刊经营、广告代理、电子商务及传媒投资等业务板块。新华传媒将以"分享无限阅读体验的数字平台和实体平台"为战略定位，通过对核心业务与相关经营资源的整合，全力推动企业发展创新业务，并加快业务转型，努力成为具有市场竞争力和文化影响力的综合性传媒经营企业。

公司竞争实力也大大增强，更加有助于公司借助新华书店、申江服务导报等报刊的品牌优势、资本优势进军全国市场，成为跨区域的文化传媒类上市公司。同时，新华传媒的报刊发行、报刊经营、广告代理、传媒衍生开发等文化传媒业务逐渐成为公司主要的利润来源，凸显出其具备较强的竞争优势和盈利能力。

（3）上市公司发行可转债券。可转换公司债券是指发行人依照法定程序发行，赋予其持有人在一定时间内依据约定条件将其转换成一定数量股票权利的公司债券。可转债持有人可以在规定的期限内，将债券按既定的转换价格和转换比率转换为相应公司的普通股；而在持有人不执行转换权利之前，公司必须按时支付利息，如果可转债到期持有人仍然不愿意转换，则公司还必须全额偿还本金。

在绝大多数情况下，可转换公司债券转换的是发行公司的股票，但也有公司发行可交换股票的可转债，即发行可转债的公司与转换成股票的公司不同，一般是非上市的集体公司发行可转债，待其子公司上市后转换为子公司股票；也可以是某集团的一家子公司发行可转债，待另一家公司股票上市后，将可转债转换为后一家公司的股票。

可转换公司债券可以总结为：一种企业债与一批期权打包捆绑形成的一种创新金融衍生产品。这是因为，一方面，可转债体现为"债性"，发行人必须每年固定地支付给债券持有人利息，到期后如果持有人不去转股，企业需要还本付息；另一方面，可转债体现为"股性"，转债持有人有权按事先契约规定的转换比例，把可转债转换成相应数量的基础股票。当然，这种转换对转债持有人来说是一种权利而非义务，当持有人认为转股有利时才实施，因此，这实际相当于一个认股期权，而一旦转股，则可转债契约生命就结束，持有者将无法再享受每年的利息和到期偿还本金的权利。正是可转换公司债券这种股债捆绑设计加上灵活的条款，为投融资双方提供了巨大的调整弹性和选择空间。

8.2 各上市板块的制度比较

8.2.1 准入条件的比较

（1）美国上市的条件。

第一，纽约证券交易所的上市条件。在纽约证券交易所主板市场的上市条件相对较为严格，上市企业类型主要面向成熟企业。纽约证券交易所上市需遵循股权标准+财务标准（见表8-4）。其中，财务标准有四套标准，企业可以选择满足其中的一套标准上市。

表8-4　　　　　　　　纽约证券交易所主板市场的上市条件

标准	指标		全球标准	国内标准（针对美国国内公司）
股权标准	持有100股以上的股东人数		5 000名	400名
	最少公众流通股		250万股	110万股
	流通股市值	通过IPO或分拆上市	6 000万美元	6 000万美元
		通过其他形式上市	1亿美元	1亿美元

续表

标准	指标		全球标准	国内标准（针对美国国内公司）
财务标准	标准1：利润标准	经调整的税前净利润	1亿美元	1 000万美元
		经调整的税前净利润最近2个会计年度每年不少于	2 500万美元	200万美元
	标准2：市值标准	上市时市值总值	7.5亿美元	7.5亿美元
		最近1个会计年度总收入	7 500万美元	7 500万美元
		上市时市值总值	5亿美元	5亿美元
		最近12个月总收入	1亿美元	1亿美元
	标准3：市值+现金流标准	过去3年的经营现金流总和	1亿美元	2 500万美元
		最近2年的经营现金流每年都不低于	2 500万美元	
		最近3年的经营现金流每年都不低于	0	0
	标准4：关联公司上市	关联公司市价总值大于	5亿美元	5亿美元
		公众持股部分市值	6 000万美元	6 000万美元
		公司经营年限	>12个月	>12个月

资料来源：国信证券。

第二，纳斯达克的上市条件。纳斯达克股票市场分为三个层次：

纳斯达克全球精选市场（Nasdaq Global Select Market）：主要用来吸引大盘蓝筹企业和其他两个层次中已经发展起来的企业，上市标准全世界最高。

纳斯达克全球市场（Nasdaq Global Market）：由国际化公司组成，门槛介于全球精选市场和资本市场之间。

纳斯达克资本市场（Nasdaq Capital Market）：由新兴和成长型公司组成，上市门槛最低最灵活。

三个层次的上市要求从高到低，且允许公司根据持续经营情况在不同层次之间相互转换（见图8-12）。

纳斯达克资本市场有三套上市标准，企业可以选择满足其中的一套标准上市（见表8-5）。

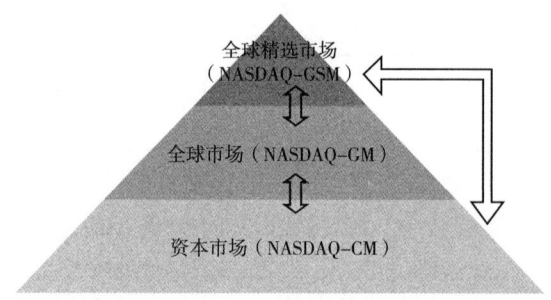

图 8-12 纳斯达克当前的内部分层结构及其转换

表 8-5　　　　　　　　　纳斯达克资本市场上市要求

指标	股权标准	市值标准	净利润标准
股东权益（万美元）	500	400	400
公众持股市值（万美元）	1 500	1 500	500
公司经营历史（年）	2		
流通股市值（万美元）		5 000	
净利润（万美元，最近财年或最近三年中的两个财年）			75
公众持股数量（万）	100	100	100
持 100 股以上股东人数	300	300	300
做市商数量	3	3	3
投标价格或收盘价（美元）	4 或 3	4 或 2	4 或 3

资料来源：www.nasdaq.com，rule 5500，国信证券。

纳斯达克全球市场有四套上市标准，企业可以选择满足其中的一套标准上市（见表 8-6）。

表 8-6　　　　　　　　　纳斯达克全球市场上市要求

指标	收入标准	股权标准	市值标准	总资产/总收入标准
扣税前持续经营收入（万美元，最近财年或最近三年中的两个财年）	100			
股东权益（万美元）	1 500	3 000		
流通股市值（万美元）			7 500	

续表

指标	收入标准	股权标准	市值标准	总资产/总收入标准
上年总资产/总营业收入（万美元）				7 500/7 500
公众持股数量（万）	110	110	110	110
公众持股市值（万美元）	800	1 800	2 000	2 000
持100股以上股东人数（人）	400	400	400	400
做市商数量（家）	3	3	4	4
公司经营历史（年）		2		

资料来源：www.nasdaq.com，rule 5400，国信证券。

在纳斯达克全球精选市场上市，需遵循"财务标准+流动性标准"，其中财务标准有四套上市标准，企业可以选择满足其中的一套标准上市（见表8-7及表8-8）。

表8-7　　　　　　纳斯达克全球精选市场上市要求——财务标准

指标	标准1：营业收入	标准2：市值+现金流	标准3：市值+营业收入	标准4：资产+股东权益
扣税前持续经营收入	最近3个财年综合大于1 100万美元，且最近2个财年每年均大于220万美元			
现金流		最近3个财年综合大于2 750万美元，且每年均大于0		
总市值		最近12个月平均大于5.5亿美元	最近12个月平均大于8.5亿美元	1.6亿美元
营业收入		最近1个财年大于1.1亿美元	最近1个财年大于9 000万美元	
总资产				8 000万美元
股东权益				5 500万美元

资料来源：www.nasdaq.com，rule 5300，国信证券。

表 8-8　　纳斯达克全球精选市场上市要求——流动性标准

流动性要求	IPO 及衍生企业	再融资企业	联营企业
持有 100 股以上股东人数 或 股东总人数 或 股东总人数及最近 12 个月月均成交量（美元）	450 或 2 200	450 或 2 200 或 550 及 110 万	450 或 2 200 或 550 及 110 万
公众持股数量（万）	125	125	125
公众持股市值 或 公众持股市值及股东权益（美元）	4 500 万	1.1 亿 或 1 亿及 1.1 亿	4 500 万

资料来源：www.nasdaq.com，rule 5300，国信证券。

纳斯达克还设置了持续上市标准（见表 8-9 和表 8-10）。如果纳斯达克全球精选市场和纳斯达克全球市场的上市公司不能满足该市场的持续上市标准（两个市场采取同一套持续上市标准），但是满足纳斯达克资本市场持续上市标准，可以申请在纳斯达克资本市场上市；如果纳斯达克资本市场的上市公司不能满足该市场的持续上市标准，就会被摘牌。纳斯达克每年有大约 8% 的公司退市。

表 8-9　　纳斯达克全球精选市场和全球市场的持续上市标准

指标	股东权益标准	市值标准	总资产/总收入标准
股东权益（万美元）	1 000		
总市值（万美元）		5 000	
总资产和总营业收入（最近一财年数据，或者最近三个财年中的两年）			总资产 5 000 万美元且 总收入 5 000 万美元
公众持股数量（万股）	75	110	110
公众持股市值（万美元）	500	1 500	1 500
每股价格（30 个连续交易日）（美元）	1	1	1
总股东数量（个）	400	400	400
做市商数量（家）	2	4	4
公司治理标准	要求	要求	要求

资料来源：www.nasdaq.com，Rule 5450，5810，国信证券。

表 8-10　　　　　　　　　纳斯达克资本市场的持续上市标准

指标	股东权益标准	市值标准	利润标准
股东权益（万美元）	250		
上市总市值（万美元）		3 500	
持续经营的净利润（最近一财年数据，或者最近三个财年中的两年）（万美元）			50
公众持股数量（万股）	50	50	50
公众持股市值（万美元）	100	100	100
每股价格（30 个连续交易日）	1	1	1
总股东数量（个）	300	300	300
做市商数量（家）	2	2	2
公司治理标准	要求	要求	要求

资料来源：www.nasdaq.com，Rule 5450，5810，国信证券。

第三，在 OTCBB 市场反向收购的条件。企业以反向收购的方式在 OTCBB 市场借壳或买壳上市，与直接在 NYSE、AMEX、NASDAQ 相比，不仅成本小所花时间短而且能保证 100% 上市。其上市要求为：企业净资产不少于 200 万美元；近 12 个月的营业收入不少于 1 000 万美元，净利润不少于 200 万美元；在过去两年的收入及盈余年增长率不低于 20%。

（2）中国香港上市的条件（见表 8-11）

表 8-11　　　　　　　　在中国香港主板和创业板的上市条件

要求	主板	创业板
盈利要求	须具备 3 年的营业记录，过去 3 年盈利合计 5 000 万港元（最近一年须达 2 000 万港元，再之前两年合计须达 3 000 万港元），在 3 年的业绩期，须有相同的管理层	无盈利要求，但一般须显示有 24 个月的活跃业务和须有活跃的主营业务，在活跃业务期，须有相同的管理层和持股人
市值要求	新申请人上市时的预计市值不得少于 1 亿港元，其中由公众人士持有的证券的预计市值不得少于 5 000 万港元	上市时的最低市值无具体规定，但实际上市时不能少于 4 600 万港元；期权、权证或类似权利，上市时市值须达 600 万港元
股东要求（新上市）	在上市时最少须有 100 名股东，而每 100 万港元的发行额须由不少于 3 名股东持有	于上市时公众股东至少有 100 名。如公司只能符合 12 个月"活跃业务纪录"的要求，于上市时公众股东至少有 300 名

续表

要求	主板	创业板
公众持股要求	最低公众持股数量为5 000万港元或已发行股本的25%（以较高者为准）；但若发行人的市值超过40亿港元，则可以降低至10%	市值少于40亿港元的公司的最低公众持股量须占25%，涉及的金额最少为3 000万港元；市值相等于或超过40亿港元的公司，最低公众持股量须达10亿港元或已发行股本的20%（以两者中之较高者为准）
禁售规则	上市后6个月控制性股东不能减持股票及后6个月期间控制性股东不得丧失控股股东地位（股权不得低于30%）	在上市时管理层股东及高持股量股东必须合共持有不少于公司已发行股本的35%。管理层股东和持股比例少于1%的管理层股东的股票禁售期分别为12个月和6个月
主要业务要求	无	必须有主营业务
公司治理要求	主板公司必须委任至少两名独立非执行董事，联交所亦鼓励（但非强制要求）主板公司成立审核委员会	必须委任独立非执行董事、合资格会计师和监察主任以及设立审核委员会
保荐人制度	有关聘用保荐人的要求于公司上市后即告终止（H股发行人除外：H股发行人须至少聘用保荐人至上市后满一年）	必须于上市后最少两个整财政年度持续聘用保荐人担当顾问
管理层稳定性要求	申请人的业务须于三年业绩纪录期间大致由同一批人管理	申请人则须在申请上市前24个月（或减免至12个月）大致由同一批人管理及拥有

（3）中国内地各板块上市的条件

从IPO上市来看，主板与中小板上市条件包括主体资格、经营年限、股本总额等总体要求以及财务指标要求。另外，上市条件还包括公司治理、独立性、同业竞争、关联交易、主营业务等其他要求。比如：注册资本已足额缴纳；近三年内主营业务和董事、高级管理人员没有发生重大变化，实际控制人没有发生变更；股权清晰；具有完整的业务体系和直接面向市场独立经营的能力；已经依法建立健全股东大会、董事会、监事会、独立董事、董事会秘书制度；不存在为控股股东、实际控制人及其控制的其他企业进行违规担保的情形等。

创业板市场最大的特点就是低门槛进入，严要求运作，有助于有潜力的中小企业获得融资机会。在中国发展创业板市场是为了给中小企业提供更方便的融资渠道，为风险资本营造一个正常的退出机制。因此，创业板上市条件比主板及创业板要求要略低。

相比于其他板块，新三板的挂牌门槛最低，更看重企业的持续经营能力（见表8-12）。更为详细的新三板挂牌条件解释，可见"3.1 新三板的挂牌条件"。

表8-12　　新三板与中小板、创业板、主板的准入条件比较

板块	新三板	中小板	创业板	主板
主体资格	股份公司	股份公司	股份公司	股份公司
经营年限	存续满2年	存续3年以上	存续3年以上	持续经营3年以上
主营业务	业务明确	最近3年内没有发生重大变化	主要经营一种业务，最近2年内没有发生重大变化	最近3年内没有发生重大变化
盈利要求	具有持续经营能力，无硬性财务指标	最近3个会计年度净利润为正且累计超过3 000万元；最近3个会计年度经营活动现金流量净额累计超过5 000万元；或最近3个年度营业收入超过3亿元	最近2年盈利：2年净利润不少于1 000万元；最近1年盈利：净利润不少于500万元，营业收入不低于5 000万元	最近3个会计年度净利润均为正且累计超过3 000万元
资产要求	无	最近一期末无形资产（扣除土地使用权、水面养殖权和采矿权等后）占净资产的比例不高于20%　最近一期末不存在未弥补亏损	最近一期末净资产不少于2 000万元，且不存在未弥补亏损	最近一期末无形资产（扣除土地使用权、水面养殖权和采矿权等后）占净资产的比例不高于20%
股本要求	无	发行前股本总额不少于3 000万元	发行后股本总额不少于3 000万元	发行前股本总额不少于3 000万元

续表

板块	新三板	中小板	创业板	主板
公司治理	公司治理结构健全，合法规范经营	最近3年董事、高级管理人员没有重大变动、实际控制人不得变更	最近2年董事、高级管理人员没有重大变动、实际控制人不得变更	最近3年董事、高级管理人员没有重大变动、实际控制人不得变更
重大变化	最近2年管理层、主营业务、控制人可以变更	最近2年管理层、主营业务、控制人不得变更	最近3年管理层、主营业务、控制人不得变更	最近3年管理层、主营业务、控制人不得变更
持续督导	主办券商推荐并持续督导*	证券上市当年剩余时间及后2年完整会计年度	证券上市当年剩余时间及其后3个完整会计年度	证券上市当年剩余时间及后2年完整会计年度

* 注：挂牌公司可与主办券商协商一致更换主办券商。对此，股转系统于2015年10月20日发布了《全国中小企业股份转让系统主办券商和挂牌公司协商一致解除持续督导协议操作指南》，加以规范。

8.2.2　上市费用的比较

（1）美国的上市费用。上市前，IPO的前期费用一般为100万~150万美元。上市前费用中，投行收费占融资额的6%左右，但在挂牌前不收费。其余律师等中介服务费用机构收费占1%，共7%左右。买壳上市的前期费用一般为45万~75万美元左右。

上市后，美国的交易所向上市公司每年收取一定的费用，一般包括首次入市费和年费两个项目。此外，每年审计费用约需500万元人民币。不同交易所收费有一定的差别，具体见表8-13~表8-15。

表8-13　　　　　纽约证券交易所非美国公司的上市费和年费

入市费用表		年费表（每年年初交付）	
基本费用（一次交付）	36 800美元	每股或ADRs的收费率	930美元/每百万股份
股票或ADRs（美国存托凭证）的发行数量	每百万股份的费用	最小年费	35 000美元
100万~200万美元	14 750美元		
300万~400万美元	7 400美元		
500万~30 000万美元	3 500美元		

续表

入市费用表		年费表（每年年初交付）	
超过 30 000 万美元	1 900 美元	最大年费	500 000 美元
最小总费用	150 000 美元		
最大总费用	250 000 美元		

表 8-14　　　　纳斯达克全球精选市场与全球市场的上市费和年费

入市费用表		年费表（每年年初交付）		
股票或 ADRs（美国存托凭证）的发行数量	入市费用（包括25 000美元申请费）	股票或 ADRs（美国存托凭证）的发行数量	发行股票年费	发行 ADRs 年费
3 000 万美元以下	125 000 美元	1 000 万美元以下	35 000 美元	30 000 美元
3 000 万~5 000 万美元	150 000 美元	1 000 万~5 000 万	37 500 美元	37 500 美元
		5 000 万~7 500 万	46 500 美元	42 500 美元
5 000 万~10 000 万美元	200 000 美元	7 500 万~10 000 万	68 500 美元	50 000 美元
超过 10 000 万美元	225 000 美元	10 000 万~15 000 万	89 000 美元	50 000 美元
		超过 15 000 万	99 500 美元	50 000 美元

表 8-15　　　　纳斯达克资本市场的上市费和年费

入市费用表		年费表（每年年初交付）	
股票或 ADRs（美国存托凭证）的发行数量	入市费用（包括 5 000 美元申请费）	发行股票年费	发行 ADRs 年费
1 500 万美元以下	50 000 美元	32 000 美元	32 000 美元
超过 1 500 万美元	75 000 美元		

纳斯达克由于市场分层，其全球精选市场、全球市场采取同一种收费标准，而资本市场的收费标准不同。

（2）中国香港的上市费用

上市前，中介人费用，包括保荐人、律师、会计师、评估师等，平均至少约1 000 万港元；包销费用，约为筹资额的 2.5%~4%。换言之，筹资额愈高，费用愈高，一个内地房企从开始申报直至成功上市，最终的综合费用可能高达数千万元港元。

具体各部分估算金额见表 8-16。

表 8-16　　　　　　　　　中国香港上市所需中介费用估算

首次上市成本	估计金额（万港元）	首次上市成本	估计金额（万港元）
财务顾问费用	200~300	公开及宣传成本	60~80
保荐人费用	180~230	接收银行及信托人	5~10
会计师及核数师费用	120~150	印刷费用	60~80
法律费用（企业本身及包销商）	200~250	上市费用	15
资产估值师费用	20~30	中国律师费用	50~100
翻译费用	20~30	总计	930~1 275

注：表中未包括约为4%的包销金（按实际募集资金金额计算，实际费用会因应企业本身状况及需求而定）。

上市后，港交所主板和创业板首次上市费用见表 8-17 和表 8-18。如在主板作第二上市，首次上市费通常为表中所列费用的25%，最低款额为150 000港元。对于创业板转主板的申请人，首次上市费将获减50%。

表 8-17　　　　　　　　　港交所主板上市费用

将予上市的股本证券的市值（百万港元）	首次上市费用（万港元）	将予上市的股本证券的市值（百万港元）	首次上市费用（万港元）
不超过 100	10	不超过 1 500	40
不超过 200	15	不超过 2 000	45
不超过 300	20	不超过 2 500	50
不超过 400	22.5	不超过 3 000	55
不超过 500	25	不超过 4 000	60
不超过 750	30	不超过 5 000	60
不超过 1 000	35	超过 5 000	65

表 8-18　　　　　　　　　创业板上市费用

将予上市的股本证券的市值（百万港元）	首次上市费用（万港元）
不超过 100	10
不超过 1 000	15
超过 1 000	20

（3）中国内地各板块的上市费用

企业通过IPO的费用主要包括承销及保荐费、审计及验资费、法律费用和信息披露费用。我们统计了2015年以来新股发行的平均费用，主板发行的平均费用约为

5 823 万元，平均发行费率为 9.78%；中小企业板发行的平均费用为 4 570 万元，平均发行费率为 11.84%；创业板发行的平均费用为 4 054 万元，平均发行费率为 13.04%（见表 8 – 19）。

表 8 – 19　　　　　　　　2015 年 204 家新股发行的平均费用

	发行费用合计（万元）	发行费率（%）	承销及保荐费（万元）	审计及验资费（万元）	法律费用（万元）	信息披露费（万元）
主板	5 823.39	9.78	4 613.59	510.59	243.32	352.10
中小企业板	4 570.12	11.84	3 519.73	445.87	190.90	345.30
创业板	4 054.42	13.04	3 033.27	456.06	222.53	302.61

资料来源：Wind。

相比于在主板、中小企业板和创业板上市，企业在新三板挂牌的程序更加简单，时间更短，所需费用也相对更少。

8.2.3　时间成本的比较

在美国上市，只要保荐人、会计师事务所、律师事务所通过审核，SEC 通过审核，基本上就可以上市。从递交材料到上市大约只需要 4 ~ 8 个月。IPO 的时间一年左右，买壳上市的时间一般为 4 ~ 6 个月。

在中国香港上市，由拟上市公司签定保荐人起，一般至少需时 6 ~ 9 个月。遇到市场波动的时候，可能需时更长且中途变数较大。

在中国内地上市，在主板、创业板和中小板上市的企业从接受辅导到股票上市一般需要 2 年以上时间。而 IPO 暂停，导致大量企业排队等待上市——2015 年 7 月证监会宣布暂停 IPO 之前，已受理的首发企业有 601 家，这些排队中的企业至少需要 18 个月才能消化完，而队伍之外的企业上市看起来遥遥无期。

相比于其他板块，新三板具有明显的时间成本优势，挂牌的成本最低、周期最短。新三板的企业从主办券商进场到挂牌，一般需要 6 个月左右的时间，且随着申请挂牌企业数量的累计，股转系统对企业挂牌流程进一步简化，有的企业三四个月就能完成挂牌。即便在新三板挂牌，也是"早起的鸟儿有虫吃"。截至 2018 年 10 月 20 日，新三板挂牌在审企业已经有 1 370 家，已与券商签约的拟挂牌企业共有 6 000 家左右。市场预计到 2019 年底，挂牌企业数量将突破 5 000 家。许多大券商已停止接收新的挂牌申请。所以，要挂牌，宜早不宜晚。

8.2.4 交易制度的比较

相比于其他板块,新三板最大的特点是可以自行选择融资对象和融资时点;不设交易涨跌幅限制(见表8-20)。

表8-20　　新三板与中小板、创业板、主板的交易制度比较

板块	新三板	中小板	创业板	主板
交易模式	做市交易 协议交易	竞价交易	竞价交易	竞价交易
交易单位	1手(1 000股)	1手(100股)	1手(100股)	1手(100股)
交易时间	相同	相同	相同	相同
涨跌幅	不设涨跌幅限制	±10%	±10%	±10%
结算方式	T+1 多边净额担保交收	T+1 多边净额担保交收	T+1 多边净额担保交收	T+1 多边净额担保交收

8.2.5 信息披露的比较

相比于其他板块,新三板采取适度的信息披露制度(见表8-21)。

表8-21　　新三板与中小板、创业板、主板的信息披露要求比较

板块	新三板	中小板	创业板	主板
性质	适度信息披露	强制信息披露	强制信息披露	强制信息披露
年报\中报\季报	要求\要求\鼓励	要求\要求\要求	要求\要求\要求	要求\要求
临时报告	要求(少于主板)	要求	要求	要求
财务报告审计	要求	要求	要求	要求
券商信息披露	主办报价券商披露风险提示公告等	不要求	不要求	不要求
披露场所	全国股转系统网站	交易所网站指定媒体	交易所网站指定媒体	交易所网站指定媒体
信息披露监管	主办券商督导	交易所自律监管 证监会行政监管	交易所自律监管 证监会行政监管	交易所自律监管 证监会行政监管

8.3 新三板的制度优势

在境外上市，文化、法律制度差异较大，市场对企业缺乏认知，上市费用较高；在内地的主板、中小板、创业板上市，时间成本高，条件苛刻，审核制度繁琐，费用也并不便宜。那么，新三板就成为一些企业新的选择。通过前述与各上市板块的制度比较，可以看到，新三板准入门槛最低，无硬性财务指标要求；挂牌快，平均仅需3~6个月，时间成本最少；上市费用最低，一般为150万元左右。加上新三板交易不设涨跌幅限制，采取适度的信息披露，制度优势十分明显。有些企业在已经获得国外融资的情况下，又拆除了VIE架构①来到新三板挂牌；有些企业在A股上市遇到挫折，在新三板则顺利挂牌。中搜网络就是其中的典型代表。

【案例8-6】

中搜网络：拆VIE架构A股遇冷，新三板挂牌奏响序曲

中搜网络是新三板的明星股，被称为"转板第一股"，然而其登陆新三板的历程，乃是中国企业在资本市场沉浮的一个重要缩影。

中搜网络曾经是百度唯一的竞争对手。早在2003年就成功开发出了第一款新闻搜索工具，被新浪、搜狐、网易等七大门户网站同时采用，此后公司又很快推出一款集搜索、新闻定制、电影下载、即时通讯等功能于一身的桌面软件产品"网络猪"，用户数量迅速蹿升到9 000万。2004年，中搜网络成为当时最大的搜索技术提供商，当时70%的搜索流量来自中搜联盟。

2005年，中搜网络获得富达基金、IDG和联想控股投资4 000万美元，被境外资本集体看好的搜索技术，使得中搜的估值一下冲上几十亿美元。东风送暖之下，

---

① VIE，也即Variable Interest Entity，通常是指境外特殊目的公司通过其在中国的全资子公司（外商独资企业、WFOE）来以协议控制的方式控制一家内资公司，进而境外特殊目的公司得以基于此在境外融资或上市。用于控制内资公司的协议包括控制权、利润转移协议、股权质押协议等一系列合同。

公司开始筹划上市。鉴于境内对增值电信行业的产业政策限制,① 中搜上市的选择地为美国,并为此开始建立红筹架构。然而,一场关于"网络猪"被指流氓软件而致中搜网络被告上法庭的事件,成为公司业务转折的重要导火索,此后的中搜网络不得不下架"网络猪",调整主营业务。转型的过程使得中搜错失了在美国上市的机会。与此同时,百度于2005年成功登陆纳斯达克,借助资本市场的力量迅速成为中国搜索领域的翘楚,中搜网络还错失了与百度竞争市场的良机。

2007年之后,公司依靠商务云平台逐步实现了较为丰厚的盈利,虽然在海外资本看来业绩想象空间较此前业务模式而言狭小不少,但确实符合了国内资本市场对企业运营的稳健性要求。此时,中搜网络开始将登陆资本市场的目光转向国内。

然而公司拟在A股上市的计划再度遇挫。2009年底,公司开始着手解除红筹架构并为回归A股做准备。2011年底股改之后,中搜网络由有限责任公司更名为股份有限公司,完成股改当年实现净利润6 015万元。2012年中搜网络再度交出漂亮的财务成绩单,归属于母公司股东的净利润4 122万元。然而就在连续三年实现盈利、登陆创业板IPO的梦想日益逼近时,2012年下半年开始,由于股指低迷,监管层实际上暂停了IPO审核。

没有在美国上市成功,国内IPO重启的钟声也不知道何时才会敲响,多年漫长的等待已成为中搜网络业务发展的掣肘。2013年,在保荐券商的建议下,中搜网络决定放弃在A股IPO排队的计划,改为登陆"新三板",并于2013年11月8日正式挂牌新三板。随后公司获得了一众资本的青睐,通过两次定向增发,合计募资近3亿元人民币。甚至有分析师给出的中搜估值高达1 000亿元。

除了以上相比于在境外挂牌或在内地主板、中小板、创业板上市的优势之外,企业挂牌新三板,还可以获得多方面的好处:

第一,挂牌扶持有钱赚:财政补贴。新三板企业在繁荣市场经济、优化经济结构、推动科技创新、提供就业以及维护社会稳定等方面发挥着越来越重要的作用。各级政府一直非常重视中小企业的发展,并制定了一系列扶持政策,包括积极推进直接融资、对企业挂牌新三板提供优惠政策和资金支持等。很多地方政府和高新区还会设立新三板专项经费,按照企业挂牌的进度予以资金支持。地方政府的资金支

---

① 根据《外商投资产业指导目录(2004年修订版)》,增值电信行业未被列入允许外商投资的产业。这一规定在2007年修订时被适度放开,列入限制外商投资产业,外资比例不超过50%。

持可以有效降低企业进军新三板的成本，甚至帮助企业零成本新三板挂牌。各地开发区都有类似的补贴政策，详见附录5。

例如：广东中山火炬开发区2014年2月25日发布了《中山火炬开发区鼓励企业改制进入全国中小企业股份转让系统挂牌的管理办法》对完成股份制改造、主办券商内部审核、证券管理部门正式受理挂牌备案材料的企业予以50万元的资金资助；对成功在新三板挂牌的的企业予以50万元的资助；企业成功挂牌后连续资助两年，补贴额度以企业对本地区经济贡献增加为主要考核指标，2年内补贴额度不超过1 000万元。南京市高新区于2014年4月开出了扶持企业挂牌新三板的最高筹码，企业挂牌新三板，奖励180万元，在企业完成内部审核、材料上报、挂牌交易三个阶段后兑现。另有其他建设用地、税收等方面的优惠，如果一家企业享受了所有优惠，总金额可达290万元。

第二，挂牌之后找钱易：融资渠道增多。拓宽融资渠道也是新三板市场建设最重要的一个方面。企业融资大体上分为股权融资和债权融资两个部分，中小企业在新三板挂牌后这两方面的能力都能够得到很大的提高。首先是股权融资方面，通过新三板挂牌可以明晰股权，增强股权的流动性，吸引更多的股权投资者。另外其挂牌之后成为非上市公众公司，可以通过定向增发进行融资，股权融资能力会大大提高。2015年以来，截至2015年10月底，共有2 108家新三板企业实施定向增发，实际募集金额逾1 049.7亿元。可见，股权融资已经成为新三板挂牌企业补充流动资金、投资新项目的一大融资途径。其次是债券融资方面，中小型企业由于规模比较小，所以普遍呈现抵押担保价值达不到要求，信用担保这一条路更行不通的情况，导致中小企业在银行取得贷款很困难，没有足够的授信额度供其周转。公司如果在新三板挂牌，需要经过主办券商、会计师事务所、律师事务所等比较专业的中介机构的挂牌辅导，规范公司的运作，提高公司质地，这样公司的信用水平就会提高，取得银行的授信就变得相对容易。同时，企业在新三板挂牌之后，可以增加公司股权流动性，通过股权质押的方式也可以获得银行贷款。

除了发行股票、债券等方式从新三板直接募集资金，企业还可以通过金融机构获得专门针对新三板挂牌企业的融资支持。企业挂牌新三板后，其股权就有了明确的交易价格，信息的公开性和真实性都有比较大的提高，更便于企业以股权为贷款提供担保。比如中国工商银行可为新三板挂牌企业提供股权质押贷款业务；广发银行推出针对新三板企业的贷款保证保险业务。根据全国中小企业股份转让系统统计,自2013年2月8日至2004年6月30日,共有73家挂牌公司办理了82笔股权质押融资业务,质押股数共66 009.71万股,融资额达到84 730万元。

第三,股权升值造富豪。企业挂牌新三板的最大诉求就是对自己企业的估值,而该类企业往往是轻资产的高科技企业,盈利能力相对不稳定,其股权更多地体现在难以量化的未来发展前景而非眼前的盈利能力。新三板为企业资产证券化提供了交易平台,有助于挂牌企业的价值被投资者发现,并借助市场力量进一步挖掘其价值,使股东更多地享受到企业高成长性带来的估值提升。此外,优质企业挂牌前大多是隐蔽资产,既未被市场熟知也没有清晰的定价,在新三板挂牌交易之后,优质企业股权资产就会透明,且定价较为清晰,最终能够实现股权价值的增加。同时,企业挂牌新三板之后,股权的流动性得到增强,如果投资者看好这类企业的发展前景,就能够通过新三板交易系统增持,企业股票在资本市场流通能够为其估值上升奠定基础。随着大批优质企业挂牌新三板,企业的发展壮大逐渐符合创业板、中小板、深圳上市主办的标准,必然会对挂牌公司的股价上涨产生一定的催化作用。

与主板市场相比,新三板挂牌公司股票转让环境更加宽松。主板上市公司的控股股东及实际控制人所持股票在公司上市之日起至少锁定36个月;主板上市公司的其他股东及实际控制人所持有股票在公司上市之日起至少锁定12个月。新三板规定,挂牌公司控股股东及实际控制人在挂牌前直接或间接持有的股票分三批解除转让限制,每批解除转让限制的数量均为其挂牌前所持股票的1/3,解除转让限制的时间分别为挂牌之日、挂牌期满一年和两年。新三板其他股东转让股票不受限制,其所持有股票可在公司挂牌之日起一次性全部转让。这实际上为投资者提供了一个稳定可行的退出途径;反过来,在退出渠道畅通的情况下也会进一步推动投资者对新三板的投资。

新三板已造就了一批财富神话。如2015年8月20日和24日,金塔股份分别发生了一次成交额仅为4万元和6万元的交易,成交价均为1分钱。而9月8日,成交价却暴涨699倍变为7元钱,共成交两笔,合计成交金额达到770万元。对于之前用1分钱买入的投资者来说,当初分别花4万元和6万元买入的股票,市值已经变为2 800万元和4 200万元,也就说,如果之前投资者10万元市值的股票,已经增值到7 000万元市值。

8.4 哪些企业适合挂牌新三板

8.4.1 技术含量高、处于初创期的企业

高科技企业在成长过程中往往伴随着高风险,很多诸如生物医药、互联网、信息技术等行业的企业,初创期是不赚钱的,没有资金支持往往就夭折了。这类企业通过挂牌新三板,能通过定向增资募集到扩产所需的资金,从而进一步打开公司的经营局面,实现盈利。如果条件较好的企业,还能通过新三板的公众平台,吸引更多创投资金的眼光,为后续发展打下坚实的根基。

【案例 8 – 7】

北京诺思兰德生物技术股份有限公司

北京诺思兰德生物技术股份有限公司是一家典型的代表,2009 年登录新三板时,该公司仅 15 名员工,尚处于生物工程新药的研发阶段,尚未盈利的诺斯兰德以 21 元的高价定向发行股票,受到创投私募机构哄抢,发行 189.20 万股募集资金约 4 000 万元。时隔两年后,诺斯兰德于 2011 年 6 月再次启动定向融资,拟发行 723 万股(含)融资额不超过 7 230 万元(含)。而 2013 年该公司营业收入仅 185 万元,同比下降 63.7%,扣除非经常性损益后亏损达 1 573 万元。在诺思兰德董事长许松山看来,如果没有登陆新三板,想要融资还需要自己出去找投资人,而且很难融到资金,而现在是投资人主动关注诺思兰德,踊跃参与增资。

8.4.2 具备一定盈利能力却有发展瓶颈的企业

企业经过初创期后,经历过三五年的发展,有相对稳定的市场地位,具备一定的盈利能力,面临良好的市场机遇,企业的发展诉求非常强烈。这种诉求一是源自资金;二是源自战略转型,而缺少抵押物和担保品成为企业高速发展道路上的"拦路虎"。

这类企业挂牌新三板市场后，一方面可以通过定向发行股票、私募债、优先股、可转债等融资手段募资实现规模化扩张，扩大市场份额；另一方面，可以利用新三板挂牌为契机，规范企业内部运作，履行公众公司信息披露义务，让公司迈向新的成长阶段。

8.4.3 未来2~3年有上市计划的企业

截至2016年5月底，IPO排队家数已经达666家，按每周主板和创业板各两家合计4家上会的审核速度测算，全部存量IPO公司审核完成需要144周，即需要2.76年。也就是说，最快也需要等到2017年上半年。漫长的等待，使四维传媒、凯立德、辰光医疗、太湖股份、扬讯科技、树业环保、普华科技等一些从原拟IPO的公司转投新三板。中国证监会也表态，为免因在审时间过长，给企业正常生产经营造成不必要的负面影响，鼓励企业通过新三板挂牌、境外上市等其他方式融资发展。

相对主板和创业板市场，新三板的包容性更大，对于一些发展较为稳定，也具有较强的盈利能力，但由于行业属性等原因，如担保公司、城商行、小贷公司、PE管理机构等，受IPO政策限定暂时难以上市，但又希望借助资本市场的平台，需要提高产品品牌、影响力和知名度的企业，挂牌新三板可以谋求进一步发展的机会。

如作为本土首家登录新三板和首家踏足资本市场的私募股权公司九鼎投资，一挂牌便赚足了资本圈的眼球，极具有品牌宣传效应。有市场人士说："九鼎通过挂牌新三板，无异于在资本市场投下一枚重磅炸弹，等于不掏钱做了一场免费的广告。"继九鼎投资之后，此前对新三板"隔岸观火"的PE机构纷纷按捺不住，国内另一家知名投资机构中科招商也宣布2019年内挂牌新三板。

8.4.4 寻求并购和被并购机会的企业

美国著名经济学家斯蒂格勒评价美国企业的成长路径时说："没有一个美国大公司不是通过某种程度、某种形式的兼并成长起来的，几乎没有一家公司主要是靠内部扩张成长起来的。"随着国内经济的发展和产业升级转型，兼并收购和产业整合的新浪潮已经不可避免。企业除了迅速增强自身的市场竞争力外，还可以通过并购重组实现业务驱动的外延扩张或攀附上市公司实现曲线上市，而新三板公司经过挂牌辅导后,企业治理结构、财务规范程度都比普通企业要好,并购重组耗费成本低很多。作为配套措施,证监会出台的《非上市公众公司收购管理办法》和《非上市公众公司重大资产重组管理办法》两个征求意见稿已在征集尾声,相关细则不久将发布。

8.4.5　尚未盈利的互联网企业

由于互联网企业通常遵循"流量-用户-利润"的盈利模式,先期长时间的投入通常不能马上见到回报,而数年后一旦海量用户产生利润,回报收益则会大幅蹿升。而新三板的挂牌条件只要求企业具有持续经营能力,而不要求硬性财务指标,非常适合早期投入高、尚未盈利的互联网企业(见表8-22)。此外,中国证监会正研究在创业板建立单独层次,支持尚未盈利的互联网和高新技术企业在新三板挂牌一年后到创业板上市。由于A股估值总体比境外高,这对互联网企业来说是重大利好,更多互联网企业可以通过新三板挂牌在境内上市,获得较高的估值,而投资机构也多了个退出通道。

表8-22　　市值排行前十的新三板互联网企业

证券简称	总市值/亿元 2019.02.11	市盈率(TTM) 截至2019.02.11	净营运资本/万元 2018年中报	营业总收入(TTM)/万元 2018年中报	净利润(TTM)/万元 2018年中报
神州优车	452.01	89.44	210 693.49	376 252.09	14 489.61
睦合达	189.23	163.24	-2 594.35	6 665.47	3 720.19
翰林汇	105.48	49.72	118 521.88	709 830.53	10 357.18
麦克韦尔	80.21	15.46	8 352.60	117 612.53	19 791.55
中科软	59.80	24.11	-13 445.65	206 437.51	9 972.13
随锐科技	57.97	1 039.00	25 796.56	11 361.87	-1 914.72
东方网	49.85	127.01	63 371.32	30 547.10	1 831.27
百合网	48.88	-54.65	55 998.87	61 153.08	-6 569.94
和创科技	46.30	-61.02	4 871.36	5 458.39	-3 502.97
百姓网	45.83	583.50	17 131.36	15 939.86	-337.40

资料来源:Wind。

我们可以看到，在纳斯达克上市的互联网企业中，也有这样的现象，以亚马逊为例，在过去的10年里，它的盈利增速都几乎可以忽略不计，但市值从2005年的200亿美元一路增长到如今的约2 400亿美元（见图8-13）。在新三板的互联网企业中，能否产生诸如苹果、谷歌、亚马逊那样伟大的公司，拭目以待。

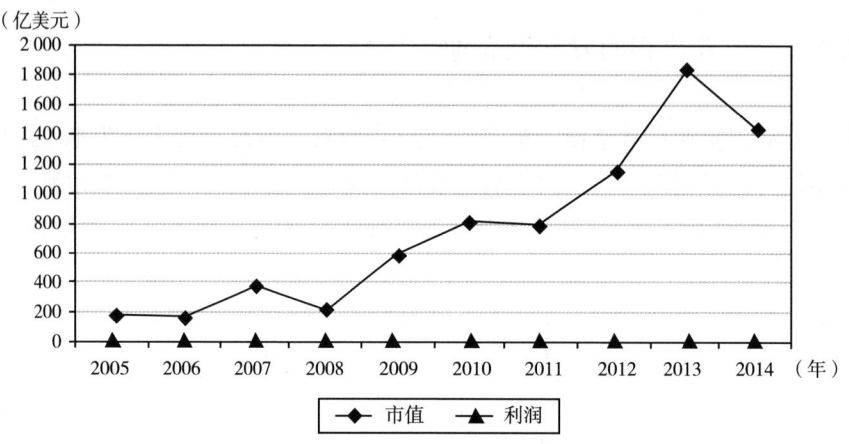

图8-13 亚马逊历年总市值和利润

资料来源：Wind。

第 9 章
如何在新三板挂牌

9.1 新三板的挂牌条件

新三板最大的特点之一是门槛低，无盈利要求。而企业在挂牌之前，必须对五大挂牌条件有清晰、准确的认识（见表 9-1）。

表 9-1　　　　　　　　　　　　新三板挂牌条件

依法设立且存续满两年	(1) 公司依据《公司法》等法律、法规及规章的规定向公司登记机关申请登记，并已取得企业法人营业执照。 (2) 存续两个完整的会计年度。 (3) 有限责任公司按原账面净资产值折股整体变更为股份有限公司的，存续时间可以从有限责任公司成立之日起计算
业务明确，具有持续经营能力	(1) 公司能够明确、具体地阐述其经营的业务、产品或服务、用途及其商业模式等信息。 (2) 公司可同时经营一种或多种业务，每种业务应具有相应的关键资源要素。 (3) 公司基于报告期内的生产经营状况，在可预见的将来，有能力按照既定目标持续经营下去

续表

公司治理机制健全，合法规范经营	（1）公司按规定建立股东大会、董事会、监事会和高级管理层（三会一层）组成的公司治理架构，制定相应的公司治理制度，并能证明有效运行，保护股东权益。 （2）公司及其控股股东等须依法开展经营活动，经营行为合法、合规，不存在重大违法违规行为。 （3）公司报告期内不应存在股东包括控股股东、实际控制人及其关联方占用公司资金、资产或其他资源的情形。如有，应在申请挂牌前予以归还或规范。 （4）公司应设有独立财务部门进行独立的财务会计核算，相关会计政策能如实反映企业财务状况、经营成果和现金流量
股权明晰，股票发行和转让行为合法合规	（1）公司的股权结构清晰，权属分明，真实确定，合法合规，股东特别是控股股东、实际控制人及其关联股东或实际支配的股东持有公司的股份不存在权属争议或潜在纠纷。 （2）公司的股票发行和转让依法履行必要内部决议、外部审批（如有）程序，股票转让须符合限售的规定
主办券商推荐并持续督导	（1）公司须经主办券商推荐，双方签署了"推荐挂牌并持续督导协议"。 （2）主办券商应完成尽职调查和内核程序，对公司是否符合挂牌条件发表独立意见，并出具推荐报告

9.1.1 依法设立且存续满两年

（1）依法设立是指公司依据《公司法》等法律、法规及规章的规定向公司登记机关申请登记，并已取得企业法人营业执照。具体内容包括如下几个方面：

①公司设立的主体、程序合法、合规。

- 国有企业需提供相应的国有资产监督管理机构或国务院、地方政府授权的其他部门、机构关于国有股权设置的批复文件。
- 外商投资企业须提供商务主管部门出具的设立批复文件。
- 《公司法》修改（2006年1月1日）前设立的股份公司，须取得国务院授权部门或者省级人民政府的批准文件。

②公司股东的出资合法、合规，出资方式及比例应符合《公司法》相关规定。

- 以实物、知识产权、土地使用权等非货币财产出资的，应当评估作价，核实财产，明确权属，财产权转移手续办理完毕。
- 以国有资产出资的，应遵守有关国有资产评估的规定。

- 公司注册资本缴足，不存在出资不实情形。

（2）存续两年是指存续两个完整的会计年度。

（3）有限责任公司按原账面净资产值折股整体变更为股份有限公司的，存续时间可以从有限责任公司成立之日起计算。整体变更不应改变历史成本计价原则，不应根据资产评估结果进行账务调整，应以改制基准日经审计的净资产额为依据折合为股份有限公司股本。申报财务报表最近一期截止日不得早于改制基准日。

【案例 9-1】

挂牌失败——存续未满两年

2011 年 11 月 5 日，某有限公司股东会决议，以经评估确认的 2011 年 10 月 31 日净资产折股变更为某股份有限公司。根据会计师事务所出具的《资产评估报告书》，截至 2011 年 10 月 31 日该有限公司经评估的净资产值为 42 925 820.61 元，折合成股份公司 42 925 000 股，剩余 820.61 元记入资本公积。股改时有限责任公司是按评估值折股改制为股份有限公司，则存续期间自股份有限公司完成工商变更之日起计算。此案例就是属于这种情形，故视同股份公司新设，未满两年。如果按审计值折股，则自该有限公司设立之日起计算。

9.1.2 业务明确，具有持续经营能力

（1）业务明确，是指公司能够明确、具体地阐述其经营的业务、产品或服务、用途及其商业模式等信息。

（2）公司可同时经营一种或多种业务，每种业务应具有相应的关键资源要素，该要素组成应具有投入、处理和产出能力，能够与商业合同、收入或成本费用等相匹配。

①公司业务如需主管部门审批，应取得相应的资质、许可或特许经营权等。

②公司业务须遵守法律、行政法规和规章的规定，符合国家产业政策以及环保、质量、安全等要求。

（3）持续经营能力，是指公司基于报告期内的生产经营状况，在可预见的将来，有能力按照既定目标持续经营下去。

①公司业务在报告期内应有持续的营运记录，不应仅存在偶发性交易或事项。营运记录包括现金流量、营业收入、交易客户、研发费用支出等。

②公司应按照《企业会计准则》的规定编制并披露报告期内的财务报表，公司不存在《中国注册会计师审计准则第1324号——持续经营》中列举的影响其持续经营能力的相关事项，并由具有证券期货相关业务资格的会计师事务所出具标准无保留意见的审计报告。

财务报表被出具带强调事项段的无保留审计意见的，应全文披露审计报告正文以及董事会、监事会和注册会计师对强调事项的详细说明，并披露董事会和监事会对审计报告涉及事项的处理情况，说明该事项对公司的影响是否重大、影响是否已经消除、违反公允性的事项是否已予纠正。

③公司不存在依据《公司法》第一百八十一条规定解散的情形，或法院依法受理重整、和解或者破产申请。

【案例9-2】

挂牌失败——主营业务不突出，不具有持续性经营能力

某公司关联企业是日本会社在中国境内非晶带材的独家代理商，而该日本会社目前是全球唯一的大批量生产非晶合金带材的企业。2011年9月30日前，公司的主要原材料非晶合金带材全部来源于其关联企业，公司原材料来源较为单一，存在对主要原材料供应商依赖的风险。2008年2月21日，公司关联企业与日本会社签订非晶带材供货协议，期限至2011年9月30日。目前，供货协议已到期。经证券商了解，由于中国市场发生变化，国内某上市公司正在研发自行生产非晶带材，日本会社一直未与公司关联企业重新签订供货协议，双方正在协商过程中，将来签订协议的期限有可能会缩短。公司向关联企业的采购金额较大，2009年、2010年和2011年1~4月向关联企业的采购额占年度采购总额的比例分别为98%、89%和97%。可以说，公司主要依靠关联企业取得非晶合金带材。

一旦关联企业无法提供非晶合金带材，公司的生产经营将受到重大影响。相关数据表明，公司2019年收入和成本将达不到上年水平，而且目前存货也无法满足经营需要。关联企业的库存非晶带材情况不详，在与日本会社重新签订协议前能否向公司提供非晶带材也不确定。上述问题直接影响公司正常生产经营，进而影响公司持续经营能力，建议公司原材料供应问题明朗后再挂牌。

9.1.3 公司治理机制健全，合法规范经营

（1）公司治理机制健全，是指公司按规定建立股东大会、董事会、监事会和高

级管理层组成的公司治理架构,制定相应的公司治理制度,并能证明有效运行,保护股东权益。

①公司依法建立"三会一层",并按照《公司法》《非上市公众公司监督管理办法》及《非上市公众公司监管指引第3号——章程必备条款》等规定建立公司治理制度。

②公司"三会一层"应按照公司治理制度进行规范运作。在报告期内的有限公司阶段应遵守《公司法》的相关规定。

③公司董事会应对报告期内公司治理机制执行情况进行讨论、评估。

(2)合法合规经营,是指公司及其控股股东、实际控制人、董事、监事、高级管理人员须依法开展经营活动,经营行为合法、合规,不存在重大违法违规行为。

①公司的重大违法违规行为,是指公司最近24个月内因违犯国家法律、行政法规、规章的行为,受到刑事处罚或适用重大违法违规情形的行政处罚。

第一,行政处罚,是指经济管理部门对涉及公司经营活动的违法违规行为给予的行政处罚。

第二,重大违法违规情形,是指凡被行政处罚的实施机关给予没收违法所得、没收非法财物以上行政处罚的行为,属于重大违法违规情形,但处罚机关依法认定不属于的除外;被行政处罚的实施机关给予罚款的行为,除主办券商和律师能依法合理说明或处罚机关认定该行为不属于重大违法违规行为的外,都视为重大违法违规情形。

第三,公司最近24个月内不存在涉嫌犯罪被司法机关立案侦查,尚未有明确结论意见的情形。

②控股股东、实际控制人合法合规,最近24个月内不存在涉及以下情形的重大违法违规行为:

第一,控股股东、实际控制人受刑事处罚。

第二,受到与公司规范经营相关的行政处罚,且情节严重;情节严重的界定参照前述规定。

第三,涉嫌犯罪被司法机关立案侦查,尚未有明确结论意见。

第四,现任董事、监事和高级管理人员应具备和遵守《公司法》规定的任职资格和义务,不应存在最近24个月内受到中国证监会行政处罚或者被采取证券市场禁入措施的情形。

(3)公司报告期内不应存在股东包括控股股东、实际控制人及其关联方占用公司资金、资产或其他资源的情形。如有,应在申请挂牌前予以归还或规范。

(4) 公司应设有独立财务部门进行独立的财务会计核算,相关会计政策能如实反映企业财务状况、经营成果和现金流量。

【案例 9-3】

挂牌失败——公司治理结构不健全,运作不规范

某公司控股股东 A 先生提供了一批电子设备和办公设备给公司无偿使用,同时其欠公司款项 680 850 元。2011 年 4 月,A 先生以此批固定资产抵偿债务,此批资产经过辽宁正和资产评估有限公司评估为 680 850 元。但 A 先生并无此批资产的所有权证明。A 先生承诺,如因此批资产所有权产生纠纷,相关责任由其承担。此批固定资产金额占总资产金额的比重较小约 1%,但占固定资产 2011 年末余额达到比重为 94.45%。

A 先生用于抵偿债务的固定资产无所有权,因此,抵偿债务的行为存在法律问题,此相关会计处理不能成立。要求股东 A 先生采取措施,偿还债务,处理相关固定资产,消除上述事项产生的影响。

9.1.4 股权明晰,股票发行和转让行为合法合规

(1) 股权明晰,是指公司的股权结构清晰,权属分明,真实确定,合法合规,股东特别是控股股东、实际控制人及其关联股东或实际支配的股东持有公司的股份不存在权属争议或潜在纠纷。

①公司的股东不存在国家法律、法规、规章及规范性文件规定不适宜担任股东的情形。

②申请挂牌前存在国有股权转让的情形,应遵守国资管理规定。

③申请挂牌前外商投资企业的股权转让应遵守商务部门的规定。

(2) 股票发行和转让合法合规,是指公司的股票发行和转让依法履行必要内部决议、外部审批(如有)程序,股票转让须符合限售的规定。

①公司股票发行和转让行为合法合规,不存在下列情形:

第一,最近 36 个月内未经法定机关核准,擅自公开或者变相公开发行过证券;

第二,违法行为虽然发生在 36 个月前,目前仍处于持续状态,但《非上市公众公司监督管理办法》实施前形成的股东超 200 人的股份有限公司经中国证监会确

认的除外。

②公司股票限售安排应符合《公司法》和《全国中小企业股份转让系统业务规则（试行）》的有关规定。

（3）在区域股权市场及其他交易市场进行权益转让的公司，申请股票在全国股份转让系统挂牌前的发行和转让等行为应合法合规。

（4）公司的控股子公司或纳入合并报表的其他企业的发行和转让行为需符合本指引的规定。

9.1.5　主办券商推荐并持续督导

（1）公司须经主办券商推荐，双方签署了"推荐挂牌并持续督导协议"。

（2）主办券商应完成尽职调查和内核程序，对公司是否符合挂牌条件发表独立意见，并出具推荐报告。

9.2　券商对企业挂牌新三板的要求

在实际操作中，企业挂牌除了至少要满足新三板的挂牌条件之外，各券商内部对于挂牌和做市的企业会有不同要求。企业挂新三板之前，券商需要对其进行尽职调查，券商应与企业及各中介机构协商确定进场时间，对项目情况进行全面摸底调查（见表9-2）。原则上，券商的项目小组的进场时间不得早于会计师事务所、律师事务所的进场时间；为提高工作效率，项目小组可在进场前即向公司发放尽职调查资料清单。

表9-2　　　　　　　　券商尽职调查的目的和内容

券商尽职调查	目的	（1）厘清影响公司改制、挂牌的重大问题； （2）确定解决重大问题的方案
	内容	（1）股权架构；（2）主营业务；（3）历史沿革；（4）同业竞争；（5）关联方；（6）独立性；（7）其他法律事项；（8）财务状况；（9）内部控制情况；（10）其他重大事项

9.2.1 尽职调查的目的

（1）厘清影响公司改制、挂牌的重大问题；

（2）确定重大问题解决方案，判断重大问题解决的难度及时间，制订改制挂牌具体时间表。

9.2.2 尽职调查的内容

（1）股权架构。调查拟挂牌公司及其下属子公司、参股公司、兄弟公司的股权架构。

（2）主营业务。对股权架构中所涉及公司的主营业务逐一调查，各公司间业务存在关联的（如上下游关系），详细了解关联情况以及形成该等交易架构的背景及原因。项目小组关注业务技术与财务记录的匹配情况，如业务流程、收入确认原则、收入结构、成本构成、财务指标变动趋势等。

（3）历史沿革。调查拟挂牌公司及其下属公司的历史沿革情况，并重点关注各公司出资的合法性、股权转让的背景及原因、股权是否明晰等。拟挂牌公司存在前身的，无论其存续或注销，其历史沿革均应核查，并关注业务转移至现有主体的原因，判断公司前身是否存在合规障碍，以及该等合规障碍对拟挂牌公司是否构成影响。对于报告期已经关停并转的下属公司、重要参股公司，也应获取工商档案，核查其历史沿革，并关注关停并转的原因，判断是否存在潜在法律风险。

（4）同业竞争。核查拟挂牌公司控股股东、实际控制对外投资情况，调查公司控股股东、实际控制人及其控制的其他企业的业务范围，从业务性质、客户对象、可替代性、市场差别等方面判断是否与公司从事相同、相似业务，从而构成同业竞争。

（5）关联方。识别并判断关联方，在此基础上统计、分析关联方往来及交易。对于关联方往来，应追查原始凭据，核查往来的真实性、款项内容、形成原因。对于应收性质的关联方往来，应关注其可收回性，判断是否涉嫌非经营性占用资金甚至抽逃出资；对于应付性质的关联方往来，应核查其真实性，关注大额往来资金来源的合理性。对于关联方交易，应追查交易合同、相关发票、发货单据等原始凭据，判断关联交易的真实性；结合公司及行业特点，了解关联交易形成的背景及原因，判断关联交易的必要性；通过与第三方价格、毛利率等要素的比对，判断关联交易的公允性；计算关联交易占收入及利润的比重，判断关联交易对公司经营业绩、业务独立性的影响，关注是否存在关联交易非关联化的情形。

（6）独立性。检查公司资产、人员、业务、财务、机构的相关情况，判断公司的独立性。

（7）其他法律事项。核查公司生产经营资质、劳动用工、资产权属等方面的情况，判断其合规性。

（8）财务状况。核查拟挂牌公司财务状况，核查范围一般应为合并报表口径，不具重要性水平的子公司摸底阶段可暂不核查。核查期间应为两年一期或一年一期，具体视挂牌报告期的选择而定。财务状况主要包括：主要资产情况、主要负债情况、主要权益情况、盈利情况、财务指标分析、其他重大事项。

（9）内部控制情况。项目小组应检查公司内部控制制度的建立及执行情况，尤其是采购、生产、销售、日常财务管理等与财务报表密切相关的内部控制。

根据项目特点及实际情况，对公司改制、挂牌有重大影响的其他事项。

9.3 挂牌前的准备工作

虽然企业在新三板挂牌与主板 IPO 不同，但在某些领域新三板挂牌与 IPO 也有类似之处。中介机构主要有主办券商、会计师事务所、律师事务所等，其中主办券商是第一位的。从主办券商的角度来看，大券商更有名气，经验丰富，项目多，但知名券商往往在小型企业上投入精力不足；中型券商不如大型券商有名，但是某些券商在该项目领域（如新三板领域）能力突出，而且会尽职尽责帮助中小企业。所以，在选择主办券商的时候一定要找最合适的，而不一定是找最知名的。其次是会计师事务所和律师事务所，对于新三板企业挂牌来讲，会计师事务所比律师事务所更重要，因为会计师会就企业的不合规之处提出很多改进意见，最后落实到报告。律师事务所的程序会相对比较简单，因为新三板企业挂牌不像 IPO 一样要查企业的很多历史沿革。虽然目前新三板企业审核标准正在逐步趋于严格，但是与 IPO 相比还是会宽松很多。所以选择中介机构重要性的排序应为：主办券商、会计师事务所、律师事务所。

为了提升企业的知名度，在这三类中介机构当中，至少需要有一家中介机构是一流的。但是企业依然要根据自身的实际情况具体分析。如果企业本身知名度较大，中介机构的重要性就会降低，如果企业的市场影响力相对较弱，优秀的中介机构能够增加企业的光环。

具体来看，企业在选择中介结构的时候需注意其以下几个方面：（1）信誉和品牌、行业排名、品牌信誉；（2）服务质量、专业能力、增值服务能力；（3）业绩经验、过往业绩、行业经验；（4）社会评价、客户评价、媒体评价；（5）中介机构协调配合、过往合作经验；（6）重视程度、项目优先级、团队配置等（见图9-1）。要尽量选择适合公司的主办券商、律师事务所和会计师事务所。

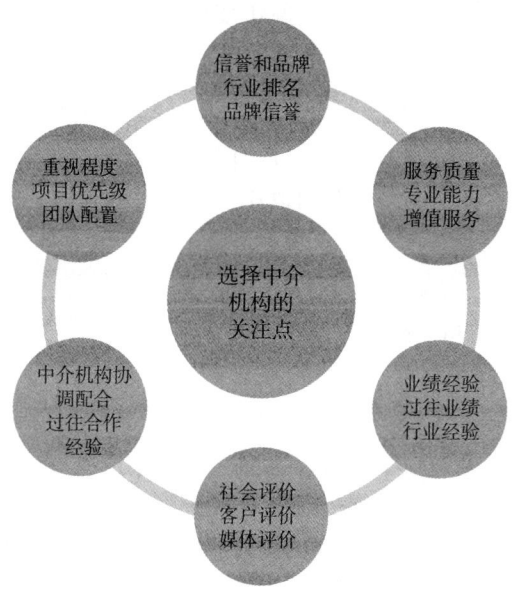

图9-1 企业挂牌选择中介机构的关注点

9.3.1 如何选择主办券商

选择主办券商的时候首要看证券公司有无主办券商业务资格；其次，应该注重其在新三板业务上的业务能力，考察有无核心业务团队，最好选择有项目经验的券商；最后，应该选择与律所、会计师事务所、评估机构保持良好合作关系的券商。具体来讲需要注意以下五个方面：

(1) 券商规模的选择。首先考虑券商的规模大小、知名度，是否全牌照，公司对新三板业务是否重视，有没有做市资格等等。如果企业仅是希望在新三板公开挂牌，那选择任何一家券商并无太大区别，目前市场上大部分从事新三板业务的券商基本都能满足新三板业务的技术性要求。如果企业希望在新三板挂牌且融资，那应该选择大中型券商，对融资有好处，小型券商在融资中介方面的介绍能力稍差些，市场对其项目质量的认可度也没有大中型券商高，不利于融资。如果企业是想先在新三板挂牌，然后转为主板中小板或创业板，那应该选择大中型券商，尤其是具有丰富的IPO项目经验的券商。

(2) 券商团队的选择。如果只是上新三板，一般券商都是由场外市场部来承做，场外市场部是专门做新三板的部门，团队相对年轻，大多数没有IPO项目的经验。有个别券商会由当地营业部的人员参与项目承做，尽量不选择营业部团队，要用专业团队。如果是有转板计划，即将来准备IPO，那最好选择IPO团队，也就是券商的投资银行部来做。投资银行部较场外市场部团队，一般收费会高一些，对企业的质量要求也高一些，但好处是可以按照IPO的标准和风险控制要求做项目，前期问题就会处理得好一些，避免留下后遗症，提前消除将来转板时的障碍。

(3) 券商提供的方案。一家专业的团队，不仅在企业改制服务过程能提出专业性的解决方案，还能为企业后续的资本运作提出一整套路径和体系。就是说，要看这个团队后续能给企业带来怎样的增值服务，这个团队在新三板业务领域有没有构建好一套成熟的新三板服务体系，能不能站在企业发展战略的角度提出建设性的金融服务意见，这一点非常重要。

(4) 券商的资源。企业准备选择的券商背后有哪些资源，跟当地政府关系如何，除了新三板还主要做哪些业务，除了金融服务，还能不能给企业的经营上提供帮助，能不能给企业和董监高提供财富管理服务，能不能为企业牵线搭桥整合一些资源，甚至包括推荐优秀人才等，都是企业需要考虑的问题。

(5) 券商的价格。新三板价格并无太大差距，但好的团队一般价格更高。企业在付出更多的时候，得到的往往也是更好的服务（相关资料见表9-3）。

表9-3　主办券商累计新三板挂牌家数排名表（截止到2019年2月）

排名	券商简称	家数
1	申万宏源证券	759
2	安信证券	667

续表

排名	券商简称	家数
3	中泰证券	538
4	中信建投	447
5	东吴证券	416
6	长江证券	377
7	招商证券	372
8	国信证券	370
9	东北证券	353
10	广发证券	352
11	兴业证券	344
12	西南证券	314
13	东莞证券	283
14	光大证券	265
15	国泰君安	261
16	方正证券	258
17	西部证券	258
18	国融证券	250
19	财通证券	238
20	开源证券	222
21	中信证券	211

资料来源：Wind。

9.3.2 如何选择会计师事务所

会计师事务所对企业的账目进行检查与审验，工作主要包括审计、验资等，同时也为其提供财务咨询和会计服务（相关资料见表 9-4）。会计是事务所的职责主要有以下几点：

（1）在改制阶段，根据资产重组的范围和改制申请评估企业经营状况，也能从财务角度论证改制、重组等方案的合理性。

（2）为企业改制设立股份公司出具验资报告，为筹建股份公司费用出具专项审计报告。

（3）在公司股票申请挂牌及发行阶段，出具申请人两年及一期的审计报告，并对元素财务报告和审计报告提出差异化的比较意见。

（4）对公司内控及风险管理系统的完整性、合理性、有效性进行评估，对公司出具盈利预测报告，并作出具体建议。

（5）对股转系统提出的审计、意见以及其他重大事项提出反馈等。

表9-4　　　　会计师事务所服务推荐挂牌情况（2014年）

排名	会计师事务所	服务推荐挂牌项目数量
1	瑞华会计师事务所	158
2	立信会计师事务所	132
3	北京兴华会计师事务所	112
4	天健会计师事务所	85
5	大华会计师事务所	77
6	中兴财光华会计师事务所	67
7	大信会计师事务所	66
8	天职国际会计师事务所	44
9	华普天健会计师事务所	39
10	中审亚太会计师事务所	37

资料来源：全国股转系统。

9.3.3　如何选择律师事务所

律师事务所应当坚持其独立性，不受其他中介机构的影响和干预。律师应当就相关重大事项涉及的法律问题独立地提出法律建议或处置措施，在依法参与编制或有律师出具证券法律文件和法律意见书时，律师不就证券法律文件和法律意见书中应由券商、会计师、评估师等其他中介机构负责的专业性内容发表意见。相关资料见表9-5。

律师事务所的主要职责有如下几个方面：

（1）协助企业和总协调人制定改制并申请公司股票在全国股份转让系统挂牌及发行方案。

（2）改制并申请新三板挂牌过程中需要的文件。

（3）股份公司辅导期的有关法律问题的解决。

（4）股份公司申请股票挂牌及发行的法律意见书。

（5）对有关证监会或全国股份转让系统公司的反馈意见中的法律问题出具说明或补充法律意见书。

（6）对全国股份转让系统公司审核后是否存在重大事项出具相关法律意见书。

表9-5　　　　　　律师事务所服务推荐挂牌情况（2014年）

排名	律师事务所	服务推荐挂牌项目数量
1	国浩律师事务所	77
2	北京大成律师事务所	71
3	北京市中银律师事务所	56
4	上海市锦天城律师事务所	55
5	北京德恒律师事务所	53
6	北京国枫凯文律师事务所	42
7	北京市中伦律师事务所	36
8	北京市盈科律师事务所	32
9	北京金诚同达律师事务所	28
10	北京君嘉律师事务所	22

资料来源：全国股转系统。

9.3.4　如何选择战略投资者

从企业的角度来讲，初次登录资本市场需要精选投资者。投资者往往分为财务投资者和行业投资者，现实中虽然常常两者兼备，但仍有一定的差异。财务投资者的想法往往相对简单，即通过一系列的资本运作，获利后迅速退出，并不涉及对被投资公司经营的干预，因而双方容易合作。而行业投资者往往从公司的长远发展中获利，投资期限一般比较长，在投资的同时会带来一些先进的管理经验。在此基础上，行业投资者往往要求被投资公司的经营活动符合行业投资者或者其母公司发展战略的要求。这一方面对公司构成一定的限制，但对公司的制度构建也能起到很大的积极作用。

因此，公司应该根据自身的发展阶段和公司发展需要，在准备引入战略投资者之前，首先要对境内外的相同或相关行业的投资者有一个整体性了解，即目前有哪些战略投资机构，公司涉足什么地区，资金实力如何，知名度如何，已投资了哪些项目，公司有何经营业绩及投资范围等等。

9.3.5　新三板目标企业挂牌前财务问题

财务问题往往直接关系着新三板挂牌的成败。因此，企业需要对挂牌前的财务问题提起重视，特别是对以下几点需要格外注意：

（1）货币资金。企业需要调整账务处理错误及账务处理不及时的业务，确保银行存款做到账表、账实、账目与银行对账单相符。

（2）其他应收款。一般要求公司财务人员以公司外部账目为基础进行调整，还原公司真实的其他应收款。对于个人借款部分，需要在正式审计之前全部处理完毕。对于民间借贷资金利息部分，索取正规发票，进行销账处理。对于财政补贴收入符合规定的部分结转至营业外收入。对于企业银行贷款倒账部分，由财务人员与各往来单位逐笔核算，调整还原至真实的往来余额。

（3）应收账款。公司财务人员需要对应收账款明细进行逐项梳理，对已回款部分进行销账处理，对已确认的坏账进行核销或计提坏账准备。同时，要求公司对应收账款、其他应收款制定相关会计政策，合理确定坏账准备的计提方法。

（4）预付账款。企业需要对年预付账款项目进行明细核算，调整以前年度的预付账款。同时，要求企业确认是否存在银行贷款套现业务。

（5）存货。财务人员需要对公司的存货进行全面盘点清查，已经盘点情况调整账目存货，切实做到账实相符；制定存货减值的核算办法，对存货计提存货跌价准备；对体外循环的存货纳入账内核算；建立健全存货收、发计价；存货实物流转制度，完善存货的核算。

（6）固定资产。挂牌前需要对公司的固定资产进行全面盘点清查，切实做到账实相符；制定固定资产减值的核算办法，对固定资产计提减值准备；对体外循环的固定资产进行评估入账内处理；要求公司减值固定资产台账或固定资产卡片账，便于企业进行实物管理。

（7）短期借款。建议要求企业到银行打印企业贷款卡记录，按照企业贷款卡的实际情况，以外部账面数为基础，将企业的短期借款调整为实际的短期借款；将企业民间借贷的款项，已经实际调整纳入账内核算。

（8）收入确认和成本核算。企业需要严格按照企业会计准则中收入确认原则的规定进行收入确认，对实际已完工，未开具发票的收入调整计入当期；对于已实现未开票的账外收入，纳入账内核算同时补交相关税金。

（9）会计基础重视问题。企业需要严格执行相关会计准则，充分认识到规范不是成本，而是收益，养成将所有经济业务事项纳入统一的一套报账体系内的意识和习惯。

（10）企业盈利规划问题。虽然新三板挂牌条件中并无明确的财务指标要求，对企业是否盈利也无硬性规定，但对于企业进入资本市场的客观需要来说，企业盈利的持续性、合理性和成长性都显得至关重要。因此，要对企业盈利提前规划，并从政策适用、市场配套、费用分配、成本核算各方面提供系统保障。

（11）资本负债结构问题。以最为典型的资产负债率为例，该比率过高将被视为企业偿债能力低、抗风险能力弱，很难满足挂牌条件；过低也不一定能顺利通过挂牌审核，因为审批部门可能会认为企业融资需求不大，挂牌的必要性不足。因此，适度负债有利于约束代理人道德风险和减少代理成本，债权人可对当前企业所有者保持适度控制权，也更有利于企业挂牌或IPO融资。

（12）税收方案筹划问题。对于大多数中小企业来说，多采取采用内外账方式，利润并未完全显现，挂牌前需要面对税务处罚和调账的影响。主要涉及土地增值税、固定资产购置税、营业收入增值税、企业所得税、股东个人所得税等项目。因此，税收规划一定要提前考虑，并且要与盈利规划结合起来。另外，在筹划中还要考虑地方性税收政策和政府补贴对企业盈利能力的影响。

（13）关联交易处理问题。关联交易的正面影响反映在可提高企业竞争力和降低交易成本上，负面影响在于内幕交易、利润转移、税负回避、市场垄断等。因此，无论是IPO还是新三板挂牌，对于关联交易的审查都非常严格。从理想状况讲，有条件的企业最好能够完全避免关联交易的发生或尽量减少发生，但是绝对避免关联交易背后可能是经营受阻、成本增加、竞争力下降。因此，要辩证地看待关联交易，特别要处理好三个问题：一是清楚认识关联交易的性质和范围；二是尽可能减少不重要的关联交易，拒绝不必要和不正常的关联交易；三是对关联交易的决策程序和财务处理务必要做到合法、规范、严格。

【案例 9-4】

××教育一直被很多投资机构关注和推崇。其财务数据漂亮，从事目前最火热的在线教育，定增屡受追捧，各种光环加身的××教育，却也遭遇了"黑天鹅"的袭击。一家投资机构发布的《八问××教育》的文章，直指××教育可能存在财务问题，不仅将××教育推向了风口浪尖，而且直接导致××教育一度遭遇市场抛售，单日盘中最大跌幅超过 15%，股价持续下跌。

【案例 9-5】

新三板某公司 A 刚刚停牌筹划重大资产重组，就遭证监会立案调查。从公司公告内容看，调查或与其财务问题有关。该公司表示："近期已对自身财务数据进行自查。公司将根据工作进展，第一时间披露自查结果。如在自查中发现错误，公司将做出更正处理，进而有可能影响公司往年利润。"由此，这家以山参种植为主业的企业，成为年内第 12 家被调查的新三板挂牌公司。

9.4 新三板企业公司治理结构

公司治理机制健全、合法规范经营是企业挂牌新三板的必要条件，因而完善公司治理结构对新三板企业来说至关重要。在公司治理结构中，法人治理结构是现代企业制度的核心。公司治理结构也称法人治理结构、公司治理系统、公司治理机制等，是一种对公司进行管理和控制的体系；是指由所有者、董事会和高级执行人员即高级经理三者组成的一种组织结构。现代企业制度区别于传统企业制度的根本点在于所有权和经营权的分离，或称所有与控制的分离，从而需要在所有者和经营者之间形成一种相互制衡的机制，用以对企业进行管理和控制。

9.4.1 公司治理结构的概念

公司在法律上具有独立法人资格，拥有独立的财产，但其财产的运作必须依靠公司内部的自然人。公司在运营过程中，财产所有权和经营管理权相互分离，财产权属于股东,经营管理权属于董事。权利主体和管理主体的不同很可能导致利益冲突。为平衡各方利益,保证公司的良好运行,就需要在公司内部建立一种权力分配制度,这就是公司治理结构。公司治理结构是一种联系并规范股东(财产所有者)、董事会、高级管理人员权利和义务分配,以及与此有关的聘选、监督等问题的制度框架。总体来讲,就是如何在公司内部划分权力。良好的公司治理结构,可解决公司各方利益分配问题,对公司能否高效运转、是否具有竞争力,起到决定性的作用。

9.4.2 公司治理结构中权利的分配

《公司法》要求有限责任公司内部建立三大机构——股东会、董事会和监事会。这三大机构在公司中的地位和职权各不相同。

(1) 股东会职权。股东会由公司全体股东组成,是公司的权力机构,即公司的最高决策机构。股东会的主要职权在于对涉及公司的重大事项作出决策,如:决定公司的经营方针和投资计划;选举和更换董事、监事,决定董事、监事的报酬;审议批准董事会、监事会的报告;审议批准公司财务预算、决算方案;审议批准公司的利润分配、弥补亏损的方案;对公司注册资本增减、发行公司债券、变更公司形式、解散和清算方案;修改公司章程等。

(2) 董事会职权。董事会由股东会选举出的董事组成,是公司的管理、执行机构。董事会的主要职责是:执行股东会的决议;决定公司的经营计划和投资方案;制定公司财务预算、决算方案;制定公司的利润分配、弥补亏损的方案;制定公司注册资本增减、发行公司债券、变更公司形式、解散方案;决定公司内部管理机构的设置;决定公司经理层和财务人员的聘用及报酬事项等公司经营管理事项。

结合股东会与董事会的职权可以看出,董事会须向董事会报告,董事会制定的方案须经股东会审议批准,董事会须对股东会负责。股东会与董事会之间是决策与执行的关系。

(3) 监事会职权。管理执行机构是否能贯彻执行股东会的决议,是否能依法行使职权,不滥用职权,需要相关的监督机构对其进行必要的监督,以保证公司良好运行,保证股东利益不受侵害。这正是法律要求设立监事会的目的。

近几年的司法实践呈现出涉及公司的诉讼,尤其是股东与董事、高管人员之间的诉讼日益增多，这与监事会监督权力小、形同虚设不无关系。因此，增强监事会职权是新《公司法》的主要特色之一。其具体职权为：检查公司财务；对董事、高级管理人员执行公司职务的行为进行监督，对违反法律、行政法规、公司章程或者股东会决议的董事、高级管理人员提出罢免的建议；当董事、高级管理人员的行为损害公司的利益时，要求董事、高级管理人员予以纠正；提议召开临时股东会会议，在董事会不履行本法规定的召集和主持股东会会议职责时召集和主持股东会会议；向股东会会议提出提案；在一定的情况下，可根据股东提议，对董事、高级管理人员提起诉讼；对董事会决议事项提出质询或者建议；公司经营情况异常，可以进行调查；必要时，可以聘请会计师事务所等协助其工作，费用由公司承担。

我国公司治理结构是采用"三权分立"制度，即决策权、经营管理权、监督权分属于股东会、董事会或执行董事、监事会。通过权力的制衡，使三大机关各司其职，又相互制约，保证公司顺利运行。

9.4.3　公司治理结构中权利的行使

如果说确定各机构的职能是对权利的横向制约，那么，纵向的制约则是规范各机构行使权利的方式。

（1）股东会的议事规则。

• 股东会的召集。旧《公司法》规定，股东会由董事会召集，董事长主持，董事长在不能主持的情况下，指定副董事长或其他董事主持。该规定实质上是将股东会召集的权利全部交给了董事长，只要董事长不能或不愿意召开会议，股东会将很难召开，也就难以形成股东会决议。为解决实践中这一难题，新《公司法》规定股东会召集程序为：首先由董事长主持；董事长不主持时，由副董事长主持；副董事长不主持时，半数以上董事共同推举一名董事主持（以上程序，在不设董事会的有限责任公司，由执行董事直接召集和主持）；如果这样还无法操作，则由监事召集和主持；最后，还可由代表 1/10 以上表决权的股东自行召集和主持股东会。由此可见，新法对股东会的召集程序规定得详细而全面，希望穷尽一切方式保证股东会的召开。

• 股东会的决议方式。过去，股东会只能以会议作为决议的方式，即定期会议和临时会议。新《公司法》还新增了一种决议方式，即股东以书面形式一致表示同意的，可以不召开股东会会议，直接作出决定，并由全体股东在决定文件上签名、盖章。这种决议方式的确定，减少了股东会召开的经济和时间成本，提高了公司运营效率。更重要的是，确认了实践中多数公司以此种方式形成的股东会决议的效力。另外，临时会议提起的资格条件也有所改变。临时会议可由代表 1/10 以上表决权的股东或 1/3 以上的董事、监事会或者不设监事会的公司的监事提议召开。与旧法相比，股东提议资格由 1/4 以上表决权降低至 1/10，这一改变更有利于股东会的召开。

• 表决权的行使。股东按照出资比例行使表决权不再是唯一的股东会表决方式，新《公司法》公司章程可自行规定股东会的议事方式和表决程序。对于修改公司章程、增加或者减少注册资本的决议，以及公司合并、分立、解散或者变更公司形式的决议，必须经代表 2/3 以上表决权的股东通过。其他事项的通过标准可由公司章程规定，一般超过 1/2 表决权即可。

（2）董事会的形成和议事规则。

• 董事会的形成。董事由股东会选举产生，董事长、副董事长的产生方式由公司章程自行规定。任期一般不得超过 3 年。

• 董事会的召集。董事会由董事长召集和主持；董事长不召集、主持时，由副董事长召集、主持；副董事长不召集、主持时，则由半数以上董事推举一名董事进行召集和主持。

• 董事会的议事规则。与股东会不同，新《公司法》对董事会的具体议事规则赋予了更自由的制定空间。除董事会须实行一人一票表决方式外，其他如例会或临时会议的召开，一般问题表决通过额，特殊问题表决通过额，代理出席董事会等问题，均可由公司章程规定。

（3）监事会的形成和议事规则。

• 监事会的人员。除股东代表外，监事会中还须有公司职工代表，职工代表不少于 1/3。职工代表由职工代表大会或职工会选举产生，监事会设主席 1 人，由全体监事过半数选举产生。监事的任期法定为 3 年。

• 议事规则。监事会每年度至少召开一次会议，监事可以提议召开临时监事会会议。监事会决议应当经半数以上监事通过。其他的事项可由公司章程规定。

可见，为纠正旧法中对监事会职权规定的不足，新《公司法》在监事会召开程序上采用了强制性的规定，确保监事会职权行使的可行性。

《公司法》在坚持"三权分立"公司治理结构的基础上，更加明确股东会、董事会、监事会行权的方式和程序，实践中可操作性更强，使公司治理结构能够更加充分发挥平衡利益的作用（见图9-2）。

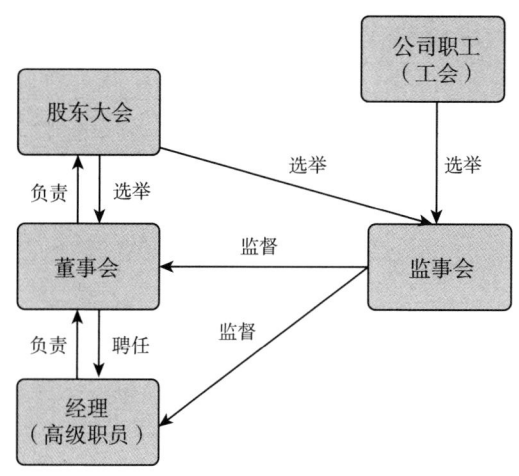

图9-2　企业公司治理结构

9.4.4　企业挂牌新三板对治理结构的要求

（1）公司治理机制健全，是指公司按规定建立股东大会、董事会、监事会和高级管理层组成的公司治理架构，制定相应的公司治理制度，并能证明有效运行，保护股东权益。

①公司依法建立"三会一层"，并按照《公司法》《非上市公众公司监督管理办法》及《非上市公众公司监管指引第3号——章程必备条款》等规定建立公司治理制度。

②公司"三会一层"应按照公司治理制度进行规范运作。在报告期内的有限公司阶段应遵守《公司法》的相关规定。

③公司董事会应对报告期内公司治理机制执行情况进行讨论、评估。

（2）合法、合规经营，是指公司及其控股股东、实际控制人、董事、监事、高级管理人员须依法开展经营活动，经营行为合法、合规，不存在重大违法违规行为。

①公司的重大违法违规行为，是指公司最近24个月内因违犯国家法律、行政法规、规章的行为，受到刑事处罚或适用重大违法违规情形的行政处罚。

第一，行政处罚，是指经济管理部门对涉及公司经营活动的违法违规行为给予的行政处罚。

第二，重大违法违规情形，是指凡被行政处罚的实施机关给予没收违法所得、没收非法财物以上行政处罚的行为，属于重大违法违规情形，但处罚机关依法认定不属于的除外；被行政处罚的实施机关给予罚款的行为，除主办券商和律师能依法合理说明或处罚机关认定该行为不属于重大违法违规行为的外，都视为重大违法违规情形。

第三，公司最近24个月内不存在涉嫌犯罪被司法机关立案侦查，尚未有明确结论意见的情形。

②控股股东、实际控制人合法合规，最近24个月内不存在涉及以下情形的重大违法违规行为：

第一，控股股东、实际控制人受刑事处罚；

第二，受到与公司规范经营相关的行政处罚，且情节严重；情节严重的界定参照前述规定；

第三，涉嫌犯罪被司法机关立案侦查，尚未有明确结论意见。

③现任董事、监事和高级管理人员应具备和遵守《公司法》规定的任职资格和义务，不应存在最近24个月内受到中国证监会行政处罚或者被采取证券市场禁入措施的情形。

（3）公司报告期内不应存在股东包括控股股东、实际控制人及其关联方占用公司资金、资产或其他资源的情形。如有，应在申请挂牌前予以归还或规范。

（4）公司应设有独立财务部门进行独立的财务会计核算，相关会计政策能如实反映企业财务状况、经营成果和现金流量。

【案例9-6】

挂牌失败——公司治理结构不健全，运作不规范

某公司老板在淘宝用个人账户收款。公司以实际控制人陈某在淘宝网的个人店铺起家，2012年、2013年、2014年公司线上销售占比分别为62.00%、56.17%、58.00%，且淘宝为主要销售渠道。陈某在淘宝有大量个人交易，存在个人账户收款行为。2015年1月22日，公司计划于2015年6月停止在淘宝上以个人账户进行销售收款，截止到2015年8月，公司依然未对该事项的最新进展进行披露。因而不符合新三板挂牌条件。

9.4.5 新三板企业公司治理结构的完善

（1）作为公众公司，新三板企业应当有健全的公司治理机制。公司应按规定

建立股东大会、董事会、监事会和高级管理层组成的公司治理架构,并按照《公司法》《非上市公众公司监督管理办法》及《非上市公众公司监管指引第3号章程必备条款》等规定建立相应的公司治理制度,并能规范有效运行,保证股东权益。

(2) 如章程应当载明保障股东享有知情权、参与权、质询权和表决权的具体安排;公司为防止股东及其关联方占用或者转移公司资金、资产及其他资源的具体安排;公司控股股东和实际控制人的诚信义务;明确须提交股东大会审议的重大事项的范围;载明公司的利润分配制度。

(3) 对挂牌公司董、监、高人员任职资格方面并无特殊要求,董、监、高人员应当遵守法律、行政法规和公司章程的相关规定,对公司负有忠实义务和勤勉义务。挂牌公司应当在挂牌时向全国股份转让系统报备董事、监事及高级管理人员的任职、职业经历及持有挂牌公司股票情况。依照《公司法》第一百四十六条的有关规定,有下列情形之一的,不得担任公司的董事、监事、高级管理人员:

①无民事行为能力或者限制民事行为能力。

②因贪污、贿赂、侵占财产、挪用财产或者破坏社会主义市场经济秩序,被判处刑罚,执行期满未逾5年,或者因犯罪被剥夺政治权利,执行期满未逾5年。

③担任破产清算的公司、企业的董事或者厂长、经理,对该公司、企业的破产负有个人责任的,自该公司、企业破产清算完结之日起未逾3年。

④担任因违法被吊销营业执照、责令关闭的公司、企业的法定代表人,并负有个人责任的,自该公司、企业被吊销营业执照之日起未逾3年。

⑤个人所负数额较大的债务到期未清偿。

9.5 新三板的挂牌流程和费用

9.5.1 挂牌基本流程

公司从决定进入新三板、到最终成功挂牌,中间需要经过一系列的环节,可以分为四个阶段进行(见图9-3)。

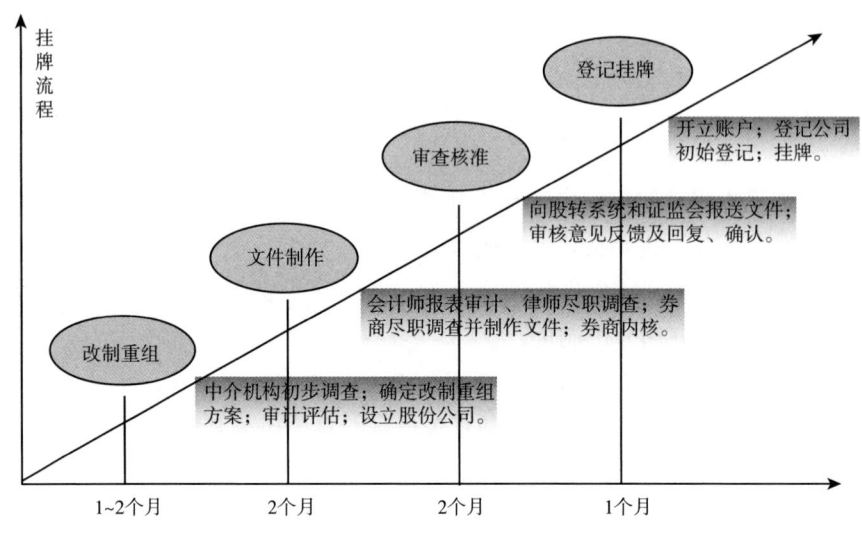

图9-3 新三板挂牌流程

（1）决策改制阶段。决策改制阶段的主要工作在企业决定挂牌之后，选聘中介机构，中介结构尽职调查，选定改制基准日，整体变更为股份公司。根据挂牌上市规则，股份公司需要依法设立且存续满两年。

①依法设立，是指公司依据《公司法》等法律、法规及规章的规定向公司登记机关申请登记，并已取得"企业法人营业执照"。

②存续两年是指存续两个完整的会计年度。

③有限责任公司按原账面净资产值折股整体变更为股份有限公司的，存续时间可以从有限责任公司成立之日起计算。整体变更不应改变历史成本计价原则，不应根据资产评估结果进行账务调整，应以改制基准日经审计的净资产额为依据折合为股份有限公司股本。申报财务报表最近一期截止日不得早于改制基准日。

整体变更后设立的股份公司应达到以下基本要求：

第一，形成清晰的业务发展战略目标；

第二，突出主营业务，形成核心竞争力和持续发展的能力；

第三，避免同业竞争，减少和规范关联交易；

第四，产权关系清晰，不存在法律障碍；

第五，建立公司治理的基础，股东大会、董事会、监事会以及经理层规范运作；

第六，具有完整的业务体系和直接面向市场独立经营的能力，做到资产完整、人员独立、财务独立、机构独立、业务独立；

第七，建立健全财务会计制度，会计核算符合《企业会计准则》等法规、规章的要求；

第八，建立健全有效的内部控制制度，能够保证财务报告的可靠性、生产经营的合法性和营运的效率与效果。

此外，企业申请新三板挂牌，还需要根据《公司法》《非上市公众公司监督管理办法》《全国中小企业股份转让系统业务规则（试行）》《非上市公众公司监管指引第3号——章程必备条款》等相关法律、法规及规则对股份公司的相关要求，会在后续工作中落实。

（2）材料制作阶段。材料制作阶段的主要工作包括：

①申请挂牌公司董事会、股东大会决议通过新三板挂牌的相关决议和方案；

②制作挂牌申请文件；

③主办券商内核；

④主办券商推荐等主要流程。主要工作由券商牵头，公司、会计师、律师配合完成。

（3）反馈审核阶段。反馈审核阶段的工作主要是交易所与证监会的审核阶段，大约会在45~60天左右；中介结构会根据情况进行反馈。反馈审查的工作流程如下：

①全国股份转让系统公司接收材料。申请挂牌公开转让、股票发行的股份公司向全国股份转让系统公司提交挂牌（或股票发行）申请材料。申请材料应符合《全国中小企业股份转让系统业务规则（试行）》《全国中小企业股份转让系统挂牌申请文件内容与格式指引（试行）》等有关规定的要求。

全国股份转让系统公司对申请材料的齐备性、完整性进行检查：需要申请人补正申请材料的，按规定提出补正要求；申请材料形式要件齐备，符合条件的，全国股份转让系统公司出具接收确认单。

②全国股份转让系统公司审查反馈。

第一，反馈。对于审查中需要申请人补充披露、解释说明或中介机构进一步核查落实的主要问题，审查人员撰写书面反馈意见，由窗口告知、送达申请人及主办券商。

第二，落实反馈意见。申请人应当在反馈意见要求的时间内向窗口提交反馈回复意见；如需延期回复，应提交申请，但最长不得超过30个工作日。

③全国股份转让系统公司出具审查意见。申请材料和回复意见审查完毕后，全

国股份转让系统公司出具同意或不同意挂牌或股票发行（包括股份公司申请挂牌同时发行、挂牌公司申请股票发行）的审查意见，并将审查意见送达申请人及相关单位。

（4）登记挂牌阶段。审核通过之后，公司可以挂牌登记，主要工作包括：分配股票代码；办理股份登记存管；公司挂牌敲钟。这些工作都会由券商带领企业完成。

9.5.2 挂牌的费用

与主板、中小板及创业板相比，企业申请在新三板挂牌转让的费用要低得多。新三板挂牌企业费用可分为挂牌前一次性的支付费用，挂牌后按年收取的持续服务费及权益分派、信息披露义务人查询费等按此收取的费用三大类。拟挂牌阶段的一次性费用主要涉及公司改制、中介机构尽调、股份登记挂牌等服务，而挂牌后每年需要主办券商持续督导、年报半年报审计、法律意见咨询、日常交易等，挂牌企业需向三大中介机构（主办券商、律师事务所、会计师事务所）和股转系统支付相应的服务费用。挂牌相关费用包括委托备案费、改制费、代收的备案费、信息披露服务费等。目前这四类机构费用打包合计预计在200万元左右。企业挂牌新三板所涉及的机构见图9-4。

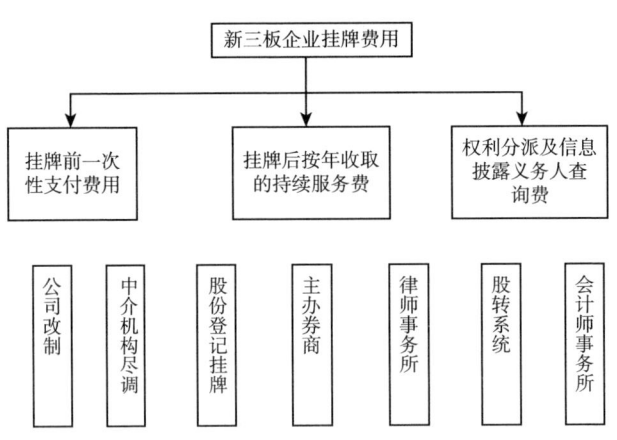

图9-4 企业挂牌新三板所涉及的机构

（1）挂牌前一次支付费用。
①机构费用（见图9-5）。

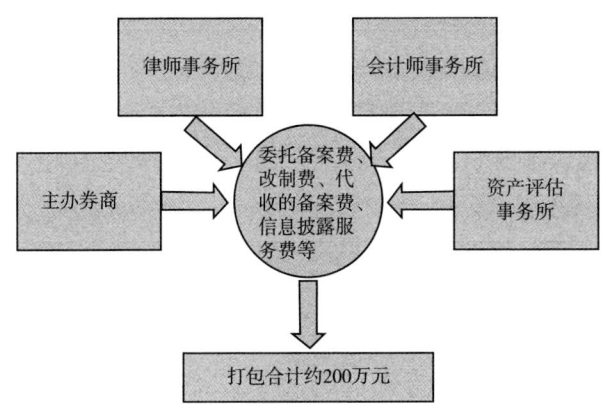

图9-5 新三板挂牌打包费用

②股转系统费用（见表9-6）。

表9-6 股转系统公司根据挂牌公司总股本分类收费标准

挂牌公司总股本数（万股）	股转系统公司收费（万元）
≤2 000	3
2 000～5 000	5
5 000～10 000	8
≥10 000	10

为了鼓励边远地区企业挂牌新三板，全国股转系统规定，自2015年1月1日起，暂免征收注册在内蒙古、广西、西藏、宁夏和新疆5个民族自治地区的公司挂牌费用。

③中国结算初始登记费＝所登记股本面值×千分之零点一。

④主办券商持续督导费用≈10万元/年。

（2）挂牌后每年支付费用。

①律师事务所律师费：5万元/年～10万元/年。

②会计师事务所审计费：10万元/年～15万元/年。如果企业规模较大，可能会高于这个费用。

③股转系统挂牌年费见表9-7。

④中国结算股票发行登记费＝所登记股本面值×千分之零点一。

表 9－7　　　　　　　　　　股转系统挂牌年费

挂牌公司总股本数（万股）	股转系统公司收费（万元）
≤2 000	2
2 000～5 000	3
5 000～10 000	4
≥10 000	5

（3）挂牌后按次支付。

①中国结算系统收取权益分派手续费＝红股及公积金转增股本面值与红利（股息）总额×千分之零点一。

②中国结算系统收取名册服务费：100元/次。

③中国结算系统信息披露义务人查询费：每个证券账户70元，无开户记录每人10元。

第 10 章
新三板股份交易

10.1 交易方式的确定与变更

10.1.1 选择竞价交易还是做市交易

2017 年 12 月 22 日全国股转系统发布了多项文件,以组合拳的形式对新三板分层和交易制度等进行了改革,在新三板的盘中交易引入集合竞价转让方式。目前,新三板交易制度可以理解为"盘中集合竞价或做市转让 + 盘后协议转让"。即盘中时段的交易方式为集合竞价与做市转让两种,原采取协议转让方式的股票盘中交易方式将统一调整为集合竞价;同时,盘后可进行协议转让(10 万股或成交金额 100 万元以上)或特定事项协议转让(主要针对股权转让、引进战略投资者等情形)。

采用集合竞价转让方式后,原创新层企业每天将在 9:30、10:30、11:30、14:00、15:00 撮合交易 5 次,基础层企业每天收盘时段 15:00 撮合 1 次。集合竞价交易方式在 2018 年 1 月 15 日正式上线。做市商转让是买卖双方通过证券公司的报价进行交易,做市商交易一般遵循"价格优先、时间优先"的原则。

挂牌企业需根据自己的实际情况选择做市交易还是协议交易。如果选择做市交易,则至少要拥有 2 家以上的做市商为其做市。新三板做市商是证券公司和符合条件的非券商机构,使用自有资金参与新三板交易,持有新三板挂牌公司股票,通过自营买卖差价获得收益；同时，证券公司会利用其数量众多的营业部网点，推广符合条件的客户开立新三板投资权限，从而提高整个新三板交易的活跃度，盘活整个市场。截至2019年2月底，新三板市场上共有挂牌企业10 541家，其中竞价转让的企业有9 485家，约占90%；做市转让的企业1 056家，约占10%。2018年以来每月新三板挂牌公司情况见图10-1。

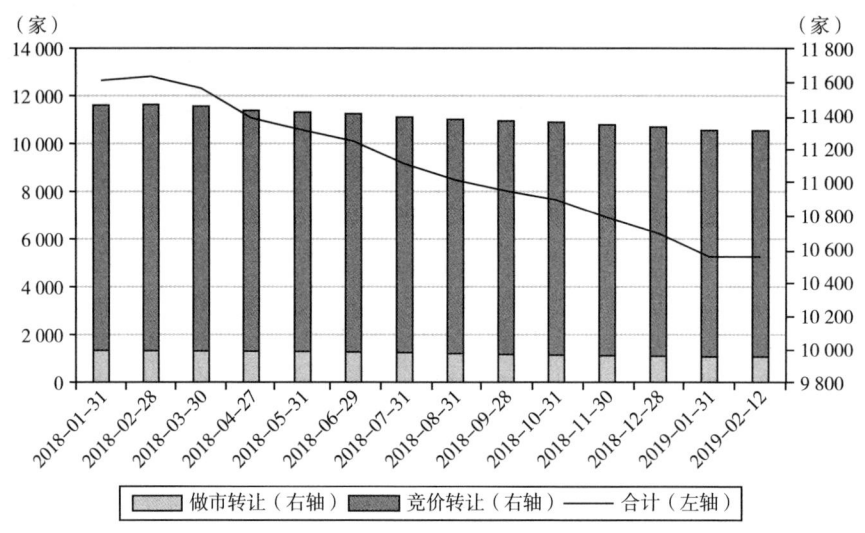

图10-1 2018年以来每月新三板挂牌公司数量

资料来源：Wind。

10.1.2 交易方式的变更

一般情况下，相对于做市交易，竞价交易能够提供股票的流动性，给企业带来更多的益处。因此有不少企业将做市转让变更为竞价转让。无论是采取竞价转让还是做市转让，挂牌企业自然是"量体裁衣"，采取适合的转让方式。例如：竞价交易一推出，大部分企业纷纷变更为集合竞价。2017年12月29日，联诚发（837293）发布公告，公司拟向股转公司提出申请，将公司股票转让方式由做市转让变更为集合竞价转让。而这也是新三板首家宣布将采取集合竞价方式转让的公司。在此之后，又有多家企业相继变更为集合竞价转让方式，其中不乏吸引多家做市商的明星企业。诸如浙商创投（834089）和八马茶叶（834754），两家企业曾拥有9家做市商；德芙转向（838381）曾有做市商6家，于2018年3月6日变更为竞价转让。截止到2019

年 2 月 11 日，新三板 10541 家挂牌公司中有 9485 家是竞价转让方式，占比达 90%。

与此同时，也不少企业选择变更转让方式为做市。例如，创新层企业合全药业（832159）2018 年 1 月 22 日公告，公司股票将自 2018 年 1 月 24 日起变更为做市转让方式。变更前，公司股票仍采用集合竞价转让方式进行转让。在集合竞价实施一周后，合全药业也成为首家竞价转做市企业。合全药业是新三板名副其实的医药明星企业，在转为做市方式后，15 家做市商参与报价。更为关键的是，公司总市值达到近 200 亿元，远在"市值 60 亿元以上"的行业"独角兽"的标准之上。又比如，武侯高新（871326）是在 2017 年 4 月挂牌新三板，但直至 2018 年 1 月底，公司二级市场才出现交易，交易方式显示为做市转让，做市首日则为 1 月 25 日。2018 年 1 月，武侯高新完成挂牌后的首轮融资，以 1.88 元/股的价格，募资 17.56 亿元。其中，参与认购的就包括中泰证券、浙商证券、中山证券、五矿证券等 7 家做市商。以此定增价来算，公司总市值达到 25 亿元。

然而，并不是所有的转换都能给企业带来好处，公司是否要进行做市交易还要就具体情况而定。例如创新层企业健佰氏（834887）在采取做市转让后就没那么幸运。3 月 8 日，健佰氏由集合竞价变更为做市转让。出乎意料的是，在做市首日，公司股价暴跌 53%，创下近一年来新三板企业做市首日最大跌幅纪录。

10.2 做市交易

企业挂牌新三板采取做市转让方式需要的条件见图 10-2。

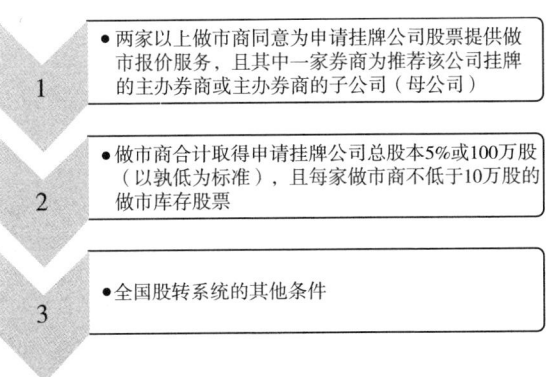

图 10-2 企业挂牌时采取做市交易的条件

10.2.1 什么是做市制度？

做市商制度是欧美金融市场早期在柜台市场条件下，为了促成交易或者降低交易成本而引入的制度安排，现在已经广泛地被债券、外汇、证券及衍生品等各类场内、场外金融市场所采用。根据与竞价制度的共存模式，做市商制度可分为纯粹做市商制度和混合型做市商制度。所谓纯粹做市商制度，指某一产品的交易完全通过做市商来完成。所谓混合型做市商制度，指某一产品的交易既可能通过竞价交易完成，也可能通过做市商来完成，属于竞价和做市商共存的模式。做市商向市场提供买卖双向报价，投资者根据做市商报价选择是否与做市商成交，投资者委托不直接匹配成交。

目前纯粹做市商模式主要存在于场外市场，少数场内市场也采用纯粹做市商模式。纯粹做市商模式大体上可以分为场外零售市场、场外机构市场、场内市场三种。混合型做市商模式主要存在于场内市场，这种模式的特点是竞价交易和做市商交易同时存在，现在很多场外市场也逐渐具有了这种混合交易的特征。这种模式大体上也可以分为单一做市商、完全竞争多做市商和不完全竞争多做市商三种。

我国新三板市场中的做市商制度为纯粹做市商模式。在该交易模式下，投资者之间不能成交，必须通过做市商进行。同时，选择做市转让的挂牌企业必须拥有两家以上做市商为其做市。

（1）纯粹做市商模式的交易流程主要包括以下几个步骤（见图10-3）：
- 推荐券商向交易系统提供报价信息。
- 推荐券商报价信息的发布。
- 投资者提交委托与自营委托的申报。
- 委托及自营申报回报。
- 推荐券商点选成交。
- 成交信息的发布与清算。

（2）做市转让交易的具体制度如下：
- 投资者买入股票当日不得卖出，做市商买入股票当日可以卖出。
- 开盘价为当日第一笔成交价；收盘价为当日最后一笔成交价，无成交价的以前收盘价为当日收盘价。
- 做市商双向报价，并在报价数量范围内按其报价履行与投资者的成交义务。

第10章 新三板股份交易

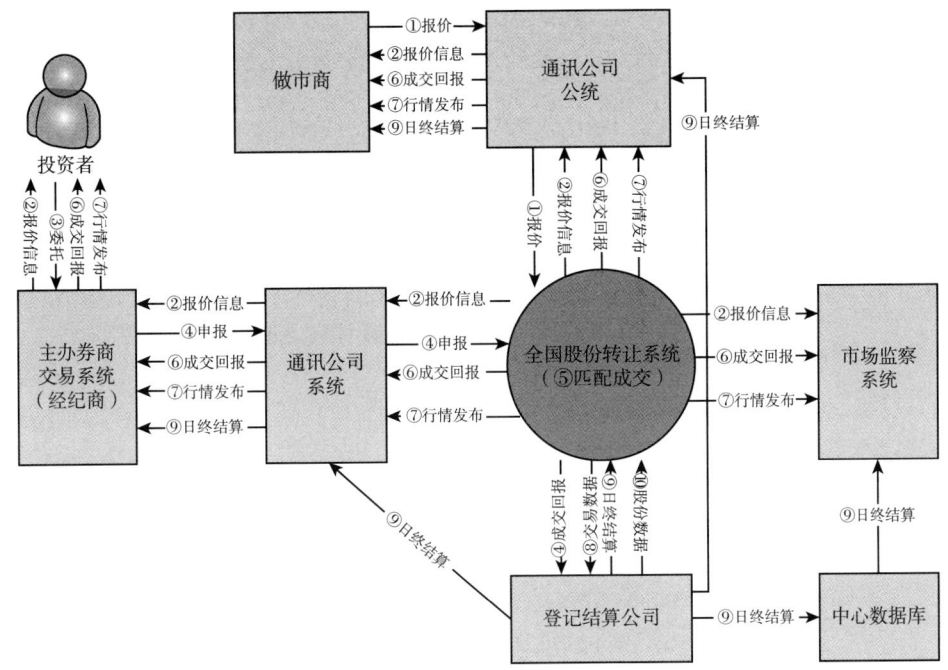

图 10-3 做市商交易流程图

- 投资者之间不能成交，做市转让撮合时间做市商之间不能成交。
- 投资者限价申报，做市商做市申报。
- 接受申报时间：9：15～9：30；做市转让撮合时间：9：30～11：30、13：00～15：00；做市商转让时间：15：00～15：30。
- 做市商最迟履行报价时间：9：30。
- 做市商每个转让日双向报价时间不少于做市撮和时间75%。
- 做市商的做市申报应同时包含买入和卖出，且相对买卖差价不超过5%。
- 做市商提交新的做市申报后，前次做市申报的未成交部分自动撤销。
- 做市商前次做市申报撤销或者其申报数量经成交后不足1 000股的，做市商应于5分钟内重新报价。
- 做市商持有库存股不足1 000股时，可以免于履行卖出申报义务，但应及时向全国股转系统报告并调节库存股数量，并最迟于该情形发生后的3个转让日恢复正常双向报价。
- 单个做市商持有库存股达到挂牌公司总股本20%时，可以免于买入报价义务，但应及时向全国股转系统报告，并最迟于该情形发生后的3个转让日恢复正常双向报价。

（3）按照"价格优先、时间优先"原则，将投资者与做市商订单进行连续自动撮合；成交价均以做市申报价格为准（见图10-4）。

> **做市商最低做市期限**
>
> 挂牌时采取做市转让方式的股票和由协议转让转变为做市转让的股票，其初始做市商为该股票做市不满6个月的，不得退出为该股票做市，后续加入的做市商为该股票做市不满3个月的，不得退出为该股票做市。
>
> **做市商豁免双向报价的情形**
>
> 为了使做市商能够获得一定的时间来调整库存股票，继续履行双向报价的义务，给予做市商在一定情形下的双向报价豁免权力。
>
> 当做市商库存不足1 000股时，可豁免卖出报价；做市商库存股达到做市股票总股本20%时，可豁免买入报价，豁免时间为两个转让日。

图10-4 做市成交的制度安排

第一，到价成交原则：

投资者买入委托≥做市商卖出申报

投资者卖出委托≤做市商买入申报

如有2笔及以上限价委托到价的，全国股份转让系统按照价格优先、时间优先原则撮合成交。

投资者限价委托未到价时，做市商不负有成交义务。

因投资者或做市商更改报价使限价委托到价的，全国股份转让系统按照价格优先、时间优先原则将到价限价委托依次与做市申报进行成交。

第二，做市商报价。每个转让日9：30开始发布即时行情，其内容主要包括证券代码、证券简称、前收盘价、最近成交价、当日最高价、当日最低价、当日累计成交数量、当日累计成交金额、做市商实时最高3个价位买入申报价格和数量、做市商实时最低3个价位卖出申报价格和数量等。每个转让日内，做市商应持续发布双向报价，在报价价位和数量范围内履行做市成交义务。

最迟应于上午9：30发布双向报价，双向报价时间应不少于每个转让日做市转让撮合时间的 75%。做市报价价差区间为 [0, 5%]，同次报价的卖出与买入价格之差应大于零且不超过卖出价格的 5%。

做市商前次做市申报撤销，或其申报数量经成交后不足 1 000 股的，做市商应于 5 分钟内重新报价。

从 2014 年 8 月 25 日新三板做市转让方式正式实施以来，不管是从做市股票的市场表现，还是从做市股票的成交活跃度来看，均有提升。因此，做市商制度对提升订单成交效率、充分体现挂牌企业成长性无疑有明显的推动作用。

10.2.2　做市商的盈利模式

到目前为止，新三板主办券商都已申请了做市商资格。作为新三板的主要参与方，券商新三板业务的盈利主要来自于以下三方面：

（1）做市收入（买卖差价收入）。从理论上讲，依靠股份转让经纪业务、双向报价赚取差价及给企业做增发等获得的收入应该成为做市券商的主要收入。因此，能否选取合适的做市企业并对其股票做合理估值将决定券商在做市收入方面的高低。专业能力突出的券商对挂牌企业股值估价准确，可以实现做市商业务巨大利润；相反，专业估值和操作能力较差的券商，则面临巨大损失。

在选股方面，做市商多以规模、业绩指标为向导，规模大、业绩漂亮的企业成为做市商首选。具体到量化指标，则包括企业基本面、营业收入、净利润、市盈率、资产收益率等指标。此外，企业经营范围、所处行业现状及前景、企业核心竞争优势、团队情况、企业成长性及估值情况等均在考量范围内。

在估值方面，市盈率是一个非常重要的指标。市盈率是很具参考价值的股市指针，投资者通常利用该指标估量某股票的投资价值，或者用该指标在不同公司的股票之间进行比较，在投资决策中占有重要的地位。简单来讲，做市商会通过自己的专业能力，根据企业的业绩以及二级市场的平均市盈率给挂牌企业一个合理的估值。

真正意义上的做市商，是通过专业的研究，给相关证券提出合理的价格波动区间，并且进行相应的买卖交易活动，以维持其必要的流动性。好的做市商不会把做市的股票价格抬得很高，也不会使其跌得很惨，更不会试图通过做市交易而大赚其中的差价，它的目的就是为企业合理定价服务，为投资者理性投资服务。能够做到这一点的做市券商才是市场真正需要的，也是中国资本市场发展过程中所不可或缺的一支力量。

而影响做市商买卖报价差额的决定性因素主要有以下几个方面：

第一，股票的交易量。就交易量而言，交易量越大，做市商赚取的差额趋向于越小。证券流动性的大小取决于交易量的大小。从某种程度上来说，交易量大的证券的流动性也大，缩短了做市商持有的时间，进而可以减小其库存股票的风险。同时，也有可能能够使做市商在交易时实现一定的规模经济，由此减少成本，因此报价差额也就相应缩小很多。

第二，股票价格的波动性。证券价格波动性越大，其报价差额也会越大。因为在给定的证券持有期间内，波动率变动较大的证券对于做市商所产生的风险大于变动小的证券，作为对这种风险的补偿，其价格差额自然也就越大。

第三，证券市场竞争压力。市场上做市商的数量越多，竞争压力越大，各种约束力量就越是有力地限制着单个做市商报价差额的偏离程度，因而差额越小。做市过程中，做市商为了获得更多的做市价差收入，相互之间进行竞争，促使做市商降低成本和利润，最终使得报价价差逐渐缩小。而且，证券拥有做市商的数量越多，证券交易越活跃，流动性越大，其中做市商的风险也就越小，作为风险补偿的差额也就越小。

（2）直投业务收入。主办券商除取得做市库存股外，通过旗下直投子公司、资管计划等参与认购挂牌公司股票，也是挂牌公司股票发行的一大亮点。例如，申银万国、国泰君安、中泰证券、国信证券等主办券商的直投子公司积极参与所推荐挂牌公司的发行认购。国元直投和海通开元两家券商直投子公司认购了挂牌公司佳先股份的股票，中信建投和中泰证券入股挂牌公司新眼光。主办券商投资于挂牌公司，将丰富券商的业务条线，形成新的盈利空间，同时也有利于推荐业务与直投、资管等业务的相互联动，为挂牌公司提供综合性的金融服务。对于做市商来讲，其主要的支出为取得做市库存股所支付的对价，而主要的利润则来自资本利得和买卖价差。通过竞价转让或者定增方式取得挂牌企业库存股票，待股价上涨时获取收益。目前，此类收益是券商做市的主要收入来源。

例如，新三板扩容后首批参与挂牌的金天地，其主营业务是电视剧的投资和发行，公司业绩良好并且最近三年净利润均超过2 000万元。在2014年12月26日转为做市商交易的当天，公司股价便暴涨501.94%。而当年11月的定向增发，6家做市商对金天地的认购价仅为4.5元，因其基准价极低（仅1.03元），而以做市交易首日的收盘价6.2元计算，这些做市商已然获得近38%的浮盈。

10.2.3 做市制度的优点

首先,做市能够增加企业股票的流动性。新三板市场建立并扩容以来,遇到的最大问题在于企业缺乏流动性,导致市场发现价格的功能不足,企业的融资瓶颈依然没能破解。实施做市商制度以来,做市股票的流动性显著提高,因为做市商承担做市所需的资金,可以随时应付任何买卖,活跃市场。因此,理论上讲,做市商保证了市场进行不间断的交易活动,即使市场处于低谷也是一样。股票流动性的提高也增强市场对投资者和证券公司的吸引力。在新三板市场上市的公司一般规模比较小,风险也比较高,特别是在市场低迷的情况下,广大投资者更容易失去信心。而有了做市商为企业"背书",投资者更倾向于投资做市企业。

其次,做市商制度能够使公司的股票价格更加合理,定价也更加透明。融资是企业挂牌的目的之一,而融资的关键是定价,做市商制度能够为企业股票提供更加合理的定价。做市商所报的价格是在综合分析市场所有参与者的信息以衡量自身风险和收益的基础上形成的,投资者在报价基础上进行决策,并反过来影响做市商的报价,从而促使证券价格逐步靠拢其实际价值。如果某一做市商的报价距其他竞争对手差别太大,交易量必将受到影响,最终会被淘汰出局。在这一过程中,做市商实现了其价格发现的功能。对于企业来讲,做市之后,一方面投资者对做市股票的价格更有信心;另一方面,当企业需要从银行获得银行贷款或进行股权质押时,股权市场的交易价格也是重要的参考因素。

最后,做市制度有助于维护股票价格的稳定性。做市商报价有连续性,价差幅度也有限制,做市商出于自身利益考虑,会有维护市场稳定的强烈动机。而做市商也有责任在股价暴涨暴跌时参与做市,从而有利于遏制过度投机,起到市场"稳定器"的作用。此外,做市商之间的竞争也很大程度上保证了市场的稳定。此外,在新三板做市的公司股票,最少要有两家以上的做市商为其股票报价,而一些规模较大、交易较为活跃的股票的做市商往往更多。因此,市场的信息不对称问题就会得到很大缓解,个别的机构投资者很难通过操纵市场来牟取暴利,市场的投机性大大减少,并减少了传统交易方式中所谓庄家暗中操纵股价的现象。

10.2.4 新三板企业如何选择做市商

公司挂牌时采取做市转让方式的,其主办券商必须为做市商之一,因此可以和主办券商协商选择做市转让方式，并由主办券商推荐其经常合作的主办券商作为做市商，或者挂牌公司也可以自己联系筛选合适的主办券商作为做市商之一。已挂牌公司欲由竞价转让方式转为做市转让方式的，不强制要求其主办券商为其做市，挂牌公司既可以联系自己的主办券商由其寻找合作主办券商，也可以自行联系筛选合适的其他主办券商做市。

做市商对企业的发展是有很大帮助的，但是它也有一定的负面作用。建议不要选择过多的做市商。在选择做市商之前，首先应该对做市商的资质条件、市场上的做市券商概况有所了解。

（1）做市商条件。股票挂牌时拟采取做市转让方式应当具备以下条件：

①两家以上做市商同意为申请挂牌公司股票提供做市报价服务，且其中一家做市商为推荐该股票挂牌的主办券商或该主办券商的母（子）公司。

②做市商合计取得不低于申请挂牌公司总股本5%或100万股（以孰低为准），且每家做市商不低于10万股的做市库存股票。

③全国股份转让系统公司规定的其他条件。

股转系统只对初始库存股数量的下限作出规定，而并未规定做市商在做事过程中库存股票的上限。其原因一方面是因为做市商若大量持有做市股票触发全面邀约收购的标准，则有相应的并购办法进行管理；另一方面，我们也建议当做市商库存股大幅变动时可采用延期公告的方式，以避免市场投资者对做市商仓位的判断而进行逼仓等投机行为，具体延期公告的办法可另行制定。

（2）做市券商概况。截止到2019年2月，已有申银万国、国泰君安、国信证券、长江证券、银河证券等93家券商成为做市商（见表10-1）。

表10-1　　　　　　　做市转让股票个数前20名的券商

券商列表	做市转让股票个数
中泰证券	356
兴业证券	351
国泰君安	351
广州证券	329
申万宏源	326
九州证券	320
天风证券	313

续表

券商列表	做市转让股票个数
上海证券	280
光大证券	277
长江证券	271
中山证券	266
广发证券	246
联讯证券	241
中信证券	224
招商证券	221
东莞证券	209
安信证券	204
海通证券	199
中国中投证券	196
东北证券	196

10.2.5 做市价格的确定

选择做市商不仅要选择知名的，还要选择帮企业做事的，特别是要与其利益绑在一起，股份出让多一点没问题，股价低一点也没问题，但是要保证做市商能够帮助企业持续做下去，能实现一定的流动性和市值管理。做市商有内部机制，不能要做市商亏损，所以从这个角度选择做市商，价格不能太低，也不能太高。

例如，做市商的价格，第三轮定增给到投资者15元的价格，做市商从16元、17元、18元一直谈到20元，其价格越来越高，但是差距不会很大。有的公司把价格差距拉得过大，最后上市之后会导致低价的被尽快卖掉，高价的觉得没钱赚也会出现斩仓的情况，导致公司股价不好维护。

10.3 竞价转让

10.3.1 竞价转让制度

竞价转让制度，是指对一段时间内接收的买卖申报一次性集中撮合的竞价方式。具体而言，由投资者在报价系统输入买单与卖单（申报有效价格范围为前收盘价的50%至200%），报价系统在规定的撮合时间内进行撮合，按照成交量最大的原则确定集合竞价价格与成交量，并进行成交，遵循"先报价、后撮合、再成交"的原则。

集合竞价时间的撮合过程具体如下：

首先，遵循价格优先的原则，进行买入价格最高的买单1和卖出价格最低的卖单1之间的成交，成交数量为4手，为同时满足买入价格为100元的买单与卖出价格为96元的卖单，成交价格需要在96~100元之间。

其次，进行买单2与卖单1的成交，成交量为1手，成交价格的范围进一步被缩窄至96~98元。

第三，进行买单2与卖单2的成交，成交量为2手，成交价格确定为98元。至此卖单1和2、买单1和2全部成交，而买单3的买入委托价低于卖单3的卖出委托价，故无法成交。

最后一笔成交价格98元即为集合竞价产生的交易价格，所有委托均按照这一价格成交（若最后一笔买单与卖单的委托价格不相等，则二者的平均价格即为此次集合竞价的价格），成交总量为7手。

新三板基础层在每日收盘时采取一次撮合竞价（15点，基础层每个交易日只撮合一次，产生价格并按照这一价格进行交易），创新层每日则进行5次撮合（分别是9：30、10：30、11：30、14：00、15：00）。集合竞价中每日撮合频次越高，价格发现职能越有效。同时，新三板也将根据市场需要，调整集合竞价的撮合频次。

对于新三板而言，新三板引入集合竞价是交易制度的一次重要突破。集合竞价较好地解决了协议转让下产生的信息不对称、价格操纵、利益输送等问题，有利于更有效地执行新三板市场价格发现的职能。同时，与主板连续竞价不同的是，新三板集合竞价是在撮合时间内进行集合竞价，目前在价格连续性上较主板市场存在一定差距。

10.3.2 竞价转让中需要注意的问题

竞价转让的推出旨在提高新三板的流动性，但是从实际运行来看，效果并不显著。数据显示，竞价作为将近90%的新三板公司采用的交易方式，却只贡献了60%~70%的成交量，说明集合竞价没有显著提升新三板的流动性。竞价转让从理论上来看，可以使投资者在参与市场定价时更为有效，但是受限于新三板市场中既有的投资者数量和结构，还是不能从根本上提高流动性。实践操作中，新三板盘后的交易仍然较为活跃，新三板投资者更为习惯或有更有意愿按照之前转让协议的方式进行，以满足大额资金的进出和股权额转让，只是由原来的盘中协议转让变为现在的盘后协议转让。这可以看出，目前投资者竞价转让的接受程度并不高。

10.4 新三板的投资者概况

新三板市场的投资者主要有券商、PE/VC机构、公募基金和少数个人投资者。

10.4.1 券商投资

做市券商在为企业做市之前有义务购买公司股票，因而券商成为新三板投资的重要主体之一。在投资额方面，从券商初始库存股的角度来看，各做市券商在做市方面拥有的库存股金额达到77.7亿元。其中，东方证券拥有金额最高，超过8.7亿元；其次为中泰证券（4.7亿元）、广发证券（41亿元）；拥有金额超过2亿元的券商有12家（见表10-2）。

表 10–2　　主要券商总库存股金额排名

排名	券商名称	总库存股金额（万元）
1	东方证券	87 445.87
2	中泰证券	47 483.90
3	广发证券	40 727.59
4	海通证券	34 962.80
5	光大证券	31 384.80
6	国信证券	28 197.00
7	中信证券	26 372.36
8	华融证券	24 332.48
9	申万宏源证券	23 702.74
10	太平洋证券	21 980.11
11	兴业证券	21 840.05
12	天风证券	20 005.02
13	华安证券	19 089.00
14	安信证券	18 801.07
15	中信建投证券	17 110.12
16	广州证券	16 388.45
17	国泰君安证券	15 222.57
18	长江证券	13 513.65
19	东北证券	12 589.78
20	中原证券	12 579.11

资料来源：Wind。

10.4.2　PE/VC 机构投资

截至 2019 年 2 月，得到 PE/VC 投资的企业达到 1 034 家，累计投资金额超过 386 亿元，其中 PE/VC 投资超过 1 亿元的企业有 63 家。超过 10 家投资机构投资的企业有 26 家，如 ST 泽生（16 家）、佳和农牧（16 家）、新创未来（15 家）、星博生物（14 家）等。

典型的 PE/VC 机构如九鼎投资、深创投、同创伟业、硅谷天堂、天星资本、景林投资、达晨创投等。不少 PE/CV 机构本身就是新三板挂牌的企业，如九鼎投资、中科招商、菁英时代等。不同机构有不同的投资特点，如深创投走的就是基金路线。在新三板的投资实践里深创投主要打造两个平台：一个是推动创投基金已投企业挂牌新三板；另一个是通过红土创新基金管理公司把已挂牌的新三板投资放在里面。目前虽然经过新三板大幅度的调整，但所有的投资项目没有跌破投资成本，管理的所有产品均为正收益（见表10-3）。

表 10-3　　　　　　PE/VC 机构投资公司投资资金规模排名

排名	证券名称	累计投资金额（万元）
1	新锐英诚	52 100.00
2	银丰棉花	50 000.00
3	好帮手	21 700.00
4	凯立德	19 999.72
5	仁会生物	15 000.00
6	久日新材	12 926.01
7	达瑞生物	12 600.00
8	小西牛	10 075.00
9	乐华文化	10 000.00
10	恒信玺利	9 000.00

资料来源：Wind。

10.4.3　其他机构投资者

除了券商、PE/VC 等传统机构以外，公募基金也是实力雄厚的机构投资者。然而，受制于政策限制，公募基金在新三板的布局已然慢了一步。公募投资新三板的细则已经在内部征求意见中。目前，监管层正在积极推动该事宜。而事实上，在2014年4月末，宝盈基金通过子公司设立发行了公募行业首只新三板专户产品，至今已经有嘉实、华夏、财通、南方、汇添富、海富通、招商、前海开源、红土创新、九泰等近20家基金公司完成新三板布局。

10.4.4　个人投资者

当前，个人投资者参与新三板投资有两个途径：一是直接投资；二是购买金融机构发售的相关产品。

个人投资者直接投资新三板必须同时符合以下两个条件：第一，投资者本人名下前一交易日日终证券类资产市值500万元以上。证券类资产包括客户交易结算资金、在沪深交易所和全国股份转让系统挂牌的股票、基金、债券、券商集合理财产品等，信用证券账户资产除外。第二，具有两年以上证券投资经验，或具有会计、金融、投资、财经等相关专业背景或培训经历。而机构投资者要想参与挂牌公司转让，则必须是注册资本500万元以上的法人机构，或是实缴出资总额500万元以上的合伙企业。

这些政策的门槛对于个人投资者来讲相对较高，因而个人投资者不是目前新三板投资的主体。

10.5 新三板企业估值概况

10.5.1 新三板企业估值方法

（1）可比公司法。首先，要挑选与非上市公司同行业可比或可参照的上市公司，以同类公司的股价与财务数据为依据，计算出主要财务比率。然后，用这些比率作为市场价格乘数来推断目标公司的价值，比如P/E（市盈率，价格/利润）、P/S法（价格/销售额）。

目前在国内的风险投资（VC）市场，P/E法是比较常见的估值方法。通常上市公司市盈率有两种：历史市盈率（Trailing P/E）——当前市值/公司上一个财务年度的利润（或前12个月的利润）；预测市盈率（Forward P/E）——当前市值/公司当前财务年度的利润（或未来12个月的利润）。投资人是投资一个公司的未来，是对公司未来的经营能力给出目前的价格，所以他们用P/E法估值就是：

公司价值 = 预测市盈率 × 公司未来12个月利润

公司未来12个月的利润可以通过公司的财务预测进行估算，那么估值的最大问题在于如何确定预测市盈率了。

一般说来，预测市盈率是历史市盈率的一个折扣，比如说NASDAQ某个行业的平均历史市盈率是40，那预测市盈率大概是30左右；对于同行业、同等规模的非上市公司，参考的预测市盈率需要再打个折扣，15~20左右；对于同行业且规模较小的初创企业，参考的预测市盈率需要再打个折扣，就成了7~10了。

这也就目前国内主流的外资VC投资时对企业估值的大致P/E倍数。比如，如果某公司预测融资后下一年度的利润是100万美元，公司的估值大致就是700万~1 000万美元；如果投资人投资200万美元，公司出让的股份大约是20%~35%。对于有收入但是没有利润的公司，P/E就没有意义。比如很多初创公司很多年也不能实现正的预测利润，那么可以用P/S法来进行估值，大致方法跟P/E法一样。

（2）可比交易法。挑选与初创公司同行业、在估值前一段合适时期被投资、并购的公司，基于融资或并购交易的定价依据作为参考，从中获取有用的财务或非财务数据，求出一些相应的融资价格乘数，据此评估目标公司。

比如A公司刚刚获得融资，B公司在业务领域跟A公司相同，经营规模上（比如收入）比A公司大一倍，那么投资人对B公司的估值应该是A公司估值的1倍左右。再比如分众传媒在分别并购框架传媒和聚众传媒时，一方面以分众的市场参数作为依据，另一方面框架的估值也可作为聚众估值的依据。

可比交易法不对市场价值进行分析，而只是统计同类公司融资并购价格的平均溢价水平，再用这个溢价水平计算出目标公司的价值。

（3）现金流折现法。这是一种较为成熟的估值方法，通过预测公司未来自由现金流、资本成本，对公司未来自由现金流进行贴现，公司价值即为未来现金流的现值。计算公式如下（其中，CF_n为每年的预测自由现金流，r为贴现率或资本成本）：

$$Pr = \sum CF_n/(1+r)^n$$

贴现率是处理预测风险的最有效的方法，因为初创公司的预测现金流有很大的不确定性，其贴现率比成熟公司的贴现率要高得多。

寻求种子资金的初创公司的资本成本也许在50%~100%之间，早期的创业公司的资本成本为40%~60%，晚期的创业公司的资本成本为30%~50%。对比起来，更加成熟的经营记录的公司，资本成本为10%~25%之间。

这种方法比较适用于较为成熟、偏后期的私有公司或上市公司，比如凯雷收购徐工集团就是采用这种估值方法。

（4）资产法。资产法是假设一个谨慎的投资者不会支付超过与目标公司同样效用的资产的收购成本。比如中海油竞购尤尼科，是根据其石油储量对公司进行估值。

这个方法给出了最现实的数据，通常是以公司发展所支出的资金为基础。其不足之处在于假定价值等同于使用的资金，投资者没有考虑与公司运营相关的所有无形价值。另外，资产法没有考虑到未来预测经济收益的价值。所以，资产法对公司估值，结果是最低的。

10.5.2 新三板企业估值的影响因素

估值体系基础框架分成两个部分：行业相对估值体系和个股估值调整体系。首先，通过行业相对估值体系确定行业相对估值区间，再通过个股估值调整体系确定具体公司的相对估值区间，最后根据三板整体的最新估值结果得到具体公司的绝对估值区间。

行业相对估值体系的指导思想是以历史交易数据测算市场估值运行区间。首先计算新三板市场以及各行业历史 PE、PB 运行中枢及标准差，并在此基础上计算各行业相对 PE、相对 PB 运行中枢及标准差，因相对指标能够反映市场本身的整体特征且变动区间相对平稳。

个股估值调整体系是通过公司的常规调整系数和特殊调整系数来对公司所属行业的相对估值进行调整，从而得到公司估值。常规调整系数从增长性、盈利能力和杠杆三个维度出发，分别选取最具代表性的三个因子——收入增长率（YoY）、ROE 和权益乘数（D/E）作为度量。而特殊调整系数则从公司本身出发，根据公司的管理团队因素、公司治理因素、长期发展因素以及其他因素等综合考虑，给出一个主观评定。

估值体系设计之初提出了两条基础设计思路：一是基于新三板自身数据及规律；二是基于 A 股主板数据及规律向新三板映射。通过大量的实证研究决定暂不采用从主板映射新三板的设计思路。从定性方面来看，新三板市场与主板市场相对割裂；从定量方面来看，新三板市场估值水平相对稳定，而 A 股市场估值水平波动却较大，因此 A 股估值无法作为新三板估值的合理参照。当然，未来如果转板机制打通，新三板与 A 股联动性增强的话，会考虑加入 A 股映射因素。

10.5.3 新三板企业的估值现状及比较

2019 年 2 月，新三板市场共有挂牌企业 10 541 家，其中有成交的企业 339 家，在有成交量的企业当中，市值超过 100 亿元的有 18 家，最高的神州优车市值达到

452 亿元，而市值低于 100 万元的有 5 家，其中市值最低的只有 30 万元。在排名前 20 的企业当中，做市转让企业有 5 家，竞价转让企业有 13 家，做市企业的总市值为 984 亿元，竞价转让的企业总市值为 2 244 亿元（见表 10-4）。

表 10-4 新三板企业市值排名前 20 位（截止到 2019 年 2 月 11 日）

排名	证券简称	总市值（万元）	转让方式
1	神州优车	452	做市
2	创智 5	283	—
3	国重装 5	240	—
4	黑金时代	229	竞价
5	ST 恒宝	190	竞价
6	睦合达	189	竞价
7	合全药业	170	做市
8	君实生物	152	做市
9	齐鲁银行	143	竞价
10	东海证券	120	竞价
11	祥云飞龙	119	竞价
12	九鼎集团	117	竞价
13	国都证券	116	竞价
14	永安期货	110	竞价
15	华强方特	106	做市
16	翰林汇	105	竞价
17	武侯高新	104	做市
18	英雄互娱	102	竞价
19	海通期货	91	竞价
20	参仙源	88	竞价

资料来源：Wind。

2019 年 2 月 11 日，新三板市场有成交量的企业总市值达到 25 766 亿元。其中，做市企业的总市值为 4 011 亿元，竞价转让企业的总市值为 20 266 亿元。做市转让企业前 20 名的总市值为 1 771 亿元，竞价转让企业前 20 名总市值为 2 225 亿元。

总体来看，竞价企业的总市值和平均市值都超过做市转让的企业，但总市值排名靠前的企业更倾向于竞价转让而不是做市转让。这与做市交易的制度有关，企业股票做市转让会受到更多限制。

第 11 章
新三板企业资本运作：定向增发

新三板定增，又称新三板定向发行，是指申请挂牌公司、挂牌公司向特定对象发行股票的行为。新三板定位于为成长性、创新性中小企业提供股份转让和定向融资服务。对挂牌企业而言，新三板定增具备小额融资豁免、定增储架发行、定增价格定价灵活、定增股份无限售期要求、定增对象灵活等优势。

新三板定向增发作为挂牌企业最常用的融资手段，已成为当前当之无愧的"香饽饽"。2015 年前期新三板定增实施次数飞速增长，近期受市场影响逐步冷却（见图 11-1）。

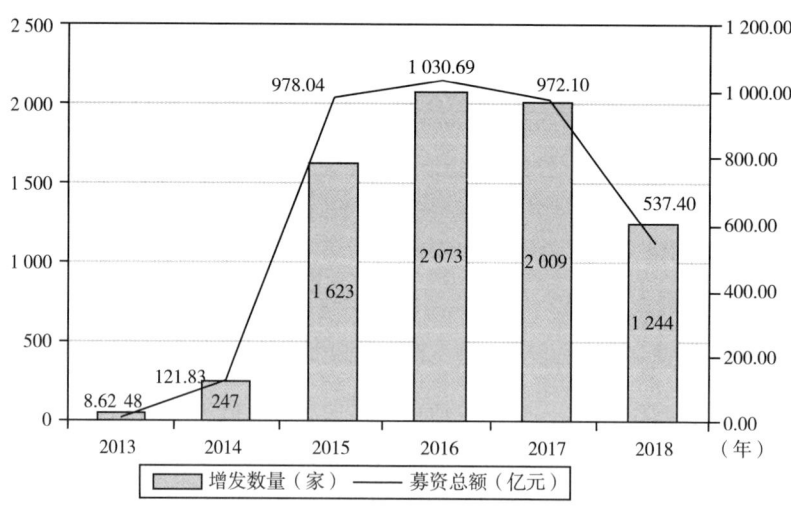

图 11-1　新三板企业定向增发实施完成情况

资料来源：Wind。

然而，由于二级市场始终无法取得量价突破，一批新三板定增股票当前正在面临"破发"的尴尬境地。可能的原因是一级市场定增过火挤占了大量新三板资金，定增折价提供了安全垫，且更多企业采用挂牌即定增方式，令机构投资者观望情绪浓厚，定增完以后无锁定期，进一步导致二级市场抛压严重。新三板一级市场吸金过度可能导致二级市场进一步"失血"，加大定增破发风险，增大风险，陷入恶性循环。新三板出现降温主要与市场预期随着监管趋严、估值激升及新红利期望落空等因素的出现而有所调整。新三板定增破发频现，震荡期破局仍需政策红利。

11.1 定向增发的融资优势

11.1.1 新三板定增的相关规定

（1）挂牌的同时可以进行定向发行。《全国中小企业股份转让系统业务规则（试行）》4.3.5："申请挂牌公司申请股票在全国股份转让系统挂牌的同时定向发行的，应在公开转让说明书中披露。"该条明确了企业在新三板挂牌的同时可以进行定向融资。允许挂牌企业在挂牌时进行定向股权融资，凸显了新三板的融资功能，缩小了与主板、创业板融资功能的差距；同时，由于增加了挂牌时的股份供给，可以解决未来做市商库存股份来源问题。另外，挂牌的同时可以进行定向发行，并不是一个强制要求，拟挂牌企业可以根据自身对资金的需求来决定是否进行股权融资，避免了股份大比例稀释的情况出现。

与企业仅挂牌不同时定向发行相比，同时增发的企业需在公开转让说明书中披露以下内容：一是在公开转让说明书第一节基本情况中披露"拟发行股数、发行对象或范围、发行价格或区间、预计募集资金金额；同时，按照全国股份转让系统公司有定向发行信息披露要求，在公开转让说明书'公司财务'后增加'定向发行'章节，披露相关信息"。二是在公开转让说明书中增加一节"定向发行"，主办券商应如实披露本次发行股票的数量、价格、对象以及发行前后企业相关情况的对比。

（2）储架发行。储架发行是指一次核准、多次发行的再融资制度。该制度主要适用于定向增资需要经中国证监会核准的情形，可以减少行政审批次数，提高融资效率，赋予挂牌公司更大的自主发行融资权利。

《非上市公众公司监督管理办法》第41条规定："公司申请定向发行股票，可申请一次核准，分期发行。自中国证监会予以核准之日起，公司应当在3个月内首期发行，剩余数量应当在12个月内发行完毕。超过核准文件限定的有效期未发行的，需重新经中国证监会核准后方可发行，首期发行数量应当不少于总发行数量的50%，剩余各期发行的数量由公司自行确定，每期发行后5个工作日内将发行情况报中国证监会备案。"

储架发行制度可在一次核准的情况下为挂牌公司一年内的融资留出空间。如：挂牌公司在与投资者商定好500万元的增资额度时，可申请1 000万元的发行额度，先完成500万元的发行，后续500万元的额度可与投资者根据实际经营情况再行商议发行或者不发行，并可重新商议增发价格。该制度除了能为挂牌公司节约大量的时间和成本外，还可以避免挂牌公司一次融资额度过大，造成股权过度稀释或资金使用效率低下。

（3）小额融资豁免。《非上市公众公司监督管理办法》第42条规定："公众公司向特定对象发行股票后股东累计不超过200人的，或者公众公司在12个月内发行股票累计融资额低于公司净资产的20%的，豁免向中国证监会申请核准，但发行对象应当符合本办法第36条的规定，并在每次发行后5个工作日内将发行情况报中国证监会备案。"由此可见，挂牌公司必须在上述两个条件均突破时，才需要向证监会申请核准。

在豁免申请核准的情形下，挂牌公司先发行再进行备案。一般流程为：参与认购的投资者缴款、验资后两个工作日内，挂牌公司向系统公司报送申请备案材料；系统公司进行形式审查，并出具"股份登记函"；挂牌公司"股份登记函"（涉及非现金资产认购发行股票的情形，挂牌公司还应当提供资产转移手续完成的相关证明文件）在中国证券登记结算有限责任公司办理股份登记后，次一个转让日，发布公告；挂牌公司将股份登记证明文件及此前提交的其他备案材料一并交由中国证监会整理归档；新增股份进入股份转让系统进行公开转让。

目前，绝大多数新三板挂牌公司的股东人数离200人还有较大差距，这些公司在突破200人之前的所有定向增发都不需要向中国证监会申请核准，只需在定向发行完后，及时备案即可。即使因为定向增发导致股东人数超过200人，也仅在同时触发"12个月内发行股票累计融资额超过挂牌公司净资产的20%"的条件时，才需要向证监会申请核准。这种便捷的发行通道让挂牌公司基本可以实现定向融资的

"随时用随时发"。

（4）定向增资无限售期要求。最新的业务规则中不再对新三板增资后的新增股份限售期进行规定，除非定向增发对象自愿做出关于股份限售方面的特别约定；否则，定向增发的股票无限售要求，股东可随时转让。无限售期要求的股东不包括公司的董事、监事、高级管理人员所持新增股份，其所持新增股份应按照《公司法》第 142 条的规定进行限售：公司董事、监事、高级管理人员应当向公司申报所持有的本公司的股份及其变动情况，在任职期间每年转让的股份不得超过其所持有本公司股份总数的百分之二十五；所持本公司股份子公司股票上市交易之日起一年内不得转让。上述人员离职后半年内，不得转让其所持有的本公司股份。

（5）定向增发对象。《非上市公众公司监督管理办法》第 36 条规定，该办法所称定向发行包括向特定对象发行股票导致股东累计超过 200 人，以及股东人数超过 200 人的公众公司向特定对象发行股票的两种情形。前款所称特定对象的范围包括下列机构或者自然人：①公司股东；②公司的董事、监事、高级管理人员、核心员工；③符合投资者适当性管理规定的自然人投资者、法人投资者及其他经济组织。公司确定发行对象时，符合本条第 2 款第 2 项、第 3 项规定的投资者合计不得超过 35 人。

核心工作的认定，应当由公司董事会提名，并向全体员工公示和征求意见，由监事会发表意见后经股东大会审议批准。这一规定调整了发行对象范围和人数限制。第一，公司在册股东参与定向发行的认购时，不占用 35 名认购投资者数量的名额，相当于扩大了认购对象的数量；第二，将董事、监事、高级管理人员、核心员工单独列示为一类特定对象，暗含着鼓励挂牌公司的董、监、高级核心人员持股，将董、监、高级核心人员的利益和股东利益绑定，降低道德风险。第三，将核心员工纳入定向增资的人员范围，明确了核心员工的认定方法，使得原本可能不符合投资者适当性管理规定的核心员工也有了渠道和方法成为公司的股东，且增资价格协商确定，有利于企业灵活进行股权激励，形成完善的公司治理机制和稳定的核心业务团队。在此必须提请注意的是，在新三板的定向增资中，要求给予在册股东 30% 以上的优先认购权，在册股东可放弃该优先认购权。

合格投资者认定方面，包括机构投资者、金融产品和自然人投资者。

机构投资者：①注册资本 500 万元人民币以上的法人机构；②实缴出资总额 500 万元以上的合伙企业。

金融产品：证券投资基金、集合信托计划、证券公司资产管理计划、保险资金、银行理财产品，以及由金融机构或监管部门认可的其他机构管理的金融产品或资产。

自然人投资者：投资者本人名下前一交易日日终证券资产市值500万元人民币以上，证券资产包括客户交易结算资金、股票、基金、债券、券商集合理财产品等；且具有两年以上证券投资经验，或具有会计、金融、投资、财经等相关专业背景或培训经历。

（6）出资真实性。发行对象用非现金资产认购发行股票的，还应当说明交易对手是否为关联方、标的资产审计情况或资产评估情况、董事会关于资产定价合理性的讨论与分析等。非现金资产应当经过具有证券、期货相关业务资格的会计师事务所、资产评估机构审计或评估。非现金资产若为股权资产，应当提供会计师事务所出具的标的资产最近一年一期的审计报告，审计截止日距审议该交易事项的股东大会召开日不得超过6个月；非现金资产若为股权以外的其他非现金资产，应当提供资产评估事务所出具的评估报告，评估基准日距审议该交易事项的股东大会召开日不得超过一年。资产交易价格以经审计的账面价值为依据的，挂牌公司董事会应当结合相关资产的盈利能力说明定价的公允性。资产交易根据资产评估结果定价的，在评估机构出具资产评估报告后，挂牌公司董事会应当对评估机构的独立性、评估假设前提和评估结论的合理性、评估方法的适用性、主要参数的合理性、未来收益预测的谨慎性等问题发表意见。

新三板定增发行的基本特点见表11-1。

表11-1　　　　　　　　　　新三板定增发行的基本特点

发行审核	豁免核准情形：挂牌公司向特定对象发行股票且发行后股票持有人累计不超过200人的，中国证监会豁免核准，股票发行后向全国股份转让系统公司履行备案程序 需要核准情形：挂牌公司向特定对象发行股票导致股东累计超过200人以及股东人数超过200人的公众公司向特定对象发行股票两种情形，须经中国证监会核准后方可发行股票
发行对象	公司股东。挂牌公司股票发行以现金认购的，现有股东在同等条件下对发行的股票有权优先认购 公司的董事、监事、高级管理人员、核心员工。核心员工的认定应当由公司董事会提名并向全体员工公示和征求意见，由监事会发表明确意见后经股东大会审议批准 符合投资者适当性管理规定的自然人投资者、法人投资者及其他经济组织

续表

储架发行	股票公司申请定向发行股票,可申请一次核准,分期发行。自中国证监会予以核准之日起,公司应当在3个月内首期发行,剩余数量应当在12个月内发行完毕 超过核准文件限定的有效期未发行的,须重新经中国证监会核准后方可发行。首期发行数量应当不少于总发行数量的50%,剩余各期发行的数量由公司自行确定,每期发行后5个工作日内将发行情况报中国证监会备案
发行对象、发行价格的确定方式	挂牌公司董事会确定具体发行对象的,应当与相关发行对象签订附生效条件的股票认购合同 挂牌公司董事会未确定具体发行对象的,挂牌公司及主办券商可以向潜在投资者进行询价。主板券商按照价格优先的原则并考虑认购数量或其他因素,与挂牌公司协商确定发行对象、发行价格和发行股数

11.1.2 新三板定向增发的优点

（1）与主板的区别。

第一，适用法规不同。主板定向增发适用于《上市公司证券发行管理办法》《上市公司非公开发行股票实施细则》《中国证监会发行监管部再融资审核工作流程》，新三板定向增发适用于《非上市公众公司监督管理办法》。

第二，定义不同。主板定向增发是指上市公司向符合条件的少数特定投资者非公开发行股票的行为。新三板定向增发，又称新三板定向发行，是指申请挂牌公司、挂牌公司向特定对象发行股票的行为。其作为新三板股权融资的主要功能，对解决新三板挂牌企业发展过程中的资金瓶颈发挥了极为重要的作用。

第三，中国证监会核准流程不同。主板定向增发经公司董事会、股东会批准经中国证监会核准后实施。审核工作流程分为受理、反馈会、初审会、发审会、封卷、核准发行等主要环节。新三板定向增发应当按照中国证监会有关规定制作定向发行的申请文件，申请文件应当包括但不限于：定向发行说明书、律师事务所出具的法律意见书、具有证券期货相关业务资格的会计师事务所出具的审计报告、证券公司出具的推荐文件。公司持申请文件向中国证监会申请核准。中国证监会受理申请文件后，依法对公司治理和信息披露以及发行对象情况进行审核，在20个工作日内作出核准、中止审核、终止审核、不予核准的决定。

第四，定向发行制度不同。

- 新三板挂牌的同时可以进行定向发行。《全国中小企业股份转让系统业务规则（试行）》4.3.5："申请挂牌公司申请股票在全国股份转让系统挂牌的同时定向发行的，应在公开转让说明书中披露。"该条明确了企业在新三板挂牌的同时可以进行定向融资。
- 新三板定增储架发行。《非上市公众公司监督管理办法》第41条规定："公司申请定向发行股票，可申请一次核准，分期发行。自中国证监会予以核准之日起，公司应当在3个月内首期发行，剩余数量应当在12个月内发行完毕。超过核准文件限定的有效期未发行的，需重新经中国证监会核准后方可发行，首期发行数量应当不少于总发行数量的50%，剩余各期发行的数量由公司自行确定，每期发行后5个工作日内将发行情况报中国证监会备案。"该制度可以减少行政审批次数，提高融资效率，赋予挂牌公司更大的自主发行融资权利。
- 新三板定增小额融资豁免。《非上市公众公司监督管理办法》第42条规定："公众公司向特定对象发行股票后股东累计不超过200人的，豁免向中国证监会申请核准。
- 定向增资无限售期要求。主板定向增发发行股份12个月内（控股股东、拥有实际控制、战略投资者36个月内）不得转让。新三板定增无限售期进行规定，除非定向增发对象自愿做出关于股份限售方面的特别约定，否则，定向增发的股票无限售要求，股东可随时转让。
- 定向增发对象。主板定增对象不超过10人，增发对象为法人、自然人或者其他合法投资组织。新三板人数不得超过35人，增发对象为公司股东、公司的董事、监事、高级管理人员、核心员工；符合投资者适当性管理规定的自然人和法人。
- 定向增发股份定价。主板定向增发股价不得低于定价基准日前20个交易日均价的90%。新三板定增定价依据：定价为参考公司所处行业、成长性、每股净资产、市盈率等因素，并与投资者沟通后确定。

（2）新三板定向发行的特点。

根据前述与主板的区别，可以总结出新三板企业定向增发有以下五个特点（见表11-2）：

- 企业可以在挂牌前、挂牌时、挂牌后定向发行融资，发行后再备案；
- 企业符合豁免条件则可进行定向发行，无须审核；
- 新三板定增属于非公开发行，针对特定投资者，不超过35人；
- 投资者可以与企业协商谈判确定发行价格；

- 定向发行新增的股份不设立锁定期。

表 11-2　　　　　　　　　　新三板定增的优势

制度宗旨	小额、快速、按需融资
发行条件	不设财务指标 新增发行对象不超过 35 名投资者
限售安排	新增股份不强制限售
发行间隔	每次发行之间没有强制时间间隔
信息披露	不强制披露募集资金用途、盈利预测等信息
发行定价	市场化定价。可以与特定对象协商谈判，也可以进行询价

11.2　定向增发的制度和流程

11.2.1　新三板定增流程

（1）确定发行对象，签订认购协议；
（2）董事会就定增方案作出决议，提交股东大会通过；
（3）中国证监会审核并核准；
（4）储架发行，发行后向中国证监会备案；
（5）披露发行情况报告书。

发行后股东不超过 200 人或者一年内股票融资总额低于净资产 20% 的企业可豁免向中国证监会申请核准。新三板定增由于属于非公开发行，企业一般要在找到投资者后方可进行公告，因此投资信息相对封闭。

11.2.2　企业在定增的时候需要注意的问题

（1）新三板主办券商的参与度还不高，需要提前做好中介机构方面的准备。已取得推荐业务资格的有 77 家券商，仅有 28 家券商推荐过定向发行。
（2）应该让老股东优先认购。一方面为了保持价格的合理性，不至于损害老股东利益；如果老股东不认购，一定要签署放弃优先认购权的声明。

（3）考虑好定价问题。如果认购价格与市场价格、PE 价格差异过大，这些挂牌公司则需要考虑定价机制问题。

（4）注意核心员工股权认定的程序，一定要按规定程序走，以免出现问题。

11.2.3 董事会对定增进行决议，发行方案公告

主要内容：发行目的；发行对象范围及现有股东的优先认购安排；发行价格及定价方法；发行股份数量；公司除息除权、分红派息及转增股本情况；本次股票发行限售安排及自愿锁定承诺；募集资金用途；本次股票发行前滚存未分配利润的处置方案；本次股票发行前拟提交股东大会批准和授权的相关事项。

11.2.4 召开股东大会，公告会议决议

内容与董事会会议基本一致。

11.2.5 发行期开始，公告股票发行认购程序

公告主要内容：普通投资者认购及配售原则；外部投资者认购程序；认购的时间和资金到账要求。

11.2.6 股票发行完成后，公告股票发行情况报告

公告主要内容：本次发行股票的数量；发行价格及定价依据；现有股东优先认购安排；发行对象情况。

11.2.7 定增并挂牌并发布公开转让的公告

公告主要内容：本公司此次发行股票完成股份登记工作，在全国中小企业股份转让系统挂牌并公开转让。

11.3 参与定增的投资者及定价方式

11.3.1 定增对象以机构投资者为主

（1）新三板定增的发行对象（见表11-3）。

表11-3　　　　　　　　　　新三板投资者适当性管理

机构投资者	自然人投资者
注册资本500万元人民币以上的法人机构 实缴出资总额500万元人民币以上的合伙企业 集合信托计划、证券投资基金、银行理财产品、证券公司资产管理计划，以及由金融机构或者相关监管部门认可的其他机构管理的金融产品或资产，可以申请参与挂牌公司股票公开转让	同时符合以下条件的自然人投资者可以申请参与挂牌公司股票公开转让：（1）投资者本人名下前一交易日日终证券类资产市值500万元人民币以上；（2）具有两年以上证券投资经验，或具有会计、金融、投资、财经等相关专业背景或培训经历 公司挂牌前的股东、通过定向发行持有公司股份的股东等，如不符合参与挂牌公司股票公开转让条件，只能买卖其持有或曾持有的挂牌公司股票

（2）参与新三板定增的动机。目前竞价转让方式下，新三板市场整体交易量稀少，投资者很难获得买入的机会。定向发行是未来新三板企业股票融资的主要方式，投资者通过参与新三板企业定向增发，提前获取筹码，享受将来流动性迅速放开带来的溢价；新三板定向发行融资规模相对较小，规定定向增发对象人数不超过35人，因此单笔投资金额最少只需十几万元即可参与；新三板定向发行不设锁定期，定增股票上市后可直接交易，避免了锁定风险；新三板定向发行价格可协商谈判来确定，避免买入价格过高的风险。

（3）目前市场参与定增的投资者结构。从定增发行对象来看，投资者参与构成结构中机构投资者成为新三板定增的主力军，机构投资者占比达61.77%（见图11-2）。

机构投资者为何成为新三板定增的主力军？原因主要有以下三个方面：第一，新三板企业发展多处于早期，机构投资者大部分投资一级市场；第二，信息优势，机构投资者的信息获取渠道更宽；第三，源于新三板市场的定位本身，即机构为主

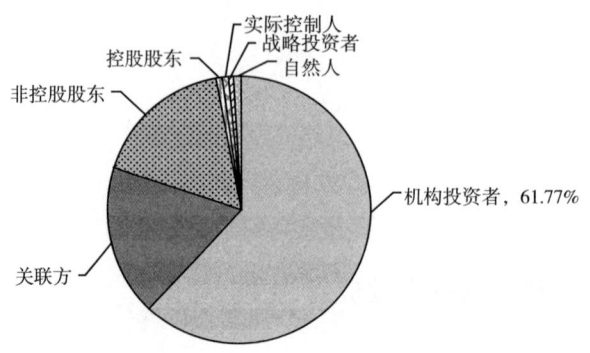

图 11-2 参与定增的投资者结构

的市场。个人的投资门槛是在金融资产500万元以上，个人参与新三板的定增要求非常高。但机构投资者不一样，机构投资者有专业的团队，可以跟踪某一个企业的成长，因此更有可能性和动力去参与定增。

11.3.2 定增定价的依据

股票向特定对象转让应当以非公开方式协议转让，新三板定增价格由公司与投资者沟通确定就成为必然，因此，增资价对应市盈率的高低可显示出资金的吹捧程度。绝大部分方案披露了定价依据，几乎所有的公司都披露：定价为参考公司所处行业、成长性、每股净资产、市盈率等因素，并与投资者沟通后确定。部分挂牌公司明确以每股净资产作为定向发行价格的共同点是仅针对原股东、高管人员与核心人员进行定向发行，几乎没有外部投资者参与。而有些企业却发出了几百元的天价定向增发。

【案例11-1】

天价定增

事件回顾：2015年9月28日，挂牌新三板不足一周的北京联创永宣投资管理股份有限公司（以下简称"联创永宣"）披露公司第一次股票发行方案，计划以不超过350元/股的价格、通过定向增发募集不超过14亿元的资金。作为新三板的首家创投机构，公司挂牌新三板有助于扩充融资渠道和转型发展的资本平台。VC、PE似乎都找到了做大规模的法宝。和九鼎投资、中科招商动辄百亿融资相比，联创永宣的定增规模有些寒酸，此前的硅谷天堂也公布了67.5亿元的融资计划。但联创永宣的每股350元的定增价格令人咋舌。2015年以来，新三板每月的定增融资大致在80亿元，创投、私募股权基金公司已经成为新三板市场的融资主力军。

公司特色——专注早期投资：作为一家VC机构，联创永宣成立于2011年，目前总股本1 500万股。截至2015年5月31日，联创永宣累计投资项目91个，累计投资金额21.78亿元，其中5个项目已经退出，在管项目86个，投资行业主要集中在TMT、节能环保、健康医疗、稀缺资源等，其中TMT行业57个，占比62.64%。与此前登陆新三板的投资机构更多专注于成长期和成熟期未上市企业相比，联创永宣侧重投资早期项目的投资。联创永宣核心团队来自于永宣创投等中国最早一批的VC机构，投资团队的中坚力量则拥有BAT、上市公司、投行、证券公司、四大会计师事务所等不同的从业背景。上述团队成员的结合则带来了项目源的更广泛覆盖及项目判断时的交叉性视角。据了解，该机构的项目筛选思路为：通过多重渠道对重点行业进行深度挖掘，以"狙击手"的精准稳健进行项目投资，培养行业龙头企业。

目前，联创永宣在TMT行业投资在所投项目中占比超六成，已布局互联网金融、O2O、电商、机器人高端制造业等领域，代表企业包括铜板街、春水堂、暴走漫画、派宝机器人等。在联创永宣投资的128个项目中，123个项目是天使轮和A轮投资。根据联创永宣股权转让说明书披露的数据，联创永宣2013年净利润1 555.02万元，2014年净利润为1 742.55万元，增长率为12.05%；已退出的5个项目的内部收益率为30.81%，甚至高于行业内的中科招商，与九鼎投资基本持平。

定增目的：在联创永宣的《第一次股票发行方案》中，公司没有披露确定具体的发行对象。用途方面，公司表示募集资金将主要用于补充公司运营资金，扩大业务规模，提升公司市场竞争力和抗风险能力。在增发价格方面，350元/股的超高定价，成为新三板历史上第三高价的定向增发项目。根据相关数据，2016年以来的所有定增项目，增发价格排名第二的同创伟业也只有166.25元/股，不到联创永宣增发价格的一半。联创永宣高定价的背后，与公司本身股本较少有着一定的关系。刚刚挂牌的联创永宣的总股本为1 500万股，公司计划在这次定增后通过资本公积转增股本。相信类似九鼎投资和同创伟业10转赠90的高转送方案不久也会出现在联创永宣身上。

联创永宣此次增发的总股本为400万股，占现有总股本的26.67%，公司披露将优先安排在册的3名股东认购。此外，联创永宣也计划引入部分外部投资人不超过35名。其《公开转让说明书》中披露：在完成本次定增后，公司的原有股东比例肯定会被稀释,但是总资产和净资产规模的扩大有利于公司盈利能力的提升,新股东的加入也有利于公司的股权结构优化。但是,无论有没有在册股东认购,联创永宣的实际控制人依然是艾迪。联创永宣管理合伙人艾迪表示,新三板是长期的价值场地,而不是短期的股票交易板块,公司希望借助新三板的资本平台力量,在未来形成更加强大的投资能力和资源整合能力,从而更好地帮助创业者走向成功,也为投资人争取最大收益。挂牌以后公司仍然会用VC的标准去做项目投资,同时打通一级市场和二级市场,向被投企业提供持续的支持,帮助他们打通整个资本路径。

【案例11-2】

新三板公司"1元"式定增潮涌

据不完全统计,2015年以来,新三板市场已有差旅天下、安威士、天加新材、百特莱德、宝特龙、立高科技、奥美格、电通微能、中兵环保9家公司公布的定增价格为1元/股。值得注意的是,虽然这些公司都没有做市交易,但部分公司已有协议转让成交记录。比如差旅天下曾经有过18.56元/股的成交价,天加新材、宝特龙也有过成交。照此测算,这些公司的定增股价"折价率"十分惊人。

新三板市场最早公布"1元/股"增发且成功实施的公司为优炫软件。该公司2013年12月公布了新三板市场第一份"1元增发"案例。优炫软件主要从事网络安全软件业务,2014年,由于网络安全产业兴起,公司增发的参与者收获颇丰。2014年年底,优炫软件开始做市交易,目前其股票价格为11.73元/股。

截至目前,新三板市场以1元/股的价格进行定增的公司接近30家,且2015年下半年以来,这样的案例开始陡然增加。仔细分析这些案例可以发现,持股集中是这些公司的一大特点。由于几乎没有"外部投资者",增发参与者以公司"内部人"为主。

以中兵环保为例,公告显示,公司拟发行股票不超过2 000万股,募集资金不超过2 000万元,其中自然人姚学民和金国良各认购750万股,某有限合伙企业认购500万股。资料显示,姚学民和金国良就是中兵环保的董事长和董事。业内人士认为,认购500万股的某有限合伙企业是"通道"的可能性较大,背后的持股方可能是公司利益相关方。

这种定价方式显然不够市场化,由于这些公司的股东通常是"内部人",象征性的认购价格意味着一种激励,同时摊薄的权益也是属于"内部人"。新三板公司的增发融资定价,并不依据《再融资管理办法》规定的"发行价格不低于定价基准日前二十个交易日公司股票均价的百分之九十",原则上只要股东大会通过即可。

而新三板公司股东数量很少,且基本都是团队持股,程序上容易达成默契。值得注意的是,"没有哪家企业在开始做市交易后公布这种定增预案",做市交易后引入了外部股东,公司发布这种方案,在股东大会上也很难通过。如果定增公司每股净资产低于1元,那么这个定增价格没有问题;如果公司每股净资产高于1元,公司需要向全国中小企业股份转让系统有限公司就定价原因进行解释。

11.4 新三板定向增发市场分析

11.4.1 定增价高于市价,新三板优质企业获得更高估值溢价

随着新三板指数的持续下跌,新三板定增市场经过2015年、2016年的火爆之后,也于2017年开始下降,2018年更是相对于前年下降了44%(见图11-3)。2018年新三板定增市场全年实施完成增发家数1 239家,实际完成募资总额535亿元,同比下降44.8%。

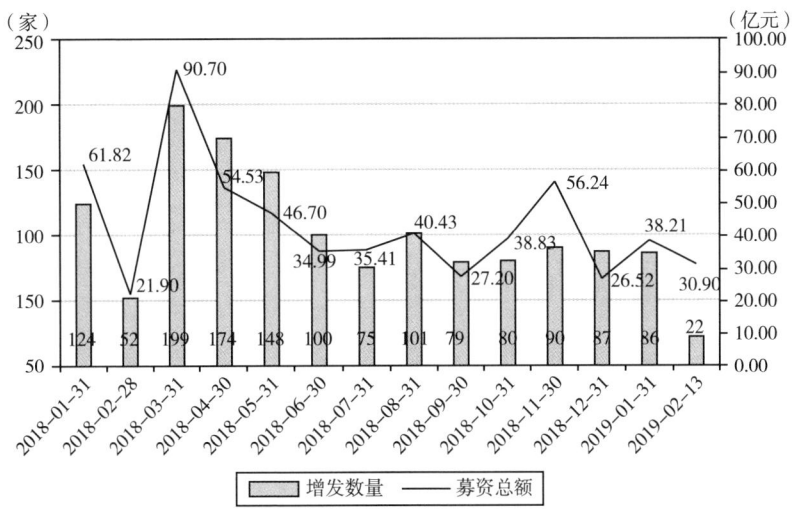

图11-3 2018年以来定向增发的家数时间走势图

资料来源:Wind。

但 2018 年以来的市场融资呈现出募集资金向优质挂牌企业聚集、融资规模与企业盈利能力正相关等新趋势。部分优质挂牌公司定增价却呈上涨态势，出现定增价格远高于市场价格的现象。数据显示，2018 年 1 月至 2019 年 2 月，新三板市场共有 1 417 家挂牌公司完成 1 431 次股票发行，融资额合计 604.4 亿元。其中，热点新兴行业公司融资能力突出。此外，挂牌公司融资规模与其盈利能力显著相关。2018 年前 8 个月，发行前年度净利润大于 1 亿元挂牌公司的平均单次融资额增幅达 58%。领信股份、欣影科技、华韩整形、力好科技等公司最近一次增发，价格均远高于市价。

11.4.2 百家企业"挂牌即定增"

主板市场 IPO"上市即融资"的便利性，在新三板市场中也得到充分展现。越来越多的新三板企业正在采用"挂牌即定增"的融资模式，最大限度地挖掘资本市场的融资功能。该方式能成功启动，充分说明投资者对新三板公司前景看好，也表明新三板投资热度大。"挂牌即定增"模式在业内被称为"小 IPO"，随着挂牌企业数量增多，以及未来对于转板制度的预期增强，出于融资和提高股权分散程度等方面要求，可能会有更多新三板企业加入"挂牌即定增"大军。

11.4.3 机构投资者定增主力军

从定增发行对象来看，投资者参与构成结构中机构投资者成为新三板定增的主力军。

11.4.4 定增冷热不均

2015 年第三季度以来，新三板企业定增公告的数量较此前两个季度有所下降；相反，企业定增延期认购和股票终止发行的公告在增加。据不完全统计，2015 年 7 月以来，122 家企业发布公告称公司定增延期认购，12 家终止股票发行。在延期认购的企业名单中，不乏市场中的一些明星企业，例如先临三维、仟亿达和威力恒等。

仟亿达在公告中称，因投资者未在《股票发行认购公告》规定的缴款截止到日前将全部认购资金存入指定账户,经与投资者沟通,公司现对《股票发行认购公告》中缴款截止日期进行延期。诺文科技更是在两个月内多次延期认购,将原本应在 7 月 22 日完成认购的时间顺延至随后的 7 月 31 日、8 月 7 日、8 月 14 日和 9 月 16 日。与诺文科技情况相似的还有塞尔瑟斯,该公司也在 1 个月内连发三次延期认购公告,将认购时间向后延迟。有些公司多次延期之后仍无法完成定增。吉瑞祥、金马科技和柯立沃特等公司因此终止了定增计划。2018 年 6 月 17 日吉瑞祥发布股票发行方案,以 1.5 元/股的价格定向发行股票不超过 2 474 万股,募集资金不超过 3 711 万元。不过,因投资者未在规定的缴款截止到日前将全部认购资金存入指定账户,公司随后将认购时间延期了 3 次后,最终却未逃过终止股票发行的命运。

随着定增市场愈发冷却,部分公司甚至直接终止定增。2018 年 7 月 23 日,苍源种植抛出股票发行方案,以 10 元/股的价格定增 1.5 亿元,时隔不到两个月,公司于 9 月 2 日发布公告表示,投资者受目前市场环境的影响,决定暂时不认购公司此次定向增发的股份,因此公司决定终止此次股票发行。海明威和益通股份亦遭遇了上述情况。数据显示,从定增完成情况来看,截至 9 月完成定增的新三板公司数量总计 287 家,募资金额总计 496.11 亿元,环比下跌 25.96%。

此外,截至 2018 年底,新三板挂牌企业已超过 10 691 家,远远超过沪深两市 2 800 家上市公司总和,已成为中国挂牌企业数量最大的基础性证券市场。但与挂牌企业数量高速增长所不匹配的是,新三板市场流动性较低,将面临泡沫、流动性危机和长期投资考验三大挑战。2016 年以来,随着二级市场大幅调整,新三板在流动性遇到瓶颈后,其融资功能也遭遇挑战。

11.4.5 现阶段定增价格企业与机构预期分歧大

交投一直处于低迷,挂牌企业的数量却在不断增加,在僧多粥少的局面下,企业的融资环境变得艰难。此前谈好定增的机构,在冰冷的市场环境下迅速翻脸,停止认购,这让企业的处境也很尴尬。在延期这段时间内,公司只能另寻投资者。另外一家正在筹备股票发行方案的企业高层表示,此前公司欲以 18 元/股的价格发行股票,近期在与投资者交流后,已经将发行价格下调至 12 元,但要想募集到理想中的金额仍然有较大难度。

投资方也有自己的看法。"明明用三四千万元就能搞定的事情,一些企业却狮子大开口募集七八千万元,随着投资者的心态日益趋于理性,这种定增必定难发。"新三板这些企业其实可以通过降低价格来完成再融资,但可能因为不接受估值下降而选择终止发行。新三板公司的企业家应该调整心态,不应将A股公司作为自身公司的估值的对标,毕竟新三板的流动性与主板、创业板无法比拟。

对于市场调整对新三板融资功能的影响,全国股转公司副总经理、新闻发言人隋强此前称,这既有全国股转系统作为初创市场发育不成熟带来的制度效应未充分发挥的原因,也反映出市场快速发展的同时还存在着结构性失衡,市场创新和制度完善进度与市场预期还存在差距。

11.5 融资方式的创新方向——优先股

全国中小企业股份转让系统有限公司根据《国务院关于开展优先股试点的指导意见》《优先股试点管理办法》《非上市公众公司监督管理办法》等有关规定,以及全国中小企业股份转让系统的相关业务规则,制定了《全国中小企业股份转让系统优先股业务指引(试行)》,把优先股制度正式引入了新三板,给新三板的融资市场注入了一剂强心剂。

11.5.1 新三板企业优先股的特色

虽然股转系统官方的公告中显示,目前公司不支持在试点期为优先股提供转让服务,但从《全国中小企业股份转让系统优先股业务指引(试行)》细则来看,新三板优先股制度结合了新三板固有的特色,并且从保护投资者的角度出发,在发行、转让服务、信息披露、监管措施和违规处分等几方面加强了风险防范和融资效应。

新的《全国中小企业股份转让系统优先股业务指引(试行)》维持了早前中国证监会在优先股制度方面"放松管制"的市场化改革方向,进一步规定了:"普通股股东人数与优先股股东人数合并累计不超过200人的挂牌公司,按照本指引的规定发行优先股的,应当向全国中小企业股份转让系统有限责任公司履行备案程序。"从发行模式看,相对于主板的公开与非公开发行并存,三板市场优先股发行均为非公开发行。在细则规定的信息披露要求上,要求企业参照该优先股试点办法公布披露包括优先股方案、发行对象、发行影响等六方面的披露内容。相对于主板,披露内容得到了大幅度简化。此外,在持续信息披露方面,企业也需要及时披露对优先股转让价格产生较大影响的信息,在临时公告中予以专门说明。

11.5.2 新三板优先股的优势

作为多层次资本市场的一环,新三板对中小企业融资起着至关重要的作用,而在做市成交量陷入低迷的窘境下,新三板融资似乎只剩下了定增一条路。虽然如今融资市场火热,但是就长远来看优先股制度的放行准入,能进一步加强了企业的融资能力。优先股和普通股主要有三大不同点:首先,优先股相对于普通股而言有着优先分配利润红利和对剩余财产进行分配的权利。其次,作为优先股股东其本身对于公司的决策是没有参与权的,即没有选举和被选举的权利。此外,优先股股东并不能像普通股股东那样直接退股,只能通过优先股的赎回条款被公司赎回。

对于挂牌企业而言,优先股制度也解决了企业核心高层对于失去企业控制权的担忧。由于新三板上挂牌的企业多数为正处于发展期的中小企业。而对于处于初创期的企业来说,它的创始人和核心管理层往往不太愿意股权稀释,失去公司的控制权。优先股制度的出台不仅保证他们的股权不被稀释,同时还能帮助企业顺利融到资,可谓是一举两得。

11.5.3 什么样的公司适合发优先股

一是银行类金融机构,可以发行优先股补充一级资本,满足资本充足率的监管要求。二是资金需求量较大、现金流稳定的公司,发行优先股可以补充低成本的长期资金,降低资产负债率,改善公司的财务结构。三是创业期、成长初期的公司,股票估值较低,通过发行优先股,可在不稀释控制权的情况下融资。四是进行并购重组的公司,发行优先股可以作为收购资产或换股的支付工具。

目前挂牌新三板居多的金融机构主要有小贷公司、城商行、私募公司,这些金融机构相比于其他行业对资金的需求量较大,尤其是在一些主板上市的商业银行已然发行优先股充当资本金的背景下,新三板的金融机构对于优先股制度的推出早已如饥似渴。这一类的企业将会是新三板优先股制度的"先锋"。

【案例 11-3】

首例优先股登陆新三板

2015年11月2日晚间,新三板公司鑫庄农贷在股转系统官网上发布《非公开发行优先股预案》,成为新三板首例优先股发行。公告显示:鑫庄农贷采取非公开发行的方式,本次拟发行的优先股数量不超过220万股,每股票面金额为人民币100元,以票面金额平价发行,计划融资规模不超过2.2亿元人民币,发行对象为符合《优先股试点管理办法》规定的合格投资者。本次优先股所募集资金将在扣除发行费用后,全部用于补充其他一级资本,提高公司资本充足率。

作为新三板小贷行业的龙头公司,鑫庄农贷于2014年7月挂牌,并于2015年5月初将转让方式由协议转为做市。在公司中长期发展战略中,金融创新、跨界并购和发展互联网金融是三大方向。随着金融市场化改革进程加快,小贷公司经营环境正在发生深刻变化,面临持续的资本压力。为此,鑫庄农贷正考虑积极实施金融创新,大力发展开鑫贷、中小企业私募债等创新业务。此外,为巩固和加强行业龙头地位,鑫庄农贷已经着手开展以小额借贷和涉农小微企业股权融资需求为基础的互联网金融布局。鑫庄农贷正处于发展创新的关键时期,各项业务的持续发展需要增强资本实力。

对于为何采用发行优先股而非定增的方式融资,鑫庄农贷的副总经理王建荣解释道:"目前新三板交投清淡,市场走低,很多企业定增发不出去。鑫庄农贷的股价目前只有1.5元,已经接近净资产,作为企业也不愿意发定增。"

优先股对于鑫庄农贷而言是一种"可进可退"的选择:鑫庄农贷属于类金融企业,与高科技企业爆发式的利润增长模式不同,采用发行优先股的方式,既可以不稀释原有股东股权,又可以让优先股股东拿到固定收益,公司也可以到期赎回这些股份。在主板上发行优先股的企业绝大部分是银行类金融企业。可见,优先股特别适合类金融企业。

据了解,由于鑫庄农贷股东人数超过200人,优先股发行的必须得到中国证监会的审核批准。

第 12 章
新三板企业资本运作：并购重组

五大因素推热了新三板的并购重组市场：一是 2013 年以来 A 股上市公司并购重组风起云涌，而新三板有不少属于具有技术优势和模式创新的公司，为上市公司谋求外延扩张或者跨界转型提供了可选择的标的范围；二是新三板公司并购重组制度逐步完善，政策面支持有关新三板公司的并购重组。包括引入做市商制度和可能的竞价交易制度（流动性的提升将带来连续的价格曲线，所形成的公允价格将为企业未来并购重组提供价格依据），颁布《非上市公众公司收购管理办法》《非上市公众公司重大资产重组管理办法》《并购重组私募债券试点办法》等；三是新三板公司的并购成本较低，新三板公司具有较高的信息披露要求和财务透明度，较好的公司治理有利于上市公司降低并购成本；四是套利动机，注册制渐行渐远，优质新三板公司转板预期强烈，上市公司提前布局；五是曲线上市，部分新三板公司有创投背景，创投通过推动并购重组实现退出。

【案例 12-1】

史上最快的新三板收购——挂牌不足两周即被华润三九收购

2015 年 8 月 7 日，华润三九（000999）公告：拟以自有资金收购众益制药 100% 股权，交易价格 13 亿元，对应 2015 年 19 倍 P/E，收购价格合理。众益制药于 2015 年 7 月 29 日在新三板正式挂牌，距离本次收购仅仅相隔 12 天，创新三板并购速度之最。

2015 年 8 月 11 日，新三板挂牌公司众益制药（833097）发布公告称：为实现公司快速平稳发展，浙江众益制药股份有限公司（以下简称"公司"）全体股东拟向深圳华润九新药业有限公司（华润三九医药股份有限公司全资子公司）出让其所持公司全部股权，本次交易总价款共计人民币 13 亿元，交易完成后，华润九新将直接或间接持有本公司 100% 股权。

从华润三九的未来发展战略上面考虑，众益制药拥有数个潜力品种，研发实力较强。众益制药产品以口服制剂为主，主要品种：（1）阿奇霉素肠溶胶囊和红霉素肠溶胶囊均为基药品种、医保甲类，众益市场份额分列第三、第一。三九原有抗生素为粉针制剂，收购后补充口服剂型，符合未来发展方向。（2）其他品种中镁加铝咀嚼片为独家产品、汉防己甲素市场规模较大，具备较好的市场潜力。众益研发实力较强，在研品种中氨酚羟考酮用于治疗癌痛，应用广泛，目前国内仅原研药，众益产品有望率先获批，市场前景良好。同时，众益还拥有缓释微丸技术平台，具备缓释剂型的研发能力。

从华润三九的财务战略上面考虑，并购业绩增厚 2016 年开始体现。众益 2015 年承诺净利润 6 700 万元，但预计 4 季度开始并表，对 2015 业绩增厚有限，预计财务影响主要产生于 2016 年，初步预估 2016 年利润增厚 6% 左右。华润三九为华润集团下优质的 OTC 和处方药平台，未来有望借国企改革东风完善管理层激励和加大外延整合步伐。而众益制药作为新三板挂牌企业，经营规范，研发能力强，是产业对接的最佳标的，受到产业资本的追捧合情合理。

12.1 并购重组的制度

12.1.1 制度体系

2014 年 7 月 25 日，为规范股票在全国中小企业股份转让系统公开转让的公众公司重大资产重组的信息披露和相关业务办理，全国股转系统发布了《全国中小企业股份转让系统非上市公众公司重大资产重组业务指引（试行）》（以下简称"业务指引"）。《业务指引》对公司重大资产重组的具体操作流程作出细化规定（见图 12-1）。主要体现在以下三个方面：一是全面落实《上市公司重大资产重组管理办法》（以下简称《重组办法》）的要求。《业务指引》及配套指南严格按照《重组办法》的要求，对公司申请暂停转让、提交内幕知情人信息、发行股份购买资产等具体环节作出明确规定。二是注重可操作性。鉴于大部分公司此前缺乏重大资产重组的实操经验，《业务指引》及配套指南重点对重大资产重组的各环节进行了较为详细的拆解，具有较强的可操作性，能够起到"重组流程说明书"的作用。三是与股票发行等业务规则相衔接。由于公司在重组实操中经常涉及发行股份购买资产，《业务指引》明确了发行股份购买资产构成重大资产重组的规则适用及操作程序，避免同一行为重复适用股票发行规则及重组规则。

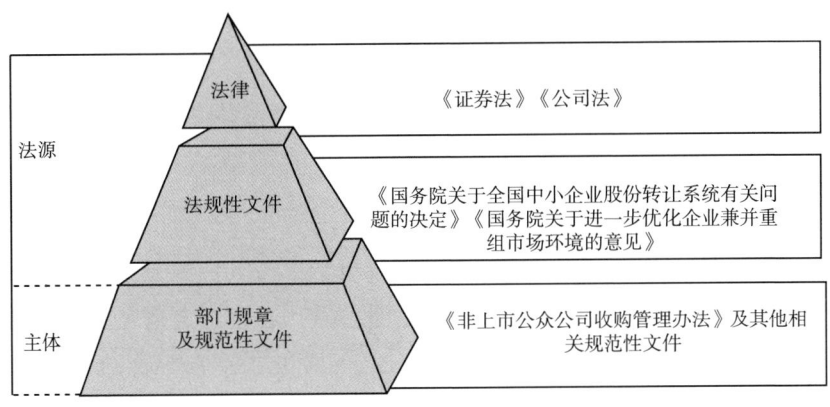

图 12-1　新三板企业并购重组制度

对于涉及发行股份购买资产构成重大资产重组行为的监管问题，股转系统表示，公司向特定对象发行股份购买资产后股东累计超过 200 人的，应当在经股东大会决议后向中国证监会申请核准；发行股份购买资产后股东累计不超过 200 人的，需要在验资完成后 10 个转让日内向全国股份转让系统申请备案。

在对公司重大资产重组的信息披露监管方面，股转系统在信息披露审查理念上，将主要遵循完备性审查原则，重在对信息披露文件的完整性、合规性进行审查。同时，为落实《重组办法》中自律监管职能的要求，将在原有的信息披露程序基础上增加一道审查环节。具体来说，公司在申请暂停转让时，会事先确定最晚恢复转让日，且首次董事会召开之日（T 日）与最晚恢复转让日间，应当有至少 9 个转让日的时间间隔（即最晚恢复转让日不早于 T+9 日），从而保证首次信息披露的时点（T+2 日）与最晚恢复转让日（T+9 日）间至少相距 7 个转让日。由于公司从申请证券恢复转让到实现证券恢复转让还需两个转让日,上述时间安排保证了股转系统有 5 个转让日的时间对信息披露文件的完备性进行审查。如 5 个转让日内股转系统未提出异议,则视为默示同意,公司可以正常进行信息披露并申请恢复转让;如股转系统发现信息披露文件的完备性存在问题,则有权要求公司进行相应的调整,公司应当视情况申请推迟最晚恢复转让日。

《业务指引》对退市公司重大资产重组的规则适用进行了单章规定,明确了退市公司进行重大资产重组,应当遵守《重组办法》及《业务指引》的有关规定,并注意执行《重组办法》关于退市公司重大资产重组的特别规定。此外,《业务指引》还对退市公司重大资产重组的风险提示作出特别要求,要求退市公司在披露重大资产重组报告书时应当同时发布特别提示,对本次重大资产重组是否符合《重组办法》的要求以及公司在信息披露、公司治理方面的规范性进行说明。

12.1.2 制度特点

制度特点包括以下六点:(1)不设行政许可,以信息披露为核心,强化自律监管;(2)调整权益变动的披露要求和触发比例;(3)自主约定是否实行强制全面要约收购制度;(4)调整自愿要约收购制度;(5)简化披露内容;(6)加强责任主体的自我约束和市场自律监管(见表 12-1)。

表 12-1　　　　在并购重组方面挂牌公司和上市公司的制度对比

并购行为	挂牌公司制度要求	上市公司
发布收购报告书	信息披露	备案
全面要约收购	不设强制全面要约	强制、豁免
发行股份购买资产	超过 200 人,中国证监会核准; 不超过 200 人,股转对信息披露文件进行审查	核准
单纯重大资产重组	信息披露、监管	审批

12.1.3 重组流程图（见图 12-2、图 12-3）

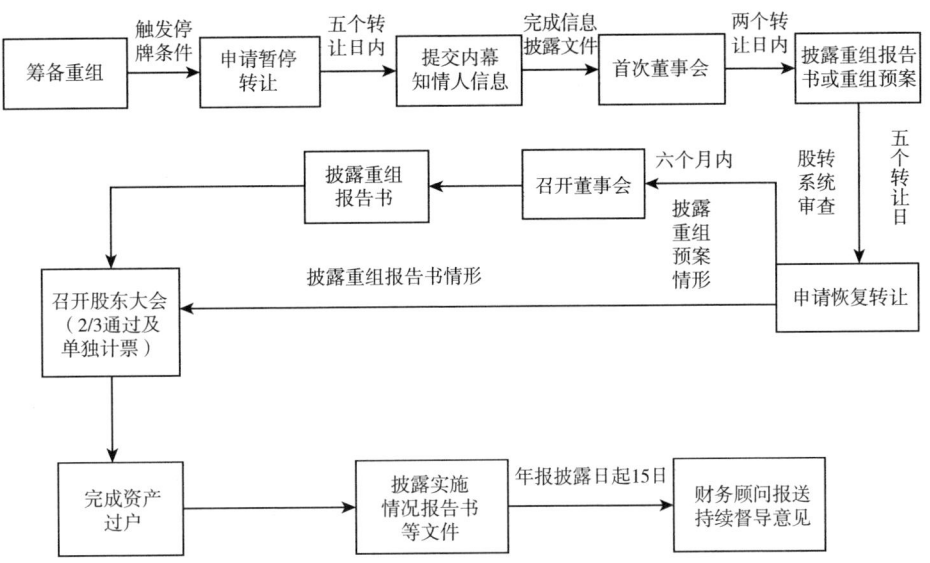

图 12-2　现金购买资产方式下的重组流程图

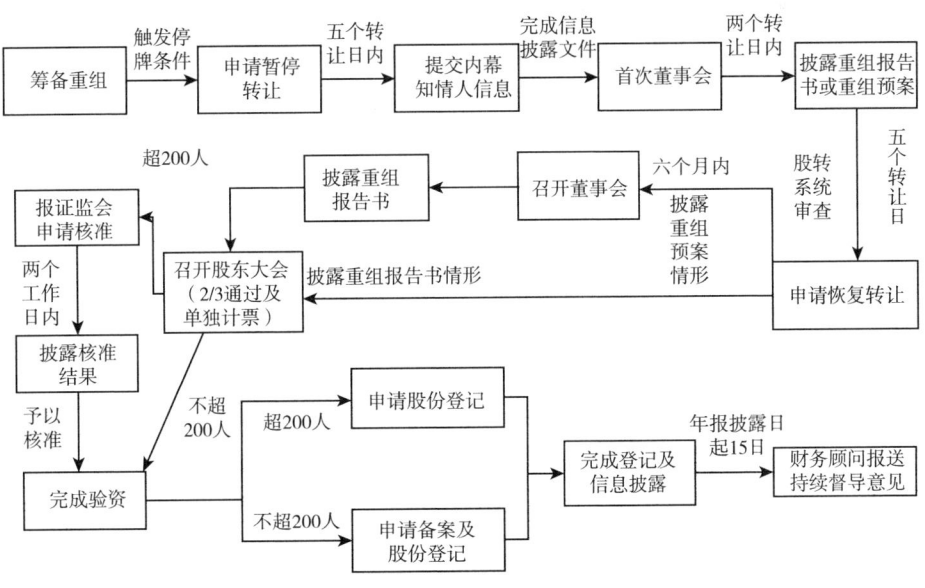

图 12-3　发行股份方式下的重组流程图

12.2 新三板并购与被并购企业的特征分析

12.2.1 新三板成为上市公司的选秀池

2016年以来，新三板并购市场与二级市场呈现冰火两重天的走势，并购市场持续走热。2018年前三季度，新三板重大资产重组并购交易（首次公告口径）为194起，总金额达542.16亿元（同比增长52.9亿元）（见图12-4）。其中，173起交易是新三板企业被并购（60起为上市公司并购新三板企业，112起为非上市公司并购新三板企业）；21起为新三板企业主动发起并购。平均单笔交易额为2.79亿元，高于2017年的2.10亿元。

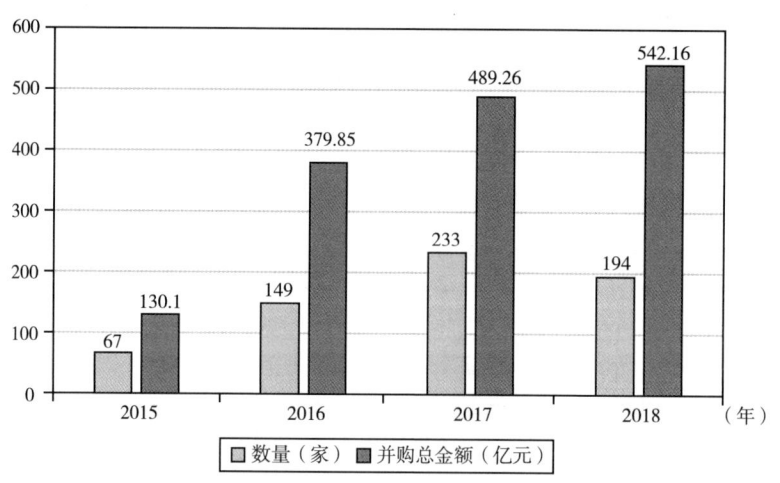

图12-4 2015年以来新三板并购市场情况

资料来源：Wind。

12.2.2 1 000万~3 000万元净利润三板企业更受青睐

2018年1月1日至2018年9月30日，新三板企业被上市公司并购的交易有60

起,超过2017年同期的51起。上市公司单笔并购金额多集中在5亿元以下,10亿元以上仅10起,但交易金额却达到150.98亿元(约占上市公司并购新三板企业总交易金额的49.24%)(见图12-5)。

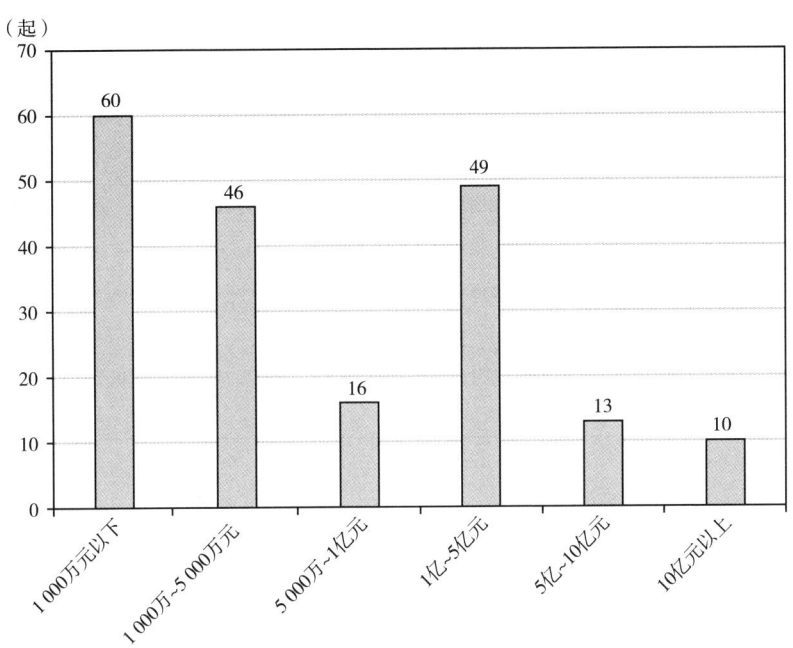

图12-5 单笔并购交易金额分布情况

资料来源:Wind。

行业分布上,新经济行业当属最热门,包括信息技术、机械设备、生活服务、医药、电子设备等。并购目的上,产业相关仍是主流。支付方式上,以现金及股份+现金支付为主。市值50亿元以下、净利润1亿元以下的上市公司并购重组活跃,归母净利润1 000万~3 000万元的新兴领域新三板企业成为上市公司并购的重点标的。

总体说来:(1)经济产业的转型促使产业链重新整合,并购市场火爆成为必然;(2)2015年上半年新三板定增火爆,不少新三板企业募集到了可观的资金,有了并购的底气;(3)新三板公司并购重组制度逐步完善,颁布《非上市公众公司收购管理办法》《非上市公众公司重大资产重组管理办法》《并购重组私募债券试点办法》等;政策面支持有关新三板公司的并购重组。表12-2列举了部分金额较大的战略性并购,大部分新三板企业的并购动机都是出于横向整合,扩张自己的行业地位。

表 12-2　　2018 年新三板重大并购事件

股票代码	股票名称	重组事件	交易金额
830899	联讯证券	广州开发区金控计划出资 41.2 亿元，从昆山中联、海航系等股东手中购买公司 42.43% 股份	41.2 亿元
834214	百合网	缘宏投资以 4.6 元/股的价格现金收购	39.98 亿元
835320	诺斯贝尔	青松股份计划 24.3 亿元购买诺斯贝尔 90% 的股份	24 亿元
833775	文旅科技	云南旅游作价 20.16 亿元收购文旅科技 100% 股权	20.16 亿元
839211	海高通信	新宏泰以发行股份的形式，购买海高通信 100% 的股权	18 亿元
430684	联创种业	隆平高科购买联创种业其他股东共计 90% 的股份	13.87 亿元
838489	沃驰科技	立昂技术收购沃驰科技 100% 的股权	11.98 亿元
836096	欧贝黎	熊猫金控以支付现金方式受让欧贝黎科技持有的欧贝黎电力 55% 股权	11.55 亿元
831791	雪银矿业	兴业矿业通过发行股份和支付现金相结合的方式购买雪银矿业 99.89% 的股份	10 亿元

资料来源：Wind。

12.3　新三板企业并购模式和案例

12.3.1　现金收购

【案例 12-2】

新三板 PE 的饕餮盛宴——九鼎大鳄构建全牌照的金控平台

（1）布局证券——从资管到投行。

2014 年 10 月 20 日，九鼎投资出资 36 371.70 万元对天源证券进行增资，增资后持有天源证券 51% 的股份，正式控股天源证券。根据公告，九鼎投资本次对天源证券进行现金增资，确定为每元出资份额作价 1.90 元。其中，1.91 亿元作为注册资本，1.72 亿元计入资本公积。增资完成后，天源证券的注册资本由 1.84 亿元增至 3.75 亿元，并且更名为"九州证券"。

标的特征：根据中国证券业协会发布的数据，截至2013年底，天源证券总资产仅为9.07亿元，行业排名102位；净资产2.48亿元，行业排名第112位（纳入统计范畴共115家券商）；其净资本为1.97亿元，排名也是112位。截至2013年年底，天源证券共有17家营业部，分别位于辽宁、广东、青海等地。2013年全年，天源证券实现营业收入1.10亿元，排名第108位；净利润为-347万元，排名105位。而这已经是天源证券连续第三年亏损。2011年、2012年，公司各亏损2 786.9万元和2 510.15万元。随着券商创新业务的发展和互联网金融对业态的迅速渗透，证券公司缺乏资金将成为未来发展的最大掣肘。

此举距离上一次天源证券更换控股股东不过9个月时间。天源证券官网资料显示，2014年1月9日，广州证券才刚刚从南方航空集团公司处受让天源证券有限公司80.47%股权，成为公司控股股东。

（2）并购后：增资、新设子公司、收购期货公司，动作频频。

2015年5月18日，九鼎投资（430719）对外发布公告，拟投资设立九州国际金融控股（香港）有限公司（暂定名，以下简称"九州香港公司"），注册地为中国香港，注册资本5亿港币。注册完成后，九州香港公司将向香港证券及期货事务监察委员会申请证券期货业务相关牌照。此次设立九州香港公司是九鼎投资证券经营业务实际国际化的关键步骤。九鼎投资将在九州证券取得中国证券监督管理委员会与香港证券及期货事务监察委员会的批准，有资格在香港设立子公司时，将持有的九州香港公司的股权转让给九州证券。

2015年8月13日，九鼎投资发布公告：其控股子公司九州证券有限公司近日签署协议，出资人民币8 000万元收购深圳市富通实业有限公司、深圳市海富通创业投资有限公司持有的华海期货有限公司（以下简称"华海期货"）100%股权。交易完成后，九州证券持有华海期货100%的股权。

公开资料显示，华海期货成立于1993年，目前注册资本金7 000万元人民币，是经中国证监会批准，北京市工商行政管理局核准注册登记的从事商品、金融期货经纪业务的专业性期货公司，总部设在北京，在上海、沈阳、合肥等地设有分支机构。华海期货成立至今，已有二十多年历史，经历了中国期货市场从起步、试点到规范发展的全过程，在期货业务管理、风险控制、市场研究和客户服务等方面积累了丰富经验。目前，华海期货是大连商品交易所、上海期货交易所、郑州商品交易所、中国金融期货交易所会员单位，是北京市海淀区重点企业、北京期货商会理事单位，是中国证监会国产密码应用试点专项发起工作唯一一家期货公司。收购华海期货后，九州证券业务领域将拓展至期货行业，从而可以为客户提供期货经纪服务和风险管理解决方案。

2015年8月，九鼎投资再度出手，出资人民币112 813.222万元完成对子公司九州证券有限公司的增资，其中人民币54 763.7万元计入注册资本，人民币58 049.522万元计入资本公积。增资完成后，九州证券注册资本增加至人民币109 527.4万元。2015年6月份，九州证券获得监管部门关于设立15家分公司的批复，仅两月有余，筹建工作已基本完成，其中包括四川、湖南、深圳等在内的7家分公司已经顺利开业，另外8家分公司将于近期开业。

九鼎投资同时公告称，九州证券近日拟另申请设立19家分公司，分公司的设立尚需要获得监管部门的批准。"如果顺利获批设立，九州证券将拥有34家分公司和1家营业部，覆盖除西藏外的全国各省区市。"未来九州证券将以营运总部北京为大本营，以35家分支机构为分阵地，形成辐射全国、经纬交织的强大业务开发体系和营销服务体系，为客户提供专业、专属的金融服务。

九州证券在被九鼎投资兼并收购之后，不仅仅注册资本和净资产实力急速扩张，构建了国内多家分公司及营业部，支持其传统证券公司业务发展；同时，收购华海期货和设立香港期货子公司，补充了其期货业务的短板。

（3）布局互联网金融——新设为主，借力并购。

自建互联网金融平台：作为私募大鳄，九鼎投资一样关注互联网金融。由于互联网金融的门槛较低，监管要求不高，九鼎投资采取了自己新设子公司为主，借力并购的方式。其标志事件为2015年5月4日，斥资20亿元，设立全资子公司九信投资管理有限公司，拟将九信投资构建成为国内专业、安全的互联网金融平台，通过九信金融网站（www.jiuxinfinance.com）及相关应用软件，为客户提供低成本、高效率的融资渠道，同时为广大投资者在传统的投资渠道之外提供多元的金融服务。九信金融平台运营初期主要为公司所管理基金的出资人、公司所投企业的股东、公司股东的借款需求提供相应服务，后续会逐步扩大融资主体的客户范围，包括但不限于公司旗下公募基金、证券公司的客户、其他合作机构的客户等，打造符合互联网精神的创新金融产品。

其后，对深圳市武曲星网络科技有限公司（以下简称"武曲星"）进行增资，直接及间接持有武曲星100%的股权，尝试构建一个网上平台，帮助金融产品销售人员开设网上店销售金融产品。

支付通道借力并购：对于支付业务等需要中国人民银行批准的业务扩张，则采用了兼并收购的套路。2015年3月23日，九鼎投资披露了其通过控股子公司昆吾九鼎投资管理有限公司之全资子公司嘉兴嘉源九鼎投资管理有限公司（以下简称"嘉源九鼎"）出资人民币7 000万元，收购鹰皇商务科技有限公司（以下简称"鹰皇商务"）持有的鹰皇金佰仕网络技术有限公司（以下简称"金佰仕"）70%的股权。金佰仕持有中国人民银行批准的非金融机构支付业务许可证，包括互联网支付许可、移动支付许可、预付卡发行许可，正在申请电视支付许可和跨境支付许可。收购金佰仕股权后，将利用九鼎投资拟开展的互联网金融业务支持金佰仕做大做强，金佰仕也将依托其支付业务方面的经验为公司拟开展的互联网金融业务提供相应支持。

同时，通过全资子公司拉萨昆吾九鼎产业投资管理有限公司对象云（北京）网络技术有限公司（以下简称"象云"）进行增资，共出资2 000万元，占象云增资后股权的42%。本次对外投资不构成关联交易。增资象云的主要目的：一是看好云计算服务行业的发展前景；二是通过投资与象云进行战略合作，象云及其股东北京企商在线数据通信科技有限公司将为九鼎投资的互联网金融业务提供云计算服务和互联网数据中心相关的专业服务。

（4）布局保险——海外并购一掷千金。

九鼎投资在保险领域的布局也一样不含糊，在国内保险的布局都是以新设为主的尝试。起先是为全资子公司昆吾九鼎投资管理有限公司（以下简称"昆吾九鼎"）出借自有资金不超过2 000万元，参与发起设立相互保险组织，暂定名称为"众惠财产相互保险总社"（以下简称"众惠保险"）。众惠保险的组织类型为相互制，主要的经营范围有：与中小企业和个人等直接相关的信用保证保险；责任保险；货运保险；短期健康和意外伤害保险；企业和家庭财产保险；上述业务的再保险业务。

2015年8月24日，九鼎投资与石建华、罗小林签署《股权转让协议》，出资人民币5 000万元收购石建华、罗小林持有的中捷保险经纪股份有限公司（以下简称"中捷保险"）100%股权。收购中捷保险后，将业务领域拓展至保险经纪、保险咨询和服务领域，公司将可以开展互联网保险经纪和互联网保险咨询等金融服务。

海外布局大手笔：在保险布局中的最大手笔应该是落子海外，以107亿港元现金收购欧洲富通集团位于香港的全资子公司富通保险（亚洲）有限公司，堪称土豪出手。2015年9月26日，九鼎投资发布公告，公司拟以现金支付的方式向Ageas International收购其所持有的Ageas Asia（富通亚洲控股有限公司）全部8.44亿股普通股股份，占Ageas Asia已发行股份总额的100%。自2015年8月14日收购中捷保险经纪股份有限公司100%股权后，九鼎投资在作为核心战略的保险业务板块再下一城。

并购目的：完善九鼎投资保险产业链，保持富通亚洲充足偿付能力，互利共赢。对于九鼎投资而言，富通亚洲是香港领先的寿险公司，拥有既深谙香港本土市场，又具有国际视野的管理团队、多元广泛的业务网络。通过收购亚洲，九鼎投资可获得立足于香港市场的保险金融平台，并依托该平台面向国际资本市场，推进九鼎投资的国际化布局。富通亚洲将成为九鼎投资正在构建的保险产业链中的关键一环。对于富通亚洲而言，通过利用九鼎投资在投资管理业务方面的突出优势、与企业家和高净值个人客户的广泛关系网络以及在互联网金融领域的丰富经验，与富通亚洲的现有优势有机结合，不仅可以提高富通亚洲可持续的长期价值创造能力，也可以利用九鼎投资的资本实力保持充足的偿付能力。通过此次收购，双方可实现互利共赢。

（5）谋求上市——顺应国企改革，入主中江地产。

2015年5月15日，九鼎投资以126.8%的溢价率，挫败了其他7家实力买家，一举拿下了中江集团100%的控股权，购买总成本近41.5亿元，从而间接控制了主板上市公司中江地产（600053，SH）。交易完成后，本公司将持有中江集团100%的股权，并通过中江集团间接持有上市公司江西中江地产股份有限公司72.37%的股权。这是新三板公司吞下A股上市公司的首个案例。

并购过程：2014年11月以来，中江地产多次披露了母公司中江集团100%股权转让事宜，拟转让方为中江控股、江西中医药大学、大连一方和24个自然人股东，但一直未果。2015年5月15日上午，8家意向受让方齐聚江西省产权交易所，准备竞标中江集团100%股权，起拍价近18.3亿元。作为配套部分，竞拍人须以1 299.46万元拿下江中投资100%股权，转让方为中江控股。历经82轮报价激战，九鼎投资一举拿下中江集团，溢价率126.8%，成交价近41.5亿元，从而间接控股中江地产。值得一提的是，"吃下"中江地产之后，未来5年内（含5年），九鼎投资按照约定应保持对中江集团的实际控制人地位不变，保证中江地产注册地不变，也不能转让中江地产实际控制权，须督促中江集团分期偿还江中集团3.09亿元债务等。

未来的整合：2015年9月23日晚间，中江地产（600053.SH）公告详解了这一方案，九鼎投资将剥离昆吾九鼎的业务，中江地产以9亿元的代价将其纳入上市公司。值得注意的是，在九鼎投资登陆新三板之时，昆吾九鼎实际上便是九鼎投资的经营主体。2013年报显示，九鼎投资99%以上的营业收入来自于昆吾九鼎。此外，中江地产同步发布定增预案：中江地产拟以10元/股的价格非公开发行不超过12亿股，合计拟募集不超过120亿元资金。

九鼎投资自挂牌以来，一方面，在新三板频频定增融资，疯狂吸金；另一方面，利用资金优势，在市场上"买买买"，其高频率多领域的并购动作一直是新三板并购市场的暴风眼，其综合资管全盘布局的霸主雄心已显，在基金、银行、券商、期货、保险、地产、互联网金融等诸多领域已逐一落子，这映射出九鼎投资正为走上大资管的发展道路而精心布局。

12.3.2 定增+现金

【案例12-3】

点点客收购微巴信息

（1）收购方背景。

点点客是一家专业从事移动信息服务产品研发、销售和服务的企业。通过一系列标准化的在线软件、客户端软件、嵌入式软件等，企业可以更方便地管理运营自己的微信、微博等社交账户。2014年上半年，点点客在原有产品的行业通用版上，推出了20套行业定制化版本，并对各版本进行深挖，每周迭代每月更新。现在，点点客的产品方案覆盖餐饮金融、教育、房产、美容、汽车、地产、婚庆等30多个行业的移动营销方案。

（2）定增引入大牌PE机构。

2014年7月和9月的两次定增，为点点客募集到4 000万元，同时也为点点客引入了深创投、红土创投等知名机构。2014年7月，点点客向上海艾云慧信创投有限公司（以下简称"艾云慧信"）和上海张江浩成创投有限公司（以下简称"张江浩成"）分别定增150万股和100万股，价格为10元/股，募集到2 500万元。其中，张江浩成是张江高科下属的股权投资机构，主要投资高新技术项目。2014年9月，点点客再次抛出定增方案，向深创投和浙江红土创业投资有限公司（以下简称"红土创投"）分别定增50万股和100万股，价格仍然为10元/股。此次定增为点点客募资1 500万元。深创投是目前国内综合实力领先的创投机构；而红土创投则是由浙江清华长三角研究院和深创投发起，并由浙江省政府、嘉兴市政府的创业风险投资引导基金以及台州市产业投资有限公司等共同出资组成，同样实力不俗且具有国资背景。

（3）标的企业和并购的基本情况。

点点客因筹划重大资产重组自2015年1月13日开市起暂停转让，后于2015年1月30日就重大资产重组事项进行首次信息披露。点点客披露重大资产重组报告书显示，公司将以"定增+现金"的方式收购杭州微巴信息技术有限公司（下称：微巴信息）100%股权。交易对价为8 000万元（增值率约400%），其中以14元/股价格向交易对象发行416.91万股股票，并以现金2 163万元支付剩余对价。

微巴信息为国内首批微信第三方应用开发商，其旗下微信营销系统品牌"微信生意宝"在全球范围内拥有1 500多家代理商，共计9 000多名从业伙伴，服务了全国范围内的10多万家商户，其中包括盾安集团、银泰百货、宝马、奥迪、沃尔沃、奔驰、万科等全国知名企业。此外，2013年底"微信生意宝"品牌成功入驻马来西亚、新西兰等多个海外市场。财务方面，截至2014年末，微巴信息资产总计1 886万元，净资产为1 596万元。2013年和2014年，微巴信息分别实现营业收入762万元和2 644万元，实现净利润分别313万元和1 143万元，净利润率超40%。交易对手方同时承诺：2015—2017年，微巴信息营业收入分别不低于3 000万元、4 500万元和6 750万元；净利润分别不低于800万元、1 200万元和1 600万元。若在承诺期内任一年度实际净利润低于目标，则点点客有权书面通知业绩补偿方以股份补偿的方式进行利润补偿。

（4）并购后的市场反应。

点点客通过本次重组将微巴信息纳入体系内，成为其全资子公司，并希望能够在未来微信平台的不断变化中发挥协同效应，进一步提升点点客的综合竞争力。这种产业链的扩充与延伸得到资金的青睐，即便3月11日大涨之后，由于对并购后整合效应的看好，点点客股价依然震荡上扬，从停牌时的24元/股上探到76元/股。

从更宽泛的角度去审视，点点客的并购与股价暴涨，不仅对该公司具有重大意义，而且会引发其他新三板公司通过这个市场募资，再去收购优质公司，从这个角度而言，点点客的此次运作，俨然是二级市场的玩法。

12.3.3　PE+上市公司

"PE+上市公司"并购基金指的是有丰富的PE（私募股权投资基金）管理经验的机构充当GP（普通合伙人）与上市公司或上市公司大股东或其关联公司一同作

为并购基金的发起人，成立的有限合伙制并购基金。该并购基金担当上市公司产业整合的主体，通过开展投资、并购、整合等业务推动上市公司既定的战略布局，扩张上市公司的业务以及提高行业地位。同时，对于并购基金投资的项目，由上市公司并购作为退出的主要渠道，提高投资的安全性。因此，该并购基金模式可实现上市公司与 PE 互利共赢的良好局面。该模式的优势可以总结为以下三点：

第一，优势互补，实现双赢。上市公司可通过并购基金提前了解目标企业，减少并购的信息不对称风险。另外，PE 在项目挑选、交易架构设计、并购流程操作方面有着很强的专业性，上市公司的专业团队则可对目标企业进行专业管理和运作。两者可以优势互补，提高并购项目的成功率。

第二，杠杆收购，节约资金，提高效率。上市公司独立做并购，需要进行再融资、定向增发等，而且须独立对并购项目进行调查，耗时巨大，有时会因此而错过一些良好的并购机会。如果上市公司参与设立并购基金进行收购，只需支付部分出资，剩余资金由外部募集，同时借助 PE 的专业性，大大提高并购效率。

第三，提升投资效益，保证投资退出的安全性。借助上市公司的经验，PE 可以提高对项目质量的判断；通过上市公司的管理和运作，提升业绩，壮大公司实力。当项目达到一定盈利能力时，PE 可以将项目卖给上市公司，实现套利退出。

2015 年作为"PE + 上市公司"模式的首创者，硅谷天堂首次采用"PE + 上市公司"的模式是在 2011 年 9 月与大康牧业（002505）的合作中，设立的产业基金在帮助大康牧业进行产业布局和外延扩张方面发挥了重要作用。随后，硅谷天堂复制这一模式，先后与广宇集团（002133）、京新药业（002020）、合众思壮（002383）等上市公司签订了共同设立产业基金的框架协议。

2015 年并购基金风起云涌。仅从 A 股层面来看，根据不完全统计，截至 2015 年 10 月 15 日，共有 130 只并购基金，涉及 125 家上市公司。上市公司的野心大多围绕产业链整合，新三板标的亦是"香饽饽"。万年青 6 月出资成立的宁波鼎锋明道投资管理合伙企业（有限合伙），重点投资已挂牌新三板公司的定向增发、并购机会、期权、优先股、可转债以及拟在新三板挂牌的未上市公司。冠农股份同月的第一期新兴产业并购基金——"华富资管—涌泉 1 号资产管理计划"亦主要投资新三板挂牌的创新型、成长型优质企业。同时，"PE + 上市公司模式"也被复制到新三板企业。

【案例 12 – 4】

"PE + 上市公司"模式的新三板首秀

2015 年 3 月 10 日，亿童文教宣布与硅谷天堂签署《财务顾问协议》。据此协议，硅谷天堂将就公司资本运作事项提供顾问服务，包括但不限于：提供收购与兼并等资本领域的财务顾问服务；成立独立项目组，为公司进行并购标的筛选；提供资本市场咨询服务与资本市场战略规划；双方以文化艺术相关行业设立并购基金。协议期限为三年。目前，作为亿童文教的股东，硅谷天堂持有其4%股份。此举意味着，在新三板市场筹谋已久的硅谷天堂有了实质性动作。

　　协议签署完后，亿童文教的做市交易成交金额大大增加，由协议签署前一个月的日均成交额255.28万元增加到协议签署之后一个月的日均成交额1 885.40万元（见图12-6）。股价则在协议签署完后快速上涨，在3月19日当天，股价上涨幅度高达19.32%（见图12-7）。可见，与硅谷天堂的合作使得亿童文教备受市场看好。

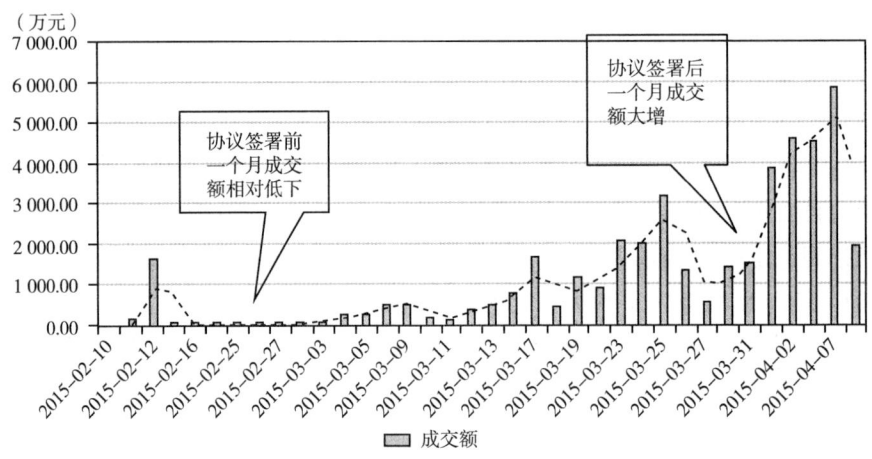

图12-6　交易前后亿童文教的成交额

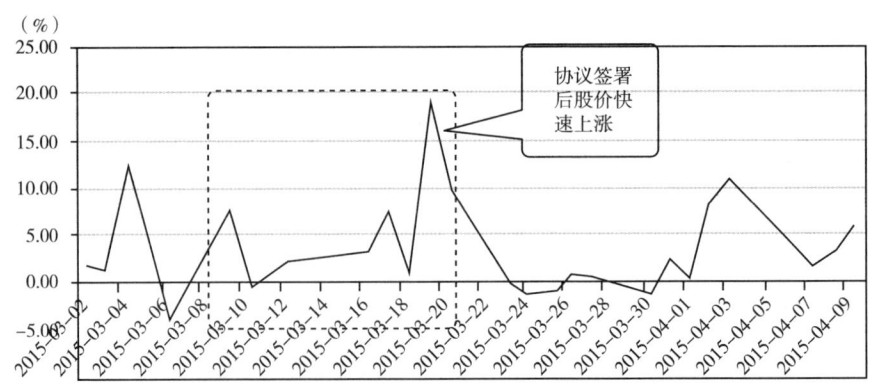

图12-7　交易前后亿童文教股价走势图

与亿童文教的合作是硅谷天堂首度在新三板出手。从协议内容来看，与硅谷天堂和 A 股上市公司的合作模式并无二致。究竟"PE＋上市公司"的并购模式在新三板接下来的发展是否会如在 A 股市场般风靡，市场静候佳音。

【案例 12–5】

凌志软件牵手毅达资本："PE＋上市公司"模式移再复制

凌志软件 2015 年 6 月 5 日公告，公司与毅达资本签署了《战略合作框架协议》。协议约定：毅达资本成立独立项目组，根据凌志软件发展战略，在毅达资本已投资或者拟投资的项目中为公司建立备选合作项目清单，为公司进行并购标的筛选或者提供跟随投资机会，为公司资本战略提供专业意见和指导。简而言之，毅达资本为自己的投资标的绑定了一条退出途径。同时，凌志软件有股权融资计划时要求通知毅达资本。这也说明不排除未来毅达资本会通过定增直接入股凌志软件，享受并购带来的股价升值。

凌志软件同日还发布对外投资公告，称公司拟向江苏毅达成果创新创业投资基金（有限合伙）投资 2 000 万元，占基金总规模约 3%。毅达基金规模 5 亿~6 亿元，重点投资基于数字诊疗大健康、互联网＋、清洁技术等新兴产业。凌志软件表示，公司对外投资的基金项目是与毅达资本战略合作项目之一，基金项目的重点投资基于数字诊疗大健康、互联网＋、清洁技术等新兴产业，坚持在专业团队对上述新兴产业透彻了解的基础上，分析产业全貌，挖掘价值点，系统开拓有价值的案源，实现行业研究指导下的案源开发。

12.3.4 换股并购

换股并购方式对于合并方有着诸多优势：如上市公司作为合并方不必通过以现金支付的方式来购买被合并方的全部资产和股份，由此可以避免因吸收合并过程中大量的现金流出，避免由于合并而使存续公司背上沉重的债务负担，有利于企业的长远发展。相比有"以大吃小"特征的现金方式，换股合并则可以一定程度上摆脱合并中资金规模的限制，所以它通常适用于不同层次规模的合作，特别是大规模层次上的强强合作。

以美国为例，现金合并是企业合并史初期的主要方式。随着并购规模扩大，换股合并日渐流行。近年来在现金合并与换股合并的基础上，出现了包含认股权证、可转换债券等混合合并方式。现金合并方式在并购中的比重逐年下降，以股票为支付方式的换股合并比重则逐渐上升。有关资料显示，美国市场的现金支付比重由1976年的52%下降到1995年为27%，股票支付方式所占比重由1976年的26%上升到1995的37%。

【案例12-6】

新三板首例换股并购出现

2015年11月11日上海君实生物医药科技股份有限公司（以下简称：君实生物，股票代码833330）在股转系统发布公告称，将实施向上海众合医药科技股份有限公司（以下简称：众合医药，股票代码430598）全体股东发行735万人民币普通股股票用于换股吸收合并众合医药。本次换股吸收合并的股权登记日和换股实施日为11月12日，标志着新三板首例换股吸收合并案例即将完成。

此次事件中，君实生物为吸收合并方，众合医药为被吸收合并方。并购双方控股股东存在关联关系，公司存在潜在的同业竞争情况。君实生物成立于2012年12月27日，公司主营业务为生物医药的研发，并提供相关的技术开发、技术咨询、技术转让、技术服务。熊凤祥、熊俊父子直接持有公司25.80%的股权，是公司的实际控制人。众合医药成立于2008年7月28日，公司主营业务为新药的研发及相关技术的转让和服务、新药的生产和销售。控股股东是熊俊，直接持有公司52.85%的股权。显而易见，两家公司控股股东具有关联关系。此外，两家公司均从事单克隆抗体新药的研发及产业化，且在研品种均处在临床前研究阶段向临床研究阶段过渡的关键时期，因此存在潜在的同业竞争情况。在此背景下，两家公司决定通过换股方式进行吸收合并。

本次换股吸收合并方案将消除同业竞争问题，优势互补。君实生物通过向众合医药全体股东发行735万元人民币普通股股票用于换股吸收合并众合医药。本次合并的换股比例为0.05∶1，即换股股东所持有的每1股众合医药普通股股票可以换得0.05股君实生物本次发行的人民币普通股票。经双方管理层协商后决定依据，众合医药2015年4月末每股净资产，确定众合医药本次换股价格为1.30元/股。在此基础上，确定君实生物换股发行价格为25.90元/股。本次换股吸收合并后，众合医药所拥有的全部资产、负债、业务、人员、合同、在研项目及其他一切权利与义务均有君实生物承继与承接，众合医药将终止挂牌并注销其法人资格。

本次换股吸收合并完成后，君实生物和众合医药将合并为单一法人主体，从而消除君实生物与众合医药的潜在同业竞争,两家公司也将实现人才、技术、资金、管理等各种资源的共享和优势互补,提高管理效率,研发实力、资金实力、管理能力和抗风险能力都将得到进一步的加强。

目前,新三板的收购方式还是以现金收购为主。不过随着新三板的快速发展,现金收购的比重逐步下降,已经从 2015 年 5 月 30 日的 88% 下降至 10 月 30 日的 83%。相反,采用定增股份直接收购以及采用定增和现金混合收购方式的占比逐渐提升。此次换股吸收合并案的成功实施体现了新三板的创新性、收购方式的多样化。日后或许有更多合适的挂牌企业选择换股吸收合并的方式做大做强;同时,未来新三板或将涌现更多适合新三板中小企业的收购方式。

第13章
新三板企业资本运作：股权激励

伴随着市场竞争日益加剧，企业为吸引和留住人才、充分发挥人才的潜力，采取了各式各样的激励手段和措施。股权激励作为一种重要且有效的激励手段，目前越来越受到企业的重视与采纳。通过股权激励，公司可以建立一套与激励对象实现利益捆绑、双方共赢的长效激励机制，实现人力资源与物力资本完美结合，达成个人与企业共同发展、持续双赢的目的。

13.1　新三板企业股权激励方面的法律法规

全国中小企业股份转让系统有限责任公司发布的《全国中小企业股份转让系统业务规则（试行）》（以下简称《业务规则》）规定，在全国中小企业转让系统挂牌的公司可以实施股权激励。根据全国中小企业股份转让系统有限责任公司发布的《全国中小企业股份转让系统业务制度解读》（以下简称《制度解读》），股权激励是为了增强市场制度包容性，充分适应中小企业。股权激励不仅是为了优化中小企业的公司治理结构，更重要的是为了提升企业的市场竞争力，提高投资者对于企业的投资兴趣。在我国，关于上市公司的股权激励规定已经比较完善，这次在非上市公司中提及，不仅反映出股权激励对于上市公司的积极作用已经得到了认可，而且也反映出国家希望通过股权激励等方式鼓励中小企业能够优化公司治理提供自身的核心竞争力。

新三板挂牌公司实施股权激励受到的政策限制很少，且允许存在股权激励未行权完毕的公司申请挂牌。根据《上市公司员工持股计划管理暂行办法》《上市公司证券发行管理办法》《国务院关于全国中小企业股份转让系统有关问题的决定》《非上市公众公司监督管理办法》规定，主板和新三板在股权激励方面差异见表 13-1。

表 13-1　　　　　　　　　主板和新三板在股权激励方面差异

要素	主板	新三板
核准要求	向中国证监会核准	不超过 200 人豁免核准
激励方式	多采用股票期权	灵活多样
财务条件	财务状况良好	不设财务指标
间隔要求	原来的募集资金须使用完毕	无发行间隔要求
资金来源	最近 12 个月公司应付薪酬	无限制
金额限制	不高于现金薪酬的 30%，不高于员工家庭金融资产的 1/3	无限制
数额限制	单个员工不超过股本的 1%，累计不超过股本的 10%	无限制
发行价格	不低于前 20 个交易日均价的 90%	无限制
持股期限	不低于 36 个月	不强制限售
流通性	高	较差

13.1.1　新三板企业实施股权激励的必要性

（1）优化股权结构的需要。挂牌企业多为处在成长初期的中小企业，往往存在一股独大的现象，股权结构较为单一。随着企业的发展、壮大，公司的股权结构也需要得到优化和规范。股权的分散程度，未来也可能成为衡量挂牌企业是否适合引入竞价交易的标准之一。

（2）吸引人才，增强行业竞争力的需要。新三板企业以高科技领域为主，比如 TMT，行业竞争日趋激烈，人才流动频繁，吸引和激励人才成为高科技企业致胜关键。股权激励是现代企业员工薪酬制度的有力补充，可以帮助高科技挂牌企业留住人才。

（3）提高公司的管理效率的需要。股权激励将公司业绩的增长与个人的收益水平紧密结合，使得拥有公司经营权的公司高管及核心员工通过持有股份增加参与公司管理的主动性、积极性，促进公司管理的主动性、积极性，促进公司管理的提升。

13.1.2 新三板企业股权激励的可行性

（1）新三板价格发现机制日趋完善。新三板做市商交易制度已于2014年8月25日正式实施，未来分层之后，竞价交易制度也将逐步引入，最终新三板挂牌企业股票转让将形成协议转让、做市转让及竞价交易三种交易方式相结合的交易体系，新三板市场的挂牌企业股票价格发现功能将日趋完善。

（2）新三板交投活跃度逐步增强。随着新三板交易制度的不断完善，新三板股票交易较2014年已经活跃不少。未来分层制度的落实，挂牌企业根据分层的情况可能实行差别交易制度。同时，投资者准入门槛在未来也极有可能进行部分调整，将有更多的机构和个人投资者进入新三板市场，这都将推动新三板股票交易活跃度。

（3）以市场为导向的监管政策。不同于规范上市公司股权激励的《上市公司股权激励管理办法》，全国中小企业股份转让系统已明确表示原则上不出台专门针对挂牌企业股权激励的相关政策，支持挂牌企业股权激励市场化运作，大大加强了新三板挂牌企业实施股权激励计划的可操作性及灵活性。

【案例13-1】

联讯证券开券商股权激励先河

联讯证券2014年正式登陆新三板，其作为第一家挂牌的金融企业备受市场关注，从几轮火热的定增到最新的签约做市商可见一斑。2015年1月30日，联讯证券做市签约仪式正式举行，包括东方证券、华安证券、齐鲁证券、安信证券、财达证券、国都证券、恒泰证券、华鑫证券、中投证券、广州证券、江海证券、东莞证券、国信证券、兴业证券在内的14家券商为其做市，做市商数量刷新纪录。

2015年8月26日，联讯证券公布面向1 025名员工的第一期员工持股计划（草案）（下称"持股计划"），拉开证券公司员工持股计划序幕。与其他企业推出的针对高管和核心员工的股权激励计划不同，这是新三板挂牌公司首次推出面向所有在册员工的持股计划。该员工持股计划份额合计不超过8 345.36万份，认购价格1元/份，资金总额不超过8 345.36万元；全部份额对应标的股票总数不超过5 716万股，占公司现有股本总额不超过4.71%。参加员工持股计划的员工总人数不超过1 025人，包括公司董事、高级管理人员和其他员工。

与直接持股不同的是，此次员工持股计划设立后将委托中信信诚资产管理有限公司管理，并全额认购由中信信诚资产管理有限公司设立的中信信诚联讯启航1号专项资产管理计划（简称"启航1号资管计划"）的次级份额。启航1号资管计划份额上限为21 250万份，资金总额不超过21 250万元，按照1：1.5的比例设立次级份额和优先级份额。启航1号资管计划主要投资于联讯证券在全国中小企业股份转让系统定向发行的股票以及银行存款和货币基金等低风险高流动性现金管理工具。该计划所获标的股票的锁定期为12个月，自本员工持股计划通过本次定向发行所认购标的股票完成股份登记手续之日起计算；本员工持股计划的存续期为24个月。

联讯证券在业内首家实施股权激励，开创了券商股权激励的先河。在联讯证券此次股权激励计划之前，券商股权激励计划都只在其基金子公司或资管子公司实施。据不完全统计，共有13家基金子公司和资管子公司实施了股权激励，其中包括中欧基金、易方达基金、财通基金财通资产管理、国泰基金国泰元鑫资产管理等。同时，该计划规避从业人员持股限制，通过资管计划认购定增股票。中国证监会2013年发布《证券公司股权激励约束机制管理规定（征求意见稿）》，对可实施股权激励的证券公司、受激励对象、持有形式、信息披露等作出了明确要求。但意见征求后并未发出该管理规定的正式稿。股权激励的常规持股方式有员工直接持股和建立持股平台间接持股两种。但《证券法》第43条规定，证券公司从业人员不得直接或以化名、借他人名义持有、买卖股票，因此直接持股方式对证券公司股权激励而言是不可行的。而持股平台又涉及新公司的注册设立，程序相对较复杂。联讯证券此次股权激励计划委托中信信诚管理，全额认购启航1号资管计划的次级份额，绕开了对从业人员的持股限制，并实现了所持股份的市场化投资运作。

联讯证券推出的创新股权激励计划，充分体现了新三板制度红利。与主板交易所较为严苛监管环境相比，新三板宽松的备案制土壤无疑将扛起金融改革试验的大旗，未来会有更多的创新试点之举出台。券商作为专业机构，自己选择登陆新三板，公信度更高一些，已经表明看好新三板的发展，对其他企业更有示范作用。新三板的环境相对宽松，为企业创新发展提供了更为广阔的土壤，未来在新三板的制度创新会更多。

13.2 股权激励的实务要点

股权激励是一种以公司股票为标的，对其董事、高级管理人员、核心员工及其他人员进行长期激励的方式。股权激励的核心宗旨是通过激励对象与企业利润共享、风险共担，使激励对象有动力按照股东利益最大化的原则经营公司，减少或消除短期行为。股权激励的理论基础源于委托人与代理人之间的信息不对称，委托代理的存在客观上要求对管理层实施激励，让管理层持有一定的股权可以缓解管理层与股东之间的利益冲突，减少代理成本。

新三板是高新技术或新兴业态企业主导的市场，这类企业更多是靠人才的竞争，而灵活有效的激励制度对稳定高管和核心员工具有积极作用。近期新三板公司出现的高管离职潮愈发凸显股权激励的重要性，股权激励的实施过程中应重点注意四点（见图13-1）。

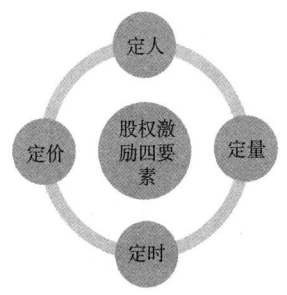

图13-1　股权激励四要素

（1）定人：激励对象的选择通常是依据职级、工作年限及对公司利润的贡献高低等因素来确定，激励对象一般主要为公司的决策层与核心骨干，有时是全体员工，需根据企业自身情况灵活运用。

（2）定量：总量方面，挂牌公司股权激励总量一般占公司股权总量的5%~10%；个量方面，基于"二八原则"，核心对象重点激励，真正做到激励的的公平性。

（3）定时：锁定期过长或过短都难以取得良好的激励效果，应注意长期激励授予期限等问题。

（4）定价：一般激励对象受让股权的价格由企业自身决定，实践中主要有零价格转让、以每股净资产的价格转让或在此基础让给予一定折扣转让、做市价和协议定价。

一个成功的股权激励方案首先考虑企业的发展周期，选择适合企业的方法，然后才开始设计方案。企业现阶段设计股权激励方案的关键点主要有以下八点：

13.2.1　股票来源

根据目前市场上的操作情况来看，股票的来源渠道较为可取的主要有：公司提取激励基金，经营者、骨干等受益人开设个人账户。用公司分配的激励基金和个人出资等以个人名义购买流通股票，公司委托管理，在规定时间内限制流通，受益人享有除流通权以外的其他一切权利。在公司净资产增值部分中确认一块，用于高科技人员和管理层的期权计划。公司在发行新股时，预留一部分额度作为未来经营者行权时的股票来源。这部分股份额度发的是认股权证，只有经营者在未来行权购买股票时才需要交钱，才带来公司注册资本的变化。

13.2.2 股票定价

股票谁来定价，有的公司由董事会确定，有的由股东大会确定，更多的是由薪酬委员会或认股权管理委员会确定，关于行权价怎么定的问题相当关键。目前，国内的做法大致为五种：一是目前的市场价乘以折扣；二是每股净资产的价值；三是净资产乘以系数；四是股票原始发行价格；五是股权的一种均衡价格。

13.2.3 激励对象

激励对象也就是股权的受益者，一般有三种方式：一种是全员参与，这主要在初创期；第二种是大多数员工持有股份，这主要适用于高速成长期，留住更多的人才支持企业的发展；第三种是关键员工持有股份，受益者主要是管理人员和关键技能人员。对于激励对象的选择也要有一定的原则，对于不符合条件的员工不能享受股权激励。

13.2.4 激励方式

常用的中长期激励方式有三类：股权类、期权类和利益分享类。每一种方法都有它的优点和缺点，也有具体适用的前提条件。对于非上市公司新三板企业来说，股权类和利益分享类比较适合。但是无论采取哪一种方法，都要考虑激励机制与约束机制的有机结合，真正发挥员工的积极性。如果只考虑激励机制，不考虑约束机制，股权方案就有可能失去效用。

13.2.5 员工持股总额及分配

员工持股总额及分配是确定股权激励的总量、每位收益人的股权激励数量、用于后期激励的预留股票数量。如何确定，每个公司有其特殊性，可根据实际情况来确定。对于每位收益人的股权数量基本上是按照职位来确定的。如果公司在职位评估上相对公平，年收入水平基本上考虑职位在公司的价值和体现了个人能力，就可以根据年收入来确定股权比例。对于新就职的员工，特别是高管，一般进入公司就需要享受中长期激励方案，但可采取分步实施的方针，在试用期过后的一年里先享受50%的比例，一年之后再100%享受。

13.2.6 购股方式

购股方式也就是购买股票的资金来源，一般有员工现金出资、公司历年累计公益金、福利基金、公司或大股东提供融资、员工用股权向银行抵押贷款。有些方式会产生财务支出，要重复交税。股票投资要交投资经营税，期权所得要交投资所得税，而且在股票回购时不能算作成本费用来抵消税负。如果不考虑财务因素，有些公司会更多采用员工出资购买的方式，每个月从工资中按比例扣钱，这样不仅仅给公司创造了融资，节约了成本，还从一定程度上提高了员工的辞职成本，有利于对员工的控制。

13.2.7 股票处理

行权持有股票后，关键是这些股票如何流通变现。就期权计划实现最大激励效果而言，建议行权的股票立即可以流通，从流通数量上进行限制，采用逐步兑现的方式来解决。

13.2.8 管理机构及操作

实施股权激励项目一般都需要设立一个专门的小组或者部门来管理方案实施的日常操作，这个常设小组或部门不仅要保证公开、公正、公平地实施股权激励制度，也要宣贯共同分担风险、共同享受成果的理念。股权激励的目的是要调动员工的积极性和发挥主人翁精神，共同谋求企业的中长期利益，避免只追求短期利益，损害长期利益的错误。所以，只有贯彻这一理念，才能激励和留住人才。

但任何一个工具和方法都是一把双刃剑，股权激励会稀释产权，所以，在设计股权激励方案的时候，一定要充分考虑企业的中长期战略目标、企业文化和行业特点，设计出系统的、有针对性的和易于操作的方案。

13.3 新三板股权激励模式

13.3.1 员工持股型

员工持股是指让激励对象持有部分数量的本公司股票，这些股票是公司无偿赠与激励对象的，或者是公司补贴激励对象购买的，或者是激励对象自行出资购买的。在股票升值时激励对象可以受益，在股票贬值时受到损失。通过员工持股方式实行股权激励计划，一般为限制性股票。

公司预先设定了公司要达到的业绩目标，当业绩目标达到后则公司将部分数量的本公司股票无偿赠与或低价售予激励对象。这些股票不能任意抛售，而是受到一定的限制。一是禁售期的限制：在禁售期内激励对象获授的股票不能抛售。禁售期根据激励对象的不同设定不同的期限。如对公司董事、经理的限制规定的禁售期限长于一般激励对象。二是解锁条件和解锁期的限制：当达到既定业绩目标后激励对象的股票可以解锁，即可以上市交易。解锁一般是分期进行的，可以是匀速也可以是变速。

【案例 13-2】

定向增发直接持股方式：南京旭建（430485.OC）

2015年4月4日南京旭建发布定增信息，发行对象为32名自然人。其中，公司的核心员工24人，在公司长期任职董事、监事和高级管理人员8人。发行情况：公司以2014年未经审计的归属于母公司股东的每股净资产1.44元为基础，定价每股人民币2.00元。公司以定向发行的方式发行1 000万元人民币普通股，认购人以现金认购，公司本次定向发行募集资金金额为2 000万元。本次股票发行募集资金用途为补充公司流动资金，使新投产的两条生产线产品尽快占领国内外市场，新增产能迅速释放，提升公司经济效益。对上述股票的限售期是，新增股份自股份登记之日起6个月内不得转让。

这种方式简单明晰，参与的主要管理通过定向增发，以较低的价格获取了企业的股份，与股东产生了一致的利益，有一定的长期激励作用。

【案例13-3】

定向增发间接持股方式：盛世大联（831566.OC）

2015年4月23日盛世大联发布定增信息：本次发行对象为1家机构投资人——宁波盛宁投资合伙企业（有限合伙），出资额800万元，发行后持有公司股份400万股。宁波盛宁的合伙人为盛世大联的管理人员、员工合计16名自然人及1家机构上海盛大汇通企业服务有限公司。激励对象按照2元/股的价格通过宁波盛宁向公司增资的方式获得激励股权，为无限售条件普通股。本次募集资金主要用于补充公司流动资金，公司资产负债率将降低，财务状况更加趋于健康。本质上，此次股权激励计划采取员工间接持股的激励方式，即激励股权通过宁波盛宁投资合伙企业（有限合伙）授权，盛宁投资为持股平台，是公司的股东，激励对象通过作为有限合伙人间接持有公司的股票。

直接持股给予员工完整的股东权利，但导致股权分散降低决策效率；间接持股制公司可统一管理决策权，可预留股份，还可自由选择公司制平台或有限合伙制平台持股。相比而言，有限合伙制平台的间接持股形式，更适合尚处发展期的新三板挂牌公司。

【案例13-4】

转让持股方式：航天检测（832007.OC）

2015年4月28日航天检测发布激励计划：有资格通过间接持股的方式，获授一定数量限制性股票的公司员工，包括公司高层管理人员、中层管理人员、核心技术人员。授予价格：每股授予价格＝上年度截至12月31日公司经审计的每股净资产×50％。2014年度本公司经审计的每股净资产为2.50元，2015年股权授予价格为1.25元/股，激励对象应交付的股权认购款总额为321.50万元，分别分二期或三期交付，第一期股权款133万元已交存至云南君致投资合伙企业（有限合伙）银行基本账户。本激励方案分三年实施，经考核，2014年度核心员工持股激励方案于2015年执行，2015年实施8％的股份计257.20万股。

和前面几种情况不同的是，其股份来源是大股东刘浩先生转让持有公司

21.99%的股份至云南君致投资合伙企业（有限合伙）持有，计707万股，作为实施激励计划的股份来源。激励对象依照本激励计划所取得的公司限制性股票，将通过持有云南君致投资合伙企业（有限合伙）的出资份额从而实现间接持有，激励对象以自然人的身份在云南君致投资合伙企业内持股，即间接持股公司股份的方式。

这种股权激励方式不需要定增新股，股票来源都是大股东转让的部分股票，企业本身无法从股权激励中融资，但是公司原有的股权结构可能得到一定改善。

13.3.2 股票期权型

股票期权指股份公司赋予激励对象购买本公司股票的选择权，具有这种选择权的人，可以在规定的时期内以事先确定的价格（行权价）和条件购买公司一定数量的股票，也可以放弃购买股票的权利，但股票期权本身不可转让、抵押、质押、担保和偿还债务。激励对象一般没有分红权，其收益来自股票未来股价的上涨，收益实现与否取决于未来股价的波动。

【案例13-5】

股票期权计划第一例：仁会生物（830931.OC）

上海仁会生物制药股份有限公司是第一家挂牌前开始实施股权激励计划而后成功挂牌的新三板企业。2014年2月仁会生物通过了股权激励方案，激励计划的有效期为自股票期权首次授予日起十年，公司分四次授予股票期权，股票期权总数为317万股，占当时股本总额3.52%，股票来源为公司向激励对象定向发行普通股股票。

首次授予股票期权情况：授予日为2014年2月24日，授予股票期权76万份，行权价格为1元/股。此次行权条件为公司在2015年12月31日前获得"谊生泰注射液"新药证书、"谊生泰注射液"生产批件、"谊生泰注射液"通过GMP认证并获得相关证书。如在2015年12月31日前未达到上述"三证齐全"的目标，则首次期权激励对象所获得的期权数量按一定比例进行折扣后分期行权。此次激励对象为7人，均系在公司工作满6年且为公司主要产品"谊生泰"研究和开发工作作出重大贡献的高级管理人员、中级管理人员及核心研发技术人员。此次激励计划的可行权日为首次授予日起满24个月后。

2014年11月20日，首次授予的期权已在中国证券登记结算有限责任公司完成登记。截至目前，首次授予股票期权约定的行权条件中的期限未到。2015年5月公司通过了该次股票期权激励计划二次授予方案，确定了第二次股票期权授予的行权条件。

对于企业而言，优势在于以下几点：

（1）调动员工的积极性，规范公司的治理机制，提高公司的整体效率。该次股权激励的对象均为公司的经理、主管等，为公司的中高级管理员工，而这些"中坚力量"正代表公司的管理效率，股票期权的授予带来的财富以及"主人翁"心理必定提高他们的积极性，使激励对象在心理上从"员工"变成"老板"，进而提高公司的凝聚力与效率。这一效率直接体现在加快了公司实现短期目标的进程。首次股票期权授予的行权条件为公司在2015年12月31日前实现"三证齐全"。虽然截至目前仍无法确定该目标是否能够实现，但是至少该股权激励方案潜在的巨大利差对该目标的实现起到了加速的作用。

（2）固定并约束现有人才，吸收并引进外来人才。该次股权激励将一批管理者变成了股东，使他们在享有公司剩余价值分配权的同时也承担公司的经营风险，对于激励对象既是诱惑（股价上涨），也是约束（股价下跌）。同时，公司巨大的股权激励力度势必会吸引更多的人才前来，从而不断优化公司的人力资源，成为公司加速发展的不竭动力。

（3）获得资金，客观上增加了公司的注册资本。相比其他激励模式，股票期权成本较低。仁会生物首次股票期权授予的股票来源于公司向激励对象以1元/股的价格定向发行普通股股票，员工购买该股票的款项来源于自有资金，公司不提供任何资金保障或担保服务。虽然公司的初衷不在于这些少量资金，但是毋庸置疑的是，这批新增股东将是公司遭遇危机时资金的保障，这批人"股东和员工"的双重身份正是他们选择与公司共存亡的关键引导因素。

股权激励最大的弊端便是股权的分散，公司决策效率降低，可能导致企业价值的减损。决策效率的降低是因股权的分散，企业价值的减损是因管理者持股比例的增加，即所谓的"管理防御假说"。截至目前，仁会生物公司股东已超过150个。显然，每次股东大会的召开以及对重要事项的审议都较难形成集中的意见，这一大弊端是该次股权激励的股票来源方式（定向发行）造成的后果。故现在大多挂牌企业选择成立有限公司或者合伙企业（须符合股转系统关于合格投资者的规定，注册资本须500万以上）作为股权激励的员工持股平台（例如三星股份、同兴股份等），这样可有效避免该弊端，且股权激励的效果可能保持较为短暂，一旦员工行权后成为股东，则无从限制，其势必可能依仗股东身份，谋取个人私利，背弃公司价值目标。

对于员工而言，优势也很清晰：

（1）直接获得财富。首次股票期权授予确定的行权价格为 1 元/股，其他三次的预留股票期权的行权价格为 5 元/股，而根据公司目前最近的一次股票发行价格（2015 年 6 月，公司定向发行 400 万股，发行价格为 25 元/股，且股票价格一直处于稳步上升阶段），员工可以直接获得股票价格之间巨大的利差。如果股票发行价格跌破行权价格，员工可以自主放弃行权。

（2）管理地位更加牢固，可一定程度上通过自己的想法实现价值。股东的身份可以提出自己的想法，员工的身份可以执行自己的想法，如执行不力，股东的身份还可以保障自己的地位与报酬。股权激励具有一般奖励无法比拟的优势，其不只是激励员工"尽本分"，更是鼓励他们敢于"不安分"去实现自己的价值。

股权激励固然是公司给予员工的福利，但是该种福利的特殊性便在于其具有风险，可能最终"不得其利，反受其害"。股票期权授予一般设置行权条件，例如仁会生物的"三证齐全"目标，如未能按时实现条件可能获得的股权比例将大打折扣；如可行权日开始时股价跌破行权价格，员工可能放弃行权，到头来也只是空欢喜一场；如员工按原计划行权，用自有资金购买股权后股价跌破行权价格，对于员工来说却是"卖力又折本"的生意。

13.3.3 复合期权型

限制性股权是指挂牌公司以低于二级市场上的价格授予激励对象一定数量的本公司股票，激励对象以自筹资金购买公司股票。限制性股权一般会设定股票锁定期（即持有股票但不能出售），在公司业绩达到预先设定的考核指标后，方可按照约定的期限和比例将股票进行解锁。很多新三板企业选择了股票期权与限制性股权混合使用的复合期权模式。

【案例 13-6】

复合期权：百华悦邦（831008.OC）

北京百华悦邦科技股份有限公司于 2014 年 10 月 9 日披露了《股票期权与限制性股权激励计划》，是股权激励模式混合使用的代表性案例。对于股票期权部分此处不再赘述,集中针对其中限制性股权部分进行详细分析。该计划授予限制性股权100万股,占当时公司股本总额2.5%。

激励对象:包括董事监事高管、中层管理人员、主要业务(技术)人员和董事会认为对公司有特殊贡献的其他人员共112人。

方案内容:本激励计划拟向激励对象授予权益总计200万份,涉及的标的股票种类为公司普通股,约占本激励计划签署时公司股本总额4 000万股的5%。其中,首次授予权益147.7万份,占目前公司股本总额4 000万股的3.69%;预留52.3万份,占目前公司股本总额4 000万股的1.31%。本激励计划授予的股票期权的行权价格为15元,限制性股票的授予价格为7.5元。股票期权激励计划的股票来源为公司向激励对象定向发行公司股票。

股票期权激励计划:公司拟向激励对象授予100万份股票期权,涉及的标的股票种类为公司普通股,约占本激励计划签署时公司股本总额4 000万股的2.5%。其中,首次授予73.85万股,占目前公司股本总额4 000万股的1.85%;预留26.15万股,占目前公司股本总额的0.65%。在满足行权条件的情况下,每份股票期权拥有在有效期内以行权价格购买1股公司股票的权利。预留部分的股票期权在首次授予后的18个月内授予,应自相应的授权日起满12个月后,激励对象应在未来24个月内分两期行权,每期行权50%。

各年度绩效考核目标如下所示:

第一个行权期:2015年归属于公司股东的扣除非经常性损益后的加权平均净资产收益率不低于20%;公司2015年实现营业收入相比于2013年增长不低于20%;公司2015年归属于公司股东的扣除非经常性损益的净利润相比于2013年增长不低于20%;

第二个行权期:2016年归属于公司股东的扣除非经常性损益后的加权平均净资产收益率不低于20%;公司2016年实现营业收入相比于2013年增长不低于40%;公司2016年归属于公司股东的扣除非经常性损益的净利润相比于2013年增长不低于40%;

第三个行权期:2017年归属于公司股东的扣除非经常性损益后的加权平均净资产收益率不低于20%;公司2017年实现营业收入相比于2013年增长不低于60%;公司2017年归属于公司股东的扣除非经常性损益的净利润相比于2013年增长不低于60%。

限制性股票激励计划:公司拟向激励对象授予100万股公司限制性股票,占本激励计划签署时公司股本总额4 000万股的2.5%。其中，首次授予73.85万股，占目前公司股本总4 000万股的1.85%；预留26.15万股，占目前公司股本总额的0.65%。

除具有股权激励的共性利弊外，限制性股权具有独特利弊。对于公司有限，优势在于以下几个方面：

（1）时间短，效果明显。限制性股权的特殊性在于方案一经通过，员工在数月之内一般就能成为公司股东，只不过他们的股份存在漫长的锁定期。这对于员工的心理压迫非常强烈，员工要变成股东须投入自有资金，且这些行为不可逆转（股票期权可放弃），员工只能竭尽全力去实现解锁条件（这就是所谓的"限制性股权具有一定的惩罚性"，如股价下跌，一损俱损）。百华悦邦10月9日开始实施股权激励计划，15日即开始增加注册资本，激励对象在1个月内便快速获得股份。

（2）风险小。股权激励主要为了固定并约束现有人才，那限制性股权激励模式是最好的选择，因为限制性股权极大降低了股权激励行权获益的风险。百华悦邦在开展股权激励计划1个月内，便"绑定"了所有激励对象，且无论以后公司业绩是否好坏，股价上涨或下跌，这些激励对象都无法自主放弃，而且还必须努力实现解锁条件。

相比其他股权激励模式，限制性股权的弊端在于实现战略目标的成本和手段不经济性导致偏离激励初衷，因限制期限较短，员工获得股份后容易背弃公司利益最大化目标。

对于员工而言，限制性股权风险较大，能够快速获得股份的代价便是快速被"绑定"，如购买股份后遭遇股价跌破购买价，因缺乏退出机制，势必损失惨重，除非刻意不实现解锁条件，由公司回购股份。

13.3.4 虚拟股权型

虚拟股权是指公司授予激励对象一种虚拟的股票，激励对象可以据此享受一定数量的分红权和股价升值收益，但没有所有权，没有表决权，不能转让和出售，在离开企业时自动失效。虚拟股权享有的收益来源于股东对相应股权收益的让渡。

虚拟股权分为股份增值权和分红权属虚拟股权类激励工具，两者也可结合使用。股份增值权模拟股票期权工具，激励对象获得一定期限后认购公司虚拟股权的选择权。一般以授予时的每股净资产作为虚拟行权价格，激励对象行权时公司直接支付基于每股净资产的增长额作为其行权收入。而分红权的激励对象则以自有资金购买公司虚拟股权，得到股权后可享受分红权，并可持续投入多次购买。目前公司多采用股份增值权+分红权结合方式，进行虚拟股权激励。

【案例13-7】

虚拟股权：精冶源（831091.OC）

北京精冶源新材料股份有限公司（以下简称为"精冶源"，代码：831091）于2015年5月披露《虚拟股权激励方案》，开创了新三板挂牌企业股权激励模式的先河，目前也仍是唯一一家实施虚拟股权实施激励的挂牌企业。

公司主营业务为不定形耐火材料的研发、生产、销售。2014年，公司实现主营收入7 584万元，同比下降16%；实现净利润1 287万元，同比大幅增长213%。公司2015年5月6日发布新三板首份虚拟股权激励计划。

授予对象：此次激励计划的有效期限为3年，即2015~2017年，激励对象无偿享有公司给予一定比例的分红权。授予对象范围包括公司高管、中层管理人员、业务骨干以及对公司有卓越贡献的新老员工等。业绩条件：公司以年度净利润作为业绩考核指标。设定的每年业绩目标为：年度净利润增长率不低于20%（含20%）。

授予方式：在实现公司业绩目标的情况下，按照公司该年度净利润和虚拟股权占比核算和提取股权激励基金。即：（1）当年激励基金总额=考核年度净利润*加权虚拟股权总数/加权实际总股本；（2）虚拟股权的每股现金价值=当年激励基金总额/实际参与分红的虚拟股权总数；（3）个人实际可分配虚拟股红利=虚拟股权每股现金价值×虚拟股股数；（4）虚拟股权的授予数量，根据虚拟股权激励对象所处的职位确定股权级别及其对应基准职位股数（经董事会表决同意后基准职位股数可按年度调整），根据个人能力系数和本司工龄系数确定计划初始授予数量，根据年终绩效考核结果确定当年最终授予虚拟股权数量。

虚拟股权的初始授予数量=基准职位股数×能力系数×本司工龄系数

虚拟股权的最终授予数量=虚拟股权的初始授予数量×绩效考核系数

本次激励计划授予股权共分为四个级别，基准股数区间为1万~2.5万股。是否授予年度分红权激励基金的基准指标是公司年度净利润增长率是否达到20%。公司处于收购、兼并或转板上市阶段的，虚拟股权可以通过一定的对价方案转化为股票或者现金补偿，具体转换方案另行制定。

从激励方案来看，虚拟股权的实质在于以虚拟股权形式取代传统的"绩效等级"给予员工分红权。只是该种虚拟股权在特定条件下有转为股票的可能，且分红额度与企业效益息息相关。截至目前，精冶源针对该激励计划未作进一步披露，预估须 2016 年 5 月进行第一次年度分红。

虚拟股权相对于其他股权激励模式是最为特殊的一种，因为其实质为一种年度分红凭证，缺乏股权变动的实质性内容。对公司来说，其主要优势在于：

（1）操作简便。虚拟股权方案的制定、操作均只需公司内部通过即可，且未有相关法律法规限制，其实质为公司绩效考核制度，属于公司内部管理问题。

（2）效果持久。相对于其他激励模式，虚拟股权的影响可以一直延伸下去，并不因为股票价格、行权、解锁等事项而受到影响，其最大的制度价值在于利用虚拟股权给予的分红权调动企业员工为公司长远发展而共同努力的积极性。

虚拟股权的主要弊端也很明显，因为虚拟股权并不是股权，所以激励力度相对较小，无法实现固定人才的作用，激励对象也可能过分关注企业短期效益获得分红，不支持企业资本公积金的积累。因虚拟股权激励模式主要以分红为激励手段，所以对于公司的现金支付压力较大。

对员工来说，该种激励模式实质只是一种分红政策，对于员工而言是纯奖励的措施，没有任何风险。员工较容易理解，无须自主支付资金，较易接受。但相对于其他激励模式而言，诱惑力较小，员工的积极性不会太高。

13.3.5　不同模式特点对比

不同模式特点的对比情况见表 13-2。

表 13-2　　　　　　　　　　不同模式特点对比

	员工持股型	股票期权型	复合股权型	虚拟股权型
激励力度	短期内激励	较弱	集合了两种常规方式的优点，激励对象在两类时间点均可	较弱，契约形式约束力小
风险收益对称性	对称	不对称，只有行权获益的权利	买入股票，获得多次价差收入	对称
公司承担风险	较低	高		较低
价值评估体系	授予日的股票市场价格扣除授予价格	较为复杂，期权定价模型		当年激励基金总额/参与分红的虚拟股权总数

续表

	员工持股型	股票期权型	复合股权型	虚拟股权型
会计核算	简单,且没有等待期	复杂,按照授予日确定的公允价值计入当期的成本费用和资本公积		简单
对公司的影响	分散股权,稳定公司管理	减少企业利润		不稀释股权
适用情况	成熟型企业	成长初期或扩张期	设计灵活	设计灵活

第 14 章
新三板精细化分层值得期待

新三板的跨越式发展，离不开相关政策的推进。在 2015 年，新三板迎来了规模的扩张，而更为优先且关键的是实施市场分层制度。在市场各方面千呼万唤之下，2015 年 11 月 20 日，中国证监会出台了《关于进一步推进全国中小企业股份转让系统发展的若干意见》，紧接着出台了分层方案的征求意见稿，明确提出新三板将实施内部分层。之后又先后经历了 2017 年和 2018 年的两次调整，目前已经具备了进一步精细化分层的条件。2018 年，中国证监会在当年政协会议答复函中，也首次提及了精选层，未来进一步分层的政策有望推进。将来，竞价转让、投资者门槛调整、转板退市等制度，都需要分层作为基础和统筹，市场精细化分层将是新三板接下来大发展的基础。

新三板精细化分层，不仅将显著加强投资者对公司规模、资质和发展前景的认识，也满足了处于不同发展阶段公司的需求，有利于上市公司在不同的发展阶段吸引不同风险偏好的投资者，对当前流动性困局的破解，具有诸多的积极意义。而企业要关心的，是精细化分层制度是什么？将给企业带来什么？企业要做些什么准备？

14.1 现行新三板分层的制度安排

14.1.1 新三板分层：基础层 + 创新层

新三板参考了纳斯达克的分层改革经验。纳斯达克的分层经历了 35 年才完成，于 1982 年、2006 年进行了两次分层制度的变革,先分两层,再过渡到三层。第一次分层主要考虑到上市公司的数量规模持续扩大,对不同质地的企业分开管理;同时,投资者对于信息披露、交易制度需求的不断提高,为了吸引优秀企业、提升交易所竞争力,第二次分层也水到渠成。

新三板分层也采取了渐进式的模式。未来全国股转系统将由多个层级的市场组成,每一层级市场分别对应不同类型的公司,现阶段首先将挂牌公司划分为创新层和基础层。随着市场的不断发展和成熟,可能会从基础层中筛选出一批资质较高的企业,分化出第三层。

14.1.2 分层的依据:三套并行标准

新三板的分层标准也参考了纳斯达克各个层次的上市标准,以"财务标准+流动性标准"作为分层依据,将财务质量较好、流动性较好以及规模较大的企业挑选出来,形成了创新层,以逐步提供更为灵活的交易制度及服务。同时,采取差异化标准和共同标准结合的方式,在满足共同标准的基础上,制定了三套差异化标准,企业只要满足其中的一套标准,即可进入创新层。基础层主要针对挂牌以来无交易或交易极其偶发且尚无融资记录的企业,还包括有交易或者融资记录但暂不满足创新层准入标准的企业。从 2016 年新三板启动市场分层启动以来截至 2018 年底,新三板分层标准进行了三次调整。目前的创新层分层标准参见表 14-1。

表 14-1　　　　　　　　进入新三板创新层的标准

指标	标准一:净利润+净资产收益率+股东人数	标准二:营业收入复合增长率+营业收入+股本	标准三:市值+股东权益+做市商家数
经营年限	存续 2 年以上		
主营业务	业务明确		
盈利	最近 2 年连续盈利,且平均净利润不少于 2 000 万元(以扣除非经常性损益前后孰低者为计算依据) 最近 2 年加权平均净资产收益率不低于 10%(以扣除非经常性损益前后孰低者为计算依据)	最近 2 年营业收入连续增长,且年均复合增长率不低于 50% 最近 2 年营业收入平均不低于 4 000 万元	

续表

市值			最近有成交的60个做市转让日的平均市值不少于6亿元
股本		不少于2 000万股	
股东数量	最近3个月日均股东人数不少于200人		合格投资者不少于50人
股东权益（最近一年末）			不少于5 000万元
做市商数量			不少于6家
流动性标准	最近12个月完成过股票发行融资（包括申请挂牌同时发行股票），且融资额累计不低于1 000万元；或者最近60个可转让日实际成交天数占比不低于50%		
公司治理	公司治理健全，股东大会、董事会和监事会制度、对外投资管理制度、对外担保管理制度、关联交易管理制度、投资者关系管理制度、利润分配管理制度和承诺管理制度完备；公司设立董事会秘书并作为公司高级管理人员，董事会秘书取得全国股转系统董事会秘书资格证书		
违规记录	（1）挂牌公司或其控股股东、实际控制人、现任董事、监事和高级管理人员因信息披露违规、公司治理违规、交易违规等行为被全国股转公司采取出具警示函、责令改正、限制证券账户交易等自律监管措施合计3次以上的，或者被全国股转公司等自律监管机构采取了纪律处分措施 （2）挂牌公司或其控股股东、实际控制人、现任董事、监事和高级管理人员因信息披露违规、公司治理违规、交易违规等行为被中国证监会及其派出机构采取行政监管措施或者被采取行政处罚，或者正在接受立案调查，尚未有明确结论意见 （3）挂牌公司或其控股股东、实际控制人、现任董事、监事和高级管理人员受到刑事处罚，或者正在接受司法机关的立案侦查，尚未有明确结论意见		

资料来源：《全国中小企业股份转让系统挂牌公司分层管理办法（试行）》，2018年5月。

14.1.3 分层程序：能上能下，调整较快

对于挂牌企业所属分层，最初由全国股转系统根据分层标准，自动筛选出符合创新层标准的挂牌公司。与纳斯达克一样，分层标准必然伴随着层级的流动，能上能下才能流水不腐，保证层级的筛选功能。之后，全国股转公司根据分层标准及维持标准，于每年5月最后一个交易周的首个转让日调整挂牌公司所属层级（进入创新层不满6个月的挂牌公司不进行层级调整）。基础层的挂牌公司，符合创新层条

件的，调整进入创新层；不符合创新层维持条件的挂牌公司，调整进入基础层。

经过几次调整，从创新层降至基础层的条件也变得严格。从2016年第一次的有1年缓冲期提高到20个转让日内直接调整至基础层，如创新层挂牌公司出现如下情形之一的：（1）挂牌公司因更正年报数据导致财务指标不符合创新层标准的。（2）挂牌公司被认定存在财务造假或者市场操纵等情形，导致挂牌公司不符合创新层标准的。（3）挂牌公司不符合创新层公司治理要求且持续时间达到3个月以上的。（4）全国股转公司认定的其他情形。创新层维持标准的净利润、净资产收益率、营收增长率、市值等指标要求也较高（见表14-2）。

表14-2　　　　　　　　　　　新三板分层后的维持标准

要素	以标准一进入创新层的企业	以标准二进入创新层的企业	以标准三进入创新层的企业
净利润	最近两年连续盈利，且平均净利润不少于1 200万元（以扣除非经常性损益前后孰低者为计算依据）		
净资产收益率	最近两年加权平均净资产收益率不低于6%（以扣除非经常性损益前后孰低者为计算依据）		
股东人数			
营业收入复合增长率		最近两年营业收入连续增长，且平均复合增长率不低于30%	
营业收入		最近两年营业收入平均不低于4 000万元	
股本		股本不少于2 000万股	
市值			最近有成交的60个做市转让日的平均市值不少于3.6亿元
股东权益			最近一年年末股东权益不少于5 000万元
做市商家数			不少于6家

续表

投资者	合格投资者不少于 50 人
交易要求	最近 60 个可转让日实际成交天数占比不低于 50%
公司治理	公司治理符合创新层的准入要求
违规记录	最近 12 个月内未出现以下情形： （1）挂牌公司或挂牌公司的控股股东、实际控制人、董事、监事和高级管理人员因信息披露违规、公司治理违规等行为被采取纪律处分以上自律监管措施；或者受到中国证监会的行政处罚或其他部门的罚款以上行政处罚；或者受到刑事处罚；或者公司丧失经营资质。 （2）挂牌公司或挂牌公司的控股股东、实际控制人、董事、监事和高级管理人员因信息披露违规、公司治理违规等行为被采取约见谈话、提交书面承诺、出具警示函、责令改正、限制证券账户交易等自律监管措施 3 次以上的。 （3）挂牌公司或挂牌公司的控股股东、实际控制人存在重大未决诉讼、正在接受重大违法违规立案调查或者存在其他重大未决事件的。 （4）挂牌公司或其控股股东、实际控制人，现任董事、监事和高级管理人员因信息披露违规、公司治理违规、交易违规等行为被全国股转公司采取出具警示函、责令改正、限制证券账户交易等自律监管措施合计 3 次以上的，或者被全国股转公司等自律监管机构采取了纪律处分措施。 （5）挂牌公司或其控股股东、实际控制人，现任董事、监事和高级管理人员因信息披露违规、公司治理违规、交易违规等行为被中国证监会及其派出机构采取行政监管措施或者被采取行政处罚，或者正在接受立案调查，尚未有明确结论意见。 （6）挂牌公司或其控股股东、实际控制人，现任董事、监事和高级管理人员受到刑事处罚，或者正在接受司法机关的立案侦查，尚未有明确结论意见
信息披露要求	按照全国股转公司的要求，在会计年度结束之日起 4 个月内编制并披露年度报告；最近三个会计年度的财务会计报告被会计师事务所出具标准无保留意见的审计报告
其他	全国股转公司规定的其他条件

14.1.4 各层次之间实行差异化制度安排

挂牌公司分层的本质是挂牌公司风险的分层管理，其实现方式是制度的差异化安排。股转系统对不同层级挂牌公司实施差异化的服务和监管。依标准分入创新层的公司，可优先享受包括储架发行、授权发行、并购贷款及并购基金等在内的制度供给。详情见表 14 - 3。

表 14-3　　　　　　　　　　创新层和基础层的差异化制度安排

项目	创新层	基础层
融资制度	加强融资定价的指导	
发行方式	（1）建立一次审批、分期实施的储架发行制度和挂牌公司股东大会一次审议、董事会分期实施的授权发行机制； （2）加强融资定价的指导； （3）加强低价发行的限售指导	维持现有规则不变
募集资金用途管理	（1）进一步强化募集资金用途的披露； （2）募集资金实行专户管理； （3）主办券商应当对募集资金使用情况纳入持续督导范围； （4）改变募集资金用途的，应当履行约定的决策程序并予以披露； （5）定期报告中详细披露募集资金的使用情况	维持现有规则不变
融资方式	先行试点发行公募债等融资方式	维持现有规则不变
董秘资格	董事会秘书应当取得创新层资格证书，并要求董事会设立专门的管理机构	董事会秘书或信息披露事务负责人应当取得基础层资格证书
主办券商对公司培训	主办券商应当参照《主办券商持续督导工作指引》规定，每年至少于督导的挂牌公司的董秘或者信息披露负责人进行两次培训	主办券商应当参照《主办券商持续督导工作指引》规定，每年至少于督导的挂牌公司的董秘或者信息披露负责人进行一次培训
交易制度创新	优先试点	维持现有规则不变
信息披露要求	（1）定期报告：在每个会计年度结束之日起3个月内编制并披露年度报告或者业绩快报，鼓励公司披露业绩预告；在每个会计年度的上半年结束之日起1个月内编制并披露半年度报告或者业绩快报。 （2）临时公告：在现行规则基础上，所有的对外投资、购买或出售资产、对外担保等行为都必须披露临时公告。 （3）季报：鼓励披露季报	（1）定期报告：维持现有规则不变； （2）临时公告：对于公司章程规定的无须提交股东大会审议的关联交易，比照日常性关联交易管理； （3）季报：维持现有规则不变
信息披露管理制度	要求必须制定并披露信息披露的相关管理办法及重大差错责任追究制度，明确信息披露的负责人员和责任分配	维持现有规则不变

续表

项目	创新层	基础层
承诺事项管理	挂牌公司和相关信息披露义务人应当严格遵守承诺事项，承诺事项应当单独披露。挂牌公司应当在定期报告中专项披露承诺事项的履行情况。如出现公司或者相关信息披露义务人不能履行承诺的情形，公司应当及时披露具体原因和董事会拟采取的措施	维持现有规则不变
公司治理	定期报告或者专门报告。在定期报告或者专门报告中，完整披露是否遵守了创新层公司的公司治理要求	维持现有规则不变
主办券商持续督导	（1）检查创新层公司是否符合公司治理条件；（2）披露专项督导报告	维持现有规则不变
短线交易	挂牌公司董事、监事、高级管理人员、持有公司股份（10%）以上的股东，将其持有的公司股票在买入后6个月内卖出，或者在卖出后6个月内又买入，由此所得收益归公司所有，公司董事会应当收回其所得收益，并及时披露相关情况	维持现有规则不变
敏感期交易	挂牌公司的董事、监事、高级管理人员、持有挂牌公司股份10%以上的股东在年度报告等重大信息披露前的30日内买卖本公司股票的，应当提交专项说明	维持现有规则不变
违规处理	（1）培训和考试：创新层公司出现违规的，全国股转系统加强公司高管或者相关责任人的培训和考试；（2）现场检查：主办券商对创新层挂牌公司每年至少现场专项检查一次；（3）底稿检查：全国股转系统加强创新层挂牌公司股票发行、并购重组和日常持续督导等工作底稿的抽查	（1）培训和考试：维持现有规则不变；（2）现场检查：维持现有规则不变；（3）底稿检查：维持现有规则不变

14.2 精细化分层值得期待

14.2.1 增设新三板精选层背景

2016年5月新三板实施首次分层以来，初步实现了挂牌公司分层分类管理、引导市场投资、降低投资者信息收集成本等作用。2017年12月，新三板对原分层制度进行了完善，调整了创新层的部分准入和维持标准，配套引入了差异化的集合竞价交易制度，探索实施了创新层企业与基础层企业差异化的信息披露制度，深化新三板改革迈出重要步伐。总的来说，目前市场分层制度仍然存在不少问题，比如市场分层准入标准要求大于维持标准要求、50人股东人数强制性准入要求、创新层企业差异化制度安排不够等。

新三板企业具有典型的海量、多元、差异化特征，如何服务好这么多的企业是一个世界级的难题。截止到2018年底，新三板有挂牌企业10 691家，其中70%属于高新技术企业。在新三板过去5年的实践探索中，市场进行分层管理，配套差异化制度安排已经被证明是一种可行的改革路径。这个海量市场发展和新经济产业发展的背后都需要市场地位的进一步逐步清晰，需要更加精细化的分层管理制度来支撑。

2018年以来，新三板分层改革一直在不断推进。2018年1月24日，在新三板市场全国扩容纪念日，原全国股转系统总经理李明公开表示市场精细化分层是2018年新三板重点推动工作之一。5月28日全国中小企业股份转让系统公司副总经理隋强在金融街论坛年会上表示，下一步，新三板将着眼于服务创新型、创业型、成长型中小微企业的初心，在抓好2017年年底出台的改革措施实践和评估基础上，推进新三板市场精细化分层，为挂牌公司提供差异化制度供给，全面提升市场价格发现、资源配置和风险管理等核心功能。9月，中国证监会在回复《关于在全国中小企业股份转让系统增设"精选层"的提案》时也首次提及精选层，表示分层制度是新三板重要的基础性管理制度。下一步，中国证监会将继续贯彻落实党的十九大精神和全国金融工作会议部署，指导全国股转公司持续评估、优化分层及相关配套制度，对在创新层之上设置精选层的可行性与必要性进行深入论证，在防控风险的基础上研究推进市场精细化分层，完善信息披露、发行、交易、投资者准入、监管服务等方面差异化的制度安排，进一步提高新三板服务实体经济、服务供给侧结构性改革的能力。12月24日，中国证监会召开的党委（扩大）会议明确了新三板改革是下一步要做好的重要工作之一。

14.2.2 由国际经验展望精细化分层方向

精细化分层也即在创新层上面再推出精选层，按照精细化分层的思路匹配差异化制度安排。这些差异化制度安排包括交易、投资适当性、信息披露和监管等。

纳斯达克证券交易所是通过内部分层成功的典范。纳斯达克股票市场目前包含纳斯达克全球精选市场（Nasdaq Global Select Market）、纳斯达克全球市场（Nasdaq Global Market）和纳斯达克资本市场（Nasdaq Capital Market）三个层次。其成功原因主要有如下几点：首先，发行端上有良好的设计。纳斯达克市场在发行制度上对流动性严格要求，分散了股本，保证了市场流动性。其次，大力鼓励做市商。纳斯达克最初采用传统的竞争性做市制度，随着之后几次引入电子系统改革，1997年变成混合做市商制度。为避免做市商做市市值下降，引入的ECNs系统对做市商采取了交易费用减免的优惠政策。最后，纳斯达克市场精细化分层是逐渐发展至今天的，在成为独立的交易所之后，随着上市公司的增加，以市场流动性为首要考虑，根据公司规模、财务指标、经营能力的不同分为两层，后随着投资者与企业对信息披露、公司治理、交易制度需求的提高，而进行第三次分层。

14.3 新三板精细化分层的意义

从纳斯达克市场精细化分层的经验，我们可以展望，新三板市场未来的精细化分层的方向也将会具备一些共性：一是公司治理要求将提高，以保障公司价值和质量不断提高；二是精选层有可能引入连续竞价交易制度，提高流动性；三是精选层可能首先实施向创业板"转板"制度，并将可能打通由精选层到创新层、基础层的"降板"制度；四是精选层可能实施"新三板+H"试点，积极与国际市场接轨；五是在精选层可能提出更高信息披露要求，并降低投资者门槛。企业在精细化分层预期下的机遇。

随着新三板改革的深入，可以预计，精细化分层后，精细层企业股票的流动性和市值都进一步得到提升，也将获得更高的市场认可度，新三板市场繁荣发展可期。在此背景下，新三板精细化分层将使入选精细层企业的质量进一步获得提高，差异化改革措施也将持续退出，这将吸引优质企业努力争取进入精细层享受差异化制度红利。

14.3.1 精细化分层有利于不同发展阶段的企业吸引不同风险偏好的投资者

当前新三板挂牌公司数量突飞猛进，公司分化情况严重。新三板挂牌公司数量突飞猛进，到2016年突破10 000家。在信息高度不对称、更为接近注册制的环境下，众多挂牌企业资质差异较大。从财务指标来看，根据新三板挂牌企业的2018年中报（除去未报告企业），营业总收入最高444.20亿元（钢银电商835092）、最低-6 424.52万元（思考投资831896）。营业收入额在10亿元与百亿元之间的挂牌公司90家；营业收入超过1亿元但未及10亿元的挂牌公司数是1 867家；营业收入额在5 000万元至1亿元（不含1亿元）之间的公司有1 956家；营业收入超过1 000万元但不到5 000万元的公司有4 655家企业；营业收入额不足1 000万元的新三板公司有2 072家（见图14-1）。

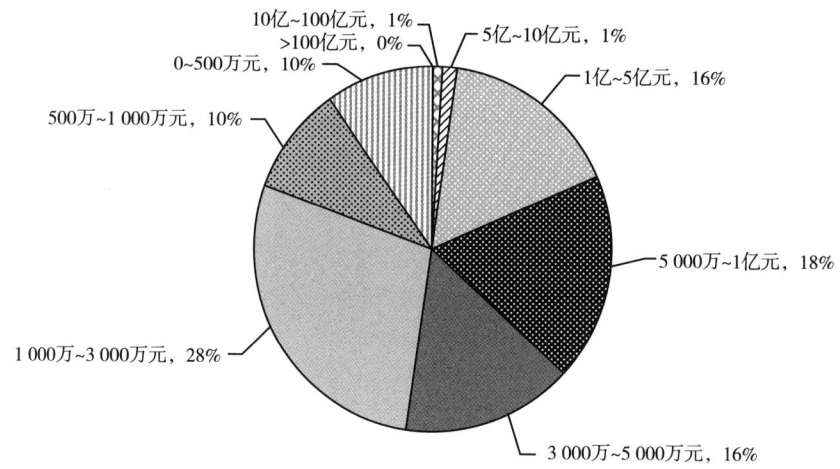

图14-1 新三板企业营业收入分布（2018年中报）

资料来源：Wind。

从净利润指标来看，归属于挂牌公司股东的净利润最高10.48亿元（齐鲁银行832666）、最低-6.29亿元（ST恒宝834338）。具体看来，盈利额超过1亿元的公司有52家；盈利额在5 000万元至1亿元之间的公司有102家；盈利额超过1 000万元但不足5 000万元的公司有1 407家；公司实现盈利但不足1 000万元的公司有5 640家；3 485家公司2018上半年公司亏损，占比32.61%（见图14-2）。挂牌企业的财务资质良莠不齐，分化较大。精细化分层制度的出台，对不同层级实行差异化管理，能够改善信息不对称的情况，降低投资决策的成本，有利于挂牌企业在不同的发展阶段吸引不同风险偏好的投资者。

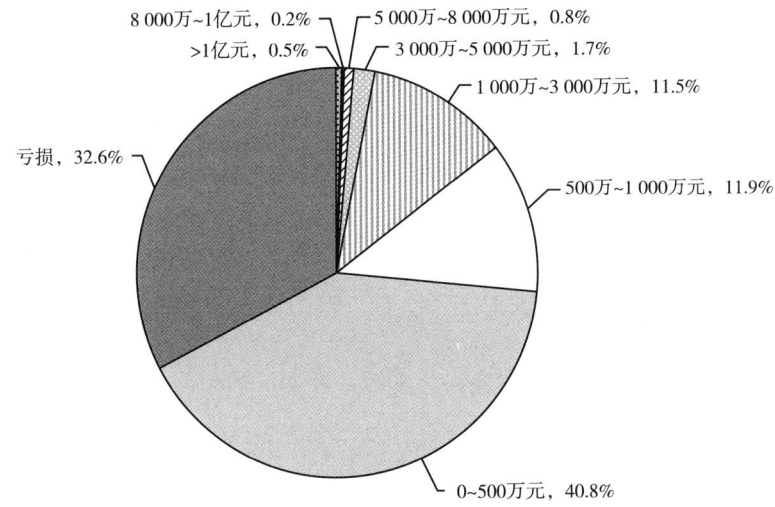

图 14-2　新三板企业净利润分化情况（2018 年中报）

资料来源：Wind。

14.3.2　精细化分层有利于从长远上提高市场交易活跃度

新三板面临流动性大幅萎缩，流动性分化明显。2016 年以来，新三板陷入了流动性大幅萎缩的尴尬局面，日成交额从此前最高的 52 亿元跌至日均 1 亿元左右水平，甚至不如一只 A 股一天的成交额。精细化分层制度的出台，将为整个市场带来"鲶鱼效应"，不仅有利于改善优质企业的流动性，而且可以使企业估值得到充分挖掘。精细化分层制度之后，有可能进一步推行转板制度，从长远上增加市场交易活跃度，从根本上解决新三板的流动性危机。

14.3.3　精细化分层给进入较高层级的企业带来估值溢价

精细化分层作为一种筛选机制，在精选层为投资者挑选出更具有稀缺性和确定性的企业，吸引风险偏好较低的增量资金入场，进一步提振市场对精选层企业的信心，带来精选层层企业的估值提升。因此，在摘牌制度出台之前，短期内建议关注精选层的潜在标的企业，挖掘这些企业进入精选层所带来的估值溢价。未来，如果新三板市场的交易活跃、企业估值能得到充分的挖掘，定价融资功能畅通，优秀的公司很可能会选择积淀在新三板的高层级中，为投资者带来长期收益。

14.4 企业如何铺设精细层通道

目前,新三板精选层分层政策还在研究等着落地阶段,但结合国际经验来看,未来的精选层标准预计财务指标要更高,还可以预计流动性也将成为入选标准的一个重要因素。企业铺设精细层通道,还是要回归到提高企业业绩的本质上来。

另外,对于进入了新三板的企业,还要注意降板、摘牌的风险防范。现阶段仅设置了从创新层降为基础层的制度,尚未出台从基础层摘牌的制度。纳斯达克的每个层级都设置了持续上市标准,不满足最低层级标准的,会被强制摘牌,每年有大约8%的公司退市。新三板如果没有摘牌制度,随着挂牌企业无限制增加,大量无法满足精选层标准的企业会堆积在创新层、基础层,投资者争抢精选层企业,将进一步造成市场的流动性分化。为了保证市场分层制度的筛选功能,使得基础层不成为垃圾企业的回收场,分层制度理应有摘牌制度作为配套。因此,可以预见,下一步股转系统还将推出基础层的维持标准,资质不好的企业不仅无法进入更高层级的市场,还可能会在将来遭遇强制摘牌。因此,无论是未来精选层的企业,还是创新层的企业,或是基础层的企业,都面临降层乃至摘牌的风险,不能高枕无忧。对于企业而言,关键还是要从企业的盈利能力、成长性、市值管理、流动性管理的角度修炼"内功",在维持企业层级的基础上,铺设未来的升级创新层通道。具体而言要考察的几个构成要素见表14-4。

表14-4　　　　　　　　新三板企业持续经营能力的构成要素

要素	具体要素
行业	企业所处行业是否属于国家政策允许、扶持、鼓励的行业; 是否存在行业周期性风险; 行业竞争主要存在的其他外部风险
股东、管理层	管理层的管理能力; 管理层是否稳定; 是否存在利用优势地位损害公司利益的动机和风险(如关联交易、同业竞争等易诱发利益输送的风险点); 管理层的管理理念、管理模式; 管理层是否具有因个人业绩束缚而追求短暂财务指标的可能性(如个人收入为指标与公司的对赌协议)

续表

要素	具体要素
资源要素	是否取得经营发展的必要资质； 是否掌握必要的生产技术且该技术尚在保护期内； 是否具有必要的设备、土地、厂房，权属是否清晰； 是否具有核心团队； 对上下游客户是否具有依赖性； 是否具有独立的渠道
财务状况	企业现金流是否充足； 是否具备健全的内控制度； 企业的经营收益是否稳定增长； 企业对于研发等成本投入是否具有持续性，是否与收入、规模相匹配
产品或服务	产品的市场占有率和可替代性； 产品及服务的品种结构
纳税	对税收优惠政策、财政补贴的依赖性（享有税收优惠或财政补贴的企业）
重大诉讼仲裁	是否存在重大诉讼、仲裁

资料来源：北大瑞银，《新三板股改上市案例全程指引》。

14.5 转板和"新三板+H"的展望

14.5.1 转板现状与可能路径

分层之后，新三板的市场功能将更加丰富与完善，具备了向多层次资本市场转板制度发展的基础。在实践中，2018年全年已经有超20家企业成功在创业板和中小板上市，这一做法的主要依据是2013年国务院颁布的《关于全国中小企业股份转让系统有关问题的决定》（49号文）。该文规定，在全国股份转让系统挂牌的公司，达到股票上市条件的，可以直接向证券交易所申请上市交易。到目前，所谓的转板主要是通过 IPO 转板、被收购"借道"上市或"借壳"上市实现的，并非真正意义上的转板（见表14-5）。

表 14-5　　2018 年主要新三板企业成功转板上市情况

转板前			转板后		
代码	名称	证券代码	名称	上市板块	上市日期
833958	顶固集团	300749	顶固集团	创业板	2018-09-25
830948	捷昌驱动	603583	捷昌驱动	主板	2018-09-21
835009	金力永磁	300748	金力永磁	创业板	2018-09-21
833708	捷佳伟创	300724	捷佳伟创	创业板	2018-08-10
430591	明德生物	002932	明德生物	中小板	2018-07-10
833677	芯能科技	603105	芯能科技	主板	2018-07-09
833368	江苏新能	603693	江苏新能	主板	2018-07-03
833868	南京证券	601990	南京证券	主板	2018-06-13
832675	福达合金	603045	福达合金	主板	2018-05-17
835470	伯特利	603569	伯特利	主板	2018-04-27
832154	文灿股份	603348	文灿股份	主板	2018-04-26
832766	沃格光电	603773	沃格光电	主板	2018-04-17
834337	宏川智慧	002930	宏川智慧	中小板	2018-03-28
834571	润建通信	002929	润建通信	中小板	2018-03-01
834801	淳中科技	603516	淳中科技	主板	2018-02-02
833761	科顺防水	300737	科顺股份	创业板	2018-01-25
832745	奥飞数据	300738	奥飞数据	创业板	2018-01-19
831008	百华悦邦	300736	百邦科技	创业板	2018-01-09
831263	科华控股	603161	科华控股	主板	2018-01-05
832009	新疆火炬	603080	新疆火炬	主板	2018-01-03

资料来源：东财 Choice 及股转公司官网。

中国证监会一直对直接转板制度进行研究，从 2013 年开始先后提出了介绍上市、绿色通道制度等模式。但截止到 2019 年 1 月底，仍然没有详细的规则出台，没有企业以这种形式转板。中国证监会对转板规则的研究和出台将会是一个谨慎且长期的过程。目前，新三板的分层制度正在不断完善和修改中，转板规则很可能在分层制度成熟稳定后才会推出。根据最新的政策走向，我们认为将来直接和新三板对接的最有可能是深交所的创业板即将推出的科创板。中国证监会已明确表示，将允许符合一定条件尚未盈利的互联网和科技创新企业在新三板挂牌满一年后到创业板发行上市；深交所也着重提出要丰富创业板层次，推动新三板与创业板转板试点。

而科创板的横空出世，更是为新三板转板科创板提供了可能，因为科创板将实施注册制和较高的投资者门槛，也就是说未来符合科创板条件的新三板企业可以直接转板到科创板上市（见图14-3）。

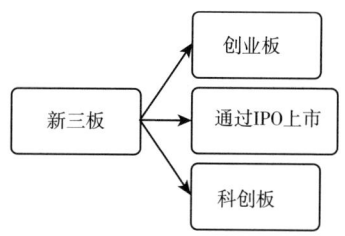

图14-3 新三板转板的可能路径

精细化分层如果出台，由于精细化层更为优越的企业孵化环境，企业的转板意愿已有所减弱，然而，进入精细化分层，乃至进入创新层的企业，仍然可以未雨绸缪，依托较为优越的差异化制度安排，谋划铺设转板通道。将来能够实现转板的企业，首先应该来自于新三板精选层和创新层。以目前创新层的标准来看，很多单项指标已经超过或者接近了创业板，但对比创业板上市的标准，不因对盈利要求较高，还具有资产要求，这与新三板评价体系不对接。而科创板的上市规则还未发布，但结合目前政策走势，可以预料，在科创板出来以后，企业可选择的转板路径就又将多了一条。企业未来可能面临不止一种转板路径。IPO抑或等待直接转板政策的出台，究竟选择哪一种，一是取决于企业的自身条件，二是有待于观察新三板改革方向，以及科创板和注册制的政策推进等。

14.5.2 "新三板+H"模式与前景

2018年4月21日，港交所与营运新三板的全国中小企业股份转让系统公司签订合作备忘录，允许符合香港上市条件的公司以"新三板+H"模式在两地同时上市。企业通过"新三板+H"模式好处多多：一是可以受到国外资金的关注；二是有助于国际品牌推广；三是上市进程相对可控。

按照规定，挂牌公司发行H股应当遵守《国务院关于股份有限公司境外募集股份及上市的特别规定》及中国证监会相关规定。全国股转公司不设前置审查程序及特别条件。就流程上，包括内地程序和香港程序。内地审核主要是证监会国际合作部，香港市场是港交所。同时依据香港市场的上市要求，内地企业H股上市，需要满足的主要指标是，公司上市前三年合计盈利5 000万港元（最近一年须达2 000万港元），中国香港上市时市值须达5亿港元（见表14-6）。

表14-6　　　　　　　　　　　现行港交所主板资格要求

市场制度	中国香港主板	中国香港创业板
市场目的	目的众多，包括为较大型、基础较佳以及具有盈利纪录的公司筹集资金	为有主线业务的增长公司筹集资金，行业类别及公司规模上限
盈利要求	采"盈利测试"标准：上市前三年合计盈利5 000万港元（最近一年须达2 000万港元，再之前两年合计3 000万港元）	不设盈利要求
营业记录	具备不少于3个会计年度的营业记录	需显示公司有紧接递交上市申请前24个月的"活跃业务纪录"，如营业额、总资产或上市时市值超过5亿港元，发行人可以申请将"活跃业务纪录"减至12个月
最低市值	新申请人预期在上市时市值不低于2亿港元；采"市值/收益/现金流量测试"标准的，上市时市值至少为20亿港元；采"市值/收益测试"标准的，上市时市值至少为40亿港元	股票无具体规定，但实际上在上市时不能少于4 600万港元；期权、权证或类似权利，上市时市值须达600万港元
管理层股东及高持股量股东的最低持股量	无相关规定	在上市时管理层股东及高持股量股东必须合共持有不少于公司已发行股本的35%
信息披露	一年两度的财务报告	按季披露，中期报和年报中必须列示实际经营业绩与经营目标的比较

2018年12月24日，新三板挂牌企业君实生物在港交所上市，成为首只"新三板+H"架构个股。另外还有超20家新三板公司表示有意或已向联交所递交上市申请。新三板企业去港交所上市主要分为两类：一类是"新三板+H"架构；另一类是从新三板摘牌后去港交所发行上市。预计2019年"新三板+H"架构企业将增多，而随着内地资本市场强调支持中小企业发展，以及2019年将设立科创板，继续深化创业板、新三板改革等，未来摘牌后去港交所上市的情况呈现平稳增长态势。

"新三板+H"模式也要注意几个问题：一是门槛并不低。符合条件的新三板企业并不多。二是成本也不低。从在港上市成本、合规成本和政策成本整体看，各项成本均高于新三板市场,企业应结合自身条件和诉求综合考虑。上市承销成本约占募资金额的 3.5%~4% 左右。三是要求更严格。相比新三板市场,港交所在信息披露及公司治理等方面要求更严格。企业需要随时与交易所、机构投资者保持顺畅沟通。违规违法的惩戒措施更加严厉。四是行业偏好。港交所目前希望吸引的生物化学企业、互联网企业等,都较适合赴港上市。港交所上市新规修订,传达出其对特定行业企业的偏好。港交所推行的上市新规中主要有两点变化,同股不同权的公司可以上市;没有营业收入没有利润的生物科技企业可以在港上市。

附录

附录 1：科创板相关法律和规则索引

1. 中国证监会

（1）科创板管理文件

《关于在上海证券交易所设立科创板并试点注册制的实施意见》（证监会公告〔2019〕2 号）

《科创板首次公开发行股票注册管理办法（试行）》（证监会令 153 号）

《科创板上市公司持续监管办法（试行）》（证监会令 154 号）

（2）科创板信息披露

《公开发行证券的公司信息披露内容与格式准则第 41 号——科创板公司招股说明书》（证监会公告〔2019〕6 号）

《公开发行证券的公司信息披露内容与格式准则第 42 号——首次公开发行股票并在科创板上市申请文件》（证监会公告〔2019〕7 号）

2. 上海证券交易所

（1）发行上市审核类

《上海证券交易所科创板股票发行上市审核规则》（上证发〔2019〕第 18 号）

《上海证券交易所科创板股票上市委员会管理办法》（上证发〔2019〕第 19 号）

《上海证券交易所科技创新咨询委员会工作规则》（上证发〔2019〕第 20 号）

《上海证券交易所科创板上市保荐书内容与格式指引》（上证发〔2019〕第 24 号）

《上海证券交易所科创板股票发行上市申请文件受理指引》（上证发〔2019〕第 25 号）

《上海证券交易所科创板企业上市推荐指引》（上证发〔2019〕第 30 号）

《上海证券交易所科创板股票发行上市审核问答》（上证发〔2019〕第 29 号）

《上海证券交易所科创板股票发行上市审核问答（二）》（上证发〔2019〕第 36 号）

（2）发行承销与上市类

《上海证券交易所科创板股票发行与承销实施办法》（上证发〔2019〕第 21 号）

《上海证券交易所科创板股票上市规则》（上证发〔2019〕第 22 号）

《科创板创新试点红筹企业财务报告信息披露指引》（上证发〔2019〕第 32 号）

《上海证券交易所科创板股票公开发行自律委员会工作规则》（上证发〔2019〕第 41 号）

《上海证券交易所科创板股票发行与承销业务指引》（上证发〔2019〕第 46 号）

（3）交易类

《上海证券交易所科创板股票交易特别规定》（上证发〔2019〕第 23 号）

《上海证券交易所科创板股票盘后固定价格交易指引》(上证发〔2019〕第 24 号)

《上海证券交易所科创板股票交易风险揭示书必备条款》(上证发〔2019〕第 25 号)

《关于科创板投资者教育与适当性管理相关事项的通知》(上证发〔2019〕第 33 号)

3. 中国证券登记结算有限责任公司

《中国证券登记结算有限责任公司证券登记规则》(2019 年修订)

《中国证券登记结算有限责任公司科创板股票登记结算业务细则（试行)》

附录2：科创板首次公开发行股票注册管理办法（试行）

第一章　总则

第一条　为规范在上海证券交易所科创板试点注册制首次公开发行股票相关活动，保护投资者合法权益和社会公共利益，根据《中华人民共和国证券法》《中华人民共和国公司法》《全国人民代表大会常务委员会关于授权国务院在实施股票发行注册制改革中调整适用〈中华人民共和国证券法〉有关规定的决定》《全国人民代表大会常务委员会关于延长授权国务院在实施股票发行注册制改革中调整适用〈中华人民共和国证券法〉有关规定期限的决定》《关于在上海证券交易所设立科创板并试点注册制的实施意见》及相关法律法规，制定本办法。

第二条　在中华人民共和国境内首次公开发行股票并在上海证券交易所科创板（以下简称科创板）上市，适用本办法。

第三条　发行人申请首次公开发行股票并在科创板上市，应当符合科创板定位，面向世界科技前沿、面向经济主战场、面向国家重大需求。优先支持符合国家战略，拥有关键核心技术，科技创新能力突出，主要依靠核心技术开展生产经营，具有稳定的商业模式，市场认可度高，社会形象良好，具有较强成长性的企业。

第四条　首次公开发行股票并在科创板上市，应当符合发行条件、上市条件以及相关信息披露要求，依法经上海证券交易所（以下简称交易所）发行上市审核并报经中国证券监督管理委员会（以下简称中国证监会）履行发行注册程序。

第五条　发行人作为信息披露第一责任人，应当诚实守信，依法充分披露投资者作出价值判断和投资决策所必需的信息，所披露信息必须真实、准确、完整，不得有虚假记载、误导性陈述或者重大遗漏。发行人应当为保荐人、证券服务机构及时提供真实、准确、完整的财务会计资料和其他资料，全面配合相关机构开展尽职调查和其他相关工作。发行人的控股股东、实际控制人应当全面配合相关机构开展尽职调查和其他相关工作，不得要求或者协助发行人隐瞒应当披露的信息。

第六条　保荐人应当诚实守信，勤勉尽责，按照依法制定的业务规则和行业自律规范的要求，充分了解发行人经营情况和风险，对注册申请文件和信息披露资料进行全面核查验证，对发行人是否符合发行条件、上市条件独立作出专业判断，审慎作出推荐决定，并对招股说明书及其所出具的相关文件的真实性、准确性、完整性负责。

第七条　证券服务机构应当严格按照依法制定的业务规则和行业自律规范，审慎履行职责，作出专业判断与认定，并对招股说明书中与其专业职责有关的内容及其所出具的文件的真实性、准确性、完整性负责。

证券服务机构及其相关执业人员应当对与本专业相关的业务事项履行特别注意义务，对其他业务事项履行普通注意义务，并承担相应法律责任。

第八条 同意发行人首次公开发行股票注册，不表明中国证监会和交易所对该股票的投资价值或者投资者的收益作出实质性判断或者保证，也不表明中国证监会和交易所对注册申请文件的真实性、准确性、完整性作出保证。

第九条 股票依法发行后，因发行人经营与收益的变化引致的投资风险，由投资者自行负责。

第二章 发行条件

第十条 发行人是依法设立且持续经营3年以上的股份有限公司，具备健全且运行良好的组织机构，相关机构和人员能够依法履行职责。

有限责任公司按原账面净资产值折股整体变更为股份有限公司的，持续经营时间可以从有限责任公司成立之日起计算。

第十一条 发行人会计基础工作规范，财务报表的编制和披露符合企业会计准则和相关信息披露规则的规定，在所有重大方面公允地反映了发行人的财务状况、经营成果和现金流量，并由注册会计师出具标准无保留意见的审计报告。

发行人内部控制制度健全且被有效执行，能够合理保证公司运行效率、合法合规和财务报告的可靠性，并由注册会计师出具无保留结论的内部控制鉴证报告。

第十二条 发行人业务完整，具有直接面向市场独立持续经营的能力：

（一）资产完整，业务及人员、财务、机构独立，与控股股东、实际控制人及其控制的其他企业间不存在对发行人构成重大不利影响的同业竞争，不存在严重影响独立性或者显失公平的关联交易。

（二）发行人主营业务、控制权、管理团队和核心技术人员稳定，最近2年内主营业务和董事、高级管理人员及核心技术人员均没有发生重大不利变化；控股股东和受控股股东、实际控制人支配的股东所持发行人的股份权属清晰，最近2年实际控制人没有发生变更，不存在导致控制权可能变更的重大权属纠纷。

（三）发行人不存在主要资产、核心技术、商标等的重大权属纠纷，重大偿债风险，重大担保、诉讼、仲裁等或有事项，经营环境已经或者将要发生重大变化等对持续经营有重大不利影响的事项。

第十三条 发行人生产经营符合法律、行政法规的规定，符合国家产业政策。

最近3年内，发行人及其控股股东、实际控制人不存在贪污、贿赂、侵占财产、挪用财产或者破坏社会主义市场经济秩序的刑事犯罪，不存在欺诈发行、重大信息披露违法或者其他涉及国家安全、公共安全、生态安全、生产安全、公众健康安全等领域的重大违法行为。

董事、监事和高级管理人员不存在最近3年内受到中国证监会行政处罚,或者因涉嫌犯罪被司法机关立案侦查或者涉嫌违法违规被中国证监会立案调查,尚未有明确结论意见等情形。

第三章　注册程序

第十四条　发行人董事会应当依法就本次股票发行的具体方案、本次募集资金使用的可行性及其他必须明确的事项作出决议,并提请股东大会批准。

第十五条　发行人股东大会就本次发行股票作出的决议,至少应当包括下列事项:

(一)本次公开发行股票的种类和数量;

(二)发行对象;

(三)定价方式;

(四)募集资金用途;

(五)发行前滚存利润的分配方案;

(六)决议的有效期;

(七)对董事会办理本次发行具体事宜的授权;

(八)其他必须明确的事项。

第十六条　发行人申请首次公开发行股票并在科创板上市,应当按照中国证监会有关规定制作注册申请文件,由保荐人保荐并向交易所申报。

交易所收到注册申请文件后,5个工作日内作出是否受理的决定。

第十七条　自注册申请文件受理之日起,发行人及其控股股东、实际控制人、董事、监事、高级管理人员,以及与本次股票公开发行并上市相关的保荐人、证券服务机构及相关责任人员,即承担相应法律责任。

第十八条　注册申请文件受理后,未经中国证监会或者交易所同意,不得改动。发生重大事项的,发行人、保荐人、证券服务机构应当及时向交易所报告,并按要求更新注册申请文件和信息披露资料。

第十九条　交易所设立独立的审核部门,负责审核发行人公开发行并上市申请;设立科技创新咨询委员会,负责为科创板建设和发行上市审核提供专业咨询和政策建议;设立科创板股票上市委员会,负责对审核部门出具的审核报告和发行人的申请文件提出审议意见。

交易所主要通过向发行人提出审核问询、发行人回答问题方式开展审核工作,基于科创板定位,判断发行人是否符合发行条件、上市条件和信息披露要求。

第二十条　交易所按照规定的条件和程序,作出同意或者不同意发行人股票公开发行并上市的审核意见。同意发行人股票公开发行并上市的,将审核意见、发行人注册申请文件及相关审核资料报送中国证监会履行发行注册程序。不同意发行人股票公开发行并上市的,作出终止发行上市审核决定。

第二十一条　交易所应当自受理注册申请文件之日起3个月内形成审核意见。发行人根据要求补充、修改注册申请文件，以及交易所按照规定对发行人实施现场检查，或者要求保荐人、证券服务机构对有关事项进行专项核查的时间不计算在内。

第二十二条　交易所应当提高审核工作透明度，接受社会监督，公开下列事项：

（一）发行上市审核标准和程序等发行上市审核业务规则，以及相关监管问答；（二）在审企业名单、企业基本情况及审核工作进度；（三）发行上市审核问询及回复情况，但涉及国家秘密或者发行人商业秘密的除外；（四）上市委员会会议的时间、参会委员名单、审议的发行人名单、审议结果及现场问询问题；（五）对股票公开发行并上市相关主体采取的自律监管措施或者纪律处分；（六）交易所规定的其他事项。

第二十三条　中国证监会收到交易所报送的审核意见、发行人注册申请文件及相关审核资料后，履行发行注册程序。发行注册主要关注交易所发行上市审核内容有无遗漏，审核程序是否符合规定，以及发行人在发行条件和信息披露要求的重大方面是否符合相关规定。中国证监会认为存在需要进一步说明或者落实事项的，可以要求交易所进一步问询。

中国证监会认为交易所对影响发行条件的重大事项未予关注或者交易所的审核意见依据明显不充分的，可以退回交易所补充审核。交易所补充审核后，同意发行人股票公开发行并上市的，重新向中国证监会报送审核意见及相关资料，本办法第二十四条规定的注册期限重新计算。

第二十四条　中国证监会在 20 个工作日内对发行人的注册申请作出同意注册或者不予注册的决定。发行人根据要求补充、修改注册申请文件，中国证监会要求交易所进一步问询，以及中国证监会要求保荐人、证券服务机构等对有关事项进行核查的时间不计算在内。

第二十五条　中国证监会同意注册的决定自作出之日起 1 年内有效，发行人应当在注册决定有效期内发行股票，发行时点由发行人自主选择。

第二十六条　中国证监会作出注册决定后、发行人股票上市交易前，发行人应当及时更新信息披露文件内容，财务报表过期的，发行人应当补充财务会计报告等文件；保荐人及证券服务机构应当持续履行尽职调查职责；发生重大事项的，发行人、保荐人应当及时向交易所报告。

交易所应当对上述事项及时处理，发现发行人存在重大事项影响发行条件、上市条件的，应当出具明确意见并及时向中国证监会报告。

第二十七条　中国证监会作出注册决定后、发行人股票上市交易前，发现可能影响本次发行的重大事项的，中国证监会可以要求发行人暂缓或者暂停发行、上市；相关重大事项导致发行人不符合发行条件的，可以撤销注册。

中国证监会撤销注册后，股票尚未发行的，发行人应当停止发行；股票已经发行尚未上市的，发行人应当按照发行价并加算银行同期存款利息返还股票持有人。

第二十八条　交易所因不同意发行人股票公开发行并上市，作出终止发行上市审核决定，或者中国证监会作出不予注册决定的，自决定作出之日起 6 个月后，发行人可以再次提出公开发行股票并上市申请。

第二十九条　中国证监会应当按规定公开股票发行注册行政许可事项相关的监管信息。

第三十条　存在下列情形之一的，发行人、保荐人应当及时书面报告交易所或者中国证监会，交易所或者中国证监会应当中止相应发行上市审核程序或者发行注册程序：

（一）相关主体涉嫌违反本办法第十三条第二款规定，被立案调查或者被司法机关侦查，尚未结案；

（二）发行人的保荐人，以及律师事务所、会计师事务所等证券服务机构因首次公开发行股票、上市公司证券发行、并购重组业务涉嫌违法违规，或者其他业务涉嫌违法违规且对市场有重大影响被中国证监会立案调查，或者被司法机关侦查，尚未结案；

（三）发行人的签字保荐代表人，以及签字律师、签字会计师等证券服务机构签字人员因首次公开发行股票、上市公司证券发行、并购重组业务涉嫌违法违规，或者其他业务涉嫌违法违规且对市场有重大影响被中国证监会立案调查，或者被司法机关侦查，尚未结案；

（四）发行人的保荐人，以及律师事务所、会计师事务所等证券服务机构被中国证监会依法采取限制业务活动、责令停业整顿、指定其他机构托管、接管等监管措施，或者被交易所实施一定期限内不接受其出具的相关文件的纪律处分，尚未解除；

（五）发行人的签字保荐代表人、签字律师、签字会计师等中介机构签字人员被中国证监会依法采取限制证券从业资格等监管措施或者证券市场禁入的措施，或者被交易所实施一定期限内不接受其出具的相关文件的纪律处分，尚未解除；

（六）发行人及保荐人主动要求中止发行上市审核程序或者发行注册程序，理由正当且经交易所或者中国证监会批准；

（七）发行人注册申请文件中记载的财务资料已过有效期，需要补充提交；

（八）中国证监会规定的其他情形。

前款所列情形消失后，发行人可以提交恢复申请；因前款第（二）、（三）项规定情形中止的，保荐人以及律师事务所、会计师事务所等证券服务机构按照有关规定履行复核程序后，发行人也可以提交恢复申请。交易所或者中国证监会按照有关规定恢复发行上市审核程序或者发行注册程序。

第三十一条　存在下列情形之一的，交易所或者中国证监会应当终止相应发行上市审核程序或者发行注册程序，并向发行人说明理由：

（一）发行人撤回注册申请文件或者保荐人撤销保荐；

（二）发行人未在要求的期限内对注册申请文件作出解释说明或者补充、修改；

（三）注册申请文件存在虚假记载、误导性陈述或者重大遗漏；

（四）发行人阻碍或者拒绝中国证监会、交易所依法对发行人实施检查、核查；

（五）发行人及其关联方以不正当手段严重干扰发行上市审核或者发行注册工作；

（六）发行人法人资格终止；

（七）注册申请文件内容存在重大缺陷，严重影响投资者理解和发行上市审核或者发行注册工作；

（八）发行人注册申请文件中记载的财务资料已过有效期且逾期3个月未更新；

（九）发行人中止发行上市审核程序超过交易所规定的时限或者中止发行注册程序超过3个月仍未恢复；

（十）交易所不同意发行人公开发行股票并上市；

（十一）中国证监会规定的其他情形。

第三十二条 中国证监会和交易所可以对发行人进行现场检查，可以要求保荐人、证券服务机构对有关事项进行专项核查并出具意见。

中国证监会和交易所应当建立健全信息披露质量现场检查制度，以及对保荐业务、发行承销业务的常态化检查制度，具体制度另行规定。

第三十三条 中国证监会与交易所建立全流程电子化审核注册系统，实现电子化受理、审核，以及发行注册各环节实时信息共享，并满足依法向社会公开相关信息的需要。

第四章　信息披露

第三十四条 发行人申请首次公开发行股票并在科创板上市，应当按照中国证监会制定的信息披露规则，编制并披露招股说明书，保证相关信息真实、准确、完整。信息披露内容应当简明易懂，语言应当浅白平实，以便投资者阅读、理解。

中国证监会制定的信息披露规则是信息披露的最低要求。不论上述规则是否有明确规定，凡是对投资者作出价值判断和投资决策有重大影响的信息，发行人均应当予以披露。

第三十五条 中国证监会依法制定招股说明书内容与格式准则、编报规则，对注册申请文件和信息披露资料的内容、格式、编制要求、披露形式等作出规定。

交易所可以依据中国证监会部门规章和规范性文件，制定信息披露细则或者指引，在中国证监会确定的信息披露内容范围内，对信息披露提出细化和补充要求，报中国证监会批准后实施。

第三十六条 发行人及其董事、监事、高级管理人员应当在招股说明书上签字、盖章，保证招股说明书的内容真实、准确、完整，不存在虚假记载、误导性陈述或者重大遗漏，并声明承担相应法律责任。

发行人控股股东、实际控制人应当在招股说明书上签字、盖章，确认招股说明书的内容真实、准确、完整，不存在虚假记载、误导性陈述或者重大遗漏，并声明承担相应法律责任。

第三十七条 保荐人及其保荐代表人应当在招股说明书上签字、盖章，确认招股说明书的内容真实、准确、完整，不存在虚假记载、误导性陈述或者重大遗漏，并声明承担相应的法律责任。

第三十八条 为证券发行出具专项文件的律师、注册会计师、资产评估人员、资信评级人员及其所在机构，应当在招股说明书上签字、盖章，确认对发行人信息披露文件引用其出具的专业意见无异议，信息披露文件不因引用其出具的专业意见而出现虚假记载、误导性陈述或者重大遗漏，并声明承担相应的法律责任。

第三十九条 发行人应当根据自身特点，有针对性地披露行业特点、业务模式、公司治理、发展战略、经营政策、会计政策，充分披露科研水平、科研人员、科研资金投入等相关信息，并充分揭示可能对公司核心竞争力、经营稳定性以及未来发展产生重大不利影响的风险因素。

发行人尚未盈利的，应当充分披露尚未盈利的成因，以及对公司现金流、业务拓展、人才吸引、团队稳定性、研发投入、战略性投入、生产经营可持续性等方面的影响。

第四十条 发行人应当披露其募集资金使用管理制度，以及募集资金重点投向科技创新领域的具体安排。

第四十一条 存在特别表决权股份的境内科技创新企业申请首次公开发行股票并在科创板上市的，发行人应当在招股说明书等公开发行文件中，披露并特别提示差异化表决安排的主要内容、相关风险和对公司治理的影响，以及依法落实保护投资者合法权益的各项措施。

保荐人和发行人律师应当就公司章程规定的特别表决权股份的持有人资格、特别表决权股份拥有的表决权数量与普通股份拥有的表决权数量的比例安排、持有人所持特别表决权股份能够参与表决的股东大会事项范围、特别表决权股份锁定安排及转让限制等事项是否符合有关规定发表专业意见。

第四十二条 发行人应当在招股说明书中披露公开发行股份前已发行股份的锁定期安排，特别是核心技术人员股份的锁定期安排以及尚未盈利情况下发行人控股股东、实际控制人、董事、监事、高级管理人员股份的锁定期安排。

保荐人和发行人律师应当就前款事项是否符合有关规定发表专业意见。

第四十三条 招股说明书的有效期为6个月，自公开发行前最后一次签署之日起计算。

招股说明书引用经审计的财务报表在其最近一期截止日后6个月内有效，特殊情况下发行人可申请适当延长，但至多不超过1个月。财务报表应当以年度末、半年度末或者季度末为截止日。

第四十四条 交易所受理注册申请文件后，发行人应当按交易所规定，将招股说明书、发行保荐书、上市保荐书、审计报告和法律意见书等文件在交易所网站预先披露。

第四十五条 预先披露的招股说明书及其他注册申请文件不能含有价格信息，发行人不得据此发行股票。

发行人应当在预先披露的招股说明书显要位置作如下声明：

"本公司的发行申请尚需经上海证券交易所和中国证监会履行相应程序。本招股说明书不具有据以发行股票的法律效力，仅供预先披露之用。投资者应当以正式公告的招股说明书作为投资决定的依据。"

第四十六条 交易所审核同意后，将发行人注册申请文件报送中国证监会时，招股说明书、发行保荐书、上市保荐书、审计报告和法律意见书等文件应在交易所网站和中国证监会网站公开。

第四十七条 发行人股票发行前应当在交易所网站和中国证监会指定网站全文刊登招股说明书，同时在中国证监会指定报刊刊登提示性公告，告知投资者网上刊登的地址及获取文件的途径。

发行人可以将招股说明书以及有关附件刊登于其他报刊和网站,但披露内容应当完全一致,且不得早于在交易所网站、中国证监会指定报刊和网站的披露时间。

第四十八条 保荐人出具的发行保荐书、证券服务机构出具的文件及其他与发行有关的重要文件应当作为招股说明书的附件,在交易所网站和中国证监会指定的网站披露,以备投资者查阅。

第五章 发行与承销的特别规定

第四十九条 首次公开发行股票并在科创板上市的发行与承销行为,适用《证券发行与承销管理办法》,本办法另有规定的除外。

第五十条 首次公开发行股票,应当向经中国证券业协会注册的证券公司、基金管理公司、信托公司、财务公司、保险公司、合格境外机构投资者和私募基金管理人等专业机构投资者(以下统称网下投资者)询价确定股票发行价格。

发行人和主承销商可以根据自律规则,设置网下投资者的具体条件,并在发行公告中预先披露。

第五十一条 网下投资者可以按照管理的不同配售对象账户分别申报价格,每个报价应当包含配售对象信息、每股价格和该价格对应的拟申购股数。

首次公开发行股票价格(或者发行价格区间)确定后,提供有效报价的网下投资者方可参与新股申购。

第五十二条 交易所应当根据《证券发行与承销管理办法》和本办法制定科创板股票发行承销业务规则。

投资者报价要求、最高报价剔除比例、网下初始配售比例、网下优先配售比例、网下网上回拨机制、网下分类配售安排、战略配售、超额配售选择权等事项适用交易所相关规定。

《证券发行与承销管理办法》规定的战略投资者在承诺的持有期限内,可以按规定向证券金融公司借出获得配售的股票。借出期限届满后,证券金融公司应当将借入的股票返还给战略投资者。

第五十三条 保荐人的相关子公司或者保荐人所属证券公司的相关子公司参与发行人股票配售的具体规则由交易所另行规定。

第五十四条 获中国证监会同意注册后,发行人与主承销商应当及时向交易所报备发行与承销方案。交易所5个工作日内无异议的,发行人与主承销商可依法刊登招股意向书,启动发行工作。

第五十五条 交易所对证券发行承销过程实施监管。发行承销涉嫌违法违规或者存在异常情形的,中国证监会可以要求交易所对相关事项进行调查处理,或者直接责令发行人和承销商暂停或者中止发行。

第六章 发行上市保荐的特别规定

第五十六条 首次公开发行股票并在科创板上市保荐业务,适用《证券发行上市保荐业务管理办法》,本办法另有规定的除外。

第五十七条 保荐人应当根据科创板企业特点和注册制要求对科创板保荐工作内部控制做出合理安排,有效控制风险,切实提高执业质量。

第五十八条 保荐人应当按照中国证监会和交易所的规定制作、报送和披露发行保荐书、上市保荐书、回复意见及其他发行上市相关文件,遵守交易所和中国证监会的发行上市审核及发行注册程序,配合交易所和中国证监会的发行上市审核及发行注册工作,并承担相应工作。

第五十九条 首次公开发行股票并在科创板上市的,持续督导的期间为证券上市当年剩余时间及其后3个完整会计年度。

交易所可以对保荐人持续督导内容、履责要求、发行人通知报告事项等作出规定。

第七章 监督管理和法律责任

第六十条 中国证监会负责建立健全以信息披露为中心的注册制规则体系,制定股票发行注册并上市的规章规则,依法批准交易所制定的上市条件、审核标准、审核程序、上市委员会制度、信息披露、保荐、发行承销等方面的制度规则,指导交易所制定与发行上市审核相关的其他业务规则。

第六十一条 中国证监会建立对交易所发行上市审核工作和发行承销过程监管的监督机制,持续关注交易所审核情况和发行承销过程监管情况;发现交易所自律监管措施或者纪律处分失当的,可以责令交易所改正。

第六十二条 中国证监会对交易所发行上市审核和发行承销过程监管等相关工作进行年度例行检查。在检查过程中,可以调阅审核工作文件,列席相关审核会议。

中国证监会定期或者不定期按一定比例对交易所发行上市审核和发行承销过程监管等相关工作进行抽查。

中国证监会在检查和抽查过程中发现问题的,交易所应当整改。

第六十三条 中国证监会建立对发行上市监管全流程的权力运行监督制约机制,对发行上市审核程序和发行注册程序相关内控制度运行情况进行督导督察,对廉政纪律执行情况和相关人员的履职尽责情况进行监督监察。

第六十四条 交易所应当建立内部防火墙制度,发行上市审核部门、发行承销监管部门与其他部门隔离运行。参与发行上市审核的人员,不得与发行人及其控股股东、实际控制人、相关保荐人、证券服务机构有利害关系,不得直接或者间接与发行人、保荐人、证券服务机构有利益往来,不得持有发行人股票,不得私下与发行人接触。

第六十五条 交易所应当建立定期报告制度,及时总结发行上市审核和发行承销监管的工作情况，并报告中国证监会。

第六十六条　交易所发行上市审核工作违反本办法规定，有下列情形之一的，由中国证监会责令改正；情节严重的，追究直接责任人员相关责任：

（一）未按审核标准开展发行上市审核工作；

（二）未按审核程序开展发行上市审核工作；

（三）不配合中国证监会对发行上市审核工作和发行承销监管工作的检查、抽查，或者不按中国证监会的整改要求进行整改。

第六十七条　发行人不符合发行上市条件，以欺骗手段骗取发行注册的，中国证监会将自确认之日起采取5年内不接受发行人公开发行证券相关文件的监管措施。对相关责任人员，视情节轻重，采取认定为不适当人选的监管措施，或者采取证券市场禁入的措施。

第六十八条　对发行人存在本办法第六十七条规定的行为并已经发行上市的，可以依照有关规定责令上市公司及其控股股东、实际控制人在一定期间从投资者手中购回本次公开发行的股票。

第六十九条　发行人存在本办法第三十一条第（三）项、第（四）项、第（五）项规定的情形，重大事项未报告、未披露，或者发行人及其董事、监事、高级管理人员、控股股东、实际控制人的签字、盖章系伪造或者变造的，中国证监会将自确认之日起采取3年至5年内不接受发行人公开发行证券相关文件的监管措施。

第七十条　发行人的控股股东、实际控制人违反本办法规定，致使发行人所报送的注册申请文件和披露的信息存在虚假记载、误导性陈述或者重大遗漏，或者纵容、指使、协助发行人进行财务造假、利润操纵或者有意隐瞒其他重要信息等骗取发行注册行为的，中国证监会可以视情节轻重，对相关单位和责任人员自确认之日起采取1年到5年内不接受相关单位及其控制的下属单位公开发行证券相关文件，对责任人员采取认定为不适当人选等监管措施，或者采取证券市场禁入的措施。

发行人的董事、监事和高级管理人员违反本办法规定，致使发行人所报送的注册申请文件和披露的信息存在虚假记载、误导性陈述或者重大遗漏的，中国证监会可以视情节轻重，对责任人员采取认定为不适当人选等监管措施，或者采取证券市场禁入的措施。

第七十一条　保荐人未勤勉尽责，致使发行人信息披露资料存在虚假记载、误导性陈述或者重大遗漏的，中国证监会将视情节轻重，自确认之日起采取暂停保荐人业务资格1年到3年，责令保荐人更换相关负责人的监管措施；情节严重的，撤销保荐人业务资格，对相关责任人员采取证券市场禁入的措施。

保荐代表人未勤勉尽责，致使发行人信息披露资料存在虚假记载、误导性陈述或者重大遗漏的，按规定撤销保荐代表人资格。

证券服务机构未勤勉尽责，致使发行人信息披露资料中与其职责有关的内容及其所出具的文件存在虚假记载、误导性陈述或者重大遗漏的，中国证监会可以视情节轻重，自确认之日起采取

3个月至3年不接受相关单位及其责任人员出具的发行证券专项文件的监管措施；情节严重的，对证券服务机构相关责任人员采取证券市场禁入的措施。

第七十二条 保荐人存在下列情形的，中国证监会可以视情节轻重，自确认之日起采取暂停保荐人业务资格3个月至3年的监管措施；情节特别严重的，撤销其业务资格：

（一）伪造或者变造签字、盖章；

（二）重大事项未报告、未披露；

（三）以不正当手段干扰审核注册工作；

（四）不履行其他法定职责。

保荐代表人存在前款规定情形的，视情节轻重，按规定暂停保荐代表人资格3个月至3年；情节严重的，按规定撤销保荐代表人资格。

证券服务机构及其相关人员存在第一款规定情形的，中国证监会可以视情节轻重，自确认之日起，采取3个月至3年不接受相关单位及其责任人员出具的发行证券专项文件的监管措施。

第七十三条 发行人公开发行证券上市当年即亏损的，中国证监会自确认之日起暂停保荐人的保荐人资格3个月，撤销相关人员的保荐代表人资格，尚未盈利的企业或者已在证券发行募集文件中充分分析并揭示相关风险的除外。

第七十四条 保荐人、证券服务机构存在以下情形的，中国证监会可以视情节轻重，采取责令改正、监管谈话、出具警示函、1年内不接受相关单位及其责任人员出具的与注册申请有关的文件等监管措施；情节严重的，可以同时采取3个月到1年内不接受相关单位及其责任人员出具的发行证券专项文件的监管措施：

（一）制作或者出具的文件不齐备或者不符合要求；

（二）擅自改动注册申请文件、信息披露资料或者其他已提交文件；

（三）注册申请文件或者信息披露资料存在相互矛盾或者同一事实表述不一致且有实质性差异；

（四）文件披露的内容表述不清，逻辑混乱，严重影响投资者理解；

（五）未及时报告或者未及时披露重大事项。

发行人存在前款规定情形的，中国证监会可视情节轻重，采取责令改正、监管谈话、出具警示函、6个月至1年内不接受发行人公开发行证券相关文件的监管措施。

第七十五条 发行人披露盈利预测的，利润实现数如未达到盈利预测的80%，除因不可抗力外，其法定代表人、财务负责人应当在股东大会及中国证监会指定报刊上公开作出解释并道歉；中国证监会可以对法定代表人处以警告。

利润实现数未达到盈利预测的50%的，除因不可抗力外，中国证监会在3年内不受理该公司的公开发行证券申请。

注册会计师为上述盈利预测出具审核报告的过程中未勤勉尽责的，中国证监会将视情节轻重，对相关机构和责任人员采取监管谈话等监管措施，记入诚信档案并公布；情节严重的，给予警告等行政处罚。

第七十六条 发行人及其控股股东和实际控制人、董事、监事、高级管理人员，保荐人、承销商、证券服务机构及其相关执业人员，在股票公开发行并上市相关的活动中存在其他违反本办法规定行为的，中国证监会可以视情节轻重，采取责令改正、监管谈话、出具警示函、责令公开说明、责令参加培训、责令定期报告、认定为不适当人选、暂不受理与行政许可有关的文件等监管措施，或者采取证券市场禁入的措施。

第七十七条 发行人及其控股股东、实际控制人、保荐人、证券服务机构及其相关人员违反《中华人民共和国证券法》依法应予以行政处罚的，中国证监会将依法予以处罚；对欺诈发行、虚假陈述负有责任的发行人、保荐人、会计师事务所、律师事务所、资产评估机构及其责任人员依法从重处罚。涉嫌犯罪的，依法移送司法机关，追究其刑事责任。

第七十八条 交易所负责对发行人及其控股股东、实际控制人、保荐人、承销商、证券服务机构等进行自律监管。

中国证券业协会负责制定保荐业务、发行承销自律监管规则，对保荐人、承销商、保荐代表人、网下投资者进行自律监管。

交易所和中国证券业协会应当对发行上市过程中违反自律监管规则的行为采取自律监管措施或者给予纪律处分。

第七十九条 中国证监会会同有关部门，加强对发行人等相关市场主体的监管信息共享，完善失信联合惩戒机制。

第八章 附则

第八十条 符合《国务院办公厅转发证监会关于开展创新企业境内发行股票或存托凭证试点若干意见的通知》（国办发〔2018〕21号，以下简称《若干意见》）等规定的红筹企业，申请首次公开发行股票并在科创板上市，还应当符合本办法相关规定，但公司形式可适用其注册地法律规定；申请发行存托凭证并在科创板上市的，适用本办法关于发行上市审核注册程序的规定。

前款规定的红筹企业在科创板发行上市，适用《若干意见》"营业收入快速增长，拥有自主研发、国际领先技术，同行业竞争中处于相对优势地位"的具体标准，由交易所制定具体规则，并报中国证监会批准。

第八十一条 本办法自公布之日起施行。

附录3：科创板上市公司持续监管办法（试行）

第一章　总则

第一条　为了规范科创企业股票、存托凭证在上海证券交易所（以下简称交易所）科创板上市后相关各方的行为，支持引导科技创新企业更好地发展，保护投资者合法权益，根据《中华人民共和国证券法》（以下简称《证券法》）、《中华人民共和国公司法》、《国务院办公厅转发证监会关于开展创新企业境内发行股票或存托凭证试点若干意见的通知》、《关于在上海证券交易所设立科创板并试点注册制的实施意见》（以下简称《实施意见》）以及相关法律法规，制定本办法。

第二条　中国证券监督管理委员会（以下简称中国证监会）根据《证券法》等法律法规、《实施意见》、本办法和中国证监会其他相关规定，对科创板上市公司（以下简称科创公司）及相关主体进行监督管理。中国证监会其他相关规定与本办法规定不一致的，适用本办法。

第三条　交易所根据《实施意见》、《证券交易所管理办法》、本办法等有关规定，建立以上市规则为中心的科创板持续监管规则体系，在持续信息披露、股份减持、并购重组、股权激励、退市等方面制定符合科创公司特点的具体实施规则。科创公司应当遵守交易所持续监管实施规则。

交易所应当履行一线监管职责，加强信息披露与二级市场交易监管联动，加大现场检查力度，强化监管问询，切实防范和打击内幕交易与操纵市场行为，督促科创公司提高信息披露质量。

第二章　公司治理

第四条　科创公司应当保持健全、有效、透明的治理体系和监督机制，保证股东大会、董事会、监事会规范运作，督促董事、监事和高级管理人员履行忠实、勤勉义务，保障全体股东合法权利，积极履行社会责任，保护利益相关者的基本权益。

第五条　科创公司控股股东、实际控制人应当诚实守信，依法行使权利，严格履行承诺，维持公司独立性，维护公司和全体股东的共同利益。

第六条　科创公司应当积极回报股东，根据自身条件和发展阶段，制定并执行现金分红、股份回购等股东回报政策。交易所可以制定股东回报相关规则。

第七条　存在特别表决权股份的科创公司，应当在公司章程中规定特别表决权股份的持有人资格、特别表决权股份拥有的表决权数量与普通股份拥有的表决权数量的比例安排、持有人所持特别表决权股份能够参与表决的股东大会事项范围、特别表决权股份锁定安排及转让限制、特别表决权股份与普通股份的转换情形等事项。公司章程有关上述事项的规定，应当符合交易所的有关规定。

科创公司应当在定期报告中持续披露特别表决权安排的情况；特别表决权安排发生重大变化的，应当及时披露。

交易所应对存在特别表决权股份科创公司的上市条件、表决权差异的设置、存续、调整、信息披露和投资者保护事项制定有关规定。

第三章　信息披露

第八条　科创公司和相关信息披露义务人应当及时、公平地披露所有可能对证券交易价格或者投资决策有较大影响的事项，保证所披露信息的真实、准确、完整，不存在虚假记载、误导性陈述或者重大遗漏。

第九条　控股股东和实际控制人应当积极配合科创公司履行信息披露义务，不得要求或者协助科创公司隐瞒重要信息。

第十条　科创公司筹划的重大事项存在较大不确定性，立即披露可能会损害公司利益或者误导投资者，且有关内幕信息知情人已书面承诺保密的，公司可以暂不披露，但最迟应在该重大事项形成最终决议、签署最终协议、交易确定能够达成时对外披露。已经泄密或确实难以保密的，科创公司应当立即披露该信息。

第十一条　科创公司应当结合所属行业特点，充分披露行业经营信息，尤其是科研水平、科研人员、科研投入等能够反映行业竞争力的信息以及核心技术人员任职及持股情况，便于投资者合理决策。

第十二条　科创公司应当充分披露可能对公司核心竞争力、经营活动和未来发展产生重大不利影响的风险因素。

科创公司尚未盈利的，应当充分披露尚未盈利的成因，以及对公司现金流、业务拓展、人才吸引、团队稳定性、研发投入、战略性投入、生产经营可持续性等方面的影响。

第十三条　科创公司和相关信息披露义务人认为相关信息有助于投资者决策，但不属于依法应当披露信息的，可以自愿披露。

科创公司自愿披露的信息应当真实、准确、完整，科创公司不得利用该等信息不当影响公司股票价格，并应当按照同一标准披露后续类似事件。

第十四条　科创公司和信息披露义务人确有需要的，可以在非交易时段对外发布重大信息，但应当在下一交易时段开始前披露相关公告，不得以新闻发布或者答记者问等形式代替信息披露。

第十五条　科创公司和相关信息披露义务人适用中国证监会、交易所相关信息披露规定，可能导致其难以反映经营活动的实际情况、难以符合行业监管要求或者公司注册地有关规定，可以依照有关规定暂缓适用或免于适用，但是应当充分说明原因和替代方案，并聘请律师事务所出具法律意见。中国证监会、交易所认为依法不应调整适用的，科创公司和相关信息披露义务人应当执行相关规定。

第四章 股份减持

第十六条 股份锁定期届满后，科创公司控股股东、实际控制人、董事、监事、高级管理人员、核心技术人员及其他股东减持首次公开发行前已发行的股份（以下简称首发前股份）以及通过非公开发行方式取得的股份的，应当遵守交易所有关减持方式、程序、价格、比例以及后续转让等事项的规定。

第十七条 上市时未盈利的科创公司，其控股股东、实际控制人、董事、监事、高级管理人员、核心技术人员所持首发前股份的股份锁定期应适当延长，具体期限由交易所规定。

第十八条 科创公司核心技术人员所持首发前股份的股份锁定期应适当延长，具体期限由交易所规定。

第五章 重大资产重组

第十九条 科创公司并购重组，由交易所统一审核；涉及发行股票的，由交易所审核通过后报经中国证监会履行注册程序。审核标准等事项由交易所规定。

第二十条 科创公司重大资产重组或者发行股份购买资产标的资产应当符合科创板定位，并与公司主营业务具有协同效应。

第六章 股权激励

第二十一条 科创公司以本公司股票为标的实施股权激励的，应当设置合理的公司业绩和个人绩效等考核指标，有利于公司持续发展。

第二十二条 单独或合计持有科创公司5%以上股份的股东或实际控制人及其配偶、父母、子女，作为董事、高级管理人员、核心技术人员或者核心业务人员的，可以成为激励对象。

科创公司应当充分说明前款规定人员成为激励对象的必要性、合理性。

第二十三条 科创公司授予激励对象的限制性股票，包括符合股权激励计划授予条件的激励对象在满足相应条件后分次获得并登记的本公司股票。

限制性股票的授予和登记等事项，应当遵守交易所和证券登记结算机构的有关规定。

第二十四条 科创公司授予激励对象限制性股票的价格，低于市场参考价50%的，应符合交易所有关规定，并应说明定价依据及定价方式。

出现前款规定情形的，科创公司应当聘请独立财务顾问，对股权激励计划的可行性、相关定价依据和定价方法的合理性、是否有利于公司持续发展、是否损害股东利益等发表意见。

第二十五条 科创公司全部在有效期内的股权激励计划所涉及的标的股票总数，累计不得超过公司总股本的20%。

第七章 终止上市

第二十六条 科创公司触及终止上市标准的，股票直接终止上市，不再适用暂停上市、恢复上市、重新上市程序。

第二十七条 科创公司构成欺诈发行、重大信息披露违法或者其他涉及国家安全、公共安全、生态安全、生产安全和公众健康安全等领域的重大违法行为的，股票应当终止上市。

第二十八条 科创公司股票交易量、股价、市值、股东人数等交易指标触及终止上市标准的，股票应当终止上市，具体标准由交易所规定。

第二十九条 科创公司丧失持续经营能力，财务指标触及终止上市标准的，股票应当终止上市。

科创板不适用单一的连续亏损终止上市指标，交易所应当设置能够反映公司持续经营能力的组合终止上市指标。

第三十条 科创公司信息披露或者规范运作方面存在重大缺陷，严重损害投资者合法权益、严重扰乱证券市场秩序的，其股票应当终止上市。交易所可依据《证券法》在上市规则中作出具体规定。

第八章 其他事项

第三十一条 达到一定规模的上市公司，可以依据法律法规、中国证监会和交易所有关规定，分拆业务独立、符合条件的子公司在科创板上市。

第三十二条 科创公司应当建立完善募集资金管理使用制度，按照交易所规定持续披露募集资金使用情况和募集资金重点投向科技创新领域的具体安排。

第三十三条 科创公司控股股东、实际控制人质押公司股份的，应当合理使用融入资金，维持科创公司控制权和生产经营稳定，不得侵害科创公司利益或者向科创公司转移风险，并依据中国证监会、交易所的规定履行信息披露义务。

第三十四条 科创公司及其股东、实际控制人、董事、监事、高级管理人员、其他信息披露义务人、内幕信息知情人等相关主体违反本办法的，中国证监会根据《证券法》等法律法规和中国证监会其他有关规定，依法追究其法律责任。

第三十五条 中国证监会会同有关部门，加强对科创公司等相关市场主体的诚信信息共享，完善失信联合惩戒机制。

第九章 附则

第三十六条 本办法自公布之日起施行。

附录4：新三板相关法律和规则索引

1. 基本法律

《中华人民共和国公司法》

《中华人民共和国证券法》

2. 国务院规范性文件

《国务院关于全国中小企业股份转让系统有关问题的决定》

3. 挂牌的相关规章和规则

（1）中国证监会部门规章

中国证监会《非上市公众公司监管指引第1号——信息披露》

中国证监会《非上市公众公司监管指引第2号——申请文件》

中国证监会《非上市公众公司监管指引第3号——章程必备条款》

中国证监会《非上市公众公司监管指引第4号——股东人数超过200人的未上市股份有限公司申请行政许可有关问题的审核指引》

中国证监会《非上市公众公司信息披露内容与格式准则第1号——公开转让说明书》

中国证监会《非上市公众公司信息披露内容与格式准则第2号——公开转让股票申请文件》

中国证监会《优先股试点管理办法》

中国证监会《关于进一步推进全国中小企业股份转让系统发展的若干意见》

（2）股转系统业务规则

《全国中小企业股份转让系统股票挂牌条件适用基本标准指引（试行）》

《全国中小企业股份转让系统股票挂牌业务操作指南（试行）》

《全国中小企业股份转让系统主办券商推荐业务规定（试行）》

《全国中小企业股份转让系统主办券商管理细则（试行）》

《全国中小企业股份转让系统主办券商尽职调查工作指引（试行）》

《挂牌审查一般问题内核参考要点（试行）》

关于发布《全国中小企业股份转让系统挂牌业务问答——关于挂牌条件适用若干问题的解答（一）》

《全国中小企业股份转让系统挂牌申请文件内容与格式指引（试行）》

《全国中小企业股份转让系统公开转让说明书内容与格式指引（试行）》

《全国中小企业股份转让系统证券代码、证券简称编制管理暂行办法》

《全国中小企业股份转让系统申请材料接收须知》

附录 4：新三板相关法律和规则索引

《全国中小企业股份转让系统关于做好申请材料接收工作有关注意事项的通知》
《全国中小企业股份转让系统关于申请挂牌期间公司信息披露相关问题的通知》
《全国中小企业股份转让系统挂牌公司信息披露细则（试行）》
《全国中小企业股份转让系统挂牌公司持续信息披露业务指南（试行）》
《全国中小企业股份转让系统挂牌公司年度报告内容与格式指引（试行）》
《全国中小企业股份转让系统挂牌公司半年度报告内容与格式指引（试行）》
《全国中小企业股份转让系统临时公告格式模板》
《全国中小企业股份转让系统挂牌公司权益分派业务指南（试行）》
《全国中小企业股份转让系统挂牌公司证券简称或公司全称变更业务指南》
《全国中小企业股份转让系统关于收取挂牌公司挂牌年费的通知》
《关于全国中小企业股份转让系统有限责任公司有关收费事宜的通知》
《全国中小企业股份转让系统优先股业务指引（试行）》
《全国中小企业股份转让系统优先股业务指南第 1 号——发行备案和申请办理挂牌的文件与程序》
《全国中小企业股份转让系统优先股业务指南第 2 号——主办券商推荐工作报告的内容与格式》
《全国中小企业股份转让系统优先股业务指南第 3 号——法律意见书的内容与格式》
《全国中小企业股份转让系统主办券商和挂牌公司协商一致解除持续督导协议操作指南》
《全国中小企业股份转让系统挂牌公司分层方案（征求意见稿）》

4. 股权交易的相关规章和规则

《全国中小企业股份转让系统股票转让细则（试行）》
《全国中小企业股份转让系统债券转让细则（试行）》
《全国中小企业股份转让系统公开转让说明书内容与格式指引（试行）》
《股份公司申请在股转系统公开转让、定向发行股票的审查工作流程》
《全国中小企业股份转让系统挂牌公司股票转让服务收费明细表》

5. 定向增发的相关规章和规则

（1）中国证监会部门规章

中国证监会《非上市公众公司信息披露内容与格式准则第 3 号——定向发行说明书和发行情况报告书》

中国证监会《非上市公众公司信息披露内容与格式准则第 4 号——定向发行申请文件》

（2）股转系统业务规则

《全国中小企业股份转让系统股票发行业务细则（试行）》
《全国中小企业股份转让系统股票发行业务指南》
《全国中小企业股份转让系统股票发行业务指引第 1 号——备案文件的内容与格式（试行）》

《全国中小企业股份转让系统股票发行业务指引第 2 号——股票发行方案及发行情况报告书的内容与格式（试行）》

《全国中小企业股份转让系统股票发行业务指引第 3 号——主办券商关于股票发行合法合规性意见的内容与格式（试行）》

《全国中小企业股份转让系统股票发行业务指引第 4 号——法律意见书的内容与格式（试行）》

6. 并购重组的相关规章和规则

（1）中国证监会部门规章

中国证监会《非上市公众公司收购管理办法》

中国证监会《非上市公众公司重大资产重组管理办法》

中国证监会《非上市公众公司信息披露内容与格式准则第 5 号——权益变动报告书、收购报告书、要约收购报告书》

中国证监会《非上市公众公司信息披露内容与格式准则第 6 号——重大资产重组报告书》

（2）股转系统业务规则

《全国中小企业股份转让系统非上市公众公司重大资产重组业务指引（试行）》

《全国中小企业股份转让系统重大资产重组业务指南第 1 号：非上市公众公司重大资产重组内幕信息知情人报备指南》

《全国中小企业股份转让系统重大资产重组业务指南第 2 号：非上市公众公司发行股份购买资产构成重大资产重组文件报送指南》

《全国中小企业股份转让系统重大资产重组简易流程示意图》

附录 5：全国 27 个省 185 个地级市新三板挂牌补贴政策一览表

省份	地区	补贴金额	政策依据
上海	张江高科技园区	（一）改制补助最高不超过 60 万元； （二）挂牌补助最高不超过 100 万元	《上海市张江高科技园区科技孵化及加速发展扶持办法》
	浦东新区	（一）在新三板挂牌的，给予 50 万元补贴； （二）挂牌后 IPO 上市，在上海证监局备案后，给予 30 万元补贴； （三）收到证监会受理函后给予 70 万元补贴； （四）申请提交证监会审核后，给予 50 万元补贴； （五）新迁入浦东并在两年内上市，奖励 50 万元	《浦东新区促进金融业发展财政扶持办法实施细则》
	闵行区	成功挂牌的，奖励最高不超过 50 万元	闵行区人民政府关于批转闵行区加快现代服务业发展扶持政策实施细则的通知
	嘉定区	（一）补贴挂牌公司总额不超过 200 万元； （二）对于新落户于嘉定区的企业，额外补贴 50 万元	《上海市嘉定区人民政府关于鼓励企业进入代办股份转让系统和开展股权托管交易的实施意见》
	徐汇区	（一）对进入新三板挂牌的企业，由市区两级按照 1:1 的比例给予补贴； （二）对在股交中心挂牌的企业可由市区两级给予最高 100 万元补贴。如成功转板上市，可按累计不超过 200 万元给予差额补贴	《上海市徐汇区人民政府印发关于推进企业上市的扶持办法（试行）的通知》

续表1

省份	地区	补贴金额	政策依据
上海	虹口区	（一）改制过程中的手续费，按实际发生额的50%给予扶持，最高金额不超过30万元； （二）改制过程中缴纳的所得税，按50%给予扶持，最高不超过70万元。挂牌、交易费用，按实际发生额的50%给予扶持，最高不超过50万元	《虹口区发展和改革委员会关于印发虹口区推进企业改制上市扶持细则（2013年修订版）的通知》
	青浦区	（一）因挂牌产生的中介费用，按50%给予扶持，累计不超过200万元； （二）区外迁至青浦成功挂牌的，再奖励50万元； （三）之前已成功挂牌的或在区外挂牌后迁至青浦并纳税的企业参照执行	《关于鼓励企业进入代办股份转让系统和开展股权托管交易的专项扶持办法》
	奉贤区	（一）挂牌过程中的中介费用，按实际发生额给予扶持，最高不超过100万元； （二）对将注册地迁至奉贤区张江分园或区内其他区域的外区企业两年内成功挂牌的，再给予20万元奖励	《上海市奉贤区人民政府关于印发〈奉贤区金融服务业财政扶持办法（试行）〉的通知》
	宝山区	挂牌产生的中介费用按发生额的50%给予扶持，最高150万元	《宝山区金融服务"调结构、促转型"专项资金使用管理办法》
	崇明县	（一）对成功挂牌的企业，按照实际中介服务费用发生额的50%给予扶持，最高200万元； （二）县外企业迁至崇明并成功在上海股交中心挂牌的，再给予50万元奖励	《崇明县关于鼓励企业开展股权托管交易暂行办法》
	普陀区	（一）成功挂牌的，改制补贴最高50万元，挂牌补贴最高70万元； （二）挂牌期间缴纳的监管费、信息披露费，连续三年每年给予10万元补贴	《普陀区金融产业专项扶持办法》

附录5：全国27个省185个地级市新三板挂牌补贴政策一览表

续表2

省份	地区	补贴金额	政策依据
上海	金山区	（一）完成改制给予最高50万元的补贴； （二）成功挂牌再给予100万元的补贴； （三）转板上市的，不超过200万元给予差额补贴； （四）区外企业迁至区内并挂牌，再奖励50万元	《金山区人民政府关于印发〈金山区推进企业改制上市工作的实施意见〉的通知》
北京	北京中关村科技园区	（一）改制资助30万元； （二）挂牌资助30万元； （三）主办券商资助20万元	《中关村国家自主创新示范区企业改制上市和并购支持资金管理办法》
北京	东城区	（一）完成股改后奖励100万元； （二）挂牌成功后奖励50万元； （三）融资达到3000万元及以上的奖励100万元	《东城区支持企业上市挂牌融资若干意见的通知》
北京	西城区	（一）与券商签订协议并备案登记后，补贴20万元； （二）申请被正式受理，补贴80万元； （三）成功挂牌的，补贴50万元	《北京市西城区鼓励和促进企业上市办法》
北京	丰台区	挂牌后奖励50万元，奖励主办券商10万元	《丰台区支持"新三板"挂牌企业发展实施细则（试行）》
天津	天津市	（一）对符合条件的科技小巨人企业，可获得不少于500万元补贴； （二）初始融资超过500万元，补贴50万元	《关于进一步促进科技型中小企业发展的政策措施》
天津	天津市	（一）完成股改的，给予不超过20万元补贴； （二）区县财政按1:1比例给予配套补贴	《科技型中小企业股份制改造补贴资金管理办法》
天津	南开区	在"新三板"挂牌交易的本区企业，一次性专项补助100万元	《南开区促进企业发展扶持资金政策》
重庆	重庆市	（一）对挂牌的企业给予挂牌费用50%且累计不超过100万元的补贴； （二）对在境内外交易所成功上市的企业给予累计不超过200万元财政奖励（含挂牌费用补贴）	《重庆市重点拟上市企业财政补贴和奖励暂行办法》
重庆	重庆市高新区	（一）对挂牌的企业给予挂牌费用50%且累计不超过100万元、市区两级累计不超过150万元的奖励； （二）成功转板上市的奖励最高200万元	《关于进一步加快民营经济发展的实施意见》

续表3

省份	地区	补贴金额	政策依据
江苏		对省内企业在"新三板"成功挂牌的,省财政给予每家挂牌企业30万元奖励	《江苏省财政厅关于促进金融业创新发展的若干意见》
	南京市	(一)股改完成后券商内核完毕材料报到发改委后,补贴80万元; (二)正式挂牌后,再补贴20万元; (三)成功融资的,再补贴20万元	
	南京市高新区	(一)完成内核、上报材料和挂牌交易,分别补贴50万元、50万元和80万元; (二)完成挂牌后,对企业股改时用未分配利润和公积金转增股本的,企业个人股东缴纳的个人所得税,园区给予地方留成部分的50%奖励,60万元封顶; (三)实现融资的且在园区投资达到80%或1亿元以上的,按照实际募集资金的1%给予奖励,最高50万元	《南京高新区企业"新三板"挂牌的工作指引》、《关于进一步鼓励和扶持企业进入代办股份报价转让系统挂牌的(暂行)规定》
	南京市溧水区	(一)完成改制、主管部门备案、正式挂牌新三板以及进入新三板挂牌交易不同阶段分别资助10万元、20万元、30万元、40万元,同时享受市级财政补贴; (二)实现融资且投资在区内比例达80%或1亿元以上,按其实际募集资金的1‰奖励,最高50万元	《关于鼓励和支持企业"新三板"挂牌的若干意见》
	苏州市	(一)企业改制时,缴纳的企业所得税按地方留成部分的70%补助。 (二)企业改制时,涉及土地、房产等资产所有权办理变更登记时,按规定缴纳的契税,给予地方留成部分的50%补助。 (三)企业改制时,因未分配利润、盈余公积金转增股本缴纳所得税数额较大的,缓征个人所得税。以缴纳个人股东用未分配利润、盈余公积金转增股本个人所得税点算起,两年内缓征,从第三年开始分年度缴清(第三年,30%;第四年,30%;第五年,40%)。在规定的缓征期限内,发生股权转让时一并按规定缴纳个人所得税	《苏州市新三板挂牌企业三年培育计划》
	苏州工业园区	(一)分企业改制结束、递交申请材料和挂牌交易三阶段,分别补贴50万元、50万元、100万元; (二)转板上市的,再补贴300万元	《苏州工业园区管委会关于新三板政策的抄告单》

附录5：全国27个省185个地级市新三板挂牌补贴政策一览表

续表4

省份	地区	补贴金额	政策依据
江苏	苏州市姑苏区	（一）企业改制时缴纳的企业所得税按区级留成部分的70%给予补助。 （二）成功挂牌后，给予50万元~200万元补贴。 （三）区外企业迁至区内并成功挂牌，再给予其他奖励	《关于鼓励企业进入资本市场的扶持办法》
	苏州市相城区	（一）企业改制时缴纳的企业所得税，给予区级地方留成部分的全额补助。 （二）在企业改制时，涉及土地、房产等资产所有权办理变更登记时，按规定缴纳的契税，给予区级地方留成部分的全额补助。 （三）在企业改制时，因未分配利润、盈余公积金转增股本缴纳所得税数额较大的，缓征个人所得税。以缴纳个人股东用未分配利润、盈余公积金转增股本个人所得税时点算起，两年内缓征，从第三年开始分年度缴清（第三年，30%；第四年，30%；第五年，40%）。在规定的缓征期限内，发生股权转让时一并按规定缴纳个人所得税	《关于推进新三板挂牌企业培育工作的实施意见》
	苏州市昆山市	（一）完成股改后，可获奖励资金100万元； （二）提交备案材料，可获奖励资金50万元； （三）成功挂牌交易，可获奖励资金100万元	《关于鼓励昆山高新区企业在"新三板"市场挂牌的若干政策（试行）》
	苏州市太仓市	（一）完成股改后，给予50万元奖励； （二）挂牌申请文件被受理后，给予50万元奖励； （三）成功挂牌后，再给予100万元奖励	《关于鼓励扶持企业在新三板、区域性股权交易市场挂牌的政策意见》
	无锡新区	挂牌后首次融资500万以上的奖励10万元	《无锡市人民政府新区管理委员会关于推动企业上市挂牌的实施意见》
	无锡市滨湖区	（一）完成股改后奖励50万元； （二）成功挂牌的奖励30万元； （三）挂牌后首次融资的按照融资额度的2%予以奖励，最高不超过50万元	《关于大力推进我区中小企业场外市场股权融资工作的意见》

续表5

省份	地区	补贴金额	政策依据
江苏	无锡市南长区	企业在股改结束、过券商内核并报送挂牌备案文件、正式挂牌后，按50万元、100万元、150万元的额度分步奖励	《无锡市南长区关于鼓励和扶持企业上市的若干意见》
	无锡市惠山区	招商银行对已上市的"新三板"企业，给予每家企业最高达300万元的信用贷款	
	常州市高新区	（一）完成改制奖励50万元； （二）通过主管部门备案奖励50万元； （三）正式挂牌奖励50万元	《常州国家高新区新三板企业上市资助资金管理办法（试行）》
	常州市武进区	（一）挂牌涉及的行政规费按规定的下限收取； （二）挂牌而涉及的税收地方留成部分，由区财政给予企业补贴； （三）对企业审计或评估中出现的净资产增值部分，依法补交的企业所得税地方留成部分，由区财政给予企业补贴； （四）企业成功挂牌后，自挂牌当年起三年内，以挂牌前一年实际入库的企业所得税为基数，其上缴的新增企业所得税地方留成部分，由区财政给予企业补贴； （五）企业为挂牌将未分配利润和资本公积转增为股本所缴纳的个人所得税区留成部分，在企业成功挂牌后，由区财政给予纳税人补贴	《常州市武进区关于加快企业在新三板等场外市场交易挂牌的意见》
	常州市天宁区	分阶段给予补贴共计150万元	《关于加快企业在"新三板"等场外市场交易挂牌工作的意见》
	南通市启东市	（一）完成股改奖励10万元； （二）递交材料奖励20万元； （三）成功挂牌奖励企业有功人员20万元	《启东市关于企业在新三板等场外市场挂牌交易的优惠政策》
	南通市海门市	（一）完成股改并注册登记奖励10万元； （二）备案材料被受理的奖励20万元； （三）成功挂牌奖励企业主要经营者及有功人员20万元	《海门市市政府关于大力推进企业上市的若干政策意见的补充意见》

附录5：全国27个省185个地级市新三板挂牌补贴政策一览表

续表6

省份	地区	补贴金额	政策依据
江苏	连云港市	（一）完成股改的，在主管部门备案确认并受理的，奖励10万元； （二）成功挂牌的奖励60万元； （三）募集资金60%以上用于本市生产性、经营性项目（房地产项目除外）建设的，按照募集资金额的3‰给予奖励	《市政府关于鼓励企业在"新三板"挂牌的意见》
	连云港经济技术开发区	成功挂牌的，奖励100万元	《连云港经济技术开发区关于鼓励和扶持企业上市及新三板挂牌的意见》
	徐州市	（一）完成股改并提交申请后，补贴20万元； （二）成功挂牌后补贴30万元； （三）募集资金80%（含）以上用于该市范围内生产性、经营性项目（房地产项目除外）建设的，按照融资额的5%比例给予奖励，最高不超过50万元	《关于充分利用资本市场推动企业"新三板"挂牌的意见》
	徐州市邳州市	（一）成功挂牌融资的企业，所募集资金80%（含）以上用于本市范围内生产经营性项目建设的，奖励30万元。同时，按固定资产投资额的5‰再次给予企业奖励，最高不超过50万元； （二）从企业挂牌当年起，企业年纳税额以不低于15%比例环比增长，超过15%部分的地方留成由受益财政给予奖励	《关于推进企业到"新三板""E板"等场外资本市场挂牌融资工作的意见》
	淮安市	（一）申请文件被受理的奖励20万元； （二）成功挂牌后奖励100万元； （三）募集资金80%以上用于我市范围内生产性、经营性项目（房地产项目除处）建设的，按照融资额的2%给予奖励，最高不超过30万元	
	盐城市	（一）2015年12月31日前挂牌奖励100万元； （二）2015年12月31日后挂牌奖励50万元； （三）成功转板上市奖励100万元	《盐城市人民政府办公室关于加快推进企业新三板挂牌的意见》

续表 7

省份	地区	补贴金额	政策依据
江苏	盐城市盐都区	（一）2015 年 12 月 31 日前挂牌奖励 100 万元； （二）2015 年 12 月 31 日后挂牌奖励 50 万元； （三）成功转板上市奖励 100 万元	《中共盐都区委盐都区人民政府关于激励中小企业在"新三板"挂牌上市的意见》
	盐城市建湖县	（一）申请材料被受理的，给予前期实际支付工作经费 50% 的补助，总额不超过 50 万元； （二）成功挂牌后，含补助前期工作经费，给予累计不超过 200 万元补贴	《关于推进企业在"新三板"和股权托管交易中心挂牌的意见》
	扬州市高邮市	（一）完成股改的奖励 20 万元； （二）正式递交材料的奖励 20 万元； （三）成功挂牌的奖励 50 万元； （四）对前三家挂牌的企业，分别奖励 50 万元、40 万元和 30 万元	《关于支持鼓励企业进入"新三板"和其他场外市场挂牌上市的政策意见》
	镇江市	挂牌成功可获奖励资金 100 万元	《关于推荐拟在"新三板"挂牌交易企业的通知》
	宿迁市	（一）申报材料被受理的奖励 15 万元； （二）成功挂牌的奖励 30 万元； （三）所融资金投资在宿迁市的，按融资额的 0.1% 比例给予奖励，最多不超过 50 万元	《宿迁市市政府办公室关于印发鼓励和扶持企业利用场外市场融资意见的通知》
浙江	杭州市高新区	（一）改制结束奖励 30 万元； （二）挂牌成功后奖励 60 万元	
	杭州市余杭区	（一）完成股改并提交申报材料的奖励 30 万元； （二）成功挂牌交易的再奖励 50 万元； （三）成功进行转板的，按相应奖励标准补足差额	《余杭区加快推进企业直接融资发展的若干意见》
	宁波市	对挂牌企业奖励 50 万元	《宁波市企业利用多层次资本市场发展专项资金管理办法》

附录 5：全国 27 个省 185 个地级市新三板挂牌补贴政策一览表

续表 8

省份	地区	补贴金额	政策依据
浙江	宁波市江东区	（一）与券商签订协议后奖励 10 万元； （二）材料被受理后奖励 10 万元； （三）成功挂牌后奖励 60 万元； （四）成功融资的，按融资额度的 2%给予补助，最高不超过 20 万元	《关于新增我区企业到"新三板"挂牌融资扶持政策》
	宁波市江北区	（一）对企业因挂牌规范需要形成新增税收中的地方留成部分，补助资金不超过 200 万元； （二）前 20 家挂牌的（或实现外部股权融资 500 万元以上的），给予 50 万元奖励	《宁波市江北区人民政府办公室关于进一步支持金融产业促进区域经济发展的实施意见》
	宁波市北仑区	（一）企业因股改形成的新增地方财政贡献部分，经批准后给予全额奖励； （二）拟上市企业成功上市前一年度，年实现利润比上年增长 15%以上的新增地方财政贡献部分，经批准后全额奖励，最高不超过 1 000 万元	《北仑区（开发区）2014 年促进产业结构调整专项资金扶持政策》
	宁波市鄞州区	（一）因挂牌新增地方财政贡献部分，奖励不超过 200 万元； （二）成功挂牌后，奖励 50 万元	《加快金融创新促进鄞州经济社会转型升级十六条》
	宁波市镇海区	成功挂牌的补贴 100 万元	
	温州市	（一）因股份制改造而需要补缴税款，可暂缓缴纳； （二）成功挂牌的奖励 100 万元； （三）成功转板上市的，按温州市人民政府《关于进一步加强企业上市工作的意见》统一执行。其中，各阶段性奖励不重复计算； （四）完成上市股改时补助 30 万元，完成上市辅导验收时补助 70 万元； （五）所融资金 50%以上投资于本地的，对企业给予奖励。其中：融资额在 5 亿元人民币以内（含）的，奖励人民币 100 万元；融资额超过 5 亿元人民币，每增加 1 亿元人民币再奖励人民币 5 万元。对企业实现买壳上市，注册地迁至温州，给予一次性奖励 200 万元	1.《温州市人民政府办公室关于鼓励和支持企业进入全国中小企业股份转让系统挂牌的意见》 2.《温州市人民政府关于进一步加强企业上市工作的意见》

续表9

省份	地区	补贴金额	政策依据
浙江	温州市瑞安市	成功挂牌奖励100万元	《关于进一步推进企业上市工作的意见》
	温州市永嘉县	（一）成功股改奖励10万元； （二）成功挂牌奖励100万元	《永嘉县人民政府关于鼓励和支持企业进入全国中小企业股份转让系统挂牌的意见》
	温州市苍南县	（一）成功挂牌的奖励100万元； （二）成功挂牌的企业迁入苍南县的，奖励50万元	《苍南县鼓励和支持企业进入全国中小企业股份转让系统挂牌实施意见》
	绍兴市	（一）市区企业在其改制和挂牌过程中增加的税收，市本级地方留成部分给予全额资助。其资产转让过户时，所征收的行政事业性收费在扣除工本费和上缴部分后，市本级财政留成部分全额资助，所缴纳的税收市本级地方留成部分全额补助。 （二）成功实现国内外上市且总部在市区的，一次性给予融资额2‰的奖励。实现股权再融资的，在扣除控股股东及其行动一致人认购金额后，按净融资额的2‰给予奖励，最高不超过200万元。 （三）实现国内A股买壳上市且注册地迁至市区的，一次性给予100万元奖励。 （四）贡献特别重大的挂牌企业，补助30万元	《关于进一步促进经济转型升级若干政策的配套细则》
	绍兴市越城区	首次挂牌企业的每家奖励20万元	《越城区2014年经济奖励政策》
	绍兴市诸暨市	（一）成功挂牌的，给予30万元奖励； （二）因挂牌进行股改产生的地方财政贡献部分给予全额奖励，其中70%在股改完成后兑现，30%在实现上市（挂牌）后兑现	《关于开展三百工程的若干政策意见》
	湖州市	完成股改和挂牌的企业分别奖励50万元	
	湖州市德清县	成功挂牌的奖励200万元	

附录 5：全国 27 个省 185 个地级市新三板挂牌补贴政策一览表

续表 10

省份	地区	补贴金额	政策依据
浙江	湖州市长兴县	对挂牌企业的经营者奖励 60 万元，其所融资金在本地的投资额按 2% 予以奖励	
	湖州市安吉县	给予企业实际控制人奖励 100 万元	
	嘉兴市秀洲区	（一）成功挂牌后奖励 50 万元； （二）挂牌后募集资金 70% 以上用于秀洲区项目建设的，按其募集资金额的 1% 给予奖励，每次最高不超过 100 万元人民币	《秀洲区推进企业上市和场外市场挂牌实施意见》
	嘉兴市桐乡市	（一）完成股改并与推荐券商签约，奖励 40 万元； （二）成功挂牌后奖励 40 万元； （三）挂牌后完成定向增资、股权转让或其他形式的资本运作，给予 40 万元奖励	《关于鼓励和扶持企业利用多层次资本市场促进我市经济快速发展的实施办法》
	嘉兴市海盐县	（一）完成股改的奖励 25 万元； （二）挂牌成功的奖励 25 万元； （三）通过融资募集资金在本县范围的实际投资额给予奖励，最高限额 300 万元	《海盐县加快推进企业股改上市发展的实施意见》
	台州市	（一）成功挂牌的奖励 30 万元； （二）成功挂牌的企业改制时对地方财政的贡献全额奖励给企业； （三）自挂牌当年起三年内，企业对地方财政作出的贡献每年增长超出上一年度 15% 的部分，全额奖励给企业； （四）对于每年实现股权融资累计达到 1 000 万元，并且 80% 投在台州辖区内的企业，按 2 000 万元（含）以下、2 000 万元~5 000 万元、5 000 万元（含）以上三档分别奖励 20 万元、30 万元、40 万元	《台州市人民政府关于扶持企业直接融资发展的若干政策意见》
	台州市温岭市	（一）成功挂牌的奖励 80 万元； （二）对从区域性股权交易中心转到新三板挂牌的奖励 60 万元； （三）对从区域性股权交易中心创新板直接转到新三板挂牌的企业奖励 80 万元； （四）经新三板转板上市的，再给予 50 万元奖励	《温岭市人民政府关于扶持企业直接融资发展的若干意见》

续表11

省份	地区	补贴金额	政策依据
浙江	丽水市	（一）完成股改并成功挂牌的奖励120万元； （二）对成功转板上市的奖励150万元	《丽水市人民政府关于加快推进企业直接融资工作的意见》
	丽水市云和县	（一）完成股改的奖励60万元； （二）成功挂牌的奖励70万元	《关于加快推进企业直接融资工作的若干意见》
广东	广州市	奖励前30家挂牌企业30万元	《广州高新技术产业开发区企业进入代办系统进行股份制转让奖励资金的申请和发放办法》
	广州市天河区	对挂牌的企业奖励累计不超过80万元	《广州高新技术产业开发区天河科技园/广州天河软件园促进园区优势产业发展的若干措施》
	深圳市高新区	挂牌成功后，依据相关票据实报实销，不超过180万元	
	深圳市龙华新区	（一）按照股份改制、成功挂牌予以不超过实际支出费用，分别最高50万元、160万元，总计最高210万元的资助； （二）成功转板上市的，按照挂牌和上市资助（一般企业资助240万元、战略性新兴产业重点企业资助300万元）的差额予以补齐	《龙华新区关于加快高新技术和战略性新兴产业发展的若干措施实施细则（科技企业上市资助类）》
	珠海市高新区	（一）完成股份制改造的，奖励20万元； （二）与主办券商签订协议并提交文件的奖励50万元； （三）成功挂牌的，奖励50万元； （四）首次实现融资，且募集资金主要投放在我区的奖励50万元； （五）每年享受各项扶持政策项下资金扶持的总额不超过该企业当年缴纳税收对高新区财政实际贡献的80%	《珠海高新区关于鼓励企业进入全国股份转让系统（新三板）管理办法（试行）》

附录5：全国27个省185个地级市新三板挂牌补贴政策一览表

续表12

省份	地区	补贴金额	政策依据
广东	珠海市金湾区	（一）完成股改的奖励40万元； （二）通过券商内核的奖励30万元； （三）成功挂牌的奖励20万元，奖励企业法定代表人10万元	《金湾区促进"三高一特"产业发展暂行办法》
	佛山市南海区	首次挂牌的，给予50万元补助。企业挂牌后按累计融资金额分阶段给予企业领导班子及有关人员奖励： 1. 累计融资资金1 000万元以下，奖励50万元； 2. 累计融资资金达到1 000万元~5 000万元之间（含1 000万元），奖励100万元； 3. 累计融资资金达到5 000万元~1亿元（含5 000万元），奖励200万元； 4. 累计融资资金达到1亿元（含1亿元）以上，奖励250万元	《佛山市南海区促进优质企业上市和发展扶持办法（修订）》
	佛山市顺德区	（一）完成股改奖励50万元； （二）主管机关正式受理挂牌文件奖励50万元； （三）成功挂牌后，根据首次募集资金规模按照以下三个档次进行奖励： 1. 首次募集金额5 000万元以下（含5 000万元）的，奖励50万元； 2. 首次募集金额5 000万元以上，1亿元以下（含1亿元）的，奖励100万元； 3. 首次募集金额1亿元以上的，奖励200万元	《顺德区人民政府办公室关于印发顺德区企业上市扶持奖励办法（修订）的通知》
	东莞市高新区	（一）挂牌后备名单的企业，可获得资助总额达200万元； （二）对于前10名挂牌的企业，资助金额最高达300万元	
	肇庆市	（一）完成股改的奖励30万元； （二）材料被有关部门受理，奖励50万元； （三）成功挂牌的奖励50万元； （四）成功转板上市的享受市政府有关鼓励企业上市的优惠政策； （五）对迁入肇庆高新区的企业在该区成功挂牌交易的，同样适用本办法对应的扶持及奖励的政策	《关于印发肇庆国家高新技术产业开发区"新三板"挂牌上市企业扶持暂行办法的通知》

续表 13

省份	地区	补贴金额	政策依据
广东	江门市	（一）成功挂牌的市区企业，奖励 30 万元。 （二）中国证监会正式受理挂牌材料的，奖励 30 万元； （三）成功挂牌的奖励 20 万元	《印发关于鼓励江门高新区企业改制进入代办股份转让系统实施意见的通知》
	江门市蓬江区	（一）中国证监会正式受理挂牌材料的，奖励 30 万元； （二）成功挂牌的奖励 20 万元	《蓬江区中小微企业科技金融奖励实施细则（试行）》
	茂名市	成功挂牌的奖励 50 万元	《关于支持企业上市和上市再融资的若干意见》
	中山市火炬开发区	（一）前 10 个完成股改的企业奖励 150 万元，其他给予 10 万元奖励； （二）申报并得到证监会受理的，奖励 50 万元；前十家成功挂牌的企业奖励 100 万元，其余奖励 50 万元； （三）挂牌后连续两年给予补助，最高不超过 1 000 万元	
福建	厦门市高新区	改制结束补贴 30 万元，挂牌成功补贴 50 万元，返还挂牌当年以及第二年与上一年比较的新增财政贡献（不超过 50 万元）	
	泉州市	（一）成功挂牌的奖励 50 万元； （二）市科技计划优先支持挂牌的非上市公司的创新项目，支持金额不低于 20 万元	《关于推动泉州高新技术产业开发区非上市企业进入全国中小企业股份转让系统挂牌工作的若干意见》
	泉州市晋江市	一次性奖励 80 万元	
	龙岩市	（一）改制完成后奖励 10 万元； （二）成功挂牌的奖励 30 万元； （三）首次融资的按实际投资我市资金总额的 2‰ 进行奖励，最高限额为 100 万元	《关于印发龙岩市鼓励和支持企业赴"新三板"等股权交易市场挂牌融资若干意见的通知》

附录5：全国27个省185个地级市新三板挂牌补贴政策一览表

续表14

省份	地区	补贴金额	政策依据
河北	石家庄高新区	（一）完成改制的奖励50万元； （二）成功挂牌的再奖励50万元	《石家庄国家高新区"新三板"企业上市资助资金管理办法》
	承德市	（一）成功挂牌的奖励不低于50万元； （二）转板上市的再奖励50万元	《承德市人民政府关于鼓励中小企业在"新三板"市场挂牌上市的实施意见》
	廊坊市	（一）成功挂牌的奖励100万元； （二）由区域性股交中心转板到新三板的奖励50万元	《廊坊市人民政府关于印发廊坊市鼓励企业到多层次资本市场上市规定的通知》
	衡水市	成功挂牌的奖励50万元	《衡水市人民政府关于加快推进企业上市工作的意见》
	衡水市枣强县	成功挂牌的奖励50万元	《枣强县人民政府关于鼓励和扶持企业上市的若干意见》
山西	太原市	成功挂牌的奖励165万元	
吉林	长春市高新区	（一）股改阶段给予10万~20万元的补助，并对企业改制过程中企业所得税区留用部分给予补贴； （二）实现挂牌给予50万~100万元奖励，对主办券商给予10万元奖励	《鼓励企业进入代办股权转让系统暂行办法》
	通化市	（一）成功挂牌的奖励30万~50万元； （二）转板上市的再奖励30万元	《通化市人民政府关于推进企业上市和挂牌工作的意见》
	延边州	（一）与中介机构签订协议奖励20万元； （二）完成股改的奖励40万元； （三）募集资金全部在州内投资的给予扶持。其中，第一户扶持资金100万元，第二户扶持资金80万元，从第三户始扶持资金50万元	《延边州人民政府关于扶持企业在全国中小企业股份转让系统挂牌的实施意见》

续表 15

省份	地区	补贴金额	政策依据
辽宁	大连市	（一）"四板"挂牌企业拟在新三板挂牌的，按照确定保荐机构、完成挂牌两个环节分别给予补贴不超过 40 万元和 60 万元； （二）转板补贴额度最高为 100 万元； （三）在新三板成功挂牌的，补贴 160 万元	《大连市企业上市补贴专项资金管理办法的再次补充通知》
	鞍山高新区	分四次发放补贴 240 万元	
	抚顺市	新三板挂牌奖励 50 万元	
	阜新市	新三板挂牌奖励 100 万元	
	葫芦岛市	新三板挂牌奖励 50 万元	《关于贯彻落实省政府促进当前经济稳增长十五条措施实施意见》
黑龙江		新三板挂牌奖励 200 万元	《黑龙江省人民政府关于印发黑龙江省促进经济稳增长若干措施的通知》
	哈尔滨市	新三板挂牌奖励 50 万元	《哈尔滨市人民政府印发关于进一步扶持中小企业发展的若干政策的通知》
	哈尔滨市高新区	（一）完成股改后奖励 30 万元； （二）材料通过主办券商内核奖励 20 万元； （三）成功转板的奖励 50 万元	《哈尔滨高新技术产业开发区支持企业上市专项资金管理办法（暂行）》
	大庆市高新区	成功挂牌新三板可给予 120 万元奖励	
	七台河市	（一）挂牌成功的企业，奖励 50 万元； （二）挂牌后，在创业板或主板（中小板）上市的，分别奖励 50 万元和 100 万元	《七台河市推进企业进入全国中小企业股份转让系统工作实施方案》
	黑河市	（一）企业与中介机构签订协议后，奖励 30 万元。未实现挂牌由企业全额返还； （二）挂牌后实现转板上市的，奖励 30 万元； （三）爱辉区、黑河边境经济合作区、五大连池风景区对域内企业实现挂牌的，应给予不低于以上奖励标准 30% 的奖励资金	《黑河市鼓励企业上市和挂牌扶持奖励办法》

附录5：全国27个省185个地级市新三板挂牌补贴政策一览表

续表16

省份	地区	补贴金额	政策依据
陕西	西安市高新区	成功挂牌的企业最高奖励50万元 （一）完成股改制奖励50万元； （二）成功挂牌后奖励100万元； （三）企业改制时，非货币性资产经审计评估增值转增资本部分，用未分配利润和盈余公积转增股份，依法缴纳的企业所得税及个人所得税，按其纳税额高新区留成部分的60%予以奖励，最高100万元； （四）企业挂牌后，三年内（含挂牌当年）按企业所缴纳营业税、企业所得税、增值税高新区留成部分的50%予以奖励； （五）企业挂牌后在资本市场定向增发成功融资的，对企业管理团队按融资额的1%予以奖励，单个企业累计不超过50万元； （六）主办券商的项目团队奖励10万元	《西安高新区关于鼓励企业进入全国中小企业股份转让系统挂牌交易的暂行办法》
山东	济南市高新区	（一）申请经受理的奖励50万元，正式挂牌后再奖励20万元； （二）转板上市的，奖励100万元	《济南高新区关于扶持企业改制上市工作的意见》
山东	青岛市高新区	完成改制并通过券商内部审核的，按不超过实际发生费用的70%给予补助，每个企业最高补助金额不超过70万元	《关于支持我市企业在全国中小企业股份转让系统挂牌有关事项通知》
山东	淄博市高新区	给予挂牌公司50万元补贴	
山东	潍坊市高新区	（一）企业改制、挂牌过程中，因正常调整以前年度应纳税所得额而补交的企业所得税地方留成部分给予等额补助； （二）企业在改制、挂牌过程中，因资产过户上缴税收地方留成部分给予等额补助； （三）正式挂牌后奖励180万元； （四）企业挂牌后3年内成功融资且融资额2 000万元（含）以下的，奖励2万元；融资额2 000万元~5 000万元（含）的，奖励5万元；融资额超过5 000万元的，奖励10万元	《高新区推进科技型中小企业"新三板"挂牌的若干规定》
山东	烟台市	成功挂牌的奖励200万元	

续表 17

省份	地区	补贴金额	政策依据
山东	济宁市	分阶段予以补助，最高 200 万元	《关于推进济宁高新区申报"新三板"扩容试点园区的实施方案》
	威海市	（一）成功挂牌的，奖励企业高管 30 万元； （二）转板上市，其融资额不满 5 亿元的，奖励企业高管 30 万元；其融资额在 5 亿元以上的，奖励企业高管 50 万元	《威海市推进企业上市融资暂行办法》
	日照市	成功挂牌的奖励 150 万元	《关于进一步加快全市金融业创新发展的实施意见》
	德州市	成功挂牌的奖励最高 80 万元	
	菏泽市	成功挂牌的奖励 20 万元	《菏泽市人民政府关于加快推进企业上市工作的意见》
河南	郑州市	成功挂牌的奖励 50 万元	《加快推进企业上市工作的意见》
	洛阳市	成功挂牌的奖励 30 万元	
	洛阳市高新区	（一）完成改制的奖励 20 万元。 （二）通过券商内核奖励每家 20 万元。对区内前 5 家挂牌的企业奖励 80 万元；对第 6 家至第 10 家挂牌的企业奖励 70 万元；对于 10 家之后挂牌的企业，奖励 60 万元。 （三）成功转板的，奖励 200 万元	《洛阳高新区管委会关于进一步加快企业上市和挂牌交易的意见（暂行）》
	新乡市	成功挂牌的前 5 家企业奖励 50 万元，第 6～10 家企业奖励 30 万元	《新乡市人民政府关于加快推进企业在全国中小企业股份转让系统挂牌的意见》
	焦作市	（一）成功挂牌的奖励 50 万元； （二）转板上市的再奖励 50 万元	《焦作市人民政府关于加快推进企业进入多层次资本市场的意见》

附录 5：全国 27 个省 185 个地级市新三板挂牌补贴政策一览表

续表 18

省份	地区	补贴金额	政策依据
河南	濮阳市	（一）在挂牌当年给予不少于 50 万元的奖励。 （二）转板上市的企业，申报材料经受理的，奖励 50 万元；对已成功上市且募集资金 70% 以上在市内投资的，奖励 150 万元，对通过增发配股实现再融资的上市公司高管人员给予适当奖励	《濮阳市人民政府关于鼓励企业进入全国中小企业股份转让系统挂牌交易的指导意见》
河南	漯河市	成功挂牌的奖励 100 万元	《关于鼓励和扶持漯河市非上市股份有限公司进入全国中小企业股份转让系统挂牌的暂行办法》
湖北	武汉市高新区	（一）完成股改的奖励 20 万元； （二）备案材料被受理的，奖励 20 万元； （三）成功挂牌的，奖励 80 万元； （四）成功转板上市的，省市区三级给予 535 万元奖励（省级奖励 200 万元，市级奖励 150 万元，区级奖励 185 万元）	《武汉东湖新技术开发区关于充分利用资本市场促进经济发展的实施意见》
湖北	黄石市	成功挂牌且募集资金 70% 以上用于本市范围内投资项目的，按照融资额的 1% 给予补贴奖励，单个企业奖励上限总额为 80 万元，其中，大冶市、阳新县政府承担所辖受奖企业奖励总额的 60%；各城区政府和黄石经济技术开发区管委会承担所辖受奖企业奖励总额的 40%	《黄石市人民政府办公室关于印发加快多层次资本市场建设发展若干意见的通知》
湖北	十堰市	（一）成功挂牌的奖励 50 万元； （二）一次性直接融资额度超过 5 000 万元的再奖励企业 10 万元，超过 1 亿元的，奖励 30 万元	《十堰市人民政府关于加快多层次资本市场建设发展的若干意见》
湖北	荆州市	前 30 家挂牌企业，奖励 50 万元	《荆州市人民政府关于加快发展多层次资本市场的实施意见》
湖北	宜昌市	（一）完成股改并经管理部门正式受理备案后，奖励 30 万元； （二）正式挂牌且募集资金 70% 以上用于在本市募投项目的，奖励 50 万元； （三）其税收在县市（含夷陵区，下同）的，正式挂牌且募集资金 70% 以上用于在本市募投项目的，奖励 40 万元	《市人民政府关于支持鼓励企业进入"新三板"和其他场外市场挂牌上市的若干意见》

续表 19

省份	地区	补贴金额	政策依据
湖北	襄阳市	（一）成功改制的，奖励 10 万元； （二）材料被受理的，奖励 30 万元； （三）正式挂牌后，奖励 40 万元	《关于鼓励和促进企业在"新三板"挂牌上市的若干意见》
湖南	长沙市	挂牌前后给予 50 万元和 30 万元的补助	《长沙市人民政府办公厅关于鼓励企业在场外市场挂牌有关事项的通知》
湖南	株洲市高新区	最高补贴 100 万元	
湖南	湘潭市高新区	成功挂牌的补贴 120 万元（完成股改 35 万元，完成资料报会 35 万元，完成挂牌 50 万元）	《鼓励扶持企业利用资本市场发展暂行办法》
湖南	邵阳市	成功挂牌并首次定向增发融资成功，奖励 50 万元	《关于鼓励企业赴新三板等资本市场挂牌融资的通知》
江西		（一）完成股改和注册登记的奖励 20 万元； （二）申请材料被正式受理奖励 50 万元	《江西省人民政府办公厅关于推动中小微企业利用全国中小企业股份转让系统发展的实施意见》
江西	南昌市	（一）完成股改并注册登记的奖励 50 万元； （二）申请材料被受理的奖励 100 万元	
江西	九江市	（一）完成改制的奖励 20 万元； （二）挂牌成功的奖励 50 万元	
江西	上饶市	（一）完成改制的奖励 20 万元； （二）挂牌成功的奖励 50 万元	《关于推荐拟在"新三板"挂牌交易企业的通知》
江西	吉安市	（一）与中介机构签订协议并完成股份制改造、提交申请材料并取得受理回执，奖励 15 万元； （二）成功挂牌奖励 35 万元； （三）各受益财政应于企业成功挂牌或上市后，按照不低于市财政奖励资金 1.6 倍（80 万元）的比例予以配套奖励	《吉安市人民政府关于落实支持企业上市和"新三板"挂牌有关政策的通知》

附录5：全国27个省185个地级市新三板挂牌补贴政策一览表

续表20

省份	地区	补贴金额	政策依据
江西	赣州市	（一）完成股改和注册登记的奖励20万元； （二）申请材料被受理的奖励50万元； （三）前10名的企业奖励50万元	《关于加快推进企业进入全国中小企业股份转让系统挂牌的实施意见》
	萍乡市	（一）完成股改和注册登记的奖励20万元； （二）申请材料被受理的奖励50万元； （三）前10名的企业奖励50万元，之后的奖励40万元	《萍乡市人民政府办公室关于进一步加快萍乡金融业发展的实施意见》
安徽	合肥市	企业进入新三板融资的，给予50万元补助	
	合肥市高新区	可分阶段获得最高70万元的财政补贴	
	芜湖市	（一）完成股改并注册的，奖励20万元； （二）成功挂牌的，奖励30万元； （三）成功实现融资的，奖励70万元	《鼓励企业进入全国中小企业股份转让系统挂牌交易暂行办法》
	蚌埠市	（一）成功挂牌的奖励40万元，进入全省第一批挂牌的另行奖励20万元； （二）成功募集资金的按照募资总额的2‰给予奖励	《蚌埠市人民政府关于支持进入全国中小企业股份转让系统和安徽省股权托管交易中心挂牌交易有关事项的通知》
	马鞍山市	（一）完成股改造及注册，奖励50万元和20万元； （二）成功挂牌，奖励100万元，若在第一批挂牌，再给予20万元奖励； （三）成功实现股权融资并全部投资马鞍山市的，给予投资额2%的奖励，最多不超过30万元	《关于印发马鞍山市鼓励企业进入全国中小企业股份转让系统和安徽省区域性股权交易市场挂牌交易暂行办法的通知》
	安庆市	在新三板成功挂牌的企业，奖励150万元	
	黄山市	在新三板成功挂牌的企业，奖励50万元	

续表 21

省份	地区	补贴金额	政策依据
安徽	淮北市	（一）完成股份制改造的，奖励 10 万元； （二）获得监管部门审查备案的，奖励 20 万元； （三）成功挂牌的，奖励 20 万元； （四）成功获得融资并全部投资淮北本地的，按融资额的 1%，给予最高不超过 100 万元奖励	
	池州市贵池区	最高可获得 50 万元奖励	
	阜阳市	（一）对完成股改造并注册登记的，属于市属企业的，市政府给予 30 万元的补助，属于县（市、区）属企业的，市政府给予 15 万元的补助； （二）成功挂牌的，属于市属企业的，市政府给予 60 万元的奖励，属于县（市、区）属企业的，市政府给予 30 万元的奖励； （三）挂牌后融资用于实体经济的，属于市属企业的，市财政按所募集资金总额的 0.5% 予以奖励，最高不超过 100 万元，属于县（市、区）属企业的，市财政按所募集资金总额的 0.3% 予以奖励，最高不超过 50 万元	《阜阳市人民政府办公室关于印发阜阳市鼓励企业进入全国中小企业股份转让系统和区域性股权交易市场挂牌交易暂行办法的通知》
	宿州市	（一）企业因挂牌所产生的券商或推荐商费用及审计、法律、评估等费用，由市政府全额支付； （二）成功融资并全额投资于宿州本地的，按照 200 万元在扣除市政府前期支付的费用后给予一次性奖励	《宿州市人民政府关于鼓励企业进入"新三板"和场外市场挂牌融资工作的意见》
	亳州市	（一）完成股改及注册的奖励 30 万元； （二）成功挂牌的奖励 70 万元； （三）成功实现股权融资并全部投资在我市的企业，给予融资金额 2% 的奖励，但最高不超过 30 万元	《亳州市鼓励企业进入全国中小企业股份转让系统和安徽省区域性股权交易市场挂牌交易暂行办法》
四川	成都市高新区	成功挂牌的分阶段给予最高 100 万元补贴	《关于促进企业发展壮大的优惠政策》
	绵阳市高新区	（一）完成股改的，奖励 30 万元； （二）成功挂牌的，奖励 50 万元	

附录5：全国27个省185个地级市新三板挂牌补贴政策一览表

续表22

省份	地区	补贴金额	政策依据
贵州	贵阳市	成功挂牌的，奖励150万元	《贵阳市企业进入全国中小企业股份转让系统（即"新三板"）扶持奖励办法（试行）》
	贵阳市花溪区	（一）完成股份制改造的奖励30万元； （二）主管机构正式受理后奖励30万元； （三）企业成功挂牌后奖励15万元	《花溪区企业进入全国中小企业股份转让系统扶持奖励办法》
	贵州市乌当区	（一）完成股份制改造的奖励20万元； （二）主管机构正式受理后奖励25万元； （三）企业成功挂牌后奖励30万元	《乌当区企业进入全国中小企业股份转让系统扶持奖励办法（试行）》
云南	昆明市高新区	对成功挂牌的，给予管理团队30万元奖励	《昆明高新技术产业开发区鼓励企业上市及投融资发展暂行办法》
内蒙古		（一）成功挂牌的奖励50万元； （二）实现首次融资的，按照融资额的1.5%给予费用补贴，最高不超过100万元	《内蒙古自治区人民政府关于进一步推进多层次资本市场融资的若干意见》
	包头市高新区	最多将获得100万元的资金补助	《包头稀土高新技术产业开发区鼓励企业证券市场挂牌上市补助资金管理办法》
新疆		在新疆股权交易中心成功挂牌的企业可享受40万元补助，交易中心挂牌企业成功转板至全国新三板可再享受财政补助20万元	《自治区企业上市政策引导专项资金管理办法》
	乌鲁木齐市高新区	成功挂牌的，最高可奖励140万元	《乌鲁木齐高新技术产业开发区（新市区）企业进入代办股份转让系统资助资金暂行管理办法》

续表 23

省份	地区	补贴金额	政策依据
宁夏		对2014年、2015年、2016年在"新三板"挂牌的企业,分别奖励100万元、50万元、30万元	《自治区人民政府关于加快资本市场建设的若干意见》
	银川市	(一)股份制改制阶段奖励30万元; (二)申报挂牌上市阶段奖励50万元; (三)正式挂牌后奖励70万元	
	中卫市	挂牌成功的,先享受自治区政策,对在2014年、2015年、2016年在新三板挂牌的,由区、市县财政分别按50%给予100万元、50万元、30万元的奖励,再由企业纳税地财政一次性奖励100万元	《中卫市人民政府关于中小企业直接融资扶持政策》
广西	南宁市	(一)拟挂牌获国家监管部门受理后奖励20万元; (二)正式挂牌奖励30万元	《南宁市鼓励企业进入代办股份转让系统暂行办法》
	南宁市高新区	(一)与券商、相关中介机构签约后奖励20万元; (二)改制完成奖励30万元; (三)申请获受理后奖励50万元; (四)正式挂牌奖励50万元	《关于鼓励企业改制并进入代办股份转让系统挂牌的暂行办法》
	柳州市	(一)改制阶段按实际发生费用给予最高40万元的奖励; (二)成功挂牌后,给予90万元的奖励,给予主办券商20万元奖励	《支持非上市企业进入证券公司代办股份转让系统奖励资金管理暂行办法》
	防城港市	挂牌成功的,可获得最高达200万元奖励	《防城港市鼓励企业进入全国中小企业股份转让系统挂牌交易暂行办法》
	玉林市	(一)完成股改的,奖励20万元; (二)获监管部门受理的,奖励30万元; (三)正式挂牌的,奖励100万元	《玉林市鼓励中小企业改制并进入全国中小企业股份转让系统挂牌暂行办法》

参 考 文 献

[1] Aggarwal R, Bhagat S, Rangan S.. The Impact of Fundamentals on IPO Valuation [J]. Financial Management, 2009, 38 (2): 253 – 284.

[2] Bartov E, Mohanram P, Seethamraju C.. Valuation of Internet Stocks—an IPO Perspective [J]. Journal of Accounting Research, 2002, 40 (2): 321 – 346.

[3] Booth J R, Smith II R L.. Capital Raising, Underwriting and the Certification Hypothesis [J]. Journal of Financial Economics, 1986, 15 (1 – 2): 261 – 281.

[4] Damodaran A.. Damodaran on Valuation: Security Analysis For Investment and Corporate Finance [M]. John Wiley & Sons, 2016.

[5] Gordon M J.. The Investment, Financing, and Valuation of the Corporation [M]. RD Irwin, 1962.

[6] Ljungqvist A, Wilhelm Jr W J.. IPO Pricing in the Dot – com Bubble [J]. The Journal of Finance, 2003, 58 (2): 723 – 752.

[7] Miller M, Modigliani F.. Dividend Policy, Growth, and the Valuation of Shares [J]. 1961.

[8] NASDAQ Corporate Services. A Guide for Chinese Companies to Listing on the U. S. Securities Markets. 2006.

[9] Rappaport A.. The Affordable Dividend Approach to Equity Valuation [J]. Financial Analysts Journal, 1986, 42 (4): 52 – 58.

[10] Rule 5000 Series, NASDAQ Listing Rules. www.nasdaq.com

[11] Sapp T R A, Yan X. The Nasdaq – Amex Merger, Nasdaq Reforms, and the Liquidity of Small Firms [J]. Journal of Financial Research, 2003, 26 (2): 225 – 242.

[12] The NASDAQ OMX Group, INC. NASDAQ Annual Report. 2001 – 2014.

[13] The NASDAQ OMX Group, INC. NASDAQ Initial Listing Guide. 2013.

［14］The NASDAQ OMX Group, INC. NASDAQ Initial Listing Guide. 2015.

［15］The NASDAQ OMX Group, INC. Notice of 2015 Annual Meeting of Stockholders and Proxy Statement. May 2015.

［16］Tse Y, Devos E. Trading Costs, Investor Recognition and Market Response: An Analysis of Firms that Move From the Amex (Nasdaq) to Nasdaq (Amex) ［J］. Journal of Banking & Finance, 2004, 28 (1): 63－83.

［17］Williams J B. The Theory of Investment Value, by John Burr Williams ［M］. Mass., 1938.

［18］艾芯. 新三板企业或将掀起股权激励风暴 ［N］. 中华工商时报, 2015－08－05.

［19］安青松. 推动我国资本市场迈向高质量发展——基于股权分置改革的回顾与启示 ［J］. 清华金融评论, 2018, (12): 48－49.

［20］薄纯敏, 由天宇, 周娅男. 打好创新牌, 拥抱科创板 ［R］. 亿欧智库, 2019, 1.

［21］曹乘瑜. PE成新三板"人气王" ［N］. 中国证券报, 2015－05－05.

［22］曹凤岐. 推进我国股票发行注册制改革 ［J］. 南开学报 (哲学社会科学版), 2014 (02): 118－126.

［23］曾炎鑫, 桂衍民. 联讯证券借道资管计划推员工持股 ［N］. 证券时报, 2015－01－29.

［24］曾峙霖. 我国科技型中小企业新三板融资法律制度研究 ［D］: 硕士学位论文. 成都: 西南财经大学, 2014.

［25］柴瑞娟, 朱士玉. 美国纳斯达克市场对我国新三板分层的启示 ［J］. 西部金融, 2016 (06): 18－25.

［26］陈静. 暴跌中的"逆流": 251家新三板公司"逆势"定增 ［N］. 21世纪经济报道, 2015－07－09.

［27］陈雨. 竞争力、市场微观结构与证券交易所变革 ［J］. 证券市场导报, 2005 (11): 51－58.

［28］陈值. 新三板融资机构高管详解定增份额争夺战背后的PE淘金逻辑 ［N］. 21世纪经济报道, 2015－05－06.

［29］程丹. "互联网+"企业渐成新三板主力频频定增 ［N］. 证券时报, 2015－06－24.

[30] 从新三板到新四板 构建多层次资本市场体系 [OL]. 2015 - 07 - 29. http://www.sanban18.com/Industry/4405.html.

[31] 戴湘云,叶生新. 多层次资本市场中的"新三板"对高新科技园区经济发展作用分析与实证研究——以中关村科技园区为例 [J]. 改革与战略,2011,12 (27):69 - 74.

[32] 戴小河. 新三板定增遇冷机构投资策略生变 [N]. 中国证券报,2015 - 07 - 21.

[33] 窦巍. 我国"新三板"中做市商制度法律问题研究 [D]:硕士学位论文. 厦门:华侨大学,2014.

[34] 古志宽. 点点客到九恒星 二级市场并购手法玩转新三板 [N]. 证券时报,2015 - 03 - 24.

[35] 古志宽. 证监会审核提速 新三板公司扎堆闯关定增 [N]. 证券时报,2015 - 05 - 19.

[36] 谷枫. 硅谷天堂携近百亿级定增挂牌 新三板成PE集中营 [N]. 21世纪经济报道,2015 - 07 - 31.

[37] 郭施亮. 科创板来了,中国版纳斯达克离我们还远吗?[J]. 金融经济(市场版),2018 (12):33 - 34.

[38] 何晓光. 有效市场理论的经济内涵及其影响 [J]. 经济纵横,2009 (07):120 - 122.

[39] 洪方圆. 新三板会计信息披露研究 [D]:硕士学位论文. 北京:财政部财政科学研究所,2014.

[40] 胡志毅. 新三板首份虚拟股权激励计划出炉 [N]. 证券时报,2015 - 05 - 07.

[41] 黄琪琦. 我国场外交易市场的体系和制度构建 [D]:硕士学位论文. 上海:复旦大学,2012.

[42] 纪云涛,代云龙. 他山之石,可以攻玉——新三板与纳斯达克对比研究 [R]. 兴业证券,2015.

[43] 李培馨,谢伟,王宝链. 海外上市地点和企业投资:纳斯达克、香港、新加坡上市企业比较 [J]. 南开管理评论,2012,15 (02):81 - 91.

[44] 李诗洋. 新三板划归场内交易,改变资本市场格局 [J]:国际融资,2015 (9):31 - 34.

[45] 李曜. 股票期权与限制性股票股权激励方式的比较研究 [J]. 经济管理, 2008（3）: 11-18.

[46] 李玉. 三模式打造并购传奇硅谷天堂觊觎新三板 [N]. 21世纪经济报道, 2014-07-11.

[47] 刘光超. 直击新三板 [M]. 北京: 中信出版社, 2011.

[48] 刘辉. 给新三板换股并购立规矩 [J]. 董事会, 2015-09-15.

[49] 刘剑蕾. 中国IPO发行定价制度变迁及其影响研究 [M]. 北京: 中国金融出版社, 2017.

[50] 刘树成, 李实. 对美国"新经济"的考察与研究 [J]. 经济研究, 2000 (08).

[51] 龙昊. 新三板企业为何热衷并购重组 [N]. 中国经济时报, 2015-11-16.

[52] 马春笛. 新三板企业定增新玩法 [N]. 21世纪经济报道, 2015-01-29.

[53] 裴文斐. 新三板定增项目风险开始集聚 [N]. 上海证券报, 2015-03-26.

[54] 权威新三板培训手册-公司挂牌业务指南（二）主办券商推荐 [OL]. 2015-04-22. http://www.sanban18.com/baike/946.html.

[55] 权威新三板培训手册-公司挂牌业务指南（一）企业改制 [OL]. 2015-04-22. http://www.sanban18.com/baike/945.html.

[56] 券商建言新三板改革 协议做市制度待创新 [OL]. 2015-07-20. http://www.sanban18.com/Industry/3735.html.

[57] 任明杰. 新三板"高烧"波及创业板公司并购模式 [N]. 中国证券报, 2015-06-03.

[58] 任泽平, 翟盛杰, 曹志楠. 科创板+注册制会成为中国版纳斯达克吗 [R]. 恒大研究院, 2018, 11.

[59] 邵新建, 洪俊杰, 廖静池. 中国新股发行中分析师合谋高估及其福利影响 [J]. 经济研究, 2018, 53 (06): 82-96.

[60] 沈娟, 刘雪菲, 陶圣禹. 科创板制度研究: 从制度建设跨越看新龙头崛起 [R]. 华泰证券, 2019, 2.

[61] 盛景荃. 点点客复牌首日暴涨新三板并购市场要火 [N]. 上海证券报, 2014-03-12.

[62] 孙健波, 熊可, 胡军等. 新三板上市及资本运作实务. 法律出版社, 2015, 5.

[63] 铁云. 科技型中小企业新三板挂牌规范问题研究 [D]: 硕士学位论文.

杭州：浙江工商大学．2015．

[64] 投资机构看好新三板前景 交易制度推动价值投资［OL］．2015－06－29．http：//www．sanban18．com/Industry/2528．html．

[65] 王合绪，杜德．新三板如何助推中小企业转型升级［J］．今日工程机械，2015，06：46－47．

[66] 王进．新三板做市交易制度基本法律问题［D］：硕士学位论文．上海：华东政法大学，2013．

[67] 王晓津，佘坚．海外创业板市场发展状况及趋势研究［J］．证券市场导报，2008（08）：77．

[68] 王勇州．新三板企业内部控制研究——以 J 公司为例［D］：硕士学位论文．昆明：云南大学．2015．

[69] 魏伟，张亚婕，郭蕊．科创板解析：改革的里程碑，新兴的驱动者［R］．平安证券，2019，2．

[70] 吴蕾娟，赵汀．浅析股权激励方案设计［J］：黑龙江对外经贸，2010，4：129－130．

[71] 晓晴．收购重组两新规征求意见 新三板将成券商 PE 并购新战场［N］．21 世纪经济报道，2014－05－23．

[72] 欣士．纳斯达克：创业板市场的典范［J］．深交所，2008（01）：59－62．

[73] 新三板：诞生于多层次资本市场的产物［OL］．2015－07－13．http：//www．sanban18．com/Industry/3321．html．

[74] 新三板该如何在多层次资本市场中定位［OL］．2015－04－11．http：//www．sanban18．com/Industry/683．html．

[75] 新三板挂牌业务 董秘培训资料汇总［OL］．2015－12－02．http：//www．sanban18．com/baike/10261．html．

[76] 新三板挂牌制度规范 详解相关法律问题［OL］．2015－07－22．http：//www．sanban18．com/baike/3907．html．

[77] 新三板交易制度设计的五大缺陷［OL］．2015－05－27．http：//www．sanban18．com/Industry/1607．html．

[78] 新三板市场扩容 交易制度亟待完善［OL］．2015－08－03．http：//www．sanban18．com/Industry/4587．html．

[79] 徐忠．新时代背景下中国金融体系与国家治理体系现代化［J］．经济研

究，2018，53（07）：4-20.

[80] 许年行，江轩宇，伊志宏，徐信忠. 分析师利益冲突、乐观偏差与股价崩盘风险［J］. 经济研究，2012，47（07）：127-140.

[81] 杨峰，王彦博，计静怡，郑罗平，牛建涛等. 资本风口：中国新三板全攻略. 中国发展出版社，2015，5.

[82] 杨华，陈晓升. 上市公司股权激励理论、法规与实务［M］. 中国经济出版社，2009.

[83] 于旭，魏双莹. 中国创业板与纳斯达克市场制度比较研究［J］. 学习与探索，2015（1）：109-113.

[84] 袁季，徐舜，邱翼，欧阳鑫. 纳斯达克的美国梦与新三板的中国梦［R］. 广证恒生，2014，11.

[85] 袁季. 新三板股权激励玩出新花样［J］. 二十一世纪商业评论，2015，8：30-31.

[86] 袁季，徐舜，邱翼，欧阳鑫. 纳斯达克的美国梦与新三板的中国梦［R］. 广证恒生，2014，11.

[87] 袁季. 新三板股权激励玩出新花样［J］. 二十一世纪商业评论，2015，8：30-31.

[88] 张彩虹，万华林. 关于IPO注册制下证监会行政监管机制的思考——中美两国制度比较及其启示［J］. 中国注册会计师，2018（12）：118-121.

[89] 张晖明，邓霆. 企业估值中的定性分析方法［J］. 复旦学报（社会科学版），2010（03）：77-85.

[90] 张静帆. 我国新三板市场现行交易制度研究［D］：硕士学位论文. 河南：河南大学，2014.

[91] 张瑞杰. 什么是"新三板"［J］. 中国经济周刊，2015，4，6：67.

[92] 张学勇，张秋月. 券商声誉损失与公司IPO市场表现——来自中国上市公司IPO造假的新证据［J］. 金融研究，2018（10）：141-157.

[93] 张玉龙，罗永峰，臧赢舜. 科创板的猜想——基于Nasdaq和LSE-AIM的启示［R］. 中信建投证券，2018，11.

[94] 张昀. 纳斯达克市场分层制度及其对新三板的启示［R］. 国信证券，2015-09-22.

[95] 张昀. 新三板分层标准及其影响的深度剖析［R］. 国信证券，2015-

12-04.

[96] 张占魁. 我国新三板信息披露制度研究 [D]: 硕士学位论文. 北京: 财政部财政科学研究所, 2014.

[97] 张宗新, 杨万成. 声誉模式抑或信息模式: 中国证券分析师如何影响市场? [J]. 经济研究, 2016, 51 (09): 104-117.

[98] 赵巧敏, 李嘉文. 科创板亮相! VIE、AB股、三类股东等多项细则超预期 [R]. 广证恒生, 2019, 1.

[99] 赵巧敏, 李嘉文. 监管层多次强调市场化, 科创板引领市场制度创新 [R]. 广证恒生, 2019, 2.

[100] 赵晓琳. 新三板并购嬗变: "猎物"变"猎手" [N]. 上海证券报, 2015-07-24.

[101] 赵晓琳. 新三板定增"闯关"最快20天 [N]. 上海证券报, 2015-05-08.

[102] 赵学毅. 刷新新三板历史中科招商5个月定增100亿元 [N]. 证券日报, 2015-05-05.

[103] 赵学毅. 中科招商4个月三轮定增募资90.37亿元国开泰富国寿安保现身认购名单 [N]. 证券日报, 2015-04-25.

[104] 证监会: 正在迅速落实设立科创板并试点注册制要求 [J]. 中国注册会计师, 2018, (12): 7.

[105] 周琳. 新三板公司并购的正确打开方式 [N]. 经济日报, 2015-08-07.

[106] 周茂清; 尹中立. "新三板"市场的形成、功能及其发展趋势 [J]. 当代经济管理, 2011, 33 (2): 75-77.

[107] 周铭山, 张倩倩, 杨丹. 创业板上市公司创新投入与市场表现: 基于公司内外部的视角 [J]. 经济研究, 2017, 52 (11): 135-149.

[108] 朱方舟. 新三板最大定增融资案收官 [N]. 上海证券报, 2014-01-28.

[109] 左永刚. 轻资产新三板挂牌企业成上市公司并购猎物 [N]. 证券日报, 2014-05-29.

[110] 左永刚. 新三板7月份完成定增321次募资144.01亿元全年突破1000亿元几无悬念 [N]. 证券日报, 2015-08-12.

[111] 左永刚. 新三板成资本市场并购标的过滤器 [N]. 证券日报, 2014-

09-19.

[112] 左永刚. 新三板将成为多层次资本市场并购"猎场"[N]. 证券日报,2014-06-30.

[113] 左永刚. 新三板已成为小微企业创新发展孵化器[N]. 证券日报,2015-06-03.

[114] 做市+协议"存局限性 三板交易制度待创新[OL]. 2015-07-09. http://www.sanban18.com/Industry/3182.html.

后 记

目前，中国的多层次资本市场发展正处在一个伟大的时代。在大众创业、万众创新的大背景之下，科创板作为资本市场的增量改革孕育而生，为新经济企业发展融资提供了新的渠道。对于众多的新兴产业领域的企业而言，受制于规模和盈利水平不达标，它们往往在达不到主板的上市条件，而创业板高门槛的审核制也把很多以创新能力和发展潜力见长的企业挡在门外，而新三板不佳的流动性不能有效满足众多创新企业迫切的融资需求，科创板的推出可谓是恰如其时。伟大的时代将诞生伟大的企业，中国版的"纳斯达克"是否能培育出伟大的企业，我们拭目以待。

新三板方面，经过六年的发展，新三板从无到有，积累了多达10 500家中小微企业，累计实现直接融资近4 700亿元。其中，高新技术企业占比65%，先进制造和现代服务业企业占比71%，为我国多层次资本市场正金字塔格局的形成做出了重要贡献。但也应看到，新三板仍处于发展阶段，在治理和信息披露上仍然不够完善，融资能力、市场流动性还需加强。根据股转公司的统计，2018年新三板的换手率仅为5.31%，做市股票全年换手率为6.47%，换手率已回到2013年的水平。科创板成立后，新三板市场的少数优质企业存在选择转板的可能，这也将倒逼新三板市场加快改革步伐。其中，"精选层"作为增量改革的重大亮点将带来制度红利的投资机会。

最近两年是我国资本市场深化改革、全面开放加速的重要时期，在新经济浪潮席卷而来的背景下，信息技术、互联网金融、文化传媒、医疗健康等行业日新月异，新型科技企业逐步成为经济重要组成部分。同时，新的政策和制度接踵推出。置身于这样一个伟大的时代，研究工作也需要不断适应新产业、新技术、新事物，为此，我们推出了本书。本书第一章到第六章重点介绍了科创板的相关内容，第十四章重点介绍了新三板的精细化分层，展现新三板最新的数据和政策法规。

事实上，经过二十余年的资本市场建设，中国在很多方面走过了许多发达市场几十年甚至是上百年的道路，在法律制度、交易规则、监管体系等方面不断完善。今后，中国的资本市场仍将继续推陈出新，与时俱进。因此，与其说本书是一个研究的结果，毋宁说是一系列研究的开始。书中，我们抛砖引玉，提出一些问题，期待更多学者和实务工作者加入这一领域，进一步研究和探讨。

本书是我们集体撰写而成，致力于结合案例分析与实务细节，把脉科创板、新三板发展的最新动态、未来方向、趋势及影响，解读注册制、市场条件、发行要素、交易制度及其投资机会，揭开科创板与新三板的财富奥秘。

囿于学力所限，书中不足乃至错谬之处难以彻底避免，恳请各位读者不吝赐教。最后，在此书完稿付梓之际，再一次感谢所有给予过关心和帮助的师学亲友，向他们表示最诚挚的谢意！

何诚颖
2019 年 7 月